顾宪成哲学思想研究

李可心 著

北京大学出版社

## 图书在版编目(CIP)数据

顾宪成哲学思想研究 / 李可心著. —— 北京：北京大学出版社，2024.7. ——（近思文丛）. —— ISBN 978-7-301-35218-2

Ⅰ. B248.99

中国国家版本馆CIP数据核字第20245YH042号

| | |
|---|---|
| 书　　　名 | 顾宪成哲学思想研究<br>GUXIANCHENG ZHEXUE SIXIANG YANJIU |
| 著作责任者 | 李可心　著 |
| 责任编辑 | 田　炜　张晋旗 |
| 标准书号 | ISBN 978-7-301-35218-2 |
| 出版发行 | 北京大学出版社 |
| 地　　　址 | 北京市海淀区成府路205号　100871 |
| 网　　　址 | http://www.pup.cn　新浪微博：@北京大学出版社 |
| 电子邮箱 | 编辑部 pkuwsz@pup.cn　总编室 zpup@pup.cn |
| 电　　　话 | 邮购部 010-62752015　发行部 010-62750672<br>编辑部 010-62752022 |
| 印刷者 | 大厂回族自治县彩虹印刷有限公司 |
| 经销者 | 新华书店 |
| | 720毫米×1020毫米　16开本　25印张　415千字<br>2024年7月第1版　2024年7月第1次印刷 |
| 定　　　价 | 88.00元 |

未经许可，不得以任何方式复制或抄袭本书之部分或全部内容。
**版权所有，侵权必究**
举报电话：010-62752024　电子邮箱：fd@pup.cn
图书如有印装质量问题，请与出版部联系，电话：010-62756370

清华大学国学研究院资助出版

# 序 言

顾宪成是东林学派的领袖，明代后期的著名思想家。以往对顾宪成的研究，多注重其人格，而对其思想重视不够。而且以往对顾宪成的思想研究多是以东林学派为一体，或以顾宪成、高攀龙为一体，未能深入顾宪成思想内部进行研究，尤其是，以往对顾宪成哲学的研究多是零散和片段的。

李可心对顾宪成的哲学思想进行了前所未有的全面梳理，深入其思想内部的细节，进行了十分深入的分析，呈现了顾宪成思想的结构、层次和系统，在一系列重要问题上得出了确当的结论。在顾宪成关于先天后天、性命之理以及其关于大学的研究方面，本书皆能鞭辟入里、发前人所未发。在材料的使用和解释分析上，本书辨析的细密亦已超过已有研究。在观念提炼和总结上，亦较前人更为深入。本书对顾宪成思想的全面且深入的研究，使得已有关于顾宪成的研究与认识，得到明显的更新。本书在许多方面都实现了研究的突破和创新。

本书的主体，集中在对顾宪成哲学思想中的太极阴阳、理气、心性、本体工夫等问题的整理和分析，此外还重点分析了顾宪成对王学及王门的学术批判，对以往完全被忽视的顾宪成对《大学》的研究进行了论述和分析。本书指出，由于东林学派有见于王学的弊端起而矫正之，开了明代晚期挽救学术积弊复归儒学正统的先河，故以往的研究多以顾宪成为尊朱派并定位其思想学术的身份，忽略了顾宪成本无门户之见，肯定朱子而对朱子亦有批评，批评阳明而对阳明亦有肯定的学术特点，对这一问题提出了自己独到而确当的见解。

全书结构合理，文字平实，线索清晰，显示了作者基础扎实，学风认真的特点。本书的突出特点是全面和深入，在仔细研读文本，反复体贴其意义的基础上，分析深入，讨论细致，故本书在顾宪成哲学思想的每一个问题上都比现有的研究更为深入，辨析更为精细，把握更为全面，体现出作者已经具有很强的从事创造性研究的能力。本书对顾宪成的研究，不论在整体上还是在部分上，不论在资料上还是在分析上，都达到了较高的学术水平。

  本书是以作者的博士论文为基础修改而成。作者的博士论文是一篇优秀的博士论文，我曾推荐该论文为清华大学、北京市和全国的优秀博士毕业论文。我期待，在本书出版之后，作者在东林学派和明代哲学领域，百尺竿头，做出新的研究成果。

陈　来

2024 年 5 月于清华学堂

# 目 录

## 第一章 前 论 ·································································· 001
- 第一节 生平著述与学术渊源 ············································ 001
- 第二节 制义之名与讲学之名 ············································ 007
- 第三节 忧世之心与"联属"之志 ······································· 018
- 第四节 东林学术之研究状况 ············································ 034

## 第二章 道统论及道学评价 ··············································· 049
- 第一节 道统论 ······························································ 049
- 第二节 尊周 ································································· 063
- 第三节 论道学诸子 ························································ 079

## 第三章 先天与后天 ························································ 104
- 第一节 先天出后天 ························································ 104
- 第二节 理气同异 ··························································· 116
- 第三节 性命交关 ··························································· 127

## 第四章 "性善"与"小心" ············································· 142
- 第一节 道性善 ······························································ 142
- 第二节 论心及"小心" ·················································· 158
- 第三节 论良知、良能 ···················································· 178

## 第五章 "无善无恶"之辨 ··········· 200
### 第一节 辩告子 ··········· 200
### 第二节 辩王阳明 ··········· 208
### 第三节 儒释之辨 ··········· 226
### 第四节 与钱渐庵辩 ··········· 238
### 第五节 与管东溟之辩 ··········· 246

## 第六章 论本体与工夫 ··········· 261
### 第一节 本体与工夫 ··········· 261
### 第二节 修与悟 ··········· 270
### 第三节 下学而上达 ··········· 285

## 第七章 论《大学》及"格物" ··········· 303
### 第一节 "经"学 ··········· 304
### 第二节 论《大学》 ··········· 315
### 第三节 论格物 ··········· 337

## 第八章 结 论 ··········· 358
### 第一节 研究概要 ··········· 359
### 第二节 研究结论 ··········· 362

## 参考文献 ··········· 375

## 后 记 ··········· 385

# 第一章 前　论

顾宪成，字叔时，号泾阳，常州无锡泾里人[①]。他生于明世宗嘉靖二十九年（1550），卒于明神宗万历四十年（1612），世称泾阳先生，崇祯二年（1629）赠吏部右侍郎，谥端文。他是明代后期有名的政治活动者，重要的思想家和讲学者。

关于顾泾阳[②]的生平，可参考高攀龙所作《行状》，邹元标所作《墓志铭》，顾氏后人递修《顾端文公年谱》（以下简称《年谱》），《明史·顾宪成传》，[③]及今人步近智、张安奇所著《顾宪成、高攀龙评传》。今不欲详叙故实，但于顾泾阳哲学思想研究为有必要处，及顾氏生平影响所在、精神贯注处，为一提掇。此多以往研究所未能道及者，庶几能对顾泾阳之认识稍有所补充。本章最后一节对研究状况及计划，略作交代。

## 第一节　生平著述与学术渊源

顾泾阳的著作主要有《泾皋藏稿》二十二卷，《顾端文公遗书》（以下简称《遗书》）三十七卷（包括《小心斋札记》十八卷，《虞山商语》上中下三卷，《东林商语》上下两卷，《经正堂商语》一卷，《志矩堂商语附毗陵商语》一卷，《仁文商语》一卷，《南岳商语》一卷，《当下绎》一卷，《还经

---

[①] 今江苏无锡张泾镇人。
[②] 本书正文以下凡言顾宪成处，皆称其号，一示敬重，一示亲切，一便于和明清时对顾宪成的一般称呼相协调。
[③] 张廷玉等编：《明史》卷二百三十一，北京：中华书局，1974年。

录》一卷,《自反录》一卷,《证性编》六卷,①《东林会约》一卷)。此外商语尚有万历庚戌(1610)所作《明道商语》。又《大学通考》一卷,《大学质言》一卷,《大学重订》一卷,存抄本,②著其子、孙校录名字,清初曹寅(号棟亭)所藏。又《大学意》一卷,《中庸意》上下两卷③,《大学说》一卷,《中庸说》一卷,《语孟说略》上下两卷,亦存抄本,④不著抄录者名字。此外,泾阳之制义集有《百二草》等数种,地方人物志有《桑梓录》和《毗陵人物志》两种,其他单刻本若干,如《以俟录》等。此人所经道者。又有一种《周易集解》,见于泾阳曾孙顾贞观(字华峰,又作华封,号梁汾)《年谱述》,他处从未提及,当为家藏未刻本。⑤又顾氏欲编集《五经余》,并嘱弟子丁元荐编辑《孔氏渊源录》,皆未就。又有所谓《铨政记》《嘉言编》《善行编》,见于光绪重刊泾里宗祠本《顾端文公遗书》所刻目录,下有"嗣刻"字样,成书与否,抄刻情况,名实异同,不得其详。⑥

《泾皋藏稿》是顾泾阳亲手选编的文集,刻于万历辛亥(1611),其逝世之前一年,又有《四库全书》本和清光绪三年(1877)泾里宗祠刻本。《小心斋札记》(以下简称为《札记》)为他的研学笔札,岁为一卷,始于甲午,终于辛亥,历时十八年,得十八卷。庚戌合刻《泾皋八书》(含《东林会约》及诸《商语》等,后增为十书)。是年冬吴扨谦(字汝亨,号文台)于南京汇刻《札记》。万历戊申(1608),同安蔡献臣(字体国,号虚台)始刻《札记》,然终于乙巳,止十二卷⑦。清康熙时,庐州知府张纯修(字子敏,号见阳,又号敬斋),惜孙奇逢《理学宗传》仅采得《札记》数卷,从顾氏曾孙顾贞观假读之,又惜顾氏著作散佚,故对六种《商语》加以重订,

---

① 《明史·艺文志》卷九十八作八卷,当为原本。据《年谱》万历庚子条载:编目有《征信》一卷,《或问》一卷,谓"《征信》《或问》二卷失去,或散见于《札记》《商语》中,亦未能详。"以下凡引《顾端文公年谱》,俱省作《年谱》。

② 三书据《年谱》有万历庚戌刻本,在《泾皋八书》之内。而此三书又为以往研究所误以为失传而从未研究过者。

③ 是二书亦存刻本,题作《顾泾阳先生学庸意》,藏美国燕京大学图书馆,转引自无锡文库本,见是部前编者题词。

④ 上海复旦大学图书馆藏。

⑤ 又考之《年谱》,万历甲申(1584),泾阳家居读《易》,此本恐即其当时遗留之作品。故顾氏于《易》之所得亦当引起注意。

⑥ 今可参王学伟编校的《顾宪成全集》之《整理说明》第三部分 "著作存世情况"。

⑦ 参《清白堂稿》卷四《顾泾阳小心斋札记序》。《四库全书总目》卷九十六,谓复有昆山刻本,皆十二卷。

于康熙戊寅（1698）合刻为《遗书》。张氏《序》曰："顷受十书抄本，行次第付梓人"，加《札记》《会约》等计共十种，数目正合。清光绪三年泾里宗祠再刻《遗书》，附《年谱》四卷①，编次稍异。

《札记》是顾泾阳最重要的著作，《札记》及诸《商语》是研究他哲学思想的主要材料。有学者谓："（顾泾阳）所著有《小心斋札记》等书，论事者十三，论学者十七。咀味之，语约义长，真吉人之词也。"②孙慎行谓："泾阳顾公谈学，远近向之，其《小心斋札记》《商语》诸书，语录中之隽也。"③冯从吾则谓："顷得顾泾阳先生《小心斋札记》，读之，如门下所提数款，皆大有关系，至于辨'无善无恶'之说，尤为痛快的确。"④从三子之论，可略识泾阳书之文质矣。

顾泾阳幼持重，九岁毕"四书"，十岁毕《尚书》，后渐从师习举子业。初，家贫不能延师，就邻塾，每晚归，亦篝灯研学。作文有异才，习八股之法，三日一进，援笔如宿构。十八岁，始置家塾，师张少弦。次年，弟顾允成同受业。二十岁，父亲顾学为二子谨择文行兼备之师，得张原洛。张氏名淇，字子期，号原洛，一见二顾，甚器之，谓："吾观子兄弟气貌，非区区举业可了，须努力寻向上一着。"⑤明年，张氏馆于泾阳同邑东里陈云浦⑥家，二顾复往从学。

张原洛少尝师邵二泉⑦，从游唐顺之（号荆川）、薛应旂（号方山）之门。所师从皆心学学者，故少即濡沐阳明良知之学。然自游薛方山之门，学术一变，转慕朱子，曰："毕竟盘不过此老！"⑧性豪爽，时近于狂，与泾阳谈论，"因言，迩来异说横行，始而侮朱，终而侮孔，其害真酷于夷狄禽兽。

---

① 《年谱》正卷为上下两卷，合卷前、卷后为四卷。后刻本四卷通以数字为序。
② 姚希孟：《名臣谥议》，载于《公槐集》卷五，明崇祯十五年清閟全集刻本。
③ 孙慎行：《泾阳札记语后》，载于《玄晏斋文抄》卷三，明崇祯刻本。
④ 冯从吾：《答张原忠运长》，载于《冯从吾集》卷十五，刘学智、孙学功点校整理，西安：西北大学出版社，2015年，第290页。
⑤ 顾成成：《年谱》卷上己巳条，载于顾宪成撰《顾宪成全集》，王学伟编校，上海：上海古籍出版社，2022年，第1731页。《顾宪成全集》，以下引用俱作《全集》，他人《全集》，则标全称，以示分别。
⑥ 陈云浦，名以忠，与泾阳父最善，亟赏泾阳才。
⑦ 名宝，字国贤。仕前曾于东林讲学，故泾阳复东林书院祀之。
⑧ 顾宪成：《明故学谕损斋张先生墓志铭》，载于《泾皋藏稿》卷十六，李可心点校，北京：中国社会科学出版社，2021年，第361页。《泾皋藏稿》，以下简称《藏稿》。

遽掀髯而起曰：'恨予不作鲁司寇，磔此奴于两观之下！'须臾饮尽一斗，仰天而呼，噫嘻不已！"①此气象仍不脱阳明学者面目。张氏"授书不拘拘传注，直据其中之所自得者为说，最善开发人。宪听之，辄津津有会"②。又泾阳习举业，其前业师张少弦"教之以博"，而张原洛则"又教之以约"，谓之曰："此事只在一处，不可向外浪走。"③无论是教以抒写"自得"，还是教以专意守约，在方法上也都不能脱落阳明学的特色，乃鲜明的王学家法。但张原洛对泾阳影响并不止于此。据《年谱》卷上记载，有客告诉泾阳，剑浦李公教子读"四书""只读白文"。泾阳闻之甚喜，转告原洛。其师以朱子犹然退处章句戒之。④泾阳以为章句训诂"恐毕竟非上智事"，原洛又以程子之言解之⑤。泾阳"自是潜心章句"，《大学意》《中庸意》皆其早期章句之作，可证。然泾阳之《大学意》《中庸意》虽章为之分，句为之解，然无字训，亦不以句为格，要于明意而已。其后之《大学说》《中庸说》则但有章旨而已。

于上可见，泾阳二十岁左右，对于"四书"之章句学犹然心存轻视，不以为"上智事"，而欲心解神会，一本自得，直通圣人。若非原洛之拨转，恐其一时尚难知返。泾阳之亲近章句，虽并不是转入训诂一途，然对于他之认可朱子来说是大有关系的，不可小视。

泾阳之意气甚高，亦有自来。其幼即以卓行自范，十一岁读韩退之《讳辨》，即以父名"学"为讳，父谕之乃止。十五岁，书壁曰："读得孔书才是乐，纵居颜巷不为贫"，俨然以孔颜为志，凌世跨俗，超然直上。《年谱》谓："时公意嘐嘐然，不可一世。"其神情跃然矣。这说明泾阳本人是有豪杰之气的。此固然与其个人的性情有关，我们毋宁说，这更与阳明学的盛行所陶化之时代风气的感染有关。孔子以为"言必信，行必果"，"硁硁然小

---

① 顾宪成：《藏稿》卷十六，第361页。
② 顾宪成：《小心斋札记》卷四，李可心点校，北京：中国社会科学出版社，2020年，第48页。
③ 顾宪成：《复邹孚如书》，载于《藏稿》卷二，第41页。
④ 其言曰："朱子绝世聪明，却退然自处于章句，一字一训，若村学究。然诚欲天下后世三尺之童都晓得圣贤话头，做个好人，此天地之心也。吾辈如何这等说？"（《年谱》卷上乙巳年，载于《全集》，第1731页）
⑤ 其言曰："昔程叔子座下有学者问六十四卦，旁一人曰：'皆不须得，只乾、坤足矣。'叔子曰：'要去谁分上使？'其人曰：'圣人分上使。'叔子曰：'圣人分上，一字也不须得。'语大可味。"（同上）

人"犹可以为士之次,泾阳认为孔子不应当许可此辈人。泾阳父"闻而呵之,乃止"。又泾阳读曾子耘瓜,曾皙怒建大杖以击其背而几死事,① 始知所畏,"悚然收敛"。② 之后,泾阳兄弟逐步应试,乃父特戒二子勿生骄矜,从流俗学"象恭"③ 归。每试,泾阳失则父喜,冠则父忧,喜以其能动心忍性而有进,忧恐其一旦骄大而自失。此非贤父何能为!泾阳之谦逊沉实,其父有以导之。

然泾阳父对泾阳之影响尚别有在。泾阳十四五岁,日课之余,尝游心于诸子百家之书。其父好读《水浒传》《庄子》及林三教④ 诸书,泾阳见而请教。其父告之曰:"凡读书不论何书,要在立意处探讨,不然即六经皆糟粕也,亦奚以为?"⑤ 可见,顾父平时亦涉及旁流,虽敦尚德行,然不以儒书为限。故于泾阳的读书亦不加约束,但于读书的方法上给予启发。这种"要在立意处探讨"的读书原则,与张原洛之"直据其中之所自得者为说"意思相合。泾阳自来所受到的读书方法的教育都是超脱于章句训诂之外,而重视涵泳体会的。其个人以后的读书经验亦全都本于此。⑥

泾阳二十一岁,即从游张原洛之当年,适值武进令谢师严(号省庵)向泾阳赠送所刻《阳明文粹》⑦。泾阳读后很喜欢,并且因此而好言禅。这说明,此前泾阳虽然已经受到阳明学的熏陶,但他得以接触阳明文献的时间相对来说比较晚,并且,阳明文献对泾阳的引导是歧向的,使他与禅宗发生了联系,走向了儒家的异端。⑧ 由于泾阳在接触《阳明文粹》后表现出了更加高涨的向道热情,张原洛先生便欣然把二顾引介给他曾经的老

---

① 参《孔子家语》卷四《六本》所载。
② 以上俱见《年谱》卷上甲子条,载于《全集》,第 1729 页。
③ 语出《尚书·尧典》:"静言庸违,象恭滔天。"象恭,貌示恭敬,而心非,言伪也。
④ 林兆恩(1517—1598),字懋勋,号龙江,倡立三一教,门徒尊称为三教先生、林三教、三一教主等。
⑤ 《年谱》卷上癸亥条,载于《全集》,第 1729 页。
⑥ 参本书第七章第一节。
⑦ 宋仪望于嘉靖癸丑所刻,十一卷,有宋氏《刻阳明先生文粹序》,卷九至十一为《传习录》,然非照录《传习录》原本,而别作条理。是书又有梁许重刻,重刻有赵贞吉序。据《藏稿》卷四《复方本庵》书言:"不肖下里之鄙人耳,无所闻知。少尝受阳明先生《传习录》而悦之,朝夕佩习,不敢忘。独于天泉桥'无善无恶'一揭,窃之。间以语人,辄应曰:'此最上第一义也。'则益讶之。俯仰天壤,几成孤立。" 这是万历辛亥,泾阳六十二岁前后的文字。其所谓"少尝受阳明先生《传习录》"事,《年谱》不载,唯记谢省庵赠《阳明文粹》事,此事见《札记》卷八。恐即指同一事。《传习录》或为泾阳近似言之,应以《阴阳文粹》为确。
⑧ 关于泾阳与禅宗的关系及态度的变化,参本书第五章第三节"儒释之辨"。

师薛方山。张氏对泾阳之期许、培养和引导，都不以举业为目标，而泾阳日后之超脱举业而醉心于理学，此无疑是向上之先机。因此，我们说，张氏诚不愧为泾阳之导师。同时，张氏选择薛方山为二顾深造之师，也有其思想的取向。

方山先生得二顾也很是欢喜，呼二孙①与顾氏缔交，并亲授自己所重修的《考亭渊源录》一书以为指引。《考亭渊源录》一书，继《伊洛渊源录》而来，专述朱子学脉，明宋端仪所作草稿，薛方山修定。然薛氏重定，并朱子论难之友，如陆九渊兄弟亦载于其中，虽有求备之意，然朱陆学术，道本不同，强载一编，不免非伦。薛氏曾师从阳明，因置王龙溪于察典而得罪师门。张原洛怒斥王学异端，真有相合。然方山之学，早年确属心学，但与阳明良知学又有不同。于《考亭渊源录》一书，可见薛氏宗尚，其学与其说宗朱子，不如说以考亭为归、不废象山为切；其心学，与其说宗阳明，不如说宗象山为切。因此，我们也不可凭据此书之授受，便敢于说泾阳学术就是朱子学之余脉。泾阳以朱子学说为正，此诚然受到乃师乃书的引导，泾阳对血脉、对道统之认识，也诚然不无此书的影响，但泾阳之思想仍是如乃师薛方山和张原洛，为朱陆或朱王思想之两股势力的交流。他们较王学之流，多了朱子的平实，而较朱子学之流，又多了王学的简约。②

关于泾阳早期学术之来源，尚有一事，亦应特述。周邦杰③于隆庆辛未中进士，官无锡令，泾阳时年二十二岁。周氏很重视地方教育和人才培养，顾泾阳就是他当时提拔出来的，此外如孙继皋、周继昌等，皆为周氏任无锡令时所拔识。④泾阳在其为周邦杰所作寿序中提到，"先生之大有造于宪也"，"又大有造于宪父子也"，"又大有造于宪兄弟也"，对周氏充满了感激之情。周氏对泾阳兄弟给予的关怀确实非同一般。对于泾阳而言，周氏除了器重他，鼓励他，对他之"有造"，最值得注意的一事就是，"一日，手周元公《太极图说》、程淳公《识仁篇》、张成公《西铭》授焉"，顾泾阳自谓："宪退而习

---

① 薛敷政、薛敷教。二人后与东林关系密切。
② 关于薛方山与顾宪成的关系，又参本书第二章第二节。
③ 周邦杰，字英甫，号念庭，江西临川人。
④ 孙为万历二年甲戌科状元，顾为万历四年丙子科解元，周则为万历十三年乙酉科解元。此三人特其杰者。

之,至忘寝食,于今不敢怠皇。是先生之大有造于宪也。"① 于此可知,顾泾阳对这些理学重要文献的接触并不早,但这些文献对他思想的形成之影响却最大。从泾阳的描述可以看出,他对这些经典很是痴迷,而且一直潜心其中。在他以后的讲学商讨中,这些经典的探讨便是其中的重点之一。如果说,《考亭渊源录》一书端正了泾阳为学之方向,那么对于这些经典的获取,便直接决定了他思想的内容,对他的影响是很深刻的。也正因此,顾泾阳对理学之兴趣才能义无反顾,终生赴之。

以上内容,大体见出顾泾阳早年学术之渊源。

## 第二节 制义之名与讲学之名

关于顾泾阳一生行事,今亦略述之,以见其影响所在及其精神所注。邹元标在为泾阳所作《墓志铭》中说道:

> 盖尝论,非无谈艺者,自公经艺出,世遂以为王(鏊)、瞿(景淳)复起,握管者却步。非无启事者,自公奏副出,世遂以为子瞻再生,起草者屏息。世非无登坛者,自公东林一辟,世遂以为濂洛更苏,虚骄者愧耻。②

邹元标从经义、启事、讲学三个方面,来说明顾泾阳所取得的不凡成就。泾阳的朋友徐允禄也说道:"泾阳以文章、气节、道学领袖一世,几于王伯安先生。"③ 可见,就当时人来说,泾阳在这几个方面的成绩都十分值得称道。在这些方面,泾阳对其时代都产生了很大的影响。对于他的一生来说,我们也可以简单地从这些方面,即制义、议事、讲学三个方面来把握,如此才能对顾泾阳作比较全面的考察。本节和下一节,笔者将就这三方面贯穿论述之,以明其间相互之关系,特别是对泾阳之制义的成绩及其早期讲学的情况有所加详,此泾阳之赖以起家者也。

就制义也就是八股文的写作来说,泾阳确实很有天赋。在科举的道路

---

① 以上见《寿念庭周老师七十序》,载于《藏稿》卷九,第 256—267 页。
② 邹元标:《明朝列大夫南京光禄寺少卿泾阳顾公墓志铭》,载于《愿学集》卷六上,清文渊阁《四库全书》补配文津阁《四库全书》本。
③ 徐允禄:《跋吾友牍》牍五,载于《思勉斋集》卷九,清顺治刻本。

上，他走得也很成功。泾阳早习时文，援笔如宿构，博得了邑里耆宿及长官的爱赏，为他赢得了不小的声誉。陈云浦曾言："子貌大似欧阳文忠遗像，异日验之。"① 泾阳参加地方考试的过程中，"应府县试及院试，皆第一"，也就是所谓的"三试三冠"，② 这是参加正式科举考试的前期考试。隆庆四年（1570）、万历元年（1573），泾阳两次参加应天乡试，皆失利。万历四年（1576）复应试，取得乡试第一名，也即"解元"。同年，他父亲去世，因而在家守丧。万历七年（1579）方再参加会试，第二年，会试考得第二十名，殿试考得第二甲第二名。这些成绩都是相当不错的。

由于顾泾阳在时文写作方面的优擅，他的文章很快成为士子争相学习和效法的对象。《年谱》载："公自为诸生，即以文名世，坊间所刻诸论，皆其历试冠军之作也。"③ 顾泾阳正式刊刻他的制义文是在万历四年九月，即中解元之同年，集子题名为《百二草》。里面的文字都是"今海内所传诵之文"④。其文流传甚广，影响甚久，是当时和之后很长一段时间里士子写作科举文的重要范本。此外，泾阳的时文集，尚有续出，或是选本，或是汇编。小泾阳八岁、曾任首辅的朱国祯谓："余少习举业，读《百二草》而悟。已再试场屋，读《先醒草》而悟。《先醒草》者，丁长孺公制义。公故出泾阳顾先生之门，世称东林学，《百二草》则先生起家为时所宗者也。"⑤ 曾任常镇兵备、从泾阳问学的蔡献臣曰："泾阳顾先生魁南畿时，笔力议论，与苏长公相上下。天下人士争慕效之，文体为之一变。献臣总角业举，即知向往，今三十年余矣。"⑥ 又曰："余尝谓万历间，制举义当以顾泾阳为第一手。公丙子解南畿，《论》《孟》二墨，雄伟豪迈，与苏长公驰骋上下，令人不可逼视。"⑦ 又，泾阳友人徐允禄谓："泾阳乡试解元，会试会魁，诸墨卷则予少所寝食思服以摹仿其意调者。"⑧

---

① 《年谱》卷上嘉靖乙丑条，载于《全集》，第1730页。
② 《年谱》卷上隆庆庚午条，同上书，第1732页。
③ 《年谱》卷上隆庆辛未条，同上书，第1734页。
④ 《年谱》卷上万历丙子条，同上书，第1736页。
⑤ 朱国祯：《朱国祯诗文集》，何立民点校，杭州：浙江古籍出版社，2015年，第121页。
⑥ 蔡献臣：《顾泾阳〈小心斋札记〉序》，载于《清白堂稿》卷四，厦门市图书馆校注，厦门：厦门大学出版社，2012年，第110页。
⑦ 《题〈顾泾阳选义〉序》，载于《清白堂稿》卷五，第149页。
⑧ 徐允禄：《跋吾友牍》牍十二，载于《思勉斋集》卷九，清顺治刻本。

明清之际的尚文家陈弘绪（1597—1665）在评价其友人贺子翼时说："往，予从社刻读子翼之文，私拟子翼，盖王荆石、顾泾阳之匹偶，今安得有此人？"[①]上下六七百年，泾阳亦得举焉，俨然时文之楷则焉。至清朝，论文之家亦常以顾泾阳为必推。如就明代整个制义来说，清代学者、文人李兆洛说："尝读明代制艺，如薛敬轩、王守溪、王阳明、海刚峰、唐荆川、赵侪鹤、顾泾阳、缪当时、卢建斗、黄石斋、金正希、黄陶庵诸人，其生平行谊、学业、建树、气节，无不与文相肖。"[②]有明一代之制义，泾阳当为代表。清代著名的文学家方苞在编辑明清八股文时，选泾阳文字五篇，对某文之评价亦曰："纵横穿贯，未尝不按部就班，几可与顾泾阳作并驾齐驱矣。"[③]泾阳时文被后世所爱重，如此可见一斑。

顾泾阳的制义文，如蔡献臣所论，很像苏轼的风格，即气势浑厚，"凌驾雄伟"，"尤以长江大河奇变瑰壮之文，为海内学子所宗，文体为之一变"。[④]袁了凡[⑤]编著过讲究时文作法的两部书，《游艺塾文规》及《游艺塾续文规》。他引述武叔卿[⑥]对泾阳之文的看法说："读苏文最能助发人气。……虽中间纵横离合，变态百出，而气却一口呵来，更无间断，真文字中绝技也。吾辈读书稍倦时，取而诵之，顿令精神跃然。举业中惟有顾泾阳。泾阳之文自苏氏来，其气奔沸汹涌，有一泻千里之势。"[⑦]泾阳之文雄放有气势，大抵为其时之公论。又可注意者，《游艺塾文规》卷六采辑了泾阳论作文之九法，甚悉甚备且完整一体，虽然不知据何而录，但所论皆精彩之见，与泾阳书中所及者亦多有相合处。

然泾阳制义之风格先后亦有变化，此已为时人所明显觉察到。如泾阳弟子丁元荐曾谈到，嘉靖之末期，作文颇尚掌故家言，泾阳"子焉诸生，登坛而树先秦西京旗鼓"，"文体翕然一变"，此早期雄健风格，《百二草》为代表，

---

① 李祖陶：《贺子翼制艺序》，载于《国朝文录》卷一，清道光十九年瑞州府凤仪书院刻本。
② 李兆洛：《庄南村先生制义序》，载于《养一斋集》文集卷六，清道光二十三年活字印二十四年增修本。
③ 方苞编：《孟子》下之中，载于《钦定四书文·国朝文》卷十三，清文渊阁《四库全书》本。
④ 《题〈顾泾阳选义〉序》，载于《清白堂稿》卷五，第149页。
⑤ 袁了凡，名黄，初名表，字坤仪。
⑥ 武叔卿，名之望，号阳纡。
⑦ 袁黄编撰，黄强、徐姗姗校订：《游艺塾续文规》卷八，载于《〈游艺塾文规〉正续编》，武汉：武汉大学出版社，2009年，第260页。后又言"豪迈无如顾泾阳"，见同卷，第261页。

世人所恒论者是也。然作文者争相效仿，谬悠好奇，"而人心学术又浸淫而亡忌惮"，于是泾阳复"以'六经'《语》《孟》程朱三尺束而绳之，其文如春风澹宕，令人意消。皮相者视先生之文，前后若两截"。①此泾阳文风之两变，其为文非但雄浑而已。又，蔡献臣亦尝言之。他津津称道，以长苏公比之，"且四十年，而操觚家莫之或先者"，乃早期之泾阳。他认为，"公诸稿惟《百二》最胜，及近稿行，而效颦多，理障、词障之弊，或不免焉"。因此，他为之拣选，"而近稿仅居其五六，就公之至者存之也"。②他对泾阳后来之文，隐然以为有憾。他所谓"理障、词障之弊"，应为丁元荐所谓"以'六经'《语》《孟》程朱三尺束而绳之"，大概过重于讲理说教，而有失文体之畅快。此所透露者，泾阳浸淫于理学，其好之愈深，其所得愈多，故不免见诸行文，思理渐胜，而情势稍损。文以学出，由泾阳文体之变，可以知其学之有异矣。

泾阳时文之成绩若是之大，其影响若是之深远，而以往之研究或不之及，或语焉而不详，故今特为之发明始终。此中之故，非但为其文而已。一者，由其文变，观其学变。文之气势与自然，多以情胜，固须于学，然学或不免于浮。及学术精深，则往往成障。掌故家言，学识之障也；理障词障，学理之障也，然其学则或入于实矣。再者，人知泾阳以气节名，以讲学名，不知泾阳之名其初在于制义之成功，不必待于入朝诤论切谏，而大名已勃海内然久矣。此段精彩，岂可隐乎？

顾泾阳在制义方面之成功，其意义之攸关，如《百二草》之流布，名留于八股之史，尚非浅止此，尤有一大关系。由于在此方面的成功，泾阳在地方士子当中就获得了很高的声望，慕名求学者随之日多。再加上当时家庭的经济状况不好，而其父亲又告诫他勿受长官之馈食，宁以文才谋生。于是，他便开始四处讲学。这段讲学的时间大概开始于他二十二岁之后，至三十一岁中进士之前，为时约十年。以往对顾泾阳的讲学活动之研究，主要重在他四十五岁落职家居之后，特别是主持东林书院阶段。由此看来，尚大有遗缺。当然，这两段长时期的讲学，其性质有很大的不同。

《年谱》辛未（1571）条载："（泾阳）自是连岁授经，或家居，或

---

① 以上见丁元荐：《汇刻顾泾阳先生时艺序》，载于《尊拙堂文集》卷之三，清康熙二十八年先醒斋刻本。
② 《题〈顾泾阳选义〉序》，载于《清白堂稿》卷五，第149页。

应聘,弟子日众。其从游最早者,武进吴大参之龙、江阴顾少参言,余不能详。"① 这一年,泾阳二十二岁,可谓还十分年轻。万历四年,泾阳中解元之同年十月,顾父卒,因此泾阳不能继续参加当届的会试,在家为父苫块守丧。明年,"公居忧毁瘠,四方来学者僦居以待其出,因勉起教授。诸门人无籍可考,惟镇江钱应娄、应旗,见文集中"②。又明年,顾父赠公得入葬,宜兴史孟麟③前来问学。又次年正月,泾阳除父服,长兴丁元荐④来问学。是年,《年谱》载史际明语谓:"先生授经虞山及松陵、槜李间,余时以诸生从。余故好称儒贤,则古昔。先生意与券合,日取鲁、邹、濂、洛诸书,商榷究竟,盖期许于骊黄之外云。"⑤又据张纯修《学庸辨题辞》所言:"顾端文公未第时,授书泾皋,弟子云集。及虞山、松陵、槜李诸家,先后聘主西塾,从而问业者益众。说书课文,咸有定期。吴越间故设夜航,至日,并于清晨来泊,馆下诸生罗列听讲……公以旷代逸才,体曾、思语气,守程、朱解说,析理最透,敷词最纯。"⑥此所指当为相同之事。

由此描述,可知,泾阳在万历七年之后至赴会试之前,讲学活动十分繁忙,所到之处,即有问学之人。其中不少弟子在以后一直追随于他,成为参与东林讲学的骨干,并在泾阳去世后延续了他的精神。泾阳讲学以家乡泾皋为中心,往来江浙之间,讲学活动已经相当有规模,而且有规律,从学者极多,很受学子的欢迎。这说明泾阳的影响力,绝非一般可以形容。泾阳退居之后,讲学活动仍然是以往来江浙为主。此间之内,声气相通,泾阳早年的讲学无疑打下了深厚的基础。

泾阳中进士,在其供职期间,仍有问学者。万历十一年癸未(1582),五月泾阳调吏部文选司,因母寿,秋给假归省。万历十四年(1586)七月,假满北行入都。这期间大概三年的时间,也是泾阳读书讲学的一个高峰。泾阳家居时,初读《易》,继读《春秋》。《年谱》甲申(1584)条载:"时留

---

① 《年谱》卷上隆庆辛未条,载于《全集》,第1735页。
② 《年谱》卷上万历丁丑条,同上书,第1737页。
③ 史氏,字际明,于诸门人中最亲,后有名。
④ 丁元荐,字长孺,与泾阳亦极亲,后有名。
⑤ 《年谱》卷上万历己卯条,载于《全集》,第1737—1738页。
⑥ 转引自无锡文库本《泾皋藏稿等》,南京:凤凰出版社,2011年,第573页之前页编者语。

第一章 前论 | 011

泾弟子视卯、辰间尤盛。"①"卯、辰"指己卯（1579）、庚辰（1580）二年（主要是己卯年），与上文所引史、张二人所述一致，二人所论正是此段讲学的盛况。而今日讲学之况较以往尤盛，又可想见矣。其原因，一者，泾阳已无应考之压力，可以从容优为；二者，泾阳已入朝为官，有了身份，势易为招；三者，泾阳这一时期学问兴趣亦大涨，其体会又增进，故其名愈盛，而学者愈众。万历十四年丙戌（1586）春，泾阳应县令李复阳②邀请，讲学于泮宫（县学），"绅士听者云集"③。

此间最值得注意的是，此次讲学把东林之另一领袖人物高攀龙引上了志学之途。高氏《困学记》开篇便论述此事对他的影响，其言曰："吾年二十有五，闻令公李元冲与顾泾阳先生讲学，始志于学。以为圣人所以为圣人者，必有做处，未知其方。"④《年谱》又引高氏《日记》自云："终身师事顾先生。"⑤初，顾氏对高氏有引导之功；其后，则高氏自学之力居多；终顾、高一生论，二人讲学东林，书信往来，切磋为多，其谊在师友之间。

另外，万历十七年己丑（1589），泾阳从浙江处州（今丽水市）任以差归，二月抵家，五月母卒。第二年，父母合葬，其弟子前来参加合葬的，多数就留下来肄业，如其父丧时。万历十九年（1591），嘉善的夏九鼎、钱士升⑥同来问学。八月服满，十二月补授福建泉州府推官，这一时期的讲学活动结束，为时约三年。

泾阳四十五岁被革职为民，五十九岁时方起南京光禄寺少卿，但是最终未赴。因此，一直到他去世，其间大约十八年的时间都在闲居讲学，特别是东林书院复兴以后，讲学的规模更为扩大，组织更为完密。后世言其讲学，也多是特指东林讲学。诚然，这段讲学，是泾阳讲学最投入、最辉煌的时期，也是我国古代讲学史上的光辉篇章。

泾阳于万历二十二年甲午（1594）因会推阁臣，固执己见，忤上意，被

---

① 《年谱》卷上甲申条，载于《全集》，第1746页。
② 李复阳，字宗诚，号元冲，江西丰城人。
③ 《年谱》卷上丙戌条，载于《全集》，第1748页。
④ 高攀龙著，《高子遗书》卷三《困学记》，载于《高攀龙全集》（上册），尹学兵辑校，南京：凤凰出版社，2020年，第346页。
⑤ 《年谱》卷上丙戌条，载于《全集》，第1748页。
⑥ 钱士升，字抑之，号御冷，崇祯朝辅臣。

革职为民。泾阳于当年九月抵家，一直抱病。"病中体究心性，有所得，辄札记之"①，于是年便开始了《札记》的写作，一直坚持了十八年之久。泾阳归家后，闻讯而至者自是不断，如夏九鼎、钱士升、李衷纯、叶昼等皆求学于泾阳。万历甲午二十三年（1595），泾阳病几殆，明年秋，始愈。这几年，来从泾阳求学者，又现云集的盛况，较以往有过之而无不及。据《年谱》所述：

> 连岁弟子云集，邻居梵宇，僦寓都遍，至无所容。公商之仲、季，各就溪旁近舍构书室数十盈以居之，省其勤窳，资其乏绝，溪之南北，昼则书声琅琅如也，夕则膏火辉辉如也。过者停舟叹羡，即行旅皆欲出于其途。②

此段描述与所记载的阳明讲学之盛况，何其相似。由于学者过多，无所容纳，于是顾氏兄弟不断开辟书室、构筑讲堂，一方面便于人员留住，一方面便于师友讲习。此时新建的讲堂为同人堂，也作为家塾，在泾阳的小心斋东侧，由其二哥泾白公（顾自成）主持建成。这一时期的讲学很具规范，教授的对象包括四方学者和顾氏亲属子弟，一月两试，还有严格的会规。并且，考试还采用了糊名、易书法。因为泾阳多病，多由他的二哥来亲自课士，辅助教学，阅卷则由泾阳亲自进行。同人堂讲学可以看作顾泾阳东林讲学之过渡时期。

万历三十一年癸卯（1603），众议修复东林书院。同人堂讲学固然较以往为有规模，更为规范，然而，一方面由于学者之不断增多，其规模亦终嫌隘陋；一方面毕竟为私人聚徒讲学，无所承系，未能得到官方的响应，力有不足；还有一方面，即顾氏思想之成熟，其对时弊之批判及对性善之宣扬，都迫使他急于寻求更高层面的讲学平台。因此，泾阳便始终以寻找一个合适的讲学之所为意。据高攀龙道："先生时时谓攀龙曰：'日月逝矣，百工居肆以成事，吾曹可无讲习之所乎？'"③

东林书院在明代，一度废为僧所，后来邵二泉曾讲学其中，然既仕寻

---

① 《年谱》卷上甲午条，载于《全集》，第1774页。
② 《年谱》卷上丁酉条，同上书，第1780页。
③ 《高子遗书》卷十一《南京光禄寺少卿泾阳顾先生行状》（以下省称《行状》），载于《高攀龙全集》，第732页。

废,归于华氏。华氏尝修葺之,阳明为之作《东林书院记》,后又荒圮。高攀龙在翻检邑乘时,看到了东林书院,于是转告顾允成,允成归告其兄。泾阳欣喜若狂,"时予方卧病,闻之蹶然而起,遂偕安、刘诸君子请于当道,而修复之"①。万历三十二年甲辰(1604)四月,兴作东林书院,十月落成。于是泾阳遍启江浙同人,以是月之九日、十日、十一日大会于东林书院,作《东林会约》,一本朱子《白鹿洞书院学规》。如此,一方面,东林书院,旧已有名,得现成之地,以为讲学之专门场所,祠祀堂构,一应完备,于讲学便甚,尤加正式;一方面,东林为宋杨时讲学之所,杨氏发为朱子之脉,泾阳于此讲学,继往开来,则可以吻合程朱之统,于其宗旨有所属系。高攀龙谓:"此殆造化留以待叔时也。"②信哉!关于东林书院的活动,人所多详,故不再细述。

故综上所述,泾阳之一生,可以说,从二十岁刚出头,便开始其几乎不间断的讲学授徒生涯,中间叠经数次高潮,至晚年兴复东林书院,厥功至伟。泾阳之一生,可以说是讲学之一生,故言其讲学,不可仅注意其东林一段最显赫的时期。

然就泾阳早期讲学和后期讲学的内容来说,有所同异,在性质上发生了很大的转变。我们知道,泾阳讲学出于生计,家居讲学或出外应聘,与一般的塾师没有什么区别。而其之所以有很大的声誉和影响力,乃因其举业之卓越,这对旧时士子来说,无疑是最令其向往膜拜的。因此,泾阳此时之讲学,并不是讨论学术、切磋义理之讲学,其实不过为讲授传统之举业,培养和提高士子应举之能力。而元明以来,科举之内容最主要的便为朱子之《四书章句集注》,所以,泾阳之讲学,明白言之,就是教《四书章句集注》,疏通文旨,发挥大义,以更好地让人体会圣人语气,代圣立言,作八股,取功名。

私塾先生教书,主要是口讲,名之为"舌耕"。为了便于讲说和传示,也往往笔之于书。泾阳最早的著作《学庸意》《学庸说》,都是这方面的著作。《年谱》谓:"公于制举业,意殊不屑。塾间求示者众,恒以笔墨代口语,作《学庸说》,存箧中,戒生徒勿为流传。"③可知,泾阳早期之著作,

---

① 《先弟季时述》,载于《藏稿》卷二十二,第492页。
② 同上。
③ 《年谱》卷上甲戌条,载于《全集》,第1735—1736页。

都是应对举业的讲义。这些讲义，固然是他多年心得体会的总结，然因为要受考试规则很大的限制，所以他的阐发多是在朱子的规范之内，所谓"述朱"是也，还不能够把它们作为泾阳独立思想的表达来看待。并且，根据上文，我们还知道，泾阳大约是在此前后才接触到阳明的文献和宋代理学家的原典文献，他对心学和理学思想的研究方为起步阶段，自己的思想并不成熟，而且他的科举道路也没有走完，因此，他本身也确实仍然处于朱子思想的束缚之内。《学庸意》《学庸说》都是泾阳早期讲学的遗迹。《游艺塾文规》中专述泾阳所论作文之九法，便是泾阳对制义经验之提炼和总结。从应举之题材的详细阐发，到时文写作经验之挚谈，泾阳对士子之应举可谓有比较完整系统的指导。这就是他早期讲学的主要内容。

虽然泾阳早期讲学之一般内容如此，但并非仅此。他的老师曾对他说："子非区区举业可了，应寻向上一着。"泾阳对他的学生中有根底者，亦是如此引导。如对史际明，"日取鲁、邹、濂、洛诸书，商榷究竟，盖期许于骊黄之外云"，便是此意。对于有志于先圣贤之学，而不单以科举为务者，泾阳很是欣赏。他们所谓之"向上一着"或"期许于骊黄之外"，主要是讨论"邹、鲁、濂、洛诸书，商榷究竟"。这种商讨，就超越了举业的范围，而是真正的学术乃至生命问题的讨论，是对"究竟"或终极道理的研穷。又如同人堂课士，泾阳"亲为甲乙，择其中之可以语上者，朝夕镞砺，期于有成"①。这也特别体现了泾阳之心意，对于可深造之材，他是乐于成就的。这也说明，虽然是同一授受举业，泾阳存在着两条路线：一是对众，即以举业之成就为满足者；一是对人，即在举业之上复以人生之成就为满足者。在举业和志道之间，泾阳根据人才之资质作了一种微妙处理。

《年谱》谓"公于制举业意殊不屑"，《行状》亦谓："当是时，先生名满天下，其于文章，斟酌今古，独辟乾坤，学者宗之，如山于岳，如川于海。而先生退然谓此非吾人安身立命处。心所冥契，则五经、四书、濂、洛、关、闽，务于微析穷探，真知力践，自余皆所不屑矣。"②泾阳自作《示儿帖》，谆谆戒子曰：

---

① 《年谱》卷上丁酉条，载于《全集》，第1780页。
② 《高子遗书》卷十一《行状》，载于《高攀龙全集》，第722—723页。

> 就汝分上看，但在志向何如。若肯刻苦读书，到底工夫透彻，科甲亦自不难，何有于一秀才？若再肯寻向上去，要做个人，即如吴康斋、胡敬斋两先生，只是布衣，都成了大儒，连科甲亦无用处，又何有于一秀才？①

这些说明了泾阳一生，无论是自处还是教人，都没有把举业功名放在首位，而是把"寻向上去，要做个人"作为第一等事。在举业和成人的关系上，泾阳自始就已经分辨得很清楚了。

那么，我们再来考察泾阳后期讲学的内容。他后期讲学的宗旨，最全面地体现在《东林会约》当中，大会之流程等内容则具体规定在《东林会约附》当中。据《会约附》所言："每会推一人为主，说《四书》一章，大会加一章。此外有问则问，有商量则商量。"②如此，东林讲会所讲亦不过是"四书"的内容。按实而论，东林之会较泾阳以前讲学的内容并无变化，只是在规模和程序上都更大更完备而已。这仍然是依照科举之需要而开展的讲学，至少我们可以说讲学仍然与举业托为一体。其实不但东林讲学，泾阳所赴各地讲会也差不多都如此，观其所作诸《商语》便可知。

万历三十九年辛亥（1611），泾阳参加志矩堂讲会，群讲"四书"一章讫，会即罢，群推先生再讲一章，泾阳便把讲学之目的向大家直接呈出。他说："'敢问诸君今日之来，是为要做时文？是为要做人？'皆曰：'要做人。'"③这里，虽然有道德价值之导向在，然同时也把讲会之功能作了说明。一般之讲会，其基本之目的，还是为了"做时文"。讲学之基本内容，也都是围绕着时文之题材——"四书"各章而发，讲学之形式也都与时文之写作相符合。但就高级讲学之意义来说，或对某些有资质和志向的士子，显然并不能以"做时文"为止。对于泾阳来说，固然不能否定讲学以能"做时文"为基本功能，但他更强调通过讲学让这些士子能学会"做人"。他认为讲学不应仅仅讲"纸上的书"，更应讲"诸君身上的书"。讲学不但与作八股、取功名有关，更应以人身之修养，德性之淬砺有关。讲学不但是口讲，更应付诸躬行。并且，泾阳认为，"做时文"和"做人"未尝矛盾。如欲时文之

---

① 《年谱》卷上丙申条，载于《全集》，第1777页。
② 《东林会约附》，同上书，第396页。
③ 《志矩堂商语》，同上书，第350页。

好,但执名利之念,"即举业亦恐不能工矣。是做时文与做人,两失之也"。反之,他说:

> 倘能专意本领,朝参夕证,无非是事,一切名利,并不挂上眉端。吾见胸次清虚,义理自尔昭著;意思闲雅,天机自尔活泼。以此读书,必能一一透入圣贤之心;以此作文,必能一一写出圣贤之心。内外精神,一以贯之而无遗矣。是做时文与做人两得之也。[①]

这可以作为举业与进德之相容关系的一段妙论,其意义即今日之读书为文而犹在焉。

泾阳之讲学,一方面包含了教人"做时文"的内容,这是依托;一方面他也希望通过讲学,能够教人"做人",这是精神的归宿。最终,"做时文"和"做人"是融合在一起的,[②]真正之得应为两得。这也可以略窥明代讲学之特色。[③]这种应对举业而生的讲学,其基础和影响都是很广泛的,是思想传播之最便利的假借形式和最广阔的平台。一些人热衷于评点时文,其缘由在此。对此也不容小觑。

如此,我们可以来比较泾阳之早晚期讲学的内容和性质的转移。其讲学始终如一者,就是一直依托于举业之传习。泾阳之《札记》和《商语》,特别是《商语》,就是"四书"章句之讲义,讲学也受着制义之定式的影响。后人所编泾阳的讲义多是直接从《商语》中选录出来。其不同在于,泾阳早期讲学,教人"做时文"的成分居多,对于特殊人才,加以提拔指导;而后期泾阳教人"做人"的成分居多,或者说,宣讲他的思想体悟和感受,以及进行思想之评论和批判的内容占了主要部分。

我们还可以从泾阳之著述来考察这一点。泾阳早期遗留下来的著作,主要是他的时文集和两部《学庸》讲义,都还不能算作他的真正著述。泾阳最早之研究,是关于《大学》文本及"格物"义澄清的几部短篇著作,这些是

---

① 《志矩堂商语》,载于《全集》,第352页。
② 参朱杰文:《东林书院讲学性质转化考述》,《中国书院论坛》2002年第3期,第192—199页。
③ 举业与志道之间的关系,在理学的开始阶段便成一个问题,如程伊川便曾说过:"人多说某不教人习举业。某何尝不教人习举业也。人若不习举业而望及第,却是责天理而不修人事。但举业既可以及第即已,若更去上面尽力求必得之道,是惑也。"(《遗书》卷十八)就志道与举业广而论之,则富贵与人生之关系,穷达与人生之关系,皆理学家所注意而谨慎对待者,是所谓"出处""进退""取舍"问题。而明代学者不乏弃科举如敝屣者,"征君"受尊敬之高,有逾常情,也殊可注意。故,宋明理学内有一种高尚的精神能激励人,能为绝俗之事,而于功名最不经意。

在他历官期间陆续完成的。泾阳的具有思想研究和反思体究及批判意义的著作,都是在他四十五岁落职家居之后写作完成的。首先是《札记》,这是一部思想笔记,集中了他最重要的哲学观点。其次是《还经录》和《证性编》这两部著作,二书有继承性,都集中批评阳明和以批判阳明为目的,《证性编》有专门之结构。这一时期,泾阳思想逐渐深入和成熟,并对传统思想史,特别是宋明理学,都有自己深刻的反思和批评,提出了自己的不少构想。其次则是诸多的《商语》。

总体来看,泾阳无论是对理学还是王学的深入,主要是在他后期才得到展开的。在此期间,他形成了自己成熟的思想,有宗旨,有批判,已经完全具有独立性。因此,泾阳后期讲学的重心就发生了转移,以思想阐发和思想批判为主。虽然,泾阳前后期思想的影响都很大,但其实质的意义则是不可相比的。

## 第三节　忧世之心与"联属"之志

以上对顾泾阳之著述、学术渊源、制义之成绩及讲学之前后期情况作了比较全面的说明。下文将把泾阳从政和讲学的精神联系在一起,从其精神之贯注处来作一番新的考察,庶几泾阳之一生,吾人可得而识其所以为一以贯之。

泾阳于万历八年庚辰(1580)中进士,在吏部任职,开始了他的政治生涯。那么他在政治上的期许为何样呢?有一段文字可以说明:

> 嗟乎!世衰道微,人心离丧,浮破悫,枉蔑贞,淫掩良,争蔽让;智者相与借诗书以文其奸,愚者谬以为固然,步亦步,趋亦趋而已。当吾为诸生,业恻然伤之,时时思有以矫其弊,莫能振也。既博一第,从缙绅先生游,时时私求其人,鲜遇者,乃独足下之指与吾不异耳。①

我们对顾泾阳在政治上的研究一直把焦点放在他从政以后、东林讲学论事之"冷风热血"上,殊不知泾阳对世道之抱负由来已久。这段话就把泾阳自来潜埋于胸中的对世道之观察、愤伤都呈现了出来,也同时把他伟大的社会理

---

① 《哭魏懋权文》,载于《藏稿》卷二十,第438—439页。

想呈现了出来。他之进入仕途,本怀抱着热切之拯救世道的愿望而来。不仅如此,他的整个人生都一直怀抱着"时时思有以矫其弊"的理想。这种时弊,据泾阳自道,却是根深之人心"世道"。他在《哭刘国徵文》中也如此说:"当是时,天下滔滔,上下一切以耳目从事,士习陵迟,礼义廉耻顿然欲尽。吾三人每过语及之,辄相对太息,或泣下。"① 泾阳对人心世道的现状之感触很深,极为痛彻而又极其真诚。因此,我们说,泾阳之从政和讲学,都是全力以赴此志。政治之作为和讲学之感召,是他的两条主要途径。

同时,还有一点信息我们应注意。泾阳入朝,自谓"始吾来燕中,有意乎天下之士也"②,又谓"时时私求其人"。这些说明,他一来就有意于寻求志同道合之人,希望能联合正士,有所作为。幸运的是,他确实找到了两个这样的人物,也即上所凭吊的两人:魏懋权和刘国徵③。最初泾阳与魏懋权识,又由魏进而识刘,三人遂成莫逆。恰巧三人同是万历丙子岁的乡试头名,所以时人以"三解元"称之。三人尝相谓:"吾三人者,或先之,或后之,或衷之,其有济哉!即不济,卷而藏之,何恨? 求善价而沽,枉尺直寻,非吾质也。"④ 这几句话,可以说就是三人一生事业之计划和一生精神之透露。魏、刘二子早卒,按此而论泾阳,意最吻合。泾阳为官之日,则百思有济,其既不济,则去官而退藏。如泾阳在官之日,万历九年(1581)首辅张居正病,群臣为之斋醮,同官代署泾阳名,泾阳闻而追削之;万历十五年(1587)因何起鸣、辛自修、高维嵩等之纠纷,而上《睹事激衷恭陈当今第一切务事疏》,忤旨,降三级调外,补湖广桂阳判官;万历二十一年(1593),三王并封事起,泾阳倡吏部四司联合争之,上《建储重典国本攸关事疏》,激切发"九不可"之论;万历二十二年(1594),吏部会推阁臣,力主王家屏等,违上意,革职为民,闻命旋即出都,毫无恋惜。此特其历政所为之炳耀者。于此,可见泾阳绝无"求善价而沽,枉尺直寻"之质。

泾阳为官,主要是在吏部四司供职。万历八年(1580),中进士,吏部本部办事,后转户部。十年末调吏部稽勋司主事。十一年,三月调吏部考功

---

① 《哭刘国徵文》,载于《藏稿》卷二十,第436页。
② 同上。
③ 魏懋权,名允中;刘国徵,名廷兰。
④ 《哭魏懋权文》,载于《藏稿》卷二十,第439页。

司,五月调吏部文选司。休假三年,十四年九月,补吏部验封司主事。十五年正月,署吏部稽勋司员外郎。同年三月,言事触忌,外用,兼守母丧。二十年四月,擢吏部考功司主事,秋赴任,升验封司员外郎。二十一年二月,调考功司,七月升验封司郎中,八月调考功司,十月调文选司。二十二年,遂革职为民矣。三十六年,虽诏起南京光禄司少卿,然未赴。所以自二十二年之后,泾阳即相当于休致了。以上是泾阳从政经历之始终。

列此,所欲明者为吏部是一个比较特殊的部门,泾阳之职守与他的政治愿望、活动及政治上所引发之诸事端,是密切相关的。吏部主要负责全国官吏之铨选、推荐、升调、考核等项事务。一言以蔽之,就是负责人才管理。所以,泾阳之为官,所注意和所从事之活动,就都与人和论人有关。其克勤职守,就是能够得人才而推荐之,非正人则抑退之。其所争之是非,也主要是某官之良否,当任与不当任。如果用旧话来说,就是要辨别君子和小人。其若欲尽职尽责,就要进君子而退小人。因此,泾阳之政治活动,与王安石之改革,王阳明之军征,绝不相似,并不是指参与此类国家的政治军事举措,而是就事论人,因人论事,主要是对人事之议论,或美名之曰"清议"。钱穆先生谓:"惟东林诸儒言政治,其在当时所谓系心君国者,则不过裁量人物、訾议时政而止。"[①] 正是说明了此点。又泾阳为官之初,得魏、刘二子,情义投合,皆不满于张居正之"横政",慨然议论。这引起了张居正的注意。张氏曾对三子之座师申时行说:"闻新进士有三元会,知之乎?每日取邸报递相评骘,自以为华衮斧钺俱在其手。此皆贵门生也。"[②] "华衮斧钺"即言人事之褒贬,也说明了泾阳政治活动主要是清议。

因此,泾阳来京即有意于结识天下人才,而其所部又恰合其意。他的抱负,大概就是要得天下人才而进之,通过对朝廷上官吏之扶抑、君子小人之进退来实现国家之治安。他观察到生活之中,有物可长久不坏,他认为是事物得阳使然,"阳之贵也如是"[③]。他还认为:"阳生于子而实始于亥,亥之为言孩也,有向长之意焉。阴生于午而实始于巳,巳之为言止也,有向消之

---

① 钱穆:《中国近三百年学术史》,北京:商务印书馆,1997年,第20页。
② 《小心斋札记》卷十七,第199页。
③ 《小心斋札记》卷三,第39页。

意焉。圣人为扶阳抑阴计，即一制字间，无不着精神也。"①泾阳特别眷注圣人扶阳抑阴之意，这也即是他在朝尽职的应有之义。关于评论人物，泾阳指出应把握三点：第一，要论人"趋向之大体"，"趋向苟正，即小节出入，不失为君子；趋向苟差，即小节可观，终归于小人"。第二，要"扶阳抑阴"，他说："为国家者，莫要于扶阳抑阴。君子即不幸有讹误，当保护爱惜成就之；小人即小过乎，当早排绝，无令为后患。"第三，"其品，人人殊矣，总之各成一局，各不害其为豪杰也"②。可见，泾阳论人有原则，观趋向和扶阳抑阴，可以说是原则，此峻严不容依阿；然亦有宽容，品性各殊，小节出入，理应容许。不过，他的宽容是对君子而言，原则的严肃是主要的。因此，君子小人之别，扶阳抑阴，是他论人物的根本宗旨。他曾说："君子之穷，小人之幸，天下之祸也。小人之穷，君子之幸，天下之福也。有世道之责者，其尚审于早而慎于微哉！"③此亦可见，泾阳欲扶君子使之勿穷、欲抑小人使之勿幸的心态。

"扶阳抑阴"，阴阳可以说代表了是与非、正义与非正义的对立。这种彼此鲜明的观念也直接加深了官僚集团之间的分化和对立。泾阳在是非上是坚持立场、毫不妥协的。如万历十四年丙戌（1586），他入京补吏部验封司主事，王锡爵对他说"君家居且久"，"长安近来有一异事"："庙堂所是，外人必以为非；庙堂所非，外人必以为是"。泾阳反唇相讥，"又有一异事"："外人所是，庙堂必以为非；外人所非，庙堂必以为是。"④这段对话，把当政者的是非之颠倒与顾泾阳勇于抗衡之姿态都最尖锐最鲜活地呈现出来了。他维护正人，坚持正义，并以此作为自己的使命，当成自己生命价值之践履，这是值得尊敬的。然君子小人之辨由来久矣，宋儒严之，而党祸轮替。泾阳一辈东林人士，激扬于扶阳抑阴之义，而党祸亦结而不解。阳既以阴为敌，阴必与阳相抗，"其血玄黄"在所难免。况君子小人之义原有不同，是非之论本不易定。扶阳抑阴，为义固正，得之难哉，是以迥非国家之福。此亦儒家之宿疾，不可以一人一时而责备。

---

① 《小心斋札记》卷一，第12页。
② 以上见顾宪成：《自反录》，载于《全集》，第444页。
③ 《小心斋札记》卷十七，第198页。
④ 同上书，第201页。

不论结局如何，就志愿上来说，泾阳扶阳抑阴，进君子而退小人，这是完全秉于公心，希望通过人才之振兴和君子之得位，来改善国家的颓败。泾阳把自己的行事看成是天地间一大公共之事，把自己看成天地间一大公共之己，宋儒所言之"天地气象"是泾阳所真心赞叹而实践的。他说：

> 语有之："古之学者为己，今之学者为人。"程子借其言而反之曰："古之仕者为人，今之仕者为己。"其指微矣！要而言之，二义实互相发也，只在辨得一"己"字耳。窃以为，古之所为之己，公共之己；而今之所为之己，躯壳之己也。所为在公共之己，则于躯壳之己必有所不暇问，而此心廓乎其大矣，何者不联属于内？是己与人两得之也。所为在躯壳之己，则于公共之己必有所不暇问，而此心局乎其小矣，何者不隔绝于外？是己与人两失之也。得失之间，其端毫厘，其极千里，不可不察也。①

这是泾阳为学和为仕的共同精神，其学在此，其仕亦在此。他所欲成就的"公共之己"，乃指"此心廓乎"，"何者不联属于内？是己与人两得之"。这里，泾阳突出了人己之"联属"。"联属"有一体的意味，这与宋儒所好言之"仁境"相似。"联属"之义，在泾阳的思想中是应当特别注意的。在政治之意义上，"联属"更多表现为公私的通与蔽，而在讲学的意义上，则"联属"又体现为道体、精神之通与隔，此点详见于下文。泾阳政治上之理想，就是要人人大公无私，以公心合人心，以人心合天下，如是而人心可结，天下可为。

以公心从事，可以包含两义：一是以是非之正为心，这就要扶阳抑阴；一是以和衷共济为心，同为天下尽力，这就应消除无谓之争斗。泾阳于两义皆采用。这里，我们更应把握公心的积极意义，即泾阳希望以之"联属"人己。他说：

> 今日议论纷纭，诚若冰炭然！乃不肖从旁静观，大都起于意见之岐，而成于意气之激耳。若有大君子焉，于中从容调剂，各各成就其是，而因使各各反求其所未至，安知不渐次融融，归于大同？如此，即

---

① 《藏稿》卷十三《题邑侯林平华父母赴召赠言》，第336—337页。

两下精神俱为国家用，而不为争区区之门面用，乃旋转第一大机，而世道第一快事也。①

可见，泾阳对朝廷之纷争对立，很是厌倦，很是痛心。而这些纷争也往往没有必要，应力加消除。其方法，他略有提示，即"使各各反求其所未至"。具体的做法如下：

诚欲为之转而移、联而合，盖有道焉，其道惟何？曰：在局内者，宜置身局外，以虚心居之，乃可以尽己之性；在局外者，宜设身局内，以公心裁之，乃可以尽人之性。何言乎虚也？各各就己分上求，不就人分上求也；各各就独见独知处争慊，不就共见共知处争胜也，则虚矣。何言乎公也？是曰是，非曰非，不为摸棱也；是而知其非，非而知其是，不为偏执也，则公矣。夫如是，将意见不期融而自融矣，何所容其岐？将意气不期平而自平矣，何所容其激？其于国家尚亦有利哉！此弟之所为寤寐反侧，叩天而祈者也。②

泾阳所言之"道"，就是两心："虚心"和"公心"。同时要尽两性："尽己之性"和"尽人之性"。归结起来，实际的要求就是"自反"，这也是儒家的精义所在。"自反"，一者反求诸己，不苟责于人；一者反求乎是和非，求是之必是，非之必非，知是知非。如此，才有利于遏制朝中矛盾的激化，共筹国事。泾阳甚至把"自反"视为当时政治的第一要务。他说："臣腐儒也，无所知识，生逢明圣，思见太平，情激乎中，不能默默，辄以自反之说进，熟念当今第一切务无过此者。"③在与高攀龙的书牍中，他也言道："盖为今日计，一则持议欲平，一则只在明己之是，不必辟人之非。"④"自反"是

---

① 《与友人》，载于《藏稿》卷五，第139页。
② 《与伍容庵》，同上书，第142页。
③ 《睹事激衷恭陈当今第一切务事疏》，载于《藏稿》卷一，第7页。
④ 《柬高景逸》，载于《藏稿》卷五，第166页。高氏亦哀痛于意见之交讧，坐以废事，使事变日亟也。其言曰："国家之事，束缚于格套，分歧于意见，摇夺于议论，所从来矣。虽以圣明之朝无事不可为，而有志之士无事可为者，大率坐此。今日何日，尚可循沿积习乎？"（《破格用人疏》，载于《高攀龙全集》，第370页）其于党争，则曰："人不知学，世道交丧，于是朋党祸起，相安则交安，相危则交危。故党类之党不能无，是群分之品也；偏党之党不可有，是乱亡之本也。知党类之不能无，使之各得其所，而勿相猜忌；知偏党之不可有，使之各惩其祸，而勿为已甚。但得人人自反，勿专尤人，则无不可融异为同、化小为大。"（《论学揭》，载于《高攀龙全集》，第390页）则高氏亦别白公私，而以自反为世教之倡。世人袭东林杂咨之名，而不能辨别虚实，以东林为政党，以其论争为祸本，至今日不已乃加加甚，何不平不明之固也？可为长叹！故东林之学其于今日之研求为急务也。学明，则名之正否存乎其人，又不必起交诤也。

顾泾阳议政的一个基本原则和试图化解纷争的一个策略。至于其奏效与否，自当别论。

以上把顾泾阳政治上的主要精神作了一番交代。现在再来考察他退居之后，于讲学之中是如何贯注这同样的精神的。从政与讲学，虽然事有不同，但对顾泾阳来说，只是境遇不同，他有志于矫正世道人心的精神不曾稍变。

邵文庄（宝）曾说："愿为真士夫，不愿为假道学。"泾阳谓"文庄之意远矣"①。士夫代表着一种政治上的身份，道学家代表着学术上的身份。泾阳对邵氏之言的深会，所谓的"真"和"假"，蕴藏了他某种深层的理念。就对世之态度来说，他总结人的品类："有忧世者，有愤世者，有维世者，有矫世者，有超世者有玩世者，有混世者，有趋世者，有遁世者，有忘世者，其辨只在几微之间。"②前四种大概都能适用于他。他对历史人物，也基于自己的理念，有特殊的理解。如他认为"留侯（汉张良）原是世外人，只缘一片热心未断，却走入世上来"。又如，他与座客评论《论语》中仪封人、晨门、荷蒉等七人的优劣，其仲兄推仪封人和晨门为优，因为"此两人不卑小官，还有不忘天下意思"。③一座称善，泾阳特笔之。这些文字都是泾阳之热心国事、不忘天下意思之沛然流露处。

凡熟悉顾泾阳者大多知道，他有一段名言：

> 官辇毂，念头不在君父上；官封疆，念头不在百姓上；至于水间林下，三三两两，相与讲求性命，切磨德义，念头不在世道上，即有他美，君子不齿也。④

他还曾在他的乞休疏中表明：

> 且夫入山惟恐不深，入林惟恐不密，恝然置安危理乱于不问，以自便其身图，臣之所大耻也。⑤

他在《札记》中也曾慷慨论道：

> 乃知困之进人，不论有位无位，只要人自识得个中机栝，不蹉过

---

① 《小心斋札记》卷十七，第206页。
② 《小心斋札记》卷五，第54页。
③ 以上两条见《小心斋札记》卷十四，第174页。
④ 《小心斋札记》卷十一，第137页。
⑤ 《闻命亟趋屡牵凤疾恳乞圣恩俯容修致事疏》，载于《藏稿》卷一，第19页。

耳。若进则优游岩廊，当忧不忧，当惧不惧，徒然拥高爵，饱厚禄，以明得志；退则优游泉石，了无一事足撄其念，其于世之理乱安危，亦如秦人之视越人，漠不相关。果天弃我？抑我弃天？吾不知此为何等人也！①

他的季弟亦有一番名言，载在泾阳《札记》中，其文曰：

> 季时曰："今人讲学，只是讲学。"予曰："何也？"曰："任是天崩地裂，他也不管。"予曰："然则所讲者何？"曰："在缙绅只是'明哲保身'一句，在布衣只是'传食诸侯'一句。"予为俯其首。②

这几条都是表明顾泾阳对讲学与时政之间关系认识的绝好材料。首先，他认为，人在其位，就要关切国事；不在其位，也不应忘怀世道，解除责任。独务讲学，不于世道着念，是他所不取的。其次，世道安危治乱，皆洒然不顾，深藏以逃世，期求自安，是他所耻的。再者，外世事而讲学，"所讲何事"。专心讲学而隔绝世事，讲学与时政割裂为二，泾阳认为，如此的讲学就不成其为讲学。对于顾氏来说，讲学和对时政的关切密不可分，讲学就是对世道之维护，脱离世道则讲学就失去了意义，二者是相贯通而不可分的。这是顾氏兄弟的共识，也可看作是东林人物之共识。由此，我们对上所引"假道学"和"真士夫"之远意，便可了解。"假道学"不但是指那些空虚无实，道貌岸然，妄杂于论道之列者，尤指那些不顾社稷安危，置身事外，空以学术自名者。这里饱含了他对抛弃社会责任而安然讲学者的严厉批评。

按上所引之材料，得诸万历三十五年（1607，对应《札记》卷十四）者数条。考是年，五月泾阳弟泾凡公去世。七月王锡爵由万历皇帝特起，召赴任，泾阳感动兴发，殷殷寄望，竟入于梦。《年谱》述其情节：

> 公梦为祖道，执其手曰："有君如此，何忍负之？"郑重丁宁，不觉放声大哭，一室尽惊，及觉涕泪淋漓，群就而问故，公曰："此非儿女辈所知也。"不忍虚此一段诚意，因述两言，并书诒之。③

所述两言即《寤言》和《寐言》。我们可以想见，泾阳对于国家世道是何等的入心！此心非常人所能知，更非慕浮名、贪浮荣者所可解，千古之下，一

---

① 《小心斋札记》卷十四，第173页。
② 《小心斋札记》卷十，第128—129页。
③ 《年谱》卷下丁未条，载于《全集》，第1810页。

段精诚，犹生气淋漓，可歌可泣。也许，正因他身处林下，不能直接施为，较在朝之日，他忧世之心更要加重几分。"身在江湖，心存世道，若是乎爱国之深也。"①他论人的这句话，完全适用于自己。邹元标睹其书，"叹老兄一代赤衷，为世道留意至此，宇内几人？弟万万不能及"②。这种评价可以说都是实情。此种精神，理应大书特书。故于文字，亦不惜详引，以见其确实属泾阳本来之心迹，绝非出于推测和空文。

顾氏曾在《以俟录》的《自序》中自白："生平有二癖：一是好善癖，一是忧世癖。二者合并而发，勃不自禁。"③泾阳对世道有着一种贯彻始终的殷勤关切，此不以他的境遇为转移，而且他更把改善世道当作自己的责任和使命。钱穆先生说："这一意态，却直返到初期的宋儒，近似范仲淹、石介之流风。因此会中多裁量人物，訾议国政。清议和讲学，并成为一事，这才从书院直接影响到朝廷。"④这也把二者的关系揭示得很清楚。

泾阳一直都热切地希望能有所作为，随着经历之起伏，世故之迭更，他对自己的使命感的体会越来越透彻，也越来越深沉。他认为，"天生大圣大贤大豪杰，都把个极难的题目，放在他身上，着他处置"。泾阳委实以此自期，自觉承担历史和社会赋予他的"极难的题目"。"个中有两个大机栝"："一是要他磨砻锻炼"，"尽己之性"；"一要他晓得，世间人情委有许多变态，世间事几委有许多险阻"，应多加理解，"尽人之性"。⑤这与上文泾阳所言"自反"之义相合。其实，这就是他由不断"自反"而生发的对自我和对他人的一种要求和期待。

陈白沙有诗言："朝市山林俱有事，今人忙处古人闲。"⑥泾阳论道："旨哉乎，其言之也！虽然，古人自有忙者存，特其所谓忙非今人所谓忙耳。今人所谓忙，出则竞名，处则竞利，为一身计也。古人所谓忙，出则行道，

---

① 《自反录序》，载于《全集》，第443页。此为泾阳论沈龙江（名鲤，河南归德人）语，而亦可以反观泾阳之心。
② 《年谱》卷下丁未条，同上书，第1811页。
③ 《以俟录自序》，见《年谱》卷下庚戌条引，同上书，第1829页。
④ 钱穆：《宋明理学概述》，北京：九州出版社，2010年，第287页。
⑤ 以上俱见《小心斋札记》卷十四，第172—173页。
⑥ 陈献章撰，孙通海点校：《次韵罗明仲先生见寄》，载于《陈献章集》，北京：中华书局，1987年，第602页。

处则明道，为天下万世计也。"①泾阳一直都处于"忙"的状态。出和处，分别代表了两种境遇，"出则行道"代表了政治实践之路，"处则明道"代表了讲学研究之路。这也指示了传统士大夫的一般人生选择和际遇。无论是出是处，给予他们精神支撑的是一贯之"道"。追求"道"的发明和实现，"为天下万世计"，使得士大夫们能够获得高尚之超越感，而与悠久无限的宇宙生命共通。因此，对于泾阳来说，他的"极难的题目"，他的时代使命，就是维护这个"道"。真正的世道，应当是他所说的这个"道"，他所竭力挽救的也是这个"道"。他说：

> 士之号为有志者，未有不亟亟于救世者也。②夫苟亟亟于救世，则其所为必与世殊。是故世之所有余，矫之以不足；世之所不足，矫之以有余。矫非中也，待夫有余不足者也。是故，其矫之者乃其所以救之也。……夫救世者有二端：有矫之于上，有矫之于下。上难而下易，势使然也。③

这段文字把泾阳救世的基本主张表达出来了。他认为，有志之士都应当关心世道，志存"救世"。而"救世"主要是针对世道之偏弊，因此，"救世"之道，不是破除，而是"矫之"。他在写给弟子丁元荐的书信中也说道："天生豪杰，原为世教。既为世教，自不能与时俯仰，裁成辅相，于是乎在，足下何疑焉？"④这里也表达了与上引文完全相同的意思。豪杰之士理应救世，如此，就不能与世同流，而应"裁成辅相"。他很清楚"矫非中也"，"矫"同时也是一偏，是世道之偏弊的对治，却是必要的。这一点很重要，这对于理解他对王学之批判及他的思想性格都有决定意义。此不详，待后。同时，他还分析了"救世"的两条可行道路：一是"矫之于上"，一是"矫之于下"。前者指参与政治，通过政治手段来"救世"，后者主要是指发明道理，通过讲学的途径来"救世"。但经过"矫之于上"的一番努力，泾阳也清醒地认识到，"上难而下易"。这说明，他充分意识到"矫之于上"对他来说已经走不通，他的"救世"路线唯宜向下转移。

---

① 《景素于先生亿语序》，载于《藏稿》卷六，第183页。
② 文字下着重号，皆笔者所加，非原文本有，以后不另说明。
③ 《藏稿》卷八《赠凤云杨君令峡江序》，第212—213页。
④ 《藏稿》卷四《与仪部丁长孺》，第105页。

泾阳既以挽救世道为志，他自为诸生之时便恻然于世道，"时时思有以矫其弊"，那么他是不会因为在上之矫的失败而休止的。他曾说："天下有一分可为，亦不肯放手，此圣贤事也。天下有一分不可为，亦不肯犯手，此豪杰事也。"① 那么泾阳所自任显然又不止为豪杰之事，而是为圣贤之事。那种见机而退，遂"恝然置安危理乱于不问"，远引高蹈，或只顾"袖手谈心性"，泾阳认为都不是第一等的人物。因此，泾阳退居之后，必然会依托新的途径来"救世"。甚至，他还曾寄望于从政一途来"救世"，结果劳而少功以致卷入政治上无谓之风波，虚度光阴，而有所悔恨。万历三十六年（1608），他因季弟去世，郁闷难遣，于是正月便谢客游浙，应邀参加仁文书院的会讲。会上，他以己为戒，恳切地告勉士子们说：

> 不肖徒然老大，尺寸无闻，业已负天负地，负君负亲，负师负友。乃一点狂心，犹然未歇，且欲补之桑榆。况诸君子春秋方茂，趁此精力，何事不可为？请莫说第二句话，请莫问谁是生成，谁是学成，费许多闲图度。只就今日，便札定脚根，一直向前，决要做个顶天立地的大丈夫，庶几不枉出世一番耳。②

这当然是泾阳的肺腑之言。他自以为年届衰老，当初所志之业，毫无建树，很是愧恨。因此，他勉励青年人要珍惜时光，勿为虚论，应踏实向前，不负此生。同时，他也表示自己"一点狂心，犹然未歇，且欲补之桑榆"。此"一点狂心"自然是指他的救世热心。所为"补之桑榆"，自然也就是指他主持东林，讲学救世。这一点，在《简修吾李总漕》一书中表达得更清楚。同年十月，诏起泾阳为南京光禄寺少卿，群友人皆为之欣喜而力劝出任。泾阳最后岿然持志，放弃了这个难得的机会，断绝了出仕的念头，"自分长卧烟霞"。他在给李三才（号修吾）的信中说：

> 东林之社，是弟书生腐肠未断处。幸一二同志并不我弃，欣然共事，相与日切月磨于其中，年来声气之孚，渐多应求，庶几可冀三益，补缉桑榆，无虚此生。……弟非敢妄自菲薄，上负圣明，下负知己，揆德量力，恰应如是，无希高，无慕大，始终成就得江东一老腐儒，亦所

---

① 《小心斋札记》卷四，第47页。
② 《仁文商语》，载于《全集》，第357页。

以不负圣明,不负知己也。①

这里,"腐肠未断处",即同"一点狂心,犹然未歇"处。泾阳又曾说:"人知伯夷是第一冷面的,却不知是第一热心的,何也?他要人个个做圣贤方欢喜。"②这些反复所讲的话都可以认作一个意思。我们也可以进一步点出他的讲学救世主要是"要人个个做个圣贤",这本不过是儒家,特别是理学以来的普遍人生理想,说出来并无奇特。然做起来,其精诚却又能惊天动地。

顾氏此时,把他救世之望完全收放在了东林讲学之事业上。他曾向吴正志(字之矩,号彻如)进言,希望他"而今而后,惟应收拾精神,并归一路,只以讲学一事为日用饮食"③。"只以讲学一事为日用饮食",正是他的自道。泾阳希望通过讲学,来继续实现他一生的愿望,"补缉桑榆,无虚此生"。他对仕途已然绝望,断绝了这条并不适合于他的救世之路。此时,他认清了自我,找到了救世之志的真正归宿。因此,他甘心"始终成就得江东一老腐儒",只有这样,他才能真正感到"不负圣明、不负知己",也"庶几不枉出世一番"。这才是他的安身立命处,这才是他人生之真正的价值。

泾阳认为:"夫士之于学,犹农之于耕也。农不以耕为讳,而士乃以讲学为讳……其亦舛矣。"④讲学是"士"的本色行当,他坚持应开展讲学活动。他在《会约》中立"二惑"之目,以破除世人对讲学的误解。他强调,讲学之所讲并非"迂阔而不切""高远而难从","凡皆日用常行须臾所不可离之事","又皆夫妇之所共知共能也"。又,讲学并非不必要,如以讲学为病,谓"学顾躬行何如耳,将焉用讲",则是因噎废食。"病不在讲也,病在所讲非所行,所行非所讲耳。"泾阳倡言,"协而破之,是在吾党"。⑤以身为范,消除人们对讲学的疑惑,泾阳认为这也是东林书院讲学者的责任。

当时人们对讲学的抵触以及泾阳所意指的讲学之病,主要是针对罗近溪、王龙溪二子的讲学。他在《会约》中不指名地说:"至如迩时,某某等无一日不讲,无一处不讲,无一人不与之讲矣。乃所居见薄,所至见疑,往

---

① 《藏稿》卷五《简修吾李总漕》,第116—117页。
② 《小心斋札记》卷五,第60页。
③ 《藏稿》卷五《简吴彻如光禄》,第129页。
④ 《东林会约》,载于《全集》,第388页。
⑤ 以上俱见《东林会约》,同上书,第387—389页。从康熙本。

往负不匙之名于天下。"①"某某等"主要是指罗、王②，我们可以征之。他在《赠本庵方先生还里序》中说道："王山阴、罗旴江并以妙悟推，而舆论不大满者，只为其袭传食故事，所至溷有司，其门人且往往缘而为市耳。"③罗、王讲学给人不好的印象主要是结通地方政府，取费地方财政，小人更从中媒介为利；总之，不是那么清白。④这是泾阳所反对的。在东林书院的建设之初，他曾说："书院乃吾侪讲习之所，不宜上费公帑。"⑤可见，他是把讲学当成同志间私人之讲习活动，与政府保持着明确的界限。就罗、王之讲学来说，随其泛滥确实给讲学的声誉带来了不小的损伤。但他们对泾阳来说，并非只有反面的意义，同时对他还有极大的激励作用。他曾与友人言："罗、王二老，人多訾其质行，至其自少而壮而老，无一日不讲学；自家而乡而国而天下，无一处不讲学；自衿绅而农工商贾，无人不与之讲学。个中一段精神，亦岂草草！弟每念及，便觉赧然发愧。"⑥罗、王讲学在阳明教下声势和影响都极大。泾阳讲学一方面有惩于他们讲学的弊端，一方面又自觉以他们为讲学之参照。尽管讲学的形式和内容都有所不同，但泾阳对于罗、王二子讲学之"一段精神"是佩服且感同的。⑦

我们上边在谈论泾阳政治上的精神时，特别揭明了"联属"之意。他希望人们能够不为"躯壳之己"，而为"公共之己"，进而"联属"人己。我们说"联属"是他为学和从政的共同精神。泾阳讲学的内容以"四书"为主，主题当然很多，我们此处可以不论。如果我们考察他讲学的精神，便会清楚地发现，他也特别注重讲学之"联属"功能。

上文所述泾阳提倡讲学，认为这是士人的职分所应当从事的业务。但他只是强调讲学对于士人来说具有必要性，并不认为讲学对于学术之发明和

---

① 《东林会约》，载于《全集》，第388页。
② 罗指罗汝芳，字惟德，号近溪，学者称为近溪先生，或习称罗旴江。王指王畿，字汝中，号龙溪，学者称为龙溪先生，或习称王山阴。
③ 《藏稿》卷九《赠本庵方先生还里序》，第265页。
④ 关于此点，其实不待泾阳其时方恶劣，即罗、王当时，已有哗然，是以惹动朝廷书院之禁。参罗洪先庚戌《答王龙溪》，其中数龙溪曰："诸公诚为己矣，何地不可托宿，必欲近城市，劳官府，力犯人言，果何取益？"见《罗洪先集》第211—213页。
⑤ 《年谱》卷下甲辰条，载于《全集》，第1795页。
⑥ 《藏稿》卷五《简吴彻如光禄》，第129页。
⑦ 关于泰州学派与东林学派之间的影响关系，参步近智《略论泰州学派与东林学派之异同》一文，见所合著《好学集》。

人格之完成具有充分性。他言讲学也并不是意味着强调讲学之独立价值。他认为："学非讲可了，而切磨淘洗实赖于此。"① 如果求"学"之"了"，单凭讲学是不够的，但讲学确有必要，其最重要的功能是使参与之人能够得到"切磨淘洗"。讲学不仅是一种活动，也同时提供一种群体交往的独特环境，这与个人独学无友在效果上有很大差别。关于讲学之益处，《东林会约》中有"九益"一目，言之详矣。在这种以书院为依托的讲学场所当中，众多的与会者通过切磋交流，相互启发，相互感染，能够达到精神的有效贯通。这是泾阳认为讲学最重要的意义。同时，此非但与个人之成德有关，并且与整个世道有关。

据《东林会约》所述："今兹之会，近而邑之衿绅集焉，远而四方之尊宿名硕时惠临焉。其有向慕而来者，即草野之齐民，总角之童子，皆得环而听教，不拒也，所联属多矣。"② 可见，东林书院之讲学，除了汇集知识阶层、社会上流，还给予普通百姓以听讲的机会，其讲学是开放式的。而且在叙述中也特别使用了"联属"一词。泾阳还曾对高攀龙说："我吴尽多君子，若能联属为一，相牵相引，接天地之善脉于无穷，岂非大胜事哉！"③ 这表明，"联属"观念是泾阳之一般观念。"联属"之形式意义就是指人与人之间的联合或感通。

就书院之讲学来说，泾阳强调："一番合并则一番振作，固彼此之所以互相成也。"④ 更详细的，他说：

> 一番合并一番感发，一番阐明一番淬砺，日积月累，无厌无倦。务令两下精神，薰蒸融液，通而为一，便可与吾夫子通而为一；与吾夫子通而为一，便可与天地万物通而为一。此即吾辈之中和位育也。这都是实理实事。⑤

通过士子间的不断聚会讲学，发明书义，相互质难，大家可能会时时受到感发。这种感发，不但指文义上的精进，主要指德性上的不断纯粹。这也

---

① 《藏稿》卷五《简吴彻如光禄》，第129页。
② 《东林会约》，载于《全集》，第389页。文从康熙本。
③ 《藏稿》卷五《柬高景逸》，第160页。
④ 《藏稿》卷十三《题闇予诸友会规》，第323页。
⑤ 《虞山商语》卷上，载于《全集》，第236页。

即上所言"磨砺淘洗"之功。如此,通过不间断的努力,最后大家的精神就都能相互感召贯通,这个群体就能濡染成为一体。讲学是讲习圣人之道,欲使人人都做圣贤,最后,大家也都能与圣人冥合为一体。圣人之道即天地之道,最终,将达到天地万物通为一体的至伟境界。泾阳认为这就是《中庸》所讲的"中和位育"。"中和位育"并不玄远,通过讲学培养大家的真精神,使之滋长融结,通为一体,这就是"中和位育",而且这正是孔子的"真精神"。"精神用事,人亦以精神赴之,相薰相染,相率而入于诚矣。所以长养此方之善根,厥惟今日。"①因此,泾阳在《会约》中强调"审几",讲学的基点是大家孜孜求道之"精神用事"。"必有先生(龟山)之精神,而后可以通四先生(明道、豫章、延平、紫阳)之精神;必有四先生之精神,而后可以通天下万世之精神。所为维道脉,系人心,俾兴者勿废,废者复兴,垂之弥久而弥新也,皆自我方寸间握其枢耳。"②又,"有一乡之精神,则能通乎一乡;有一国之精神,则能通乎一国;有天下之精神,则能通乎天下;有万世之精神,则能通乎万世"③。这种"精神"是维系道脉之根本,是维系人心、贯通万世的根本,也是使人获得宇宙之公共感和神圣感,从而与天地相参的根本。这段"精神",本源就是宇宙之精神。

泾阳说,国家之设学或儒家之为学,其有圣人"谟训之昭垂",其有"俎豆之荐享",其有"缝掖之森列",却非但区区为"文字""仪物""体貌"之事而已。"凡皆宇宙间一片精神之为也。是故感即应,触即通,其发脉在圣人而未尝不贯彻于吾人,其发机在俄顷而未尝不方皇周浃于千百世之上下也。在柄世道者,联合而总摄之耳。"④此宇宙之精神,无人不体,无时空之隔,"感即应,触即通"。虽圣人之既往,犹可以贯彻于今,虽今日当下之有得,而复可以上下千万世而洽合无间。使世人之精神"联合"为一,进而与圣人之精神,与宇宙之精神相洽合,泾阳认为这是"柄世道者"之责。"柄世道者"不但指在官者,也指心存改良世道之志士豪杰,其中主持讲学者承担了很大的责任。他在所作《虎林书院记》中认为,兴书院,务讲

---

① 《东林会约》,载于《全集》,第386页。
② 同上书,第394页。
③ 《小心斋札记》卷一,第8页。
④ 《藏稿》卷十一《重修常熟县学尊经阁并厘复祀典创置学田记》,第298页。

学，其意义"不特嘉惠一方而已"，他说："退而熟念，人世共此宇宙，宇宙共此血脉，无今昔，无生死，无去来，无尔我，总之共此担负，共了此一事耳。"①联合士众，切磨讲学，绝不是一己、一方乃至一时、一世之事，追究其深远，则一切时空、人我之差别，都涣然冰解。讲学之所临者，是此公共之宇宙，即"公共之己"之大体；讲学之所兴者，是宇宙所共之"血脉"，即宇宙之大精神。讲学之终极的意义，即在于培植此"精神"，此"血脉"。这是泾阳终生追求其欲实现的世道之责的最高义。

张文石（纳陛）、史际明（孟麟）、吴之矩（正志）等人倡立丽泽大会，泾阳嘱以务"羽翼圣真，联属道脉"②。此八字，真恰是留以概括泾阳讲学之第一义者。我们不必追问这"联属"之精神具体何指，此精神不为所讲，但又鼓荡于讲学之中，即"联属"而已见精神，即"联属"而已为精神。泾阳念念不置"联属"一世，策群士于圣贤之域，念念不忘世道之忧，念念在于"公共之己"，在于宇宙之大精神。此真切地为宋儒所言之"万物一体"境界，何等崇高伟大！

泾阳之父南野公，"倜傥负气，貌奕奕有神采。贫居，慨然慕范文正公之为人"③。万历四年（1576）南野公卒，泾阳兄弟苫块居礼时相谓："吾父好称范文正公之为人，津津不去口，此是万物一体胚胎。念庭周师分俸佐读，吾父戒必无受，此是'凤凰翔于千仞'风格。吾兄弟当无失此意。"④泾阳真可谓克践父志，能于"万物一体胚胎"扩而充之。今按范文正公之志，其文曰：

> 嗟夫！予尝求古仁人之心，或异二者之为，何哉？不以物喜，不以己悲。居庙堂之高，则忧其民；处江湖之远，则忧其君。是进亦忧，退亦忧。然则何时而乐耶？其必曰：先天下之忧而忧，后天下之乐而乐乎！噫！微斯人，吾谁与归！⑤

"进亦忧，退亦忧"，"先天之忧而忧，后天下之乐而乐"，容天下之胸怀，

---

① 《藏稿》卷十一《虎林书院记》，第291页。
② 《藏稿》卷十七《文石张君墓志铭》，第398页。
③ 《年谱》卷上，载于《全集》，第1726页。
④ 《年谱》卷上丙子条，同上书，第1737页。
⑤ 范仲淹：《岳阳楼记》，载于《范仲淹全集》，李勇先等点校，北京：中华书局，2020年，第165页。

忧天下之深心，按而皆合，何其相似乃尔！此又不啻泾阳撰也。

　　信矣，古之志士仁人，未尝敢一日无所事事。其出处皆有所为，行道济世皆欲求人人可成圣成贤。成圣成贤，做人而已。其讲求，所以发明人之为人之义，明人之为人所以求做人也；其践履，所以践其为"人之人"而已。古之君子于求为人，至矣。其心在是，无敢荒也，岩岩壁立于天地之间，信可与天地参而为三，其正大不可掩也。今之人其有知求为人者乎？有不可犯而甚可敬者乎？举世皆奔竞于多欲，未知人之有可据以自立于天地、寥廓而无馁者，宇宙之大精神因之消磨，人心之大精光因之以日黯淡。渺乎小哉！今世之人，少有知日有所事事、终生有所当事者也。而今识顾先生之德光、气概，吾人将愧汗何如！既论顾先生，则此议论又觉不可不发。

　　蔡献臣有哭泾阳诗①，于泾阳之文艺、行历、气节、道业评价颇允，取以附录，姑且当一小结。其文如下：

　　　　年少读公制举文，于今之世长苏君。
　　　　再登铨地匡时切，特起卿班系望殷。
　　　　道脉从来无极老，东林藉甚九重闻。
　　　　况当吴会繁华胜，余韵教人利善分。

## 第四节　东林学术之研究状况

　　顾宪成作为兴复明代东林书院的倡始者、经营者和主持者，为东林人物的领袖。"东林党"于明末之政治和学术关系非轻。值其时，明代以王阳明为源起的心学已流远而淆，人各持见，自为门派，相互攻讦。心学的弊端亦十分暴露，显狂诞，虚浮游说，不经世务。其悬空溺虚，令人生厌。有识之士，恨起而欲矫之。故当此时，明代学术将有一新的动向变生，其承前启后，若发于微细杳眇，而意义不可不谓之宏伟。

　　可以说，东林学人为明代学术积弊之先觉而勇起以复儒学传统之正者。此于明末清初学术之转向，亦深攸关。长久以来，现代论者恒少经意，所论仅及于明末诸大儒，以为数者各有方向，而岿然成宗。然不知东林人物如顾

---

① 《清白堂稿》卷十二下《哭顾泾阳少卿》，第598页。

宪成等，于辈为先，于识为早，亦有其矫弊之学术，可以卓尔自立，深刻影响于数代，如诸大儒者亦得沾溉其中。以往纵有论及东林者，多重其于政治之牵动，于其学术则存而不论，或论焉不详，使人无以明其政治所以本于学术，其学术所以致用于政治。凡有所论，不归本于其人之学术，则虽事备本末，犹无以明统宗。故若欲知人论世，必求之于其学术之有无、其学术之若何而后可。

因此，对于顾宪成的研究，小之则可以知其人，大之可以知东林，再大之可以知明末之学术，更大之可以接上下千百载学术之流。东林人物之学，亦一时学术所属，承前为流，启后为源，舍此而论学术史，则所遗甚多，所得未究。而对于此一课题的研究尚属不备。故本书欲踵前人之草创与开拓，而更事开拓，庶几有以明顾氏学术于明季之炳蔚也。

## 一　明清评论

对于顾宪成的研究，其实在其同时期就已经开始了。当时就有人把顾氏兄弟（泾阳和泾凡二公）比于二程，人争趋其学。当然古人之研究方式跟现代迥然不同。就学术史之观照来说，他们反而显得比现代研究更为高超，以今较古，有若不及。其原因大概在于，当其时或相近者，于顾氏之风动犹能挹其影响，有真切之感触。年代既淹，又锢于成见，遂生隔膜，不免冷落之。对于顾宪成的研究，必具思想史（或道学史）之眼光，必当把他放在整个宋明理学史中，至少是明代思想史中来考察，如此才能发现其意义之重大。

如钱穆先生，具思想史通家之卓识者所论："今自乾、嘉上溯康、雍，以及于明末诸遗老；自诸遗老上溯东林以及于阳明，更自阳明上溯朱、陆以及北宋之诸儒，求其学术之迁变而考合之于世事，则承先启后，如绳秩然，自有条贯，可不如持门户道统之见者所云云也。"[1] 他甚至又说："即谓清初学风尽出东林，亦无不可。"[2] 这种评论，我们今人当然不能指为草率，更不能谓为无根。可见，东林之学，在明代后期阳明学的转变之际和明清学术大转变之际，按流变之脉络，其为必须下溯同时也为必须上溯之环节。顾宪

---

[1] 钱穆：《中国近三百年学术史》，第 21 页。

[2] 同上书，第 22 页。

成所作始之东林学术，其于思想史之意义关键如是。

且顾氏之重要，非钱氏始知。与顾氏在师友间的高攀龙，在《行状》中已然论道："自孟子以来，得文公，千四百年间一大折衷也。自文公以来，得先生，又四百年间一大折衷也。"①对顾宪成如此高度的评价，有若恭维，其实不然。顾宪成生当阳明学的末期，故对其流弊痛起矫之，而朱子学之盛期自然又早在阳明之前已经度过了，所以泾阳最有条件来折中二者。这是时机适当如此，而顾氏挺生其间，识度恰又超群，故适任之而已②。

泾阳之时人而为晚辈者孙奇逢作《理学宗传》，列理学之宗师得十一人。北宋五子、南宋朱陆，有宋得七人，明代薛（薛瑄）、王（阳明）、罗（洪先）、顾（宪成），有明仅得四人。而顾氏得与五子、朱陆、薛王同列而为理学殿军，何其重之乃尔。他又说："东林始自顾泾阳，嗣后凡有儒术、事功、节义、文章著声者，大约皆东林人。"③孙氏不但认为泾阳有理学史上的重要地位，且由他作始的东林学派对晚明社会之影响也具笼罩性。黄宗羲《明儒学案》则言，中国哲学者人人所须诵读，其赫然辟《东林学案》，与《王门学案》《甘泉学案》差可相埒，则泾阳持明末儒学之衡，确然为一家之"宗"，益可得见。且不论泾阳其人学术若何、有无可取，孙、黄二子专著史传，但能从历史着眼，见思想之来去转乘而识其变化之机，于顾氏不苟轻忽，则非有思想史之通识者，不可及此。

就明末清初的理学名家来论，顾氏之学说也是为他们所钻研而熟知的。虽然评价互有所重，各显不同，甚至也往往存有严厉的批判，然整体上他们对顾宪成作为晚明之理学大师的地位是持认同的态度。如孙奇逢的《日谱存录》、刁包的《潜室札记》、陆世仪的《思辨录辑要》、陆陇其的《三鱼堂集》等，对顾宪成的论述很多，其他四书学的著作对于顾氏的引用则更多。顾氏《札记》等著作在当时很是流行。明末清初的讲学，所推三大师，主要是南

---

① 《行状》，《高子遗书》卷十一，载于《高攀龙全集》，第736页。
② 本书第二章关于道统的讨论，可以明此。
③ 孙奇逢:《论余》，载于《夏峰先生集》，朱茂汉点校，北京：中华书局，2004年，第298页。《理学宗传》自谓弱冠赴京师，询长者知东林为何如人，"嗣后五十年，文章、节气，大约皆东林之人也"。又释疑泾阳者曰："乙丙死魏逆诸臣，甲申殉国难诸臣，属之东林乎？属之攻东林乎？诸君子之所以为忠臣，而撑柱天地、名揭日月者，在五十年之后，而其鼓荡摩厉者，在五十年之前，则泾阳之气魄精神，度越诸子远矣。岂向俗儒曲学问毁誉、定是非者耶？"俱见黄显清主编：《理学宗传》卷十一，载于《孙奇逢集》上册，郑州：中州古籍出版社，2003年，第895页。

方的顾泾阳、高景逸（攀龙），北方的冯少墟（从吾），在三者之间，各因所好有所抑扬。刁包的《潜室札记》两卷，一开始便主要讨论顾氏学说。他认为泾阳对朱子《四书章句集注》的评价和对伊川的评价都过低，而对周濂溪和王阳明的评价又都过高。他认为，在三大儒之间，泾阳"微有驳杂，而大段则痛快之极"，其中最推崇高景逸。① 李颙自谓"区区平日，尊信顾高如尊程朱"，对于泾阳《札记》"拳拳申明"性善之旨，也特予表彰，认为性善为千圣之统，泾阳与周程张朱属于一脉。就三大儒来说，"冯与顾泾阳、高景逸，同时开坛倡学，大畅宗风"②。但他对顾、高也有不满，而特推重冯少墟。③ 陆世仪认为，"泾阳学术，人不多议。议者大约以门户少之。所谓门户者，东林讲会是也"④。陆氏对泾阳学术较无意见，对其辨"性善"，言"小心"，皆俯首称肯，许为"豪杰之士""聪明绝俗"。不过，他认为，泾阳论理论事"明白透快"之余，较明代前期薛（瑄）胡（居仁）诸儒，"觉元气愈薄矣"⑤，于东林讲会之事以为泾阳"少欠知几"，皆中肯。

陆陇其对泾阳的批判比较严重。陆氏持严格的程朱立场，辟阳明学为异端，认为王学阳尊阴篡，导致程朱之学弊坏大甚。他说："晚明诸儒学术之正，无如泾阳、景逸。其扶植纲常之念，真可与日月争光；其痛言阳明之弊，亦可谓深切著明矣。而考其用力所在，质之紫阳，亦有不能无疑者。"⑥ 他认为，顾、高奋起拯救学术之弊，排王学之非，使学术在一定程度上向程朱回归。但他们的批判并没有彻底掘断王学根本，所以王学遗祸仍酷，终至于鼎革而以学术亡天下。他指出，顾、高反对以知觉言性，反对以"无善无

---

① 其文曰："泾阳先生微有驳杂，而大段则痛快之极；少墟先生微有沾滞，而大服则醇正之极；若夫极其痛快而无少驳杂，极其醇正而无少沾滞，其惟景逸先生乎？"（《潜室札记》卷下）又："泾阳大矣，不免文胜质；少墟正矣，不免质胜文；至大而文有其质，至正而质有其文，彬彬高子，直推朱子之后一人，岂过也哉。"（《答孙北平少宰书其二》，《用六集》卷二）
② 李颙：《答吴濬长》，载于《二曲集》卷十六，陈俊民点校，北京：中华书局，1996年，第156页。
③ 他说："顾高学固醇正，然其遗集中闲散作，犹未脱文字气习，兼多闲议论、闲应酬，往往越俎而谈，旁及世故，识者不无遗憾。冯则词无枝叶，语不旁涉，精确痛快，豁人心目。"（《答徐学宪》"接翰示"书，《二曲集》，第176页）
④ 陆世仪：《思辨录辑要》卷三十一，清文渊阁《四库全书》本。
⑤ 其文曰："正嘉时，讲学家多凭笔舌，故昔人谓龙溪笔，近溪舌。今读泾阳《札记》，其澜翻倜傥，明白透快，不特二溪，且直逼阳明矣。虽然以视薛胡，则就其澜翻倜傥明、白透快处，觉元气愈薄矣。"（《思辨录辑要》卷三十五）
⑥ 陆陇其：《答嘉善李子乔书》，载于《三鱼堂文集》卷五，王培友点校，北京：中国书籍出版社，2020年，第66页。

恶"言性,"其所以排击阳明者,亦可谓得其本矣"。但是,他认为顾、高之学,所病"在恶动求静"。"专以静坐为主,则其所重仍在知觉。虽云事物之理乃吾性所固有,而亦当穷究,然既偏重于静,则穷之未必能尽其精微,而不免于过不及。"① 顾、高之学的最大不足在于,仍以心范围理,没有程朱理学"即物穷理"的实际精神。陆氏"恶动求静"之批评,主要是在此意义上提出的。因此,他指出,泾阳在更定《大学》时,"不遵朱子,以补传为非",以"知本"为致知格物之义,又"信服乎良知,单排宗旨,其误难窥"②。"阳明提'致良知',驱人入禅;泾阳提'知本',讲'性善',亦驱人入禅。"③ 这种严厉的批评在明末清初儒者的评价中极特殊。他评论顾泾阳的学术立场:"亦未能脱姚江之藩篱,谓其尊朱子则可,谓其为朱子之正脉,则未也。"④ 陆陇其对顾泾阳的理解和批判应该说很独到,很能洞见其弊。不过泾阳自始以反对禅学为旗帜,他自己竟也被指目为入禅,真是迥出意外。这确实体现了顾泾阳与程朱理学之正脉在学术立场和学术原则上的差异。然而我们也应注意一点,泾阳只是论理,并不论门户。他并没有以程朱学的正脉来自期,也不以王学的对立面来自视。善善恶恶是他论理论事的基本原则。

明末大儒刘宗周则对泾阳善善恶恶之原则亦存忧虑。他认为,泾阳之学"得朱子之正传",亦好为君子小人之辨,挽天下颓波。职此,王学之"无善无恶",其弊将流为放荡无耻,而泾阳之"善善恶恶",其弊之流"必为申韩惨刻而不情"⑤。党祸之争确根于此,然泾阳"反己""联属"、仁恻之意则隐而未扬。吾人谓,此将激成小人之"申韩惨刻而不情"可,谓君子论是非、明正义而为"申韩惨刻而不情"则不可。

清代晚期的重臣曾国藩,大抵因袭陆陇其的意见,重程朱之"即物穷

---

① 《三鱼堂文集》卷二《学术辨中》,第 20 页。
② 《三鱼堂文集》卷三《知本说》,第 39 页。
③ 《三鱼堂文集》卷三《白鹿洞规说》,第 39 页。
④ 《三鱼堂文集》卷五《答嘉善李子乔书》,第 67 页。同卷《答徐健庵先生书》:"仲木、少墟、泾阳、景逸,守道之笃,卫道之严,固不待言,然其精纯,恐皆未及薛、胡,景逸、泾阳病痛尤多。其于阳明,虽毅然辟之,不少假借,然究其实,则有未能尽脱其藩篱者。"(《三鱼堂文集》,第 72 页)此于顾、高之评论,其结论略同,而出语则尤甚。比诸痛斥阳明,虽稍推许,犹褒贬参半也。
⑤ 刘宗周撰,吴光主编:《修正学疏》,载于《刘宗周全集》第三册,杭州:浙江古籍出版社,2007 年,第 20 页。

理"，不喜陆王心学。在《书学案小识后》①，曾氏通论阳明以后明清学术之递变。他认为顾、高崛起，"思有以救其（王学）偏"，然"变一说则生一蔽"，"高景逸、顾泾阳氏之学，以静坐为主，所重仍在知觉，此变而蔽者也"。②陆、曾二人都以"静坐"合论顾高之病，恐乃因高罪顾。静坐之说，高氏言之娓娓，顾氏固有言及者，然绝不为重，不然何以于世道之忧不能一念舍置？即使重之，意义亦大不同。顾氏非主"静坐"，而实主"主静"，其理论来源乃周敦颐。他又特别提倡李延平之"看喜怒哀乐未发气象"。此皆与其根本太极的思想有关，又为程门一贯教法，与高氏神秘体验之静坐相去甚远，宗旨有别。③由此，亦可以略察顾高二人学术之分岐。

在清代，由于要为前朝修史，所以在明代道学史方面，顾泾阳的地位也必然得到应有的重视。《明史》是在明遗民的佐助之下最终经清朝官方修订完成的正史，在其成书过程中，对《明史》的体例问题公私都有不少讨论。在是否特别立《道学传》的问题上，一些论述就涉及对顾泾阳的学术立场、学派属性的认识。《汉书》始立《儒林传》，《宋史》在《儒林传》之外给道学家们专门开辟《道学传》，是为创例。《明史》只有《儒林传》，无《道学传》，而顾泾阳亦只入列传，《儒林传》在序文和传文中都没有正面提及他。然而在参与修史的学者所起草的条例中，顾泾阳的地位却并没有被埋没。如徐乾学④认为："明朝讲学者最多，成弘以后，指归各别，今宜如《宋史》例，以程朱一派另立《理学传》。"⑤他列举了十余位，其中最后就殿以顾、高、冯三子。汤斌⑥认为可依仿《宋史·道学传》之例，为明代道学家立传。在他所拟定的方案中，也丝毫没有埋没顾氏一系人物。他提议以"顾泾阳、高景逸、冯少墟、刘念台等为一卷"，并认为，"大约成、弘以上，文清之派

---

① 《学案小识》，十五卷，清唐鉴所作。唐鉴（1776—1861），字镜海，嘉庆进士，学主程朱，反对心学。
② 曾国藩著，王澧华校点：《书学案小识后》，载于《曾国藩诗文集》，上海：上海古籍出版社，2005年，第172页。
③ 参本书第二章第二节。
④ 徐乾学（1631—1694），字元一，号健庵。
⑤ 刘承幹：《徐健庵修史条议》，载于《明史例案》卷二，徐乾学曾就《明史》之《道学传》的修撰情况，函问陆陇其，陆有答书，以为《宋史》宜有《道学传》，《明史》则不必另立《道学传》，可与《儒林传》合一，以示"道学之外无别儒者"。
⑥ 汤斌（1627—1687），字孔伯，晚号潜庵。

为盛,嘉、隆之际,文成之派为盛,万历以后高、顾诸君子终焉"①。他认为明代道学的三个局面,顾、高东林一派应居其一。可见,顾泾阳及东林一系在明代道学中的地位,在修史者看来并不可否认而是历史的事实。②

明清以来对明代道学的认识当中,顾泾阳都是居于重要地位的,泾阳为明代道学发展之最后阶段,属于明代道学之重要部分。然现代的中国哲学通史叙述中往往略之,不及其人,亦罕及其派。既先怀轻之之心,则于顾氏亦难得其门。此不可不为憾事。

## 二 现代研究

所幸,自1912年以来,尚有几部专题哲学、思想史著作曾专章及之。早期,有钱穆《中国近三百年学术史》(成于1937年)、《宋明理学概述》(成稿于1953年),容肇祖之《明代思想史》(出版于1941年),嵇文甫之《晚明思想史》③(成于1943年);近三十年来则有侯外庐等主编之《宋明理学史》④(成书于1985年),张学智之《明代哲学史》⑤(成书于2000年),古清美《顾宪成、高景逸思想比较研究》(20世纪70年代博士论文,但迟至2004年方才出版)。日本学者冈田武彦于20世纪50年代后期以《王阳明与明末儒学》为题作博士论文,1971年在日本出版,末章述东林学。这些是比较值得重视的著作。下文稍述其得失,亦可略概其类。

钱穆先生于学术史具通家之涵养,此非一般学者所易企及,故其意见殊值参取。他对以顾、高为代表的东林学派十分重视,视之为明清之际思想流变之一大关键,把顾泾阳及东林放在了整个道学思想的发展过程中来认识,

---

① 其全论如下:"今日修史如依《宋史·道学传》例,则当以薛文清、曹月川、吕泾野、胡敬斋、蔡虚斋、罗整庵等为一卷,王文成、邹东廓、钱绪山、罗念庵等为一卷,顾泾阳、高景逸、冯少墟、刘念台等为一卷。《道学传》不便用多人,诸公以道学为重,亦不必入前大传矣。大约成、弘以上,文清之派为盛;嘉、隆之际,文成之派为盛;万历以后,顾诸君子终焉。平叙一代之学统,而序中论其学术之异同,稍稍言及流弊,固无妨也。"(《汤文正明史凡例议》,载于《明史例案》卷四)这些分配和原则,对于明代道学来说设计得还是比较合理的。

② 活动在乾隆前期的学者郭起元作《明道学宗派说》,把明代学术归为"三变",明初"经学",吴(与弼)、陈(献章)"道学",阳明"心学"。他只是把东林讲学作为继阳明学兴盛之后,引起门户争斗的祸魁。他说:"逮天、崇间,东林讲学兴,而门户之祸烈矣。"(郭起元:《明道学宗派说》,载于《介石堂集》古文卷六)郭氏对阳明持服膺的态度,所以对东林的态度很一般。然总是不能不为"说"的。

③ 此书之作,受到冯友兰先生的支持,然冯先生的哲学史书却于顾宪成未之及。

④ 此书乃合订体例,作者分撰,其中顾宪成和高攀龙部分由步近智执稿。

⑤ 张先生新作《中国儒学史》(明代卷),由于体例,把顾宪成的内容缩为一节。

这才容易得到真相。他提出:"东林之渊源于王学,正犹阳明之启途于考亭也。"① 并且他特别发明:"宪成眼光,只针对在现实的世道时风上求真理。这可说是东林讲学的新方向。"② 因此,他在《中国近三百年学术史》中也认为,东林之学的大体,可约之为两端,即一方面挽救王学末流③,一方面评议时政。我们说,这固然把握了顾泾阳的真精神,但是于其学理之钻研却不无误导,启后学轻视之心。顾泾阳为一气节卓越、忧时救世之学者,大体成为常识。这褒扬他高尚人格的同时,也浅化了对他思想本身的透视。钱先生在《朱子学提纲》中又说道:"王学昌行,朱学消沉,至东林始有由王返朱之意向。然东林只从王学角度窥朱学,亦未能触及朱子学之大体系。"④ 这一论断很深刻,而顾氏与朱子学之关系便可略见。顾氏非有意于继承朱子学之大体系而为面面俱到之研究,亦未必出于忠实继承之信念而以传人自居。此分寸殊应把握。然"由王返朱",论时势当如此说,论思想则易生误会。

容肇祖先生《明代思想史》一书,恐为最早以顾泾阳为一专门研究对象,而开辟章节加以论述的著作,其所论亦有要领。他主要发明顾氏思想调和朱王之立场,然又认为顾氏于朱子格物并未会入,所受仍以王学影响为大,终未摆脱其心学窠径。此诚有见。后来必以顾氏排击阳明、正宗朱子为说,反逊于前辈之筚路蓝缕者。容氏对顾泾阳思想中格物一方面已经注意,较后来之书仍言之为详,并见到顾氏对朱子格物说的前后变化。相反,他对于后来学者所尤详之辩"无善无恶"一大事,却处理简略。容先生于顾氏之救世思想能够掘发,也很紧要。然而他以为泾阳重修不重悟,却有违背泾阳调和朱王的立场,并不是对泾阳修悟关系的准确看法。如果把调和仅看成弥补罅漏、补救缺失,那么又会造成新的偏颇,这并不是泾阳的本意。

嵇文甫先生在《晚明思想史论》第五章专述东林派。他把东林讲学看成是"反狂禅运动",把顾泾阳等辈看成是"王学修正派",而不是"王学反对派"。他说:"他们虽然有时候表示从王返朱的倾向,但实际上他们的学风终

---

① 钱穆:《中国近三百年学术史》,第 19—20 页。
② 钱穆:《宋明理学概述》,第 291 页。
③ 进而,钱先生又说:"东林讲学颇欲挽救王学末流之弊,乃不期然而有自王返朱之倾向。"(《中国近三百年学术史》,第 16 页)
④ 钱穆:《朱子学提纲》,北京:生活·读书·新知三联书店,2002 年,第 211 页。

不类朱,而倒和王学右派相接近,是'尊德性'一路,而不是'道问学'一路。"① 嵇先生所论诚关哲思之大体,其于顾泾阳尤集中在对王学"无善无恶"的批判一点上,其论东林派的学术立场亦十分深刻允到。

侯外庐、邱汉生、张岂之主编的《宋明理学史》第二十一章为"顾宪成的理学思想"专述。这是国内对顾泾阳较早的纯哲学角度的研究。是书对顾泾阳思想从本体论、人性论、知行观和修养论等问题上进行论述,相对周全的,架构起了适当的规模。然其措意之首要,在辨析顾氏的学术派别归属,用意在否定嵇文甫的"修正派"说和容肇祖的"调和派"说,认为顾氏为显然的"理学派别倾向"。出于时代的影响,是书之论反较容、嵇二先生,不能多"同情的了解"。且立说多出间接之证,谋求于字句间的吻合,实容易流入肤见,沉湎于表象。朱子学在不同时代是有变化的,对于朱子的理解都有时代的背景。比如顾氏其时乃有憾于王学末流之狂荡,故返归朱子,其理解朱子未免出于救济,是已不能为公心。顾氏其时之论朱,难免枝节取舍,非意在朱子之全体,故极难得朱子之实相。是以文字吻合,内里则未尝不存分歧,当详察明辨而后可援引为据,否则,不免似是而非之病。

张学智先生《明代哲学史》第二十五章"顾宪成对朱子学阳明学的调和",便是国内中国哲学史书中对顾宪成的最近论述。他认为:"顾宪成的学术根底为朱子学,但他也服膺阳明良知之说。他以朱子性论,融会阳明良知说。"② 又曰:"顾宪成既不纯为一朱子学者,亦不纯为一阳明学者,而是杂取朱子阳明。"③ 又曰"会通朱王",又曰泾阳为惩王学末流之弊而提倡回归程朱的先导等。诸多观点,皆本之精密的分析和自己亲切的体会,向人吐露出来,是最纯正的中国哲学的专业研究。然泾阳学问所成之气候,实为有明一代之心学,故以为根底朱子则或容见商。明代之朱子学,实已不近宋时之朱子学,且明代后期之朱子学已不近明代早期之朱子学。其所假借朱子学者,要在朱子之工夫,以救王学之荡佚,至于朱子之切实工夫实又隔膜。此处之精微,容、嵇两先生已表之。然明代之学,承朱王之流,而为和汇,或不免于一向之偏荡偏拘,或不免于两下之凑合,然未尝不各体现其时代之精神。

---

① 嵇文甫:《晚明思想史论》,北京:东方出版社,1996年,第100页。
② 张学智:《明代哲学史》,北京:北京大学出版社,2000年,第399页。
③ 同上书,第401页。

张先生近出之《中国儒学史》（明代卷），亦有专论顾宪成者，且注意于顾氏对阳明"无善无恶"批判之澄清，可谓阳明解人。于东林学术则推景逸为高，于顾宪成则认为"大节凛然，爽朗高明，但政治方面关怀甚切，哲学理论上所造不深"[1]，恐不免沿袭旧说。

古清美先生之《顾宪成、高景逸思想比较研究》是研究顾高之学的专著，也是目前具哲学研究参考价值诸书中最重要的一部。其名为"比较研究"，实际主要是对照而合并研究，所以顾高二人之观点多平行列出。而此书不好预设架构，但就顾高言论重点所及和论证之必要来展开。是书对顾高二人对宋明儒的评价和取舍作了专论，就这一点来说，是有建设性的。是书作者认为："我们不必评其依违于朱王二家之间而少独创，而须注意到他们在评论取舍之后所固持、所强调、所紧紧把握的学说，在此时代背景下显出的时代精神和意义。"[2] 又曰："他们的学说决不是为了争一家一派之长短，而是撷长去短，补偏救弊。"[3] 这些观点对研究顾氏来说很公允也很必要。她本着对顾高之尚"躬行实践"及救弊的观照，考察了他们对心、性、善这些中心观念的看法，并论述了他们关于本体和工夫的关系，最后又回归到对这些概念如何落实于现实的问题之考察。她对顾、高《大学》格物思想的研究也是居首的。但如果完全从"救弊"的出发点来衡量顾泾阳的思想，这固然把握了自钱穆先生以来对顾氏的深入理解，然就论一家之哲学思想来说，还是十分不足。思想一方面要追究其与时代的关系，一方面也要能超脱其与时代的关系，我们不能但据救王学末流之弊来认识泾阳的思想。存意如此，研究就有欠公允了。也因如此，古氏对顾泾阳思想的论述显得有些凌乱，不少论述也同样很不充分，其中还存在着一些基本的失误，如忽视了顾宪成学术思想的变化，对顾氏研究《大学》的重要文献以为失传等。

日本学者冈田武彦先生之《王阳明与明末儒学》一书虽未单论顾泾阳，但其书末章《东林学》，主要以顾、高二子为根据。此书虽然所论相对扼要（并非浅略之意），然无论从文体还是识见来说，都令人衷心佩服。他概括说："东林学就是通过方山而溯源于朱子学，并以此为根本而建立起来的学

---

[1] 张学智：《中国儒学史》（明代卷），北京：北京大学出版社，2011年，第548页。
[2] 古清美：《顾宪成、高景逸思想比较研究》，台北：大安出版社，2004年，第111页。
[3] 同上书，第266页。

说。"① 这显然是以"始祖"顾泾阳为据的。他也特别发明了顾高之学为"大致上信奉的是朱子学,而批判的是陆王学,但归根到底持的是折衷两学,取长舍短的态度"②。他必以顾高学术以朱子学为本,而对钱穆认为东林言是非有与阳明良知相合处、东林有得王学初义之观点表示"难以赞同"。二者皆甚有理,这体现了真正对顾高学术作论定的难度。冈田先生归纳东林学的特色为:"一言以蔽之,就是根源于朱子学,以静深的体认自得之学为要,并重视气节清议。"③ 他对顾泾阳性善说的内涵及贡献都给予了彰显。对东林之明辨是非的意义之理解,冈田武彦也从通常对外界事物之分辨的层面,深化到"以求得内在工夫为根本"的高度。此书所论最大的特点是绝不停留在表面,具有相当深厚的理论修养,对顾高学说之曲折多能细心体会得到。然其论东林学相对成功,论顾泾阳则还十分欠缺。因为信从黄宗羲的观念,冈田先生认为东林学以顾氏导源,由高氏入精,由孙氏(淇澳)而另辟一境,所以其精析的对象主要是高攀龙的思想。其弊端在于顾、高合论之东林学,有以高言顾,以高掩顾的倾向。

其他研究,如步近智④先生在1985年之后连续几年对顾宪成和东林学派有比较集中的研究,⑤ 后多数收入《好学集》中。他的研究对顾氏和东林学派之大体,特别是明代后期的学术交锋和相互关系有所呈现。我们还可以说他是以实学论东林之代表。他认为东林学派是"开实学思潮之端绪的结论性的定位"。⑥ 王赓唐先生在《知半斋文集》和《知半斋续集》两部文集中,从地方史的意义着手,也对以顾宪成为首领的东林党、东林书院和东林学派,有过不少开拓性研究,并注意及时对新时期的东林研究予以总结,⑦ 是比较重视顾宪成和东林学的。他肯定东林学派具备成立为"派"的条件,⑧ 甚至

---

① 冈田武彦:《王阳明与明末儒学》,吴光、钱明、屠承先译,上海:上海古籍出版社,2000年,第356页。
② 同上书,第357页。
③ 同上。
④ 步先生是《宋明理学史》《明清实学史》中顾宪成和高攀龙的实际撰稿人,故新中国成立后东林学和顾宪成的研究,当以步先生为开先。其20世纪80年代中后期所发表的论文皆与此段研究有关。
⑤ 参其《漫谈东林学派研究的体会》一文。
⑥ 步近智、张安奇:《好学集》,北京:中国社会科学出版社,2003年,第576页。
⑦ 如《建国以来明末东林党研究述评》《晚明东林党研究综述:1991—2004》《东林学派思想探源简评》,末篇尤其备举了学界对东林学派思想属性进行论定的各种说法。
⑧ 参王赓唐:《知半斋续集》,北京:学苑出版社,2006年,第429页。

断言："东林学派就是东林学派，其他名目都不足以表现它的特色。"①此虽不易直接表现东林学派的思想渊源，然论名责实，允此之归。

此外涉及顾泾阳的思想史著作还有王健《中国明代思想史》，多袭取。何俊《西学与晚明思想的裂变》也有述及，认为顾、高为首的东林学者对王学展开"纠弹"，整体之评价甚为积极。何俊认为顾宪成的"学术渊源在王学"，"但他不囿于王学，并能洞察到王学的弊端，进而超越王学"，②于其间之内蕴可谓谈中。又谓东林学者"不仅扭转了风气，而且也拓宽了论域"，为功不可没，诚寓卓识。然其以为东林学者在问题上能跳出王学，而在归宿上仍同王学之玄虚，并且总结性地说道："东林学者们志在世道，政治是他们全部意识的聚集地。"其必以"有用之实学"求索东林，则"没有结出一正果"，即不免矣。③日本学者沟口雄三《所谓东林派人士的思想》以社会经济的前近代特征为考察对象，涉泾阳哲学思想之背景，非正论其哲学思想。学位论文有 2010 年的两篇：《顾宪成与晚明东林运动——传统士大夫政治研究》，其重在探讨知识分子与政治之关系；《顾宪成实学思想研究》，其也是重在顾泾阳学术与明代后期之政治经济关系的考察，欲强调儒学所应有之治术。又有 2006 年的一篇博士论文：《明末东林书院多维透视（1604—1626）》，其主旨是考察以东林书院为依托的一批讲学者游离于政治和学术之间的生存状态。另有 2009 年的两篇硕士论文：《角色承担与行为特质——关于顾宪成的一种政治文化解读》，其欲明顾泾阳作为"士"之角色冲突，恐不得要领；《顾宪成（1550—1612）之思想与讲学》，甚繁且芜，对管志道和顾泾阳的辩论叙述甚详。20 世纪 80 年代末，邱汉生先生指导的学生方尔加硕士论文《论顾宪成的理学思想》但择大端言之，至于以顾氏良知良能说为修正孟子，则恐又不合。

其他顾宪成哲学思想研究相关且重要的单篇论文有十数篇，如《"实学"概念刍议——从顾宪成的"实学"概念说起》《试论顾宪成的理学思想》④《试论顾宪成融合朱陆两派及其意义》《纠偏与开新：思想史视域中

---

① 《知半斋续集》，第 319 页。
② 何俊：《西学与晚明思想的裂变》，上海：上海人民出版社，2013 年，第 45 页。
③ 以上同上书，第 49 页。
④ 方尔加硕士论文《论顾宪成的理学思想》摘要。

的东林学派及其思想建构》《道德理性精神的重建——论顾宪成对王学的修正》《东林学派和晚明朱学的复兴》等。

这些论文，总而言之，大端有五：一者，将顾宪成纳于东林学派，而统一考量东林学派的特征，特别是以顾高代表东林而合论者居多，此古已然，而其弊则在合同处多，析异处少，不免相违；二者，论述顾宪成对于王学运动的修正或矫弊，有调和朱王之势，然大体无出性善、辩性无善无恶、重修等方面；三者，由于顾宪成之辟王而亲朱，所以论文又喜道其复兴朱学；四者，因为顾氏反空虚而重实际，所以较集中讨论其如何融入并推动明代的实学思潮，这是国内研究明清之际学术者的一个重要思路；五者，不重顾氏之思想，而重其书院讲学、评议时政的活动，亦即侧重对东林学风、士大夫的精神和社会意义的阐述。① 现在所见关于顾氏的论文主题大抵不出以上数端。② 近年来，东林学研究有扩大之趋势，既注意个案研究，又注意整体研究；既注意不同学术派别间之关联，又注意东林学内部之不同方面及东林之历史影响，特别是向东林经学、文学及其对清代初期学术之影响的拓展，皆极有价值。

对于顾宪成的思想，比较容易引起注意的是其对明代王学后学及阳明思想的评弹。对王学的此种反对很容易引导大家得到顾宪成之宗朱或调和朱陆的判断。不过这些多属于思想的表面动向，简单地以是非来确定学术立场，往往不容易得其真实。如宗朱的观点，看到文字中辟王而尊朱处相对较多，便以为果然，在顾宪成则有很大的可疑性。此不免有偏见的成分。顾氏之所非有在，所取亦有在；其所论有在，而其所主亦实有在。此等皆未必一指，应分别看待。至于"此亦一述朱，彼亦一述朱"③，必去其矫激而观其平实，然后其真或方得呈现。

---

① 此方面侧重在对东林党、东林书院的辨正，其对象即为东林是否为党，东林书院是党社组织，还是讲学团体，还是合一。其中樊树志先生特别撇清东林书院为政党的嫌疑及以议政为宗旨，强调书院乃私人讲习、讨论理学的场所。之后，李庆、张永刚等，以后疑前，一波三折，不免走入相对之极端。
② 王甦唐先生在《东林学派思想探源简评》中总结了历来之"宗程朱说""'调和'说""回归说"和"实学说"，见《知半斋续集》。可谓是一大总结。然本文所总结，与其条理不同，一者论研究之进路，一者论东林学派之学术性质之归属。
③ 《明儒学案》卷十，第178页。

## 三 研究计划

现就本书写作的基本目标、内容、避忌及原则等方面，简单地说明一下笔者的思路。

本书通过对顾宪成的整体学术思想特别是哲学思想进行阐明，对其学术的性质进行深入的揭示，从而使读者对其学术的全貌、影响和地位能够有一个更加适当的认识。

对于顾宪成哲学思想的研究，本书将主要集中在他的太极阴阳、理气、心性、本体工夫这些方面。此外顾氏对宋明理学特别是对王学及其后学的学术批判，其对《大学》的研究①，及他的讲学和一生一以贯之的"精神"，②也是本书的重要内容。当然，有些更细微的题目，本书也并不会面面俱到。对于东林党争和东林学派，本书不拟涉入，纯以顾宪成之思想为中心。就国内学界所重视之"实学"的研究视角，本书也不拟采用，将纯以宋明理学史的一般研究态度进行分析和论述。

对于顾宪成的思想，研究者有几种意见，一者以为顾宪成的思想是对王学的修正，一者以为是对朱王思想的调和，一者以为乃宗朱子学。这些判断基本上都本源于顾氏之著作而得出。但由于对顾氏思想的研究，无论就其生平之精神，还是讲学之活动，还是思想之广度和深度的研究，都不够充分，所以研究者虽或得到关于顾氏的一种真切之感受，然或属隐约而少证，或属偏颇而武断，多数往往凭借主观陈述性的材料为据，而缺乏对顾氏思想的透彻清理。因此，这些判定就难以准确，或虽有见而并未深论，或论之不详不切。

因此，本书将对顾氏思想的研究，坚持如下原则：一是，以其思想、精神性内容为对象，进行专题研究，力求对他的重要思想进行全面的论述，同时，要以顾氏材料为本，从材料提炼观点，立论讲求直接根据，不预设主题；二是，重视在整个道学史的视野中来考察，在相关主题上注意他对程朱和阳明学术的继承和改变，注重纵向研究，不过多展开与同时期学者的横向比较；三是，对顾氏相关主题进行连类研究，同时按其内在的理路

---

① 这方面是以前几乎没有涉及的，因为文献罕见，不少人非未闻知，即以为失传，故本文专章论之。此部分内容于顾宪成之思想研究亦极为关键。

② 这部分已论，见本章前数节。

进行有条理的陈述,丰富对顾宪成思想的认识;四是,对学界已有较多成果的研究主题,坚持同者出新的原则。总之,本书所论既不能违背顾宪成思想的本义,又希望能在全面性和精细程度上有所突破,恳请学界前辈、同道与读者批评。

# 第二章　道统论及道学评价

## 第一节　道统论

### 一　道统论概见

中华文化之所以屹立于世界之林，乃因为其能自成一统。今天我们要发扬中华文化，鼓舞民族精神，也必须明晰这个传统。我们今天称为"精神传统"者，在古人那里即为道的传统。我国自来就有强烈的"宗""统"意识，学术传承讲究家法，注重源流的考索，以推本其所自来，也从而决定其所将去。道统问题，在古代虽然有门户之嫌，但无疑是一绝大的问题，因为关系到古人的精神传统，关系到立身、立世的根基。"道统"一词，用法上已然与时代有所脱节，但与"文化传统""民族精神"着实可通，故借古人的成论，可资当下的反思。

北宋以来的道学家一般都认为尧舜以后有道统的传承，孔子为一中枢，至孟子而绝。道统思想实际则是随着道学的兴起而逐渐形成并得以强化的，有道学而见道统。《宋史·道学传序》言：

> "道学"之名，古无是也。三代盛时，天子以是道为政教，大臣百官有司以是道为职业，党、庠、术、序师弟子以是道为讲习，四方百姓日用是道而不知。是故盈覆载之间，无一民一物不被是道之泽，以遂其性。于斯时也，道学之名，何自而立哉。①

道学是宋代的产物，是儒学的一种新的转化形态。虽然宋代以前讲"道"的话很多，论"道"的人也有多家，道论非不悠久，非不奥赜，且并非无有系统者，但究无"道学"之名。如上引文所言，三代政教合一，岂但道

---

① （元）脱脱等：《宋史》卷四百二十七《道学传》，北京：中华书局，1985年，第12709页。

学无名，道亦只是见诸行事，不立为名。及政治之衰，学政分离，学出于政而独行，于是有诸子百家的讲学，而学术偏于精微。传统儒家向来不以抽象而专门的论道为能事，且并不甚以为有独立于政教事为之外的超越性的道，儒家之道，更多地表现在现实礼制的遵从和如何施行上。可以说，儒道古已有之，但道学却自宋始。道学的确立，不仅在于把道的研究作为专业而提出来，更在于其树立的新的道的内涵。

道学的主要内涵即是天命性理及相应的格致诚正工夫，并且根据理论的需要，道学的经典体系和学问规模逐步建立并完善起来。这些内容的开发，对儒学来说，确实是个新的局面，是宋代思想对此前的经学传统的革命。元代修《宋史》而能于《儒林传》之外特辟《道学传》，的确有宏识和魄力，最足以把宋学之"度越"呈现出来。

道学由于对道的内涵的深入把握，树立起儒学的新标准，因此必将对传统儒学深致不满，其一方面将前代不及其道与背离其道的经学等学问及众多学者概等而置于不足数之列，从而直承儒学的源头；另一方面又将自身的学术讨论和传授与世俗的学问对立起来，形成严格的道学语言和道学群体。道学之始即以自我标榜与俗学对立的姿态出现。其所追求和维护的道具有神圣性，这一点使道学具有强烈的批判色彩和担当意识，也因此突出了道学本身的特征和系统性。讲究道学之渊源和授受的道统，也自然突显出来。当然，道统的形成需要长时间的积累，宋代的道统观念在朱熹的时代才发达起来。

道统是道学的授受谱系。道统统于道，因此，凡是对同一之道有发明和传承贡献者，皆可以在道统内占有一地位。所以，道学的授受不一定是亲传，也可以是私慕遥承。由于道的难明易晦，道统的传承也不一定是接续的，也可以是间断的。从另一方面讲，道统的传承，并不一定在于突出它的不间断性，相反，道统的传承更多表现为难于为继，往往要突出一时一代对道学具有启明创辟作用和能巩固道学地位的人物之特殊价值。如此，在道统的谱系里，往往只突出几个中心人物，这些人物各自具有特定的学说和身份象征。

就道学史上重要的学者来说，朱熹对道学的建立具有关键作用。他的与其道学相一致的道统观念，十分鲜明地体现在关于《中庸》的几篇序文上。

他认为"盖自上古圣神，继天立极，而道统之传有自来矣"①，就道统的传承来说，尧舜禹"圣圣相承"，为君、有道、有位三者合一，成汤、文武、皋陶、伊傅、周召都传道统，虽有位有道而君臣两行。至孔子，则既不为君，亦不得位，于道特能"继往圣、开来学，其功反有贤于尧舜者"②。这也预示着道的传承可与君位相分离而独传。孔子而后为曾子，曾子之后为子思，子思作《中庸》，为道学之一结穴。子思之后为孟子，孟子之后道失其传。"至于本朝，濂溪周夫子始得其所传之要，以著于篇；河南二程夫子又得其遗旨而发挥之，然后其学布于天下。"③《道学传》基本上继承了朱熹的说法，并将道学延伸到朱熹及其后学。这一道统主要是以程朱一系为核心，这一顺序也几乎可以代表宋代后期道学内部（理学）比较成型的道统思想。但我们应当注意，无论是朱子还是《道学传》所言都不是简单的单线道统，中间也有分合。比如朱子于北宋还尊张子、邵子，有时还尊司马光，④《道学传》还列入张栻等人，格局还是比较开阔的。但越往后，道学者的道统观念越精密，也就越狭隘，往往习惯于道统的一以贯之。

明初，国家以朱子学立教，朱子学的道统思想仍基本延续。如明早期学者薛瑄认为：

> 尝观周子、二程子、张子、邵子，皆与斯道之传者也。……继二程之统者，朱子也。至许鲁斋专以小学四书为修己教人之法，不尚文辞，务敦实行，是则继朱子之统者，鲁斋也。⑤

他特别强调了周、张、邵三子与二程同接孔孟，同传此道，并认为元代儒学者许衡延续道统。

胡居仁认为：

> 道非学不明，学非道不正。盖学所以明道，苟不明道，又何以学为哉？……昔孔子之所传，颜、曾、思、孟之所学，皆以此也。及孟子没，而失其传者，千有余年。周子发其端于前，程子遂扩而大之，朱子

---

① 朱熹：《中庸章句序》，载于《四书章句集注》，北京：中华书局，1983年，第14页。
② 同上书，第15页。
③ 朱熹：《中庸集解序》，载于《朱子全书》（第24册），朱杰人、严佐之、刘永翔主编，上海：上海古籍出版社，2002年，第3639页。
④ 参《沧洲精舍告先圣文》，载于《朱文公文集》卷八十六，同上书，第4050页。
⑤ 薛瑄：《读书录》卷一，载于《薛瑄全集》，孙玄常等点校，太原：三晋出版社，2015年，第134页。

>又集而全之，故吾道遂大明于宋焉。西山真氏，亦庶几乎此也。元之鲁斋许氏，虽其道德之全，未及于宋，观其所行，端悫务实，亦非世儒训诂之可比也。①

则敬斋所论之道统如是，由孔子一直贯穿至朱子，鲁斋而外，对真西山也表示认可。

湛甘泉则认为：

>吾独爱濂溪、明道浑沦，其后惟吾白沙先生复得此意。其或继周者，则白沙可也。②

>文王默识之道同于天。文王没，道在孔子。……孔子后，道在颜子。……子思没，道在孟子。……孟子之道在周、程，周、程没，默识之道在白沙。③

甘泉所认定的道统为文王、孔颜、思孟、周程，而直接以白沙，会归于自己。甘泉论道统与朱子论道统之差异在于，朱子的道统主要依据《中庸》，而甘泉则主要依据于白沙一系之默识。正可见道统谱系的差异主要取决于对所谓道的认识。

明代中后期崛起而绵延以至几乎笼罩整个学界的良知学，其开创人王阳明所确立的道统情况如下：

>洙、泗之传，至孟氏而息；千五百余年，濂溪、明道始复追寻其绪；自从辨析日详，然亦日就支离决裂，旋复湮晦。吾尝深求其故，大抵皆世儒之多言有以乱之。④

>颜子没而圣人之学亡，曾子唯一贯之旨传之孟轲绝。又二千余年，而周、程续，自是而后，言益详，道益晦，析理益精，学益支离，无本而事于外者益繁以难。……夫惟圣人之学难明而易惑，习俗之降愈下而益不可回，任重道远，虽已无俟于言，顾复于吾心，若有不容已也。⑤

---

① 胡居仁：《胡居仁文集》，冯会明点校，南昌：江西人民出版社，2013年，第153—154页。
② 湛若水：《岳游纪行录》，载于《湛若水全集》第22册，黄明同主编，汪廷奎、刘路生整理，上海：上海古籍出版社，2020年，第245页。
③ 湛若水：《默识堂记》，载于《湛若水全集》第17册，第637—638页。
④ 王守仁：《朱子晚年定论序》，载于《王阳明全集》，吴光、钱明、董平等编校，上海：上海古籍出版社，1992年，第240页。
⑤ 《别湛甘泉序》，同上书，第230—231页。

> 圣人之学，心学也。尧、舜、禹之相授受，曰："人心惟危，道心惟微，惟精惟一，允执厥中。"此心学之源也。……孔孟之学，惟务求仁，盖精一之传也……迨于孟氏之时……心学大坏。孟子辟义外之说……自是而后，析心与理而为二，而精一之学亡。世儒之支离……至宋周、程二子，始复追寻孔、颜之宗……庶几精一之旨矣。自是而后，有象山陆氏之学，纯粹和平，若不逮于周程，而简易直截真有以接孟氏之传，其议论开辟，时有异者，乃其气质意见之殊，而要其学之必求诸心，则一而已。故吾尝断以陆氏之学，孟氏之学也。①
> 
> 问："陆子之学何如？"先生曰："濂溪、明道之后，还是象山。只是粗些。"②

由上可见，阳明所承认无疑义的道统传承为尧舜禹、孔颜、曾孟，孟子而后道绝，周程起而复之，其所谓"程"乃特指明道，而后道统则为支离之学所掩，复晦而不传。对于朱子，阳明虽有意调和，然本意仍不以传道统期之，凡所言传承皆未尝及之。对于象山，阳明虽然以陆学尚粗，但仍极力许可，以为周程之后，直承孟子，"断以陆氏之学，孟氏之学也"。象山之后，阳明则自任道学之重，"若有不容已"。

阳明的道统又是别具一格，与朱学、湛学不同。综兹三统，其相同者，孟子以前无疑义，以为孟子之后道脉断绝亦无疑义，周程（明道）复兴道脉也没有疑义，然而他在二程、张、邵、朱子、象山的地位上发生疑义。朱子一系二程并尊，张、邵并重，尊朱而抑陆；甘泉一派，明道而后直接白沙，朱陆并遗；阳明一派则能尊周程（明道），亦尊象山，不接受朱子。道统的差异，不仅表现为其系列中某人的有无，这种不同固属显然，即使相同的取舍，各派所尊也往往有很大的不同，这一点也应当注意。道统观念的差异，最根本的还是诸子道学思想的不同。朱子学重性命气理，白沙、甘泉心重默识、体认，阳明则重精一。不同的道学思想，使得他们在对儒学资源的利用和取舍上显现出了较为截然的分歧。

我们说道学是道统的根底，但道学的发展又注定会凝聚在道统、流露在形式的重要性上。道统对于道学的存在具有十分重大的意义。约而言之，其

---

① 《象山文集序》，载于《王阳明全集》，第245页。
② 《传习录》下，同上书，第92页。

端有四：一者溯源头，二者明授受，三者示正统，四者果自任。溯源头，才能说明此道亘古亘今，不为无稽；明授受，才能表明此道有自，历历不紊；示正宗，才能显示此道之超出俗流，巍然可尊；果自任，道学者喜欢把道统引向自身，如此才能显示自己体道之真，自任之卓与重。然而，须识道统并不是唯一的，不同道统系列里相同人物的作用和地位也不尽相同。道统的确立依据于道学的见解，虽然道学有比较稳定的语言和命题，但这些命题的细微差别即足以影响道学的性质和道统的组织。不同的学者往往依据自己的学说来建立一套道统观念。因此道统观念的差别也可以看出其思想的微妙之蕴。上面对朱子、甘泉、阳明道统观念的粗略比较即可以看出，不同的道学派别，其道统的独特性是很鲜明的。积极的道统的认定，能够反映出一时道学发展的需要，也能代表一时道学发展的主流方向。

## 二　顾宪成之道统论

到顾泾阳立身讲学的时代，无论是程朱理学还是阳明心学都已经过了理论发展的高峰，学理的讲求日益精微，也日益离析，学说林立，弊窦丛生。道学经过王学的革新，无论是分化还是融合，其面貌都更加复杂，学派之间的关系也更难加以辨别。此时对于既往的道学进行是非甄别、重新厘定道统，便具有更丰富的背景，也具有更深远的意义。道统之倡往往是在学术思想的发展与当时主流思想产生冲突，因而陷入困境以希求出离困境、获取新生时，才被特别予以强调。所谓穷则返经，学术的穷弊，学者时常以梳理源流、重整道统为解决之道。在现实有力地促动下，顾泾阳在道统思想上具有比较自觉的意识，并且由于他身处道学发展的晚期，坐集古人之大成，有充分的条件对前人作是非之论衡。因此他的道统论，比前人更宏大，更具总结性，也反映出前代所不及的问题之复杂性以及思想的新特征。

孟子根据古史的现象，提出"五百年必有王者兴，其间必有名世者"（《孟子·公孙丑下》）的圣王周期性现世说。他认为，圣王的出现大体以五百岁为周期，而圣臣、圣人则或"见而知之"，或"闻而知之"（《孟子·尽心下》），也应运而生，分布其中。这种说法塑造了道统观念的雏形。不过，《论语·尧曰》已经历叙尧舜禹汤武之事，而继任孔子之论，孔子自身也以"文王既没,文不在兹乎"(《论语·子罕》)见志。所以,顾泾阳认为道统之说并非如有些学者所主张的那样始于孟子,至少自孔子时代就已有明确的意识。泾阳的道统观念在《修复冉泾箭河碑记》一文中有所透露,他说:

> 充拓得尽,天地变化草木蕃,不外于是。夫所谓是者,何也?源头也。源头不识,则天地何从而变化?草木何从而蕃?……北接蓉湖,西连笠泽,水脉之源头也。近沿濂洛,远溯洙泗,道脉之源头也。①

冉泾为桥名,志地,旧为明代首先修复东林书院的邵二泉先生宅,有手书"源头活水"四字。水因为有源头而长流不息、滋长发育,道脉亦如此。泾阳用水的源头来比喻道脉的源头,他特别提出人要认识道脉的源头,可见道脉在他的意识里有比较重要的地位,也说明认识道脉源头对人也十分具有必要性。在这里,泾阳所认的道脉源头有两处,近的一处为濂洛即周程,远的一处为洙泗即孔子。这种说法,一方面可以理解为濂洛虽为近处的源头,但最终是上溯到洙泗的,他们是一条道脉;另一方面,既然有远近的区分,濂洛与洙泗自然不是简单的同一,濂洛有为濂洛之处,濂洛也可以特起作为道脉的一个源头。此处可以看出泾阳对濂洛之统的尊崇,比之过去是加强了的。濂洛俨然成了一个新统的开辟者,而足以不依傍于洙泗的旧统。由此,我们也可以窥见泾阳道统思想的端倪。

无独有偶,泾阳在观看周敦颐后人出示的族谱之后,由族谱而同样引发他对道谱的联想。他说:

> 昔者窃闻之,有道谱,有族谱,道以斯文之似续为谱,族以一姓之似续为谱。由元公而上,为孔孟,为文武,为禹汤,为尧舜,为羲轩;由元公而下为二程,为龟山,为豫章,为延平,为紫阳,道谱也。由元公而上为世几何,由元公而下为世几何,族谱也。承族谱易,承道谱难。②

因族谱而比类道谱,"道谱"一词儒书所罕见,非因族谱、周子与重道之心三者结合,恐怕泾阳也不容易发出"道谱"一论。泾阳认为"族以一姓之似续为谱",族谱其实包含的内容尚多,但它的本质还是在于记录"一姓之似续"。因族而有族谱,同此,因道而有道谱,"斯文之似续"为道谱,"斯

---

① 《修复冉泾箭河碑记》,载于《藏稿》卷十一,第295页。
② 《题周氏谱录》,载于《藏稿》卷十三,第334—335页。

文"犹言"此道"①。道谱在于记载一道的传续。就一般性质来理解，道谱的撰著方式应当介于《道学传》与道统记载之间，《道学传》可能仅按照时代的先后顺序罗列众多的道学家，不一定体现出鲜明的"一道似续"来，道谱应当按照一道的标准来构造其谱系，但肯定不如道统之记载明确而条贯清晰。在标准上，道谱撰著和《道学传》可能相异，但在表现形式上也可能并无二致。在此处，就族谱、道谱的界定上看，泾阳显然是指单纯的一道似续，一以贯之就是我们通常理解的道统。实际上，他所指的道谱确即道统的序列，亦即道统。这里，泾阳把道统分为两段，其中心点即周元公敦颐，上行直接孟子，极于伏羲，下行为二程、龟山、豫章、延平，结以紫阳朱子。也就是说，周子把孟子而后中断的道统直接承继上了，不过这并无新意。虽然朱子以前的程门学者一般只是追奉二程为斯道宗主，很少摆出周子的地位，甚至有学者要划清周、程之间的师弟关系，但经过朱子的表彰，以周子为宋代道宗，几乎是朱子以后的通说。但对于顾泾阳来说，此具有更深的意义。上言，道脉的近源在于濂洛，其实指即在周子。周子的出现，无异于重光斯道，再造道统。他认为整个道统的核心在周子，甚至把周子当成了最高的道之化身。他说：

  孔孟既没，吾道不绝如线，至宋而始一光。发脉得一周元公，结局得一朱晦翁；而二程及张邵罗李诸先生复相与后先，主持于其间。天实命之以斯文之寄，非偶然也。②

这条材料将泾阳的道统观念进一步呈露。他认为，孔孟之后，道统濒临断绝，到了宋代的周敦颐才重新光大起来。对于道统来说，应当突出两个人物的重要性，即发脉的周濂溪和结局的朱晦翁，两个人具有决定性的地位，无法替代。泾阳用发脉来说明周子的地位，也照应了他的源头说。可见，在泾阳眼里，周子的地位确实不是简单地拾起孔孟的传统，他一新道统，具有极大的建设性，乃至于是孔孟的旧统所不能赅备的，而能够成为斯道的一个新

---

① "斯文"语出《论语·子罕》："子畏于匡，曰：'文王既没，文不在兹乎？天之将丧斯文也，后死者不得与于斯文也；天之未丧斯文也，匡人其如予何？'""斯文"乃孔子认为文王所传之道。泾阳此处用此表示以孔子之道为相传之道也。泾阳还认为，道统之说始自孔子，并非如通常所说的孟子，"《论语·尧曰》篇历叙尧舜禹汤武之事，而孔子之论五美四恶继焉。惟孔子亦曰'文王既没，文不在兹乎'。然则道统之说，有自来矣。或者以为始于孟子，殆非也"。见《小心斋札记》卷十三，第161页。

② 《小心斋札记》卷一，第3页。

源头。泾阳还强调了朱子在道统中的地位，他用了"结局"一词，应是仅就宋代来说。就周朱二人的作用，泾阳认为宋初二程、张、邵一时并兴，能有这个局面是由周子开创的，所谓"微元公孰为之开厥始"。但是诸子而后，道学就"有禅而儒者，有霸而儒者，有史而儒者"，开始严重的分化甚至异端化。收拾吾道，使之不涣，这是朱子对于斯道的大贡献，所谓"微晦翁孰为之持厥终"。如此，就道统内部的作用来相互参照，"韩昌黎谓'孟子之功不在禹下'，愚谓元公之功不在孟子下，晦翁之功不在元公下"。①周、朱二子维护斯道的作用是不可磨灭的，其在道统中的地位自然已是不刊之论。另外，泾阳对张、邵二子也加以肯定，说明他对二子的思想也能亲近、投合。

如上，泾阳认为周子是道学的新源头，而从周子到朱子有一个完整不间断的传承。那么就可以说，周子以后的传承斯道都是对周子之道的一个传承，其对周子的理解、感知、推崇，都可以作为对斯道传承的一个贡献，宜给以赞赏。因此，泾阳认为："知元公之深者，前莫如程大中，后莫如朱晦翁。"②程大中（名珦，二程父）见周子而知其有学，"二程子"事之，周子之道遂传于二程。朱子对周子的著作考辨注解，不遗余力。程父、朱子皆可谓独具慧眼，深知周子。就此意义来说，二程之传周子，朱子之表彰周子，其于斯道的贡献也自然非凡。朱子的作用自属无疑，下面我们要分析一下二程在泾阳道统说中的地位。泾阳谓：

> 元公之于道，至矣！所以为之推行其道，使得昌于当时者，程伯子也。所以为之推明其道，使得传于后世者，朱晦翁也。元公藏诸用，其源深；两先生显诸仁，其流远。③

二程亲学于周子，这种学习不一定依赖于著作文字，更多的应属求学问道路径的一种引导、精神风范的一种感染，所谓言传身教是也。二程对周子的这种学习，自然也不会表现在文字的征述上，要言必称夫子。他们对周子的学习更多是心灵的内化，这是道的一种精神传授。④周子让二程寻孔颜乐处，

---

① 《小心斋札记》卷一，第4页。
② 同上。
③ 同上。
④ 关于此点，历来颇有争议。湛若水于此颇有解释，能通此意："夫何一时高弟，于《太极图》《易通》未见称说，而明道'仁者浑然与天地万物为一体'，伊川'体用一原，显微无间'，则又深有吻合焉。何也？岂不师其言而师其意乎？"（《湛若水全集》第17册，第654页）

明道最有心得，寻孔颜乐处，在程门里确实也成了一项重要的工夫。周子所教当然不仅这些，只是可知者不多。然而，就精神性的道之传授来说，也不需要多少文字的证据，周子的指教使得大程气象超然，道的传递可谓已经实现了。因此，二程的道学不能说与周子关系很小，更不能说毫无关系，但是也不能尽说二程是传周子之道。这是平情的结论。由上泾阳的说法，他并没有论及二程都传播了周子之道，而独言明道。这里可以看出，一方面他认识到了明道与伊川之间的差别，一方面认识到了周子与明道之间的契合。我们再稍引申，即可得出如下判断：二程虽然于周子都有师从关系，但只有在周子与明道之间存在一道授受，而在周子与伊川之间并没有形成这种关系。同时，我们还可以认识到，泾阳认为明道所推行而使昌于当时的道，即是周子的道。这不见得是平情之论，当然泾阳如此认为也有一定的道理。总之，在以周子为新源头的道统之流传中，不仅应注意到朱子的结局之功，还应认识到朱子的推明之功，即在文献和学理上的阐发，这使得周子之道能够更广泛地流行于后世，延续周子之道，即延续道脉。同时，不仅应注意到朱子之功，还应注意到明道之功，在泾阳的道统里，明道作为周子仅有的传人，推行周子之道使之昌盛于当时，功不可没。

　　谈到宋代的道统流传，其实南宋道学至明初道学，主要以朱子学为大宗，其对道统的认识虽不尽相同，但主要标准还是朱子一派的看法。到明后期的顾泾阳，也还是尊周尊程，旁及张、邵，沿袭了朱子系的看法，与明初学术并无大异。不过在早期道统的序列中，周子的地位是后起的，特别是出于朱子之力，二程之间也有亲大程或亲小程的倾向，但二程往往是相提并论，甚至小程学说的影响要在大程之上。泾阳的道统说，其特色在于一意尊周，同时也特尊程尊朱，且尊大程而不提小程。但仅如此，也显示不出其道统说的魅力，只是在与前辈论道统地位的讲法上有出入而已。

　　作为明代后期的学者，特别是经过轰轰烈烈的王学洗礼，泾阳的道统说必然应包含更丰富的内容，要对全部道学史作出一个新的总结，要考定道脉在朱子以后的延续状况，这样才能符合人们对他的道统说的期望。朱学、王学，或为显学或成隐学，都是道学的形态，虽然二者几乎以对立的形态存在，但对之却不能避而不论。二者与道的关系怎样，如何将之整合于道统之内，这是一个艰难的问题，亟待解决。其中，对王阳明的道学地位如何处理，这是道统说是否具有时代性的关键。

在阳明问题上，泾阳是作了处理的，这也是他论学所不可避免的。我们知道，在泾阳的道统里，周元公具有开创地位，是道学的大宗主，但令人奇怪的是，他认为阳明的作用，竟然可以和周元公相比。他说：

> 五宗昌而虚无寂灭之教炽矣，所以使天下知有吾儒之道之当来而归者，周元公也。程朱没而记诵辞章之习炽矣，所以使天下知有自心自性之当反而求者，王文成也。①

此语记于万历丙申（1596），泾阳把周、王二子放在一起进行比较，元公的贡献是发扬了新儒学，使得吾儒之道足以跟禅宗之教来抗衡，使得学者能够重新重视儒道而回归儒学，儒学的地位从而获得稳固。阳明的贡献在于，当程朱之学也即所传的周子之道走向记诵辞章的陋习且盈满天下时，他使人们能够重新回归于本心自心，把学问从口耳肤廓之学扭转向身心体贴之学，也就是说重新反回到了根本。就二者的贡献来说，泾阳用了两句成语来概况他们，就是：

> "地平天成"，"万世永赖"，元公其庶乎！"一匡天下，民到于今受其赐"，文成其庶乎！②

"地平天成，万世永赖"，语出《尚书·大禹谟》，乃形容大禹治水功绩的话。"一匡天下，民到于今受其赐"语出《论语·宪问》，乃孔子赞叹管仲的话。因二句，可见二人的贡献之大，不过中间也寓藏了轩轾。万世永赖，是道源之功；一匡天下，不过即世之功。虽如此，泾阳对阳明肯定的意思还是为大的，并且十二年之后的戊申，当他会于南岳时，仍然持是见未变。③

如上，泾阳对阳明既是大力肯定，但又不想尽意。他对阳明还有更进一步的说法。

云间钱渐庵④致仕后，率弟子讲学，建日新书院，并于其中供奉先师孔子像，左右侍以朱子和阳明。这种做法，对于纯粹的朱子学者和阳明学者来说，恐怕都比较奇特。渐庵的弟子们认为谈孔子之道，无论是由孔子所亲传

---

① 《小心斋札记》卷三，第32页。
② 同上。
③ 参《南岳商语》，载于《全集》上册，第364页。
④ 名大复，字肇阳，号渐庵。

而下的颜曾思孟也好，还是崛起于千五百年后的周程也好，都可以算得孔子之嫡传。舍是不从而独取朱、王，他们对于这种做法也深表不解，而向泾阳请教。泾阳给予了解答，记录在他的《日新书院记》一文中。这篇文字比较重要，表现了泾阳道统方面的新思想，也可以透出他思想的真实底蕴。

泾阳认为从颜曾到周程，"诸贤具体圣人"，谁来承接孔子，都没有问题，但体现不出道统的变化。周程以上，具体圣人，也即与圣人之道一般，"绝无异同之迹"，真可谓是"一道似续"。但这种一以贯之的传承，到了朱子，特别是到了阳明，局面就大不形同了，用泾阳的话说就是"至朱、王二子始见异同，遂于儒门开两大局，成一重大公案"。朱王立异，儒家的道统不能统一了，一个形象不能充分代表了。因此，有必要将道统的分化显示出来，并由此而结合起来以组成完整的道统。我们可以给这种观点一个称呼，叫"一统两局"。孔子以上不用说，这个统从孔子传来至周程都还是统一的，到了朱子就不能完全承担这个统了，到了明代的阳明又担起了统的另一部分，如是形成两局。一统两局，也即孔子一统，朱王两局。这里，有一点可议，依恒见，道学的分化自朱陆之争始，不是自阳明出而始现，并且阳明的道统观念里象山是直承孟子的。但泾阳所有关于道统的说法里，于象山之名，不置一言，可见他对象山的不满。对他来说，象山是极不足以跟阳明相比的。因此，就道学的分化来说，泾阳宁肯拿阳明与朱子作对局。

泾阳也认识到整个明代思想界前期和后期的不同学风。他认为：

> 尝试观之，弘正以前，天下之尊朱子也甚于尊孔子，究也率流而拘，而人厌之，于是乎激而为王子；正嘉以后，天下之尊王子也甚于尊孔子，究也率流而狂，而人亦厌之，于是乎转而思朱子。①

这可以说是一部明代思想史的扼要提纲，并将其间思想流变的原因也和盘托出。这里，泾阳以阳明的崛起为界限。正德三年（1508），阳明困处龙场，始悟格物本心之说，四年始讲知行合一之说，以后越发精彩，也越加流行，而明代之学风遂被阳明一转。因为在阳明学何时取代朱子学成为思想界的主流之问题上，学界不能截然找到一个精确的时间点，所以这里笼统地谓之"弘正以前""正嘉以后"，主要的分界还是在阳明学说成立起来的正德

---

① 《日新书院记》，载于《藏稿》卷十一，第296页。

年间。同时,我们还可以看到,泾阳在此将阳明与朱子放到了相提并论的地位,这是最可注意的。他并没有简单地肯定朱子,也没有最终肯定阳明,而指出明代的学术思潮乃在朱子和阳明之间交替推移。阳明前是朱子尊,朱子后是阳明尊,阳明既尊,久又复尊朱子,如此往复不定,根本的原因在于无论朱子还是阳明,其学说都不像以前的道统传承,道统分由朱王两行。因此,朱、王仅得道统之一偏,偏则弊,弊则穷,穷则变,而朱、王将相与于无穷。具体而言,泾阳认为朱子之偏,"究也率流而拘";阳明之偏,"究也率流而狂"。拘则激向狂的一路去,狂则激向拘的一路去,二者的转化,是由于厌极而激使然。反过来思考,无论朱、王都不足以尽道统,但一者离一,其拘其狂,弊将无极,则尤不足以为道统之续。

如上分析,朱、王的矛盾乃势不两可,其对立十分尖锐;却又势不可离,其为循环而已。这一统两局的关系,总要有一个妥当的处理。泾阳认为,之所以朱、王相互压抑,乃是对其间的同异关系没有认识清楚,"由不审于同中之异,异中之同,而各执其见,过为抑扬也"。于是他借用《中庸》称赞孔子的话"小德川流,大德敦化"与"至诚、至圣"两语,提出了协调朱、陆的一套说辞:

> 予窃谓朱子由修入悟,王子由悟入修,川流也,孔子之分身也,一而二者也。由修入悟,善用实,其脉通于天下之至诚;由悟入修,善用虚,其脉通于天下之至圣;敦化也,又即孔子之全身也,二而一者也。然则千百世学术之变尽于此,千百世道术之衡亦定于此。①

由这段话,且不论朱、王之修悟为何,我们只作道统方面的分析。朱子、阳明和孔子的关系,是一而二又二而一,即是孔子的分身又是孔子的全身。朱、王都有修、悟两方面的工夫,但从入的先后顺序不同,而各得一门,就此来说是不同,是川流,是孔子的分身。但无论修悟从何而入,其最终所达到的境界是一致的,只不过就实的一面说是"至诚",就虚的一面讲是"至圣",如此,二者各自又都是敦化,都是孔子的全身。这就是所谓的"同中之异,异中之同"。

然而既不同又同,这种说法还是难以让人理解,如果只是以姑且调和

---

① 《日新书院记》,载于《藏稿》卷十一,第 297 页。

为意，那并不能说明问题，更不能解决问题。最后泾阳提出了他的"救弊"与"立极"之说，如此，他的道统说便臻于圆熟。首先从救弊的角度来讲，无论朱子学还是阳明学都有所适用，都可以有益，提倡朱子或阳明，有其针对性：

> 以此而逗机缘，当士习之浮诞，方之以朱子可也；当士习之胶固，圆之以王子可也。何也？能法二子，便是能裹孔子，所以救弊也。救弊存乎用，用无常，不得不岐于异。①

救弊乃因病立方，以应用为贵，所以不能拘定一法。朱子为方，可以对治浮诞之习；阳明为圆，可以对治胶固之习。朱子、阳明可以并存无悖，甚至是不得不有此相异。又从救弊而使士习归于混全中正上讲，二者也是要使士习向孔子方向去，是在维护孔子之道。朱、王二子的救弊，乃是相对性的，毕竟是要向孔子回归。他说：

> 以此而讨归宿，将为朱子焉，圆之以孔子可也；将为王子焉，方之以孔子可也。何也？能法孔子，才是能用二子，所以立极也。立极存乎体，体有常，不得不统于同。②

如是，朱子、阳明都不能成为道学的归宿，朱子之方还要圆以孔子，阳明之圆还要方以孔子，朱、王都要法孔子，其本身才能去其偏而归于正。法孔子是"立极"，如果能法孔子，那么朱、王都合道，如果失去了这个前提，朱子、阳明又都不值得肯定。泾阳进而认为：

> 同而异，一者有两者，递为操纵，其法可以使人入而鼓焉舞焉，欣然欲罢而不能；异而同，两者有一者，密为融摄，其法可以使人入而安焉适焉，浑然默顺而不知。③

孔子而辅以朱、王之法，因人而或朱或王，则人无弃人，皆可以得入圣之道；朱、王而宗法孔子，则虽歧而为二，仍有能一之者，孔子也，斯道也。一而二，二而一，纵横开阖，乃泾阳道统说之机关所在。

总的来说，泾阳重视道统，强调学者对道统要能认识。他的道统说较之前辈的道统说，更有细腻之处，也更加完整。他的道统里有几个重要的人

---

① 《日新书院记》，载于《藏稿》，第 297 页。
② 同上。
③ 同上书，第 297—298 页

物点,体现了他们在道统里的特殊地位,即周元公、程明道、朱晦庵、王阳明。周子新辟道源,明道推行于当时,朱子推明于后世;周子万世永赖,阳明一匡天下;道统的传承以周子为宗。最有特色的地方还在于,泾阳提出一统两宗的道统格局,对朱子和阳明在道统中的地位都进行了肯定,又都加以限制,从而实现了对道学思想最大程度的统合。

## 第二节 尊周

### 一 "尊周"概见

周子仕宦不显,迹近隐逸,当时知而识之者不为多。二程师事濂溪,亦未尝讳此关系,然而却很少提及乃师,于其师的文字更无征引,其拈"天理"为自家体贴出,似不与于周子之传而悟心独造,尤增后世之疑。其后,胡宏《通书序略》乃于周子示推崇服膺之意,其弟子张栻继而光显之。胡、张乃湘湖学派的首领,而皆与周子特有渊源。二人久居衡山,湖湘乃周子的故乡,二人之尊重周子,有敬乡贤的意思。张栻时,周子履历之处,祠祀遍建,观敬夫所为诸祠记文可知。然其对周子学说之了解,乃别有原因。据宋祁宽《通书后跋》所言,周子《通书》"始出于程门侯师圣,传之荆门高元举、朱子发……又后得和靖尹先生所藏,亦云得之程氏"①。《通书》两本皆出程门亲传弟子,且尹云"得之程氏",此中所关又皆当事人,可知其书为二程已有,但秘不轻宣,私相付嘱而已。其中最早流传《通书》之人为侯师圣。侯乃河东人,后流寓荆门,胡安国(曾任荆门教授)与之交善,并命其子宏"从之游",师事圣。侯氏所传高、朱二人,皆荆门人,乃同一渊源。吻合如此,可知濂溪《通书》最早由程门弟子侯师圣在荆门一带传播,胡宏得自侯氏之传,张栻又得自胡氏之传,渊源有自,本非一时特起。湖湘学派之尊周,职此之故。

湖湘之外,尊周子者,无过于朱子。朱子之尊周,有数方面的原因:其一,与湖湘学者张栻过从讨论的影响;其二,乃师延平先生对书义的解释指导;其三,本人自弱冠时大概已得周子书,潜心三四十年而体会愈深,观其

---

① 周敦颐:《周敦颐集》,陈克明点校,北京:中华书局,2009年,第119页。

《周子通书后记》可知①。朱子于周子的著作收集、考定、注解、辩论，可谓不厌其烦，不遗余力，有《太极图说解》《通书解》。朱子之有功于周子，前后莫与比京。

朱子殁后二十年，南宋宁宗嘉定十三年（1220）朝廷赐谥周子曰元公，理宗淳祐元年（1241），加封汝南伯，从祀孔子庙庭。周子取得了政治上的正式认可，也取得了道统上的正式地位。绍兴初，侍讲胡安国尝有请于朝，为二程乞爵，使得从祀孔庙，其后乾道间太学录魏掞之也向当道请祠二程于学。二人都没有请及周子，所请亦未果。嘉定九年春魏了翁始为周子请谥，同年任希夷又独为二程请谥，魏了翁合周、二程、张四子又请。几经努力，周子才定谥，鹤山有力焉。"元公"之为谥，尊之至矣，然其间足可见周子微显之机。周子是在张、朱、吕诸子的整理阐发表彰，特别是朱子之后才逐渐受到重视的。宋代的道学，二程子要远较周、张、邵为得势。

蒙古兴，尚未立国，即于南宋理宗嘉熙二年（1238），建太极书院及周子祠于燕京。由于宋金长时间的对立，道学主要在南方流行。蒙古领中书行省杨惟中用师于南方，得名士数十人，敬重道学，于是广泛收集伊洛之书，载送回燕京。师还，与姚枢谋建书院及祠，以二程、张、杨、游、朱六子配食，请赵复为师，选拔道学生，道学才开始逐渐从江淮流传到了北方河朔。明初的薛瑄对此大加感叹："宋季以道学为伪，元初得诸儒性理之书，建太极书院以尊崇濂、洛诸君子，是宋季不如元初，而治忽之效，亦可验矣。"②周子于元代的地位也由此可见一斑。

明兴，于永乐年间编辑《性理大全》书，也是以周子为首。至于明代的学者，对周子也自然以尊敬为主。然其间学说的探讨不无是非，如罗钦顺、王廷相之气学派对周子的《太极图》多疑义。罗钦顺认为周子《图说》之"无极之真，二五之精，妙合而凝"三语有疑，以为"合"字启后世理气为二之衅。王廷相以元气论道，极力排斥南宋以来以理解释太极的看法，③论太极独许邵子，于周子的"五气""五行"说，也以为惑于五行家言，论五行独肯

---

① 此处，可参陈代湘《朱熹推尊周敦颐考论》，《湘潭大学学报（哲学社会科学版）》2006年（06）。
② 薛瑄：《读书续录》卷三，载于《薛瑄全集》，孙玄常等点校，太原：三晋出版社，2013年，第954页。
③ 参《王氏家藏集》卷三十三《太极辨》。

认张子①。然此皆不为主流，所批判者亦非周子当时影响之所在，可勿多论。

明代之尊周，其大者，泾阳以前，首推曹端，继则白沙，再则阳明，其传则江右之罗洪先。

曹端，朱子之后，乃研究周子的专家，作《太极图说述解》，自谓"自强而后，因改所学而潜心玩理，几十年之间仅有一发之见，而窃患为成书病者，如前所云，乃敢于讲授之际，大书周说而分布朱解，倘朱解之中有未易晓者，辄以所闻释之"②。又作《通书述解》，要言不烦，本之心得，大抵承袭朱说以解周子，推阐"太极之为理而非气"的思想。他的观点与朱子在《语录》中所言之"太极不会自动静"一说相抵牾，认为太极能动静，有作用，理为活理。稍后之薛瑄，学不主一家，依归《性理大全》，于道学诸子皆有心得，然于周子尤深致意。他评价周子的著作，《太极图》"乃心得之妙，画出造化以示人"③，《通书》"字字皆实"④。这些评价是他潜心体会真实得来的。他说："周子《太极图》，朱子之解，以心契心者也。熟读精思二三十年，庶得其旨趣之妙，殆非浅近之功所可得而窥测也。"⑤薛氏跟曹氏持说相近，仍主张理之能动性，又更进一步，更显得开阔，认为"无极而太极"为就纯理言，动静生阴阳，乃兼气言，不离阴阳而有理。他还积极把周子的《太极图说》《通书》与《中庸》相结合，把太极、理、性等一系列范畴会通起来。

陈白沙也是尊周的一个极端。其高弟湛若水谓："白沙先生于诸儒中，最信濂溪'无欲'一章，常语以示学者。诗云：'无极老翁无欲教，一番拈动一番新。'信之至矣。"⑥湛若水自道："濂溪周子之学，浑沦而已矣。何则？圣门之学，浑沦而已矣。……吾师白沙先生，特达神契，深知而宗尚之。"⑦其友庄昶论白沙"横渠老笔虽终劲，周子《通书》自不同"⑧，亦以

---

① 参《太极辨》。
② 曹端：《述解序》，载于《曹端集》，王秉伦点校，北京：中华书局，2003年，第3页。
③ 《读书录》卷二，载于《薛瑄全集》，第719页。
④ 《读书录》卷四，同上书，第752页。
⑤ 同上。
⑥ 湛若水：《天关语录》，载于《湛若水全集》第14册，郭海鹰整理，第19页。
⑦ 湛若水：《潮州改创濂溪先生祠记》，载于《湛若水全集》第17册，第653—654页。
⑧ 庄昶：《读白沙先生诗集》，载于《庄定山集》卷四。

濂溪推白沙。可见，白沙之宗濂溪而有得于濂溪，乃其友人弟子所共谙。白沙有《夜过三洲岩读濂溪题名示诸生》《寄题三洲岩》二诗，中有"迟回北壁下，目击元公遗。今古一相感，光风吹我衣"①，其追寻摩挲周子遗迹，千古若一人，感召之精诚，宛然可见。其又有《晚酌示藏用诸友》，第四首曰："涪翁指点好濂溪，老眼青天醉不迷。五老峰连湖月白，绿荷风飐水烟低。无穷光霁还相接，太极图书谨自提。懒与时人谈此事，风流真个隔云泥。"②对濂溪"光风霁月"的气象无限向往，自以为在精神气脉上达到了与周子相接，超然时流之外。他还告诉我们周子的著作《太极图》《通书》是他工夫的主要来源。白沙于周子的膜拜知己之心透见无遗。白沙尊周子为"无极老"，乐道之，极亲切，有句"一语不遗无极老，千年无倦考亭翁。语道则同门路别，君从何处觅高踪"③，又"无极老翁无欲教，一番拈动一番新"④，皆名句。前一句道出了白沙对周、朱的评价，也看出他的取向乃偏于简捷一路，不欣赏朱子的迟钝工夫；后一句最有名，在明代学者中广泛流传，王心斋常诵此诗以省学者。⑤"无极"于朱子为理之极致，于白沙则为境界之极致，甘泉所谓之浑沦、默识也。白沙继承濂溪的主要是"无欲故静"的思想，甘泉所谓"最信濂溪无欲一章，常语以示学者"是也。相比而言，朱子、曹、薛等人主要是投契周子的著作、学理，气象上并不与周子接近，都是比较谨严的理学家；白沙则是另一种风格，他是在气象上、行径上力求追随濂溪，而与周子在精神的内蕴上相感召。

白沙喜诗，诗多而高妙，其师吴与弼亦然，他们在精神上也很一致，吴、陈之间确实应该存在道的传承。康斋谓："无极之妙，充盈宇宙，而该贯吾心，何可须臾离哉。"⑥他乐道，也隐然有以濂溪自比之处。⑦读他的诗如"万缘由命不须嗟，遮莫飞腾莫（暮）景斜。偶度小桥流水曲，缓从梅下

---

① 陈献章：《陈献章集》，孙通海点校，北京：中华书局，1987年，第289页。
② 同上书，第449页。
③ 《读周朱二先生年谱》，同上书，第576页。
④ 《静轩次韵庄定山》，同上书，第485页。
⑤ 参王艮：《语录》，载于《王艮全集》卷一，陈寒鸣编校，上海：上海古籍出版社，2022年，第3页。编校本《王艮全集》是条末"省"下脱"学者"二字。
⑥ 吴与弼：《康斋文集》卷十《省斋记》，文渊阁《四库全书》本。
⑦ 参《与傅秉彝书》，载于《康斋文集》卷八。

玩孤花"①，便可以鲜活地感触到其气象。但康斋更得力于邵康节，神情上处处以康节为范，得康节静观万物之乐趣。康斋虽得浑然太极之妙，工夫却不放任，时时以省克为事。康斋与白沙同趋于静中有得，但白沙转其师之亲邵子而亲濂溪。其实，无论白沙、康斋，还是濂溪、康节、明道，他们的气质都很接近，缱绻物趣，洒落超然，咏寄于诗，他们都是风流人杰。白沙的同门大儒胡居仁，与其有异。他认可周子的主静立极之意，却认为"于'主静'下注'无欲'二字，此必后人不得其意，为之画蛇添足也"②。敬斋论学尚工夫，他认为"周子不由师传，默契道体，是他天资高。然开示下学工夫，使圣学门庭，晓然可入，二程全之"③。又曰："程子④本原义理，固受于周子，然下学阶次，精微曲折，而全体圣人，多所自得者。故义理血脉，固在于周子，而承袭孔孟，以继尧、舜、文、武之绪，直以程子当之。"⑤敬斋所崇奉的是程子"主一无适"的用敬工夫，反对专求于静而离事。他认为："周子有主静之说，学者遂专意静坐，多流于禅。"⑥白沙的大弟子湛甘泉认为宋儒之可取法者"其周濂溪、程明道乎！微二子，道其支离矣。舍二子，吾何学矣"⑦。可见，他是宗尚周、程的。甘泉不满象山之过而近禅，他认为"象山不能有明道之所有，明道有象山之所无"。因此针对当时流行学象山的风尚，他编著了《遵道录》一书，寓意遵明道，倡导"学者欲学象山，不若学明道……乃中正不易之也。若于象山则敬之而不敢非之，亦不敢学"⑧。甘泉与敬斋都比较重程子，这一点与白沙稍异，但甘泉偏亲明道，敬斋偏亲伊川，这又不同。

明代心学的宗主王阳明，其实也是宗尚周、程的，上文已言，他认为

---

① 《溪上偶成》，载于《康斋文集》卷四。
② 胡居仁：《易像钞》卷十四，文渊阁《四库全书》本。是书疑非胡居仁原著本，乃误合胡居仁序与钱一本书而成。故书后十六、十七卷书信往来多非胡居仁同时人，而合于钱一本之时代与交际也。姑系此条与周敦颐有关者于胡氏，是非待后详考。
③ 《胡居仁文集》，第40页。
④ 敬斋所谓"程子"往往偏指明道言，彼于明道推崇过于濂溪。
⑤ 《胡居仁文集》，第43页。
⑥ 同上书，第40页。
⑦ 湛若水：《雍语》，载于《湛若水全集》第12册，郭海鹰整理，第66页。
⑧ 湛若水：《寄崔后渠司成》，《湛若水书信集》，刘兴邦整理，载于《湛若水全集》第21册，第305页。

"洙、泗之传，至孟氏而息，千五百余年，濂溪、明道始复追寻其绪"①。并且，他自述为学的经历时说："某幼不问学，陷溺于邪僻者二十年，而始究心于老、释。赖天之灵，因有所觉，始乃沿周、程之说求之，而若有得焉。"②阳明沿周、程而有得，这不是泛泛地说，实情确是如此。据钱德洪言及费宏所作《移置阳明先生石刻记》，阳明在江西时曾把《太极图说》连同《大学》《中庸》古本并所作序，一起刻石立于郁孤山上。他在江西还曾亲笔抄写周子《太极图》及《通书》"圣可学乎"一段，并附按语云："濂溪自注'主静'，云'无欲故静'，而于《通书》云'无欲则静虚动直'，是主静之说，实兼动静。'定之以中正仁义'，即所谓'太极'。而'主静'者，即所谓'无极'矣。旧注或非濂溪本意，故特表而出之。"③这可见濂溪对阳明的影响的确非同一般。阳明立教也是有本于儒先所传，不是简单地孤心独诣，更不是盲目地附会释道的主张。于此应引起足够的重视。阳明之初教学者静坐，乃有本于濂溪"主静"，伊川之叹静坐；其心无动静，乃本于濂溪之"定之以中正仁义而主静"，明道之"动亦定，静亦定"；其四句教尤其本于濂溪之"诚无伪，几善恶"二语；阳明于周子之"无欲故静"，最熟化，与弟子纵横解说，无不出此环中；而其所有的主张又都几乎可以概之以程子之"体用一源，显微无间"一语。阳明之由周、程而有得，信非虚语。可见，阳明自最初成学至圆熟都有周子之学在做底子。

阳明之后，于周子有特别之尊尚者，为江右的罗洪先。洪先本非阳明及门，虽遍交王门高弟，推在弟子行，但其学本有来历，本有所造，不独师取阳明，亦不盲承说教。其少时师李谷平④，既启学宗濂洛之志，亦慕白沙，于濂溪之主静，明道之定性，白沙之致虚，论说之中尤属意。但于濂溪尊崇最至，其中自有地缘的关系。念庵于嘉靖二十五年（1546）觅得石洞，名曰石莲洞，结怀濂阁居之，并于洞内题"初平一去惟留石，茂叔从来只爱莲"，处处皆有对濂溪追慕的深意。⑤念庵深恶于当时流行的现成良知说，主张"主

---

① 《朱子晚年定论序》，载于《王阳明全集》，第240页。
② 《别湛甘泉序》，同上书，第231页。
③ 《语录四条》，同上书，第1183页。
④ 李中，字子庸，号古平，吉水人。
⑤ 参张卫红：《罗念庵的生命历程与思想世界》，北京：生活·读书·新知三联书店，2009年，第160页。

静""收摄保聚",濂溪之说便为他的一个主要的理论来源。罗氏曰:"周子所谓主静者,乃无极以来真脉络"①,又曰:"欲之有无,独知之地,随发随觉,顾未有主静之功以察之耳。……故尝以为欲希圣,必自无欲始,求无欲,必自静始。"②黄宗羲谓"先生以濂溪'无欲故静'之旨为圣学的传",诚然如此。

综上,明代初期之尊周乃主要尊其"无极而太极",以承载太极无形而有理的思想;明代中期以后包括江门之学及阳明学,主要是尊其主静无欲,以展开本体工夫的论述;明代后期以泾阳为代表,又主要尊其"无极而太极",但与初期的意味不同。初期之尊主要是说明太极的性质为理,把太极纳入理学的范围中来,与汉唐以气论太极区别开来;又强调阴阳之外无理,与理在气先、理气为二物区别开来。到了后期泾阳的时代,还强调无极的统摄性,如管志道以为周子能包容三教,泾阳之强调太极为先天等。总的来说,无论是理学派还是心学派,心学派中无论江门之学还是姚江之学,明代心学或明代中后期的显学,都共同尊周。周子在整个明代的影响可以说都是很大的。

## 二 顾宪成之尊周

泾阳之尊周,于论道统时已可以显见,周子是道脉之近源。然论其道统,意在表明泾阳有着比较明确的道统意识,通过梳理他的道统观,可见他对道的认识及对传道者的认可,从而展现他所判定的道统之流传及格局。泾阳对于周子有着强烈的尊崇意识,他说:"元公之于道,至矣!"③泾阳之称及周子,也几乎都是完全虔诚地尊称其谥元公或曰周子,没有敢以名字相亵渎者,已足见其恭服。

《太极图》的来源是一个很有争议的问题。泾阳认为《太极图》是周子所画,周子的太极一圈,与《河图》《洛书》的中间五个小圈意义相同,二者都表示太极,但又可以互相补充,以此来说明太极的内涵。"《河图》《洛书》⸭为太极,见万物皆备之象焉。《太极图》○为太极,见为物不贰

---

① 黄宗羲:《明儒学案》,第400页。
② 同上书,第391页。
③ 《小心斋札记》卷一,第4页。

之象焉。"①对《河图》《洛书》来说,中间一个小圈,外边环绕四个小圈,有中有外,以中心见太极,以其外见万物皆备之义。对《太极图》来说,一大圈居最上,下依次为两仪、五行、男女生化,以上位来见太极,又以其未见分化、纯粹一圈,见其为物不二之义。"浑然不偏曰中,超然不偶曰上。模写道妙,莫精于是!"②无论以"中"还是以"上"来表示太极,泾阳认为都在说明:太极是无对的,中无对,上无对。太极绝对,这就是所谓"道妙"。而且"中"和"上"这两个位置恰恰好好可以用来表示太极,简直是天造地设,绝非人力所能及。③《河图》《洛书》本传说出于自然,人而能夺天者,唯有伏羲易画和濂溪之《太极图》,"伏羲一画,周子一圈,来自天稷,不可思议"④。《河图》《洛书》的内涵,就是《尚书》所说的"允执厥中",而《太极图》的命指就是《易传》所谓的"形而上者谓之道,形而下者谓之器",太极即是形而上之道。⑤

太极既然是形而上之道,那么也就应当不可用任何具体形象来表示。无论是把《河图》《洛书》之中位说成太极,还是周子把《太极图》的上位当作太极,都是有问题的。如湛甘泉就认为周子画一圈已是多余,后世所传之黑白太极图尤非周子之故,而极力排斥。泾阳认可太极无声无臭,没有方所可言,诸图皆是"假象以显理"。

《太极图》之妙如此,泾阳称赞"周元公,三代以下之庖牺也"⑥。

关于周子的著作《太极图说》,泾阳认为:

> 《易》曰:"天地缊缊,万物化醇。"周子曰:"太极动而生阳,动极而静;静而生阴,静极复动。一动一静,互为其根。"愚谓,知天地之所以生万物,则知太极之所以生天地。周子此数语,模写缊缊情状,宛然如画,真造物传神手也。⑦

所谓"造物传神手",即称赞周子能够真正把握宇宙的生生原理,造化如是,

---

① 《小心斋札记》卷四,第41页。
② 同上书,第188页。
③ 参《小心斋札记》卷六,第68页。
④ "伏羲一画,周子一圈,来自天稷,不可思议",见《南岳商语》,载于《全集》上册,第367页。
⑤ 见《小心斋札记》卷十六,188页。
⑥ 《小心斋札记》卷三,第30页。
⑦ 《小心斋札记》卷一,第4页。

周子所言正如是，丝毫不差。万物生于天地，也应知天地还生于太极，当然太极生天地不同于天地生万物，而其所同者在"所以"。太极无对，真乃"道妙"，周子的《太极图说》，也真见"造化之妙"。他说：

> 周元公《太极图说》，已是将造化之妙发挥出来。及读《通书》，又有所谓几者，盖就动静之间，指出一点微妙处而言也。又有所谓神者，盖就动静之中，指出一点灵妙处而言也。此理佫无穷，佫堪玩索。①

《太极图说》讲"太极动而生阳""静而生阴"，阴阳、五行的生化分布出于太极的动静之用。但太极的动静如何，却没有更细致的说明。《通书》里讲到了几和神的问题。泾阳认为几是"就动静之间指出一点微妙处而言"，也即太极动极将静，静极将动，静而未静，动而未动，介乎动静之间而动静相即的这样一个微妙时刻。它比较接近根源，保留着较多的原始成分。"神"则是"就动静之中指出一点灵妙处而言"。与"几"之为"动静之间"不同，"神"贯彻于动静的整个过程，是动静之所以能动静者之效。动静之无端，而非沉于静或陷于动，这就是动静之灵妙，而有其所以然。就"几"和"神"而言，都是对于动静很精微的体察，蕴藏了动静的多层次的内涵，很值得理会。

泾阳认为周子的"《太极图说》非深心者莫能入也，《通书》非易心者莫能入也"②。《图说》乃述造化之奥，为终极的道理，故须"深心"以入，非深则不达；《通书》则切近言人生的道理，义若显然而含蓄有精义，故须"易心"以入，非易则易失。并且，泾阳认为周子的这两部书是有关联的，如上所述，《图说》言造化动静的过程，《通书》则讲动静之几、神，后者对前者有一个理论上的继续阐发。他说：

> 《太极图说》推明天地万物之原，直与《河图》《洛书》相表里；《通书》四十章，又与《太极图说》相表里。③

周子能够发明天地造化的奥蕴，《太极图说》的意义极其重大。这是泾阳认为周子最卓越于千古的贡献，也是他最尊崇周子的根本原因。《通书》整体上与《太极图说》相通，并且具有"其为道易简而精微，博大而亲切"

---

① 《小心斋札记》卷四，第41页。
② 《小心斋札记》卷七，第87页。
③ 《小心斋札记》卷三，第32页。

这些特色，不像《图说》那般艰深，能够使人易入又难穷，所以"可以点化上士，可以锻炼中士，可以防闲下士"①，能够使所有人都得入并且受用。《通书》起到了辅助引导学者来理解和通达《太极图说》之义理的作用。如此，二者可谓"相表里"。朱子也认为"其为说，实相表里"②。

这两部书，泾阳评价道：

> 《太极图说》，元公之《中庸》也；《通书》，元公之《论语》也。上下二千年间，一人而已矣！③

《中庸》到了宋贤手中被认为是儒道的精华所萃，通极高明而不容易骤然领会，也不适合作初学入门之阶。《论语》道理散见，随事指点，重于应用，易入易行。周子二书，兼备《中庸》《论语》之长，兼能二者之用，一人而有斯，孔子之后、周子以外无其人。领会了周子二书的奥妙，泾阳又禁不住地赞叹："卓哉，其元公乎！吾始以爲元公也，而今乃知其宛然一孔子也。"④周子论太极，完全可以上及伏羲，而其深心契道又完全可以比肩孔子。泾阳之尊周无复加矣。

但是在顾泾阳最初读到《太极图》时，他也有不解，也有疑问。他认为河图和周子的《太极图》，有混同老释之嫌。他说：

> 始予阅《太极图》而疑之。《河图》 为太极，周子标〇为太极，近于老氏之所谓"有物混成"。《河图》居中，周子标〇居上，近于佛氏之所谓"惟吾独尊"。⑤

《太极图》与佛老的理论从形式上看很有相近之处，乃至因此无法否定周子尝师穆修、友寿涯的这一关系，无法否定《太极图》之佛老渊源。不仅著作上有此嫌疑，周子没有明确辟佛老的主张，也有认可二氏的嫌疑。最初，泾阳只是把周子的不辟佛老，当作不"为吾儒标门户"来理解。他在丙申（万历二十四年）的一条札记里说：

> （周子）未尝为吾儒标门户，而为吾儒者，咸相与进而奉之为斯

---

① 《小心斋札记》卷三，第32页。
② 《周子通书后记》，载于《周敦颐集》，第49页。
③ 《小心斋札记》卷一，第4页。
④ 《小心斋札记》卷三，第32页。
⑤ 《小心斋札记》卷十六，第188页。

> 文之主盟,莫得而越焉;未尝与二氏辨异同,而为二氏者,咸相与退而
> 各守其宗,莫得而混焉。至矣尽矣!①

但在万历二十六年到二十七年间,顾泾阳与管东溟进行了往复的辩论,其中就涉及周子与佛教的关系问题,让他认真深入地思索了许久。管东溟认为"周元公不辟佛,亦不援佛,盖实旁通二氏,而销归于圣学"②,泾阳一心要把周子推为儒家的正统,当然不会同意周子包容异端的说法。但他主要是通过理会"销归"二字的词义,认为"阳推阴入"非周子的作风,以及周子虽师穆修、友寿涯而安身立命处与之不同这三方面来反驳管氏,但却流于枝节,并没有说出充分的理据。

"元公何以不辟佛",成为泾阳萦绕难解的一个问题。对他来说这是一个关键问题,如果不能说明元公为什么不辟佛,那么就有可能被迫承认元公的著作有佛老的成分而与佛老贯通,《太极图说》和《通书》作为儒家经典的地位就要被动摇。他就此又专门征求高攀龙的意见,③高有专门的答书。高认为,元公的著作,字字与佛相反,这本身就是辟佛。而且周子其时儒道也大明了,不必有意辟佛来维护儒道。程朱之明确辟佛,乃其时势使然,当其时,儒道已杂,"似是之说并兴",需要辟佛来澄清儒道,虽辟佛亦并不是有意的。在辟佛问题上无论有意辟还是有意不辟,都是私意用事。泾阳大体也同意,但并不满意。他还是在继续思索这个问题。之后他在读《易》的过程中,从《乾》卦上九一爻恍然有会,仿佛找到了一个足够有力的解释。他认为二程的辟佛,就像历史上汤武革命、伊周放伐、孔子作《春秋》、孟子辟杨墨一样,都属于"亢龙有悔"。激烈的举措是"亢",这并不出于圣贤的本意,而是"时"然,因此都有不足之处、不尽如人意之处。彼虽无损于龙德,其实都难免于有悔。辟佛不见得就是至正至大或者说是必需的事,元公不辟佛和程朱辟佛也不是元公和程朱的主要不同所在。④但这种解释法,也只是绕开辟不辟佛的问题,仍没有揭示答案。

在己酉年(万历三十七年)的《札记》里,泾阳解决了这个他从一开始

---

① 《小心斋札记》卷三,第32页。
② 《证性编》卷五,载于《全集》上册,第514页。
③ 《证性编》卷五中有"愚有感于翁之评元公也,就高云从而商曰"之语,同见《全集》,第514页。可知顾、高之讨论,乃由管氏而起。
④ 参《证性编》卷五,同上。

读《太极图说》时就有的困惑。他分析道:

> 盖周子标〇为太极矣,而其两之为阴阳也,即系〇于阴阳。五之为水火木金土也,即系〇于水火金木土。是混者不嫌于析也,何也?混之以体,析之以为用,体用本一原也。老氏却曰:"失道而后德,失德而后仁,失仁而后义,失义而后礼,失礼而后智",将无于体用之间自生拣择?即所云"有物混成",亦归之傥统而已耳。周子标〇居上矣,而其次之以水火木金土也,即系水火木金土于〇,是上者不离于下也,何也?"形而上谓之道,形而下谓之器",道器本一贯也。佛氏曰:"迷妄有空虚,依空立世界,想澄成国土,知觉乃众生",将无于道器之间自生取舍?即所云"惟吾独尊",亦归之孤亢而已耳。由此观之,周子之为是《图》,正以匡二氏也。其指微矣![①]

就周子太极之浑沦来说,它与阴阳五行相关。太极是体,阴阳五行是用,体见于用,用存乎体,有体有用,体用一原。老氏虽然讲混成之道,近似太极,但认为它们有体无用,把用排斥于体外,即所谓"自生拣择",因而终归笼统。周子之太极与老氏之道是不同的。就太极之居上来说,太极也并没有脱离在下的五行,太极是形上之道,五行为形下之器,上下一贯,道器一贯,太极不是离物悬空的。因而也与佛氏之无视于器、独求其空道而陷于过高不同。周子所创作的《太极图》讲究体用、道器的一贯,与佛老之有体无用,有道无器,笼统、孤亢不同。并且,这种体用、道器观,本身就是针对佛老的,是来匡正二氏的。至此,周子之不辟佛及其辟佛的理论何在,都有了解答,泾阳明确划清了周子与佛老的界限。

顾泾阳一方面极力表彰周子在《太极图说》中的太极范畴,认为周子提出的太极真正地揭示了造物之源,真正地描绘了造化之妙,太极是存在之真正本体。另一方面,他认为周子提出的"主静"思想也同样重要,周子之主静,乃是道学后来一脉相传的体道工夫的根源。

泾阳的道统里,周程至朱子是正脉,道学的程门一派往下有教静坐的传统,在工夫上泾阳也是亲近这一派,偏于静。他在早期经典里找到了印证,比如说《易》有"至日闭关",《书》有"恭默思道"等,不过他自己也认为

---

① 《小心斋札记》卷十六,第188—189页。

这不足为法。泾阳很推重朱子之师李延平所明确提出的"教人静坐看喜怒哀乐未发作何气象",他说这"就中点出一个活机,此脱胎换骨语"。① 所谓"脱胎换骨",也即不但教人静坐,更具体的让人"看喜怒哀乐未发作何气象",看未发气象,就是其中所点出的"一个活机"。如此一来,静坐一下有了生气,煞有效用。泾阳认为延平所点出之机:

> 正当有在无在之间,就里得个入处,循循不已,久之气渐平,心渐定;独居如是,遇事如是,接人如是,即喜怒哀乐纷然突交于前,亦复如是;总总一个未发气象,浑无内外寂感之别,下手处便是究竟处矣。②

有了这个"机"做对象,工夫就有下手处,从此下手也就能从此而入。工夫不间断,则工夫也就越深,能够达到气平心定的效果。而且如此久之,不仅独居能有此效,接人处事也仍会保持此效。最终,凡事皆无不出于未发气象之中,工夫之下手处也成为工夫之究竟处。所谓"究竟"也就是得"未发气象",而这也不过始于工夫之要刻刻未发,只是较初下手时能工夫纯一而已。

程子见人静坐便叹善学,泾阳认为静坐是初下手事,然而却最难。因为只是单纯的静坐,没有用力点,也即没有着落,如果"心有所在则滞,无所在则浮"③,很难把握,也就很难进入。泾阳认为延平对静坐思想有深化,指出看未发气象,从而足以使工夫有着落,不再无的放失,对工夫论很有贡献。泾阳当然知道这是龟山门下的教法,不始自延平,龟山已明确地讲"学者当于喜怒哀乐未发之际以心体之"④。可能他认为延平的说法更成熟,不过他并不认为这是杨门的独造,"揆厥渊源,实自周子之主静来"⑤。看未发气象,渊源还是周子。周子的主静,在《图说》里表达为"圣人定之以中正仁义而主静,立人极焉","主静"下面注曰"无欲故静"。但泾阳在具体说明周子的主静时,没直接从无欲来,而是讲"周子主静,盖从无极来,是究竟事"⑥。《图说》首句就说"无极而太极",朱子解作"无形而有理",不

---

① 《小心斋札记》卷九,第116页。
② 同上书,第116页。
③ 同上。
④ 黄宗羲:《宋元学案》卷二十五,全祖望修补,陈金生、梁运华点校,北京:中华书局,1986年,第952页。
⑤ 《小心斋札记》卷九,第116页。
⑥ 同上。

是太极之上还有无极，无极只是形容理之无形象。"无极"主要是在宇宙生化论中，作为对本原之理的描述来讲。泾阳继承了朱子对周子"无极而太极"的解释，但这里他在工夫论中来讲"无极"，"无极"则是心性的一种本原状态，它相当于延平所说的"未发气象"。所以泾阳认为延平的活机来自周子。这里还应注意，泾阳认为"未发气象"是"一点活机"，乃"有在无在之间"者，联系"动静之间"之"几"，皆表同一意义。无极、太极本身并没法切入，因为他们纯粹无象，只能于其"动静之间"或"有在无在之间"来着力。这个"几"的妙处就在于既有而实，又无而虚，也即既不失其所来之"无极"，又有所发动。因此，泾阳之讲"无极"，主要是就"几"上见"无极"。

"研几"之说，在江右王门递有发展，如陈明水、刘狮泉、王时槐，都把良知学的工夫向"几"上转移。其中的原因在于，正宗的良知学，认为良知皆属已发，离已发别无未发，因此发外也就无未发工夫。江右聂豹之归寂、罗洪先之主静引来群难，无非此也。其同辈及后传，趋求折中，欲于未发已发之间求一用功之地，而"研几"庶可以当之。

泾阳对自认为源于周子的延平教法，信任备至。对质疑"未发有何气象"者，他回应，"看未发气象"首先应当信而行之，既行就一定有受益。如果不信，也要注意保存，不要使它失传。泾阳誉延平的教法为"海上单方"①。"看未发气象"几乎成了他尊信的唯一正当的工夫了。

就濂溪理论上的成就来说，泾阳之尊崇如此，视周子的发明皆是第一等的，皆为后来主张之源头。就濂溪在道学诸子中的评价来看，其尊崇更是溢于言表。他说：

> 明道见处极高，便有玄语。伊川见处极正，便有拙语。横渠见处极深，便有艰语。康节见处极超，便有玩语。晦翁见处极实，便有滞语。象山见处极径，便有狂语。惟元公其不可及也夫！②

> 周元公，中行也；程淳公，几之矣，未离乎狂也；程正公，未离乎狷也；朱子狂狷之间也。③

---

① 《小心斋札记》卷九，第116页。
② 《小心斋札记》卷一，第4页。
③ 《小心斋札记》卷三，第29页。

周元公尚矣。明道晦庵两先生各有独到处，未易以优劣论也。①

如上，曰玄语、拙语、艰语、玩语、滞语、狂语，曰狂狷，曰各有独到处，总之，是要表达诸子都有所偏，终不免有其弊处。唯有周子是"中行"，不可以一偏名而得其全，为最高，"惟元公其不可及"。这种要极力把周子和其他诸子对照，以突出周子之不可及的地位，在整个道学史中是十分罕见的。这种评价以往只有"大成至圣先师"孔子才有资格。

泾阳立意来尊周，并且不觉其极端，在当时并不是主流。在宋代道学诸子里，一般学者还是倾向推举明道为道学正宗。当时常熟知县耿橘（字庭怀）与史孟麟（字玉池）感叹学术多歧，希望推举出道学中的一个正宗人物以绾合风尚，使复趋合一。他比较认可明道先生，写信给泾阳征求意见。②泾阳自然不会同意，他认为周子才能代表正宗。周子与明道之间的高低，泾阳早有定论。他认为一般学者很难理解周子，即使"当时二程先生亲受学于门，犹未能尽元公"③。在对耿庭怀的初次回复中，泾阳指出："元公，圆宗也，明道顿宗，伊川渐宗也。"上边引文中说，明道有"玄语"，伊川有"拙语"，明道近狂，伊川近狷，与此处之评价也一致。庭怀不服，又争辩。泾阳为此作出了更充分的辩论。

首先泾阳认为，推明道也不是不合适，但明道与周子毕竟是弟子与老师之关系。言下之意，毕竟还是师优于弟子。他举出两个证据，第一个：

> 元公令明道寻孔颜乐处所乐何事，而明道却曰："自再见周茂叔，吟风弄月以归，有吾与点也之意"，等闲转入曾点乐处矣。寻得孔颜乐处，其究也可以入圣；寻得曾点乐处，其究也率流而狂。此见明道之未齐于元公也。④

第二个：

> 明道少好猎，自谓今无此好。元公曰："何言之易也！但此心潜隐未发，一日萌动，复如前矣。"后十二年暮归，见猎者，不觉有喜心，乃知果未也。明道不知自家胸中事，元公乃知明道胸中事；明道不免失

---

① 《小心斋札记》卷三，第30页。
② 见《小心斋札记》卷十八，第213—215页。
③ 《小心斋札记》卷三，第30页。
④ 《小心斋札记》卷十八，第213—214页。又见《札记》卷三，第30页。

之十二年之后，元公乃能得之十二年之前。非洗心藏密之极，何以及此？又见明道之未齐于元公也。①

周子令明道寻孔颜乐处，明道却转向曾点乐处，两个乐处的差别，不出泾阳所屡言之"中行"和"狂"的差别。明道偏离了周子的教导，走向了一偏。狂则易，易则必然工夫有不到，难免时有动心处发露。元公见而能知明道会动心，证明他工夫细密，能洞见微隐，察知幽远，是明道所不及的。如此，明道未尽元公，所以未能超过他的老师，应当承认"毕竟元公是师，明道是弟子"。

耿氏希望推举出儒道的正宗，主要的用意还是不满朱子学的"株守章句"，而希望能够发达儒家的心性之学，来应对禅宗指点心灵方面的直捷和独盛局面。他认为周子教人寻孔颜乐处所乐何事并不明确，不可捉摸，像"哑谜"一般，而明道则"大段露出头脑"，这是他推举明道最关键的理由。他实际指的就是明道《识仁篇》《定性书》两篇纲领性的文字，其中明道对心体、心性工夫的说明既深刻又清楚。泾阳认为，明道二文不能脱离周子的《太极图说》《通书》二书，其关系就像明珠宝玉和明珠宝玉的发光处一样，明道的文字是周子学说的精华闪现，根源还是周子。二人是本和标的关系，舍本取标，仍然未达，"犹之论道于三代以上，不认得庖牺，《中庸》所谓'半途'此耳"。如此，也不能收服释氏之心。

耿氏在复信中还反问："尊周必明图，明图必立教。"《图说》里似乎没有适合取作教法的。大概他对周子的太极阴阳五行万物的宇宙论并不太感兴趣。这些看起来与人心毕竟有些遥远，显得不那么亲切。泾阳认为，对周子之书还是应"以平心体之，深心入之"，才能体会出其精义。周子言太极，乃彻悟先天本体，其一圈与伏羲一画意义相等，把先天本体"就乎描来，全身尽露"。周子之论圣学工夫，则"单提无欲二字"，斩截超脱，孔颜乐处所乐也即在此，周子"明明指出头脑"，也并非只是留作哑谜。

总之，明道包括集大成的朱子都很卓越，但相对周子也都为偏为渐，只有周子才称得上"圆"。要与佛教抗衡，且"今欲上不溺于空寂，而又下不局于株守"，儒道正宗非元公莫属。②

---

① 同上，第214页。又见《札记》卷五第63页。
② 参《小心斋札记》卷十八，第215页。

## 第三节　论道学诸子

泾阳对于道学诸子几乎都有一个简单的评价，散见于多处，如上已引（第76页）。

对于诸子之间的"优劣"他也有自己明确的结论。比如，二程同师周子，但明道则未尽周子，而伊川不仅未尽周子，也未尽明道。① 又如，他认为明道与朱子都比不上周子，但明道和朱子之间各有独到处，"未易以优劣论"。② 又说，周子以道胜，明道以德胜，朱子则"道不如元公之精，德不如之粹"，维世之功却很大，可以与周、程鼎立，"莫得而轩轾"。③ 一方面，体现了泾阳对诸子都有深刻的体会，能够把握住他们的学术特色；一方面，也说明他心中对诸子地位的评价不一，尽管在周、程、朱之间有时也用"未易轩轾"来评价，但言道、德、功已经是区别而下之了。泾阳对道学诸子的关注并不是齐均的，他比较重视且谈论最多的，除周子外，就是明道、朱子和阳明，其他诸子也或附论其中。④

### 一　论明道

如上节所论，耿橘与泾阳关于推立周子还是明道作为道学正宗时，发生了意见冲突。可见明道在明代的学者中也很受拥护。其中，明代拥护明道的大家应当首推湛甘泉，他说：

> 明道得孔、孟、濂溪之传者也。故其语学语道，上下体用一贯，大中至正而无弊。朱、陆各得其一体者也。朱语下而陆语上，虽未必截然如此，而宗旨则各有所重矣。……故愚尝云："乃所愿则学明道也。"⑤

甘泉直接标出"愿学明道"，把学明道作为道学的正途，还刻意作《遵道录》，

---

① 参《小心斋札记》卷三，第30页。
② 同上。
③ 参《南岳商语》，载于《全集》上册，第364页。
④ 参孙奇逢《理学宗传》卷十一篇后按语，张显清主编:《孙奇逢集》上册，第894—895页。如言:"或曰：'薛文清、陈白沙于论前辈时有失处，决不轻訾人一语。泾阳除濂溪外，二程、张、邵、朱、陆，以迄阳明，皆有可摘，得无涉于躁且慢乎？'曰：'文清、白沙固是浑厚之道，或亦其人未可与深言。泾阳尚论古人，以求一至当不易之理，非故苛责其人也。……故须能位置诸大儒，乃可以为宇宙两簿作主持耳。'"
⑤ 湛若水:《答太常博士陈惟浚》，载于《湛若水全集》第21册，第228页。

极力为明道之学张目。

其实,由于明代心学者对太极、阴阳、五行等宇宙论问题普遍缺乏兴趣,甚至对以宇宙万物之理为探索对象的学问路径持批评态度,指责其为务外,为支离,而单纯追求内心的体认格致工夫,因此明道《识仁篇》《定性书》在明代的心学传统中具有极其重要的经典意义。这一经典地位的确立,自然与阳明有关。阳明之道统以为周程直接孔孟,认可他们在心体和心学工夫的讨论上都有精微的理解和表述。阳明在论证他的心无内外时,就明确以明道为证。他说:"况心无内外,亦不自我说。明道《定性书》有云:'且以性为随物于外,则当其在外时,何者为在内?'此一条最痛快。"①在纠正学者偏于虚静,防其流于空寂时,他也往往拿明道《定性书》作教本,希望他们熟味此书。②可见,明道对于阳明的理论起到了很大的支持作用。然而阳明对周程往往并提,对二者很少施以轩轾。同尊周程,相辅为用,这其实也是明代一般学者的态度。如甘泉,也非不重视周子。像泾阳一样,刻意要把周子放在诸子之上,明确其差距,维护周子无可怀疑的至尊地位,在明代还是不多见的。

嘉靖四十四年(1565),罗汝芳向当时首辅徐阶进言讲学,在徐的响应下,由罗汝芳召集在京名士卿大夫大会于灵济宫。徐阶由于公务未能亲至,手书明道的《定性书》《识仁篇》,令其子代达,供大家讨论研习。这对明道二书在全国范围的传播影响应是很大的。泾阳于甲午(1594)所作札记,谓"愚惟,近世儒者莫不以明道《识仁说》为第一义"③,于庚子(1600)所作札记,谓"程子此一篇(《识仁篇》),字字从赤心中流出,迩来儒者既已家尸而户祝之矣"④。可见明道这两篇著作,在明代后期流行之盛。

总的来说,泾阳认为明道由周子的孔颜乐处转入曾点乐处,流于狂者一路,工夫还没有完全细密,未尽其师周子之道。但论德之醇厚,还是应首推明道。对于泾阳来说,他和同时学者讨论明道,最多的还是关于明道的《识仁篇》。他很喜欢明道的《识仁篇》,认为这篇大文用晋人的一句话来形容,

---

① 《传习录拾遗》,载于《王阳明全集》,第1173页。
② 参《与刘元道》,载于《王阳明全集》卷五,第191页。
③ 《小心斋札记》卷一,第6页。
④ 《小心斋札记》卷七,第85页。

就是"超超玄箸",读后能令学者于见识上长进一格。①泾阳对此文的评价很高,说"程子此一篇,字字从赤心中流出"②"程伯子《识仁说》至矣"③。

《识仁篇》在明代后期很流行,主要是配合心学的良知现成说而来。他们对程子之"不须防检,不须穷索"予以特别提倡,几乎成为口头禅,于德性的涵养则十分不足。泾阳最初也未免追随阳明学者之乐好简易,直到看见学风之坏,他才觉醒过来,加深了对明道的理解。如他自述:

> 程伯子曰"仁者浑然与物同体",只此一语已尽,何以又云"义礼智信皆仁也"?始颇疑其为赘,及观世之号识仁者,往往务为圆融活泼,以外媚流俗而内济其私,甚而蔑弃廉耻,决裂绳墨,闪烁回互,诳己诳人,曾不省义礼智信为何物,犹偃然自命曰仁也,然后知伯子之意远矣。④

因此,泾阳之理解《识仁篇》,主要是针对当时的学风,意欲还原明道的本意,来完善工夫之修养。

明道并不是简单地讲"不须防检,不须穷索",主张不事工夫的。在与韩持国讨论克己复礼与道的关系时,明道提出,"若不克己复礼,何以体道","合修治而修治"与"不消修治而不修治"皆是义。泾阳对此深有感触,他把这体会特别记在了第一年的札记里。⑤

泾阳认为世间对《识仁篇》的理解和接受太片面,不是《识仁篇》的本旨。《识仁篇》在本体和工夫上都是"全提",而世之学者乃多"半提"。这主要表现在:本体上,程子论仁既讲"仁者浑然与物同体",兼讲"义礼智信皆仁",这是全提。时之学者只取前面仁之浑然同体,忽略义礼智信,这是半提。工夫上,程子先有"识得仁体以诚敬存之",然后讲"不须防检,不须穷索",这是全提。时之学者却仅取其"不须防检,不须穷索",而不讲"以诚敬存之",这是半提。讨论者认为如果只是"半提",那么也就谈不上"半提",失了"全提"半即不成其为半了。"全提"与"半提"的关系应当

---

① 《小心斋札记》卷一,第5页。
② 《小心斋札记》卷七,第85页。
③ 《小心斋札记》卷十一,第136页。
④ 《小心斋札记》卷一,第5页。
⑤ 同上书,第6页。

是"实提"和"虚提"。泾阳认为也不必作如是极端看,"半提"不是一无是处,"只是多从便宜处走了"①,也即本体上不求明析,工夫上缺少涵养,未能着实,贪于求效。

对于程子的《识仁篇》,泾阳很是推崇,越体会越有感发。他认为程子讲"以诚敬存之,是收摄保任工夫;以义理栽培,是维持助发工夫。说得十分精密!"②在识得仁体之后,要有一个存的工夫。存是就根上来说,专在根上凝聚,也即"收摄保任",这是罗念庵的工夫。存仁的工夫做好之后,也不能离开随事的锻炼,就每一事的义理来考验、加强仁体发用的正当性,从而熟化。这样无论何种情境,仁体都不会散失。既有收摄保聚,又有维持助发,工夫方全面,有根本,有作用,所以"十分精密"。如果依照行之,基本上不会有什么差误。

虽然泾阳认为《识仁篇》"至矣",但他还有两点补充。一是,他认为程子强调先"识仁",孔子却只教弟子"为仁",应当认清识和为的关系,应当强调为的优先性。一是,他认为程子讲"识得此理,以诚敬存之而已,不须防检,不须穷索",这应当"参诸颜子'欲罢不能''欲从末由'两案始尽"。③

就前一点言,泾阳认为说"识"说"为",其实也不是两事,"未有不为而识,未有不识而为"。为和识的关系,乃修和悟的关系。为是就修言,识是就悟言。二者关键的差别在于:修则眼前便是工夫,凡处都可以做起,无时不应做起;悟则须工夫积累到一定程度才能"忽然透出",悟要发生在修的基础上。并且,悟前固然要有工夫的积累,悟后也仍要有工夫的继续,如此才能保任所悟,也即"自一日(悟之日)之前,至一日之后,却只是一个修,更无别法"④。悟镶嵌在修的过程中。为和识的关系,也与知行有关。程朱一般讲,论先后要先知后行。泾阳认为,知有两义,"知一也,有就用力言者,有就得力言者"。用力处,仍是修,具体指体验省察的工夫,学问入门之初就应开始切实从事。得力处指悟处,具体指融会贯通境界,到了这

---

① 《小心斋札记》卷七,第86页。
② 《小心斋札记》卷一,第5页。
③ 《小心斋札记》卷十一,第136页。
④ 《虞山商语》上,载于《全集》上册,第238页。

一步可以讲"不须防检,不须穷索"。但初学者不能上来就这么讲,以此为工夫就是躐等。总之,"能为仁,方能识仁",必须下学才能上达。明道评论王安石的学术是对塔说相轮,也是这个意思。知往往不真,必须亲为而后真知,真知而后真为,从而使两者达到最后的统一。

关于第二点,泾阳认为程子讲"不须防检,不须穷索",有容易引起误解的地方,即认为识仁之后工夫就可以歇手了。就学者的工夫来说,在其"未识仁"之前,由于对仁体的认识不明确,工夫也就不能够专一,容有间断;但如果"既识得",工夫反倒是应该更紧凑,更一贯,"便觉无可歇手处"。从另一方面讲,学者未识仁而求识,因为其未识而求,所以必以求而识仁为目的,不识仁,求仁的工夫也自然不应停止;既识仁,工夫还归本体,本体用事,自己也不能有所忘、助,所以反倒"无可措手处"。就前一方面言,就是颜子的"欲罢不能",就后一方面讲,就是颜子的"欲从末由"。他认为程子讲到"不须防检,不须穷索"还不够,这只是"百尺竿头事",还应有"百尺竿头进步事",所谓"欲罢不能","欲从末由"是也。①

前一点,意在说明识仁之不足,必为仁而后识仁;后一点,意在说明"不须防检,不须穷索"之未尽,必"欲罢不能,欲从末由"而后足。这两点最终也只是归结到了一点,就是为仁工夫彻始彻终,没有止境。这两方面都是高度的辩证统一,由此也可见泾阳论析之精微。

上节在争论周子还是明道为儒家正宗时,已经讲到,泾阳认为《识仁篇》是《太极图说》《通书》的发光处,或说是其结果处,根底乃在周子之二书。他甚至认为较之周子二书的渊藏隐微,"《定性书》《识仁说》,览者当下豁如矣"②。己酉年的东林会上,泾阳和与会者专门讨论了识仁的问题。泾阳认为识仁跟张载的《西铭》关系尤密切,"张子之《西铭》大阐孔门言仁之指"③,言仁之作,要以张子《西铭》为长。泾阳谓:"识仁自《西铭》入,是说源头。"④又曰:"《西铭》者,识仁之指南也。"⑤

---

① 《小心斋札记》卷十一,第136页。
② 《小心斋札记》卷七,第87页。
③ 《小心斋札记》卷八,第99页。
④ 《东林商语》卷下,载于《全集》上册,第328页。
⑤ 同上书,第325页。

明道对于张子的《西铭》很是推崇，说"《订顽》①之言，极纯无杂，秦、汉以来所未见"，又说"《西铭》，颢得此意，只是须得子厚如此笔力，他人无缘做得，孟子以后未有及此。得此文字，省多少言语"。②反复称扬，不一而足，以示其契合之深、体仁之同。泾阳认为就此来说，张子先得明道之所同然，明道之称扬张子不啻若己出，二人"分明是一个人"。就明道之《识仁篇》来说，其中有言"《订顽》意思乃备言此体，以此意存之，更有何事，必有事焉而勿正，心勿忘勿助长也，未尝致纤毫之力，此其存之之道"。泾阳认为，明道之《识仁篇》乃是在《西铭》的基础上做成的，有《西铭》存之之功，而后有《识仁篇》"不须防检，不须穷索"之效。因此，两篇文字只是一篇文字的前后文，两篇文字要合在一起看，它们是一条"血脉"。所以讲识仁抛开《大学》《中庸》而以《西铭》作为源头，就在于后世所推崇的明道《识仁篇》与张子言仁有这样一条"血脉"关系。如果张子无《西铭》，程子未必从《识仁篇》起手。泾阳认为"《识仁说》是悟后语"③，之前还应该有工夫，这个工夫就存于《西铭》之中。所以《西铭》与《识仁篇》的关系，"原来明道此篇实承《西铭》而言，为《西铭》作结局"④。

泾阳列举了他认定的"千古来圣贤六篇大文字"，先秦之后只有《太极图说》和《西铭》二篇，而《识仁篇》不与其列。⑤他选择的标准，主要根据这些著作的精要性和完整性。这些文字篇幅不大但结构很严整。他不认可《识仁篇》的原因，恐怕还是在于他认为《识仁篇》本身突出了效验，结局有余，来源不足，这也是他为什么要把《识仁篇》依托于《西铭》的用意所在。但泾阳也并不就把《西铭》作为识仁的最后源头。伊川说过的一句话"《西铭》原道之宗祖"，依泾阳看来，《西铭》讲根源不过讲到了"生万物之父母"，也即天地，天地还有所生，这是《太极图说》才讲到的内容，即无极之太极。太极才是最究竟处。因此，要论最后的根源，"《太极图说》又《西铭》之宗祖也"⑥。

---

① 《西铭》初名《订顽》。
② 俱见《东林商语》卷下，载于《全集》上册，第329页。
③ 《小心斋札记》卷一，第6页。
④ 《东林商语》卷下，载于《全集》上册，第329页。
⑤ 参《小心斋札记》卷八，第97—98页。
⑥ 《小心斋札记》卷一，第1页。

## 二 论朱子

论理学，朱子的地位自然是毋庸置疑地居于第一位的，特别是元明把朱子的著作作为科举考试的主要参考标准以来，他的影响更具有决定性。在泾阳的眼中，朱子当然很值得推戴，但朱子又似乎只是作为周子的附庸才有意义。这句话是很确实的。

泾阳很重视朱子的功劳，在跟周程对比中，"论道必推元公，论德必推淳公。朱子道不如元公之精，德不如淳公之粹，乃维世之功，直与两先生鼎立天壤，莫得而轩轾也"①。在道、德的成就上，泾阳明确表示朱子有所不足，只是觉得朱子的"维世之功"很大，可以特提。这一评价貌似很高，其实对于朱子这样以理学自负和以理学名世的学者来说，又无疑很低。

泾阳之表扬朱子，很有意总结朱子的功劳。他认为，宋代道学之兴，周子"为之开厥始"，以后儒道逐渐向禅、霸、史等方面分化，朱子在宋代道学的后期，"为之持厥终"，周子之功不在孟子之下，朱子之功也不在元公之下。②朱子所以"为之持厥终"者，在泾阳看来主要是"朱子表章《太极图》等书以推明周程诸大儒之道"。就此来说，朱子之功和孔子表章六经的功劳一样，都是可以称作"命世"——其功为命世之功，其人为命世之人。③然而朱子之"持厥终"，其实也不过是为周子"持厥始"罢了。泾阳把朱子最大的功劳总结为三：

> 朱子之最有功于天下万世者三：一是表章周元公《太极图说》，一是作《通鉴纲目》，一是作《小学》。至《集注》，则当别论。④

他把朱子对周子《太极图说》的表章放在了第一位。朱子学问之全、著述之富，只是如此一表章便成为朱子的首功，泾阳于朱子之关心显然是意有所在。这里也可以看出，泾阳很重视朱子之编辑《小学》一书。但尤可注意的是，他居然把朱子之作《四书章句集注》一书的功劳，轻易地排除在外而

---

① 《南岳商语》，载于《全集》，第364页。此引文从康熙本。
② 《小心斋札记》卷一，第3—4页。
③ 《小心斋札记》卷三，第29页。
④ 《小心斋札记》卷八，第106页。

"另当别论",这真是出人意料。①泾阳之重视《小学》与他重修的思想有关,而其认为《集注》之须另当别论,亦大有缘故。一方面,他跟朱子的学风不同,不拘传注而尚心解;另一方面,他在四书学方面用过苦功,真可以说是字斟句酌,毫忽之间的语气都用心揣摩过来,对于四书,他有自己的心得体会。正因为如此,他的观点跟朱子之《四书章句集注》的观点就往往有不合之处,容易对朱子发生疑议。②不过,泾阳之不满朱子的四书,乃尤指其中的《大学章句》一部。明代阳明表章古本,后又出石本,那个时代对《大学》的讨论很热烈,而异见也最多,差别也最大。他在《大学》上用功尤勤,有自己成熟的看法,可谓"成见",因而与朱子之分析补充《大学》的做法也最为抵触。③

朱子的"维世之功",正面的是"表章《太极图》等书以推明周、程诸大儒之道",反面的就是与异端的辩论。泾阳所注意的主要是朱子与象山的辩论,并且他还特别不满象山的高弟杨慈湖。之所以如此,还是离不开濂溪周子做因缘。

朱、陆关于"无极"之辩,最初是由象山之兄梭山(陆九韶)发端从而与朱子展开的。他怀疑《太极图说》非周子所作,因为里边讲到"无极而太极"。周子《通书》里有太极无"无极",二程也没讲过"无极",所以他认为三子都是不认可"无极"之说的,"无极"乃老氏之学里的概念。并且,梭山还批评张载的《西铭》,认为张子之言乾坤为万物之父母,只是"假借"之言,要破除人的小私,实际上言仁只在父母上讲,方为实际,不必推扩到乾坤上发挥。④象山继此而与朱子展开更激烈的辩论,然所悉力已集中在《太极图说》之"无极"上。《札记》载泾阳对此的看法:

> 象山兄弟不肯濂溪之无极,又不肯横渠之《西铭》,伊川不肯康节之《易》。独朱子一一信而好之,且为考订厘正,推明其说,以遗来学,

---

① 泾阳尝言:"程朱命世大儒,其论《大学》也,犹然在离合之间,不足以尽厌于天下后世。"(《大学质言题辞》)此为其于程朱所论《大学》一书忠实之评价,且表明其于《大学》有独立之研究。
② 明清之际的学者刁包注意及此,在《潜室札记》上卷中评论道:"顾泾阳推朱子三大功而不及《集注》,非也。余谓朱子之功当推《集注》为第一,《小学》《近思录》次之,《纲目》又次之,《太极图》《西铭注解》,直与三大功鼎立,未易轩轾也。"
③ 见本书第七章的讨论。
④ 参《晦庵先生朱文公文集》卷三十六《答陆子美》数书,载于《朱子全书》(贰拾壹)。

至以此取讥蒙汕，不容于世，曾不为悔。试看此老是何等心胸！何等眼界！何等手段！①

这是泾阳对朱子之为周、张与陆氏兄弟据理力争而表示的赞叹之词，流露出快然之意。朱子之理解、信服周、张、邵之说，而为之做出种种努力，这表现出其不一般的"眼界"。这种"眼界"，具体就是指朱子能够认识到周子之"无极而太极"，张子之《西铭》所言之仁，皆正大根深之论，是宇宙间的正理，是不容拟议的。不过就朱陆之间的辩论来说，泾阳对陆氏也不是不抱有同情。他认为："朱子祖周程，宗张邵，师延平，渊源最确。"又与张栻、吕祖谦辈往来论学，受益匪浅，"独于象山先生似乎交一臂而失之"，"愚不能不为之扼腕三叹"。②朱陆之不合在他看来颇觉惋惜。泾阳又认为，就后人看来，朱子之辟象山是"委似乎过当"。不过就当时来说，象山兄弟对周张之文，"公言排之，宜其重不满于朱子"③，也算是"咎由自取"。从上我们还可以看出，泾阳对于伊川之不认同康节之易学，也是"心存芥蒂"的。一般而言，泾阳明确地标榜明道，而很少讨论到伊川。④

象山兄弟对周、张之怀疑和批评，前有朱子的维护，泾阳自然无用辞费，只需于朱子一意表彰便可。然而象山之高弟杨慈湖（杨简），诋斥周子尤甚，泾阳自然责无旁贷，展开直接的驳斥。之前，湛甘泉尝作《杨子折衷》一书，专门对慈湖的言论作逐条的批驳，其要在指责慈湖之"不起意"，乃为佛氏之枯寂，而曰"人心活的，自做槁木死灰不得"⑤，又曰"天道常运，人心常生。盖性者心之生理也，生理故活泼泼地，何尝不动，动则为意。但一寂一感，莫非实理，故性不分动静，理无动静故也"⑥。泾阳反对慈湖主要有两点：一是慈湖认为濂溪为穿凿支离，一是慈湖认为周子离思而言无思，背离了儒家的经典思想。

慈湖的要旨是"不起意"，其根底则认为"心皆虚明无体，无体则无际

---

① 《小心斋札记》卷十，第125页。
② 《小心斋札记》卷四，第49页。
③ 《小心斋札记》卷八，第99页。
④ 关于论朱陆，又参《藏稿》卷六《刻学蔀通辨序》。
⑤ 湛若水：《杨子折中》，载于《湛若水全集》第15册，宁新昌整理，第130页。
⑥ 《杨子折中》，同上书，第129页。

畔，天地万物尽在吾虚明无体之中"①。心应当保持其"虚明"，起意则对心体有所蒙蔽，动而之恶。心之本体是自一的，起意则便与本体相乖为二，非心之本体的自然用事。一切都在此心之"虚明无体之中"，一切也皆可以认作"我"之所有或所为。所以他论易，则曰"己易"。慈湖的学说乃将象山的"宇宙便是吾心，吾心即是宇宙"②推展到了极端，一切都本于人之一心。因此，他对濂溪《通书》之第一章《诚上》所谓之"元亨，诚之通；利贞，诚之复"，上来就表示不满，说濂溪这是"于天下至一之中，忽起通、复之异说，穿凿为甚"③。其意在谓，人一心也，心一诚也，何有于诚通诚复、几此诚彼之分析？如此是将人心划为二界，乃"至一"所本无，所以是"穿凿为甚"。心学本自心而主归一，尚简易而切实用，理学则主于析理精义，穷物之所以，其间差异如此明显，自然难以调和。

泾阳认为如果依照慈湖的意见，"元亨利贞"本文王所作之卦辞，文王即"穿凿之宗"可也；卦辞本于伏羲所作之八卦，则伏羲为"穿凿之祖"可也。为四为八，都是于至一之中起割裂、起穿凿，都是"异说"，慈湖独责备濂溪，没有道理。这毋宁是慈湖于濂溪"起意"了。④尚不止此，如果依照慈湖的意见，朱陆之间，朱子为支离，濂溪、明道也是支离。如果再用佛氏的见地来衡量，则六经、《语》《孟》都重辨别，则将一概支离，儒家便无一是处。⑤可见，泾阳讥慈湖入禅窟了。

慈湖之非议周子之第二点，是针对周子《通书·思第九》而发的。他认为就《洪范》来讲，"五事"之五曰"思"，"思曰睿""睿作圣"，没有讲到无思。濂溪要讲"无思"，这就是对"思"没有认识清楚。慈湖的意思是说，思本明本睿，本神本妙，用不着提出一个"无思"来张本，其实"思之即道、思之即无思"，周子之"离思而取无思，是犹未悟百姓日用之即道也"⑥。即是说，思外并没有"无思"，"无思"是虚构、假设之物。这与陆氏兄弟之辨

---

① 杨简：《永堂记》，《慈湖先生遗书》卷二，载于《杨简全集》第七册，董平点校，杭州：浙江大学出版社，2015年，第1880页。
② 陆九渊：《陆九渊集》，钟哲点校，北京：中华书局，1984年，第483页。
③ 《泛论学》，《慈湖先生遗书》卷十五，载于《杨简全集》第九册，第2186页。
④ 参《小心斋札记》卷三，第31页。
⑤ 同上。
⑥ 同上。

太极之上无"无极"、人之父母不必更上及乾坤乃是同一口气、同一用意。他们的学说主自心，本心自足，本心即道。孟子曰"心之官则思，思则得之，不思则不得也。此天之所与我者"①。思是人心的基本功能，心就表现为思的作用，如果离开思讲无思，则即认为心还依赖于心之外或之上的一物，把"无思"与思之心分作二物了。这自然触及了慈湖一派心学的根本原则。但慈湖对于周子的批评也显然过于粗糙。《通书·思第九》一章，周子固然提出"无思，本也"，但他主要的却是在讲"思"的重要性。他说：

> 无思，本也；思通，用也。几动于彼，诚动于此。无思而无不通，为圣人。……不思，则不能通微；不睿，则不能无不通。是则无不通，生于通微，通微，生于思。……故思者，圣功之本，而吉凶之机也。②

周子认为所应达到的圣人境界是"无思而无不通"，也即《系辞传》中所言的"《易》无思也，无为也，寂然不动，感而遂通天下之故"境界。在这种境界中，对于一切细微之来感，都能不假思索，直接与所来发生感应，直接见之行动。周子言"无思"所突出的是圣人境界的高度精诚。无思即是诚之本来状态，也是复诚之后的自然状态。但是想要"无不通"则须先"睿"，欲"通微"则须先"思"，"通微生于思"，"思者圣功之本"。可见，无思即是思之本来，也是思之所致。这与慈湖之"思之即无思"没有本质区别，但慈湖归于本心，濂溪归于心之本诚而已。对于心学者来说，包括象山一派之心学与阳明一派之心学，凡是对于一切可能离心而有在之语词、之学说，都有一种战斗的紧张，而往往于人学说之本意多所埋没。此举又只能说是在有谓、无谓之间了。

慈湖反对周子讲"无思"，他自己却大讲"不起意"，殊不知，思与不思，意与不起意，其关系是同类的。思为心之能，意未必不是心之本有，阳明的良知学最后向刘蕺山的诚意作收束，蕺山即特别立主于心之意。泾阳自然易于发现慈湖的矛盾：他批评濂溪的，也正是自己所犯下的；他之认定"不起意"为宗旨，也是"起意"了。另外，泾阳认为，"《大学》言诚意，《论语》言无意，《中庸》言慎思，《系辞》言无思"，就经典的依据来讲，意和无意，思和无思，都有经典的支持，而且都有自己的道理在，不是此是彼

---

① 《孟子·告子章句上》，载于《四书章句集注》，第335页。
② 《周敦颐集》，第22页。

非、互不相容的关系。而且如果都理会了,其言"意"言"思",不就是坐实,其言"无意""无思",也不就是荡空,正反都不过是一个道理,没有根本的对立。相反,如果仅取不起意而反对诚意,仅讲思而反对无思,这才是真正偏于一端,割裂道理,这才是"所谓穿凿耳"[①]。

泾阳以"三代以下之庖牺"居周子,而"象山陆子,直疑无极之说出自老子,讼言排之。其门人杨慈湖并诋《通书》穿凿害道。可谓斯文之一厄也"[②]。由用语的严重,可见泾阳与陆派因为周子的问题,立场是很对立的。因为慈湖比象山走得更远,泾阳对慈湖要比对象山的态度更激烈。他对象山有同情,对朱陆有平论。

当时有认为程朱虽然是儒宗正派,但在觉醒人上不如陆王之直截生动,泾阳认为,这不应片面来考察,"自昔圣贤有作,教亦多术矣"。总的来说,有"潜移密诱,舒徐委笃,养人性地"一路,有"单提直指,明白痛快,发人性光"一路。孔子(之《论语》)代表了前一路,孟子(之七篇)代表了后一路。且这两种风格,一直并存,曾子(之《大学》)、子思(之《中庸》),周子(之《太极图说》《通书》)、明道(之《定性书》《识仁篇》),到朱陆,都体现了这种立教的差异。朱子是偏于"养人性地"一边,象山是偏于"发人性光"一边。总的来说,是教术或教法的差异。这种看法,是泾阳自觉继承他老师薛应旂而来。[③]

方山之学本心学,且其心学本象山而来非由阳明,故其于象山多致意。他也意图和会朱陆,因而于朱陆常对举。他认为"象山之学"和"朱子之学"乃学术的二大流派,后世多分承朱陆而来。如他说"杨、袁、沈、舒亲炙陆子,何、王、金、许私淑朱子",又说"吴幼清,象山之学也;许平仲,考亭之学也",[④] 可见一斑。泾阳之两大局的思想恐怕也是受到了方山师的影响。关于朱陆立教之异,泾阳所引"朱子之言,孔子教人之法也;陆子之言,孟子教人之法也"[⑤],于方山的著作中,并不见原文。与之最接近的一

---

① 参《小心斋札记》卷三,第31—32页。
② 同上书,第30页。
③ 以上参见《小心斋札记》卷七,第86—87页。
④ 以上俱见薛应旂:《庸语·亲师第十七》,明隆庆刻本。
⑤ 《小心斋札记》卷七,第87页。

段话是：

> 或问朱陆之同异如何？薛子曰：夫言岂一端而已哉，夫各有攸当也，皆欲人为君子而不欲人为小人也。又问。薛子曰：自诚明谓之性，陆子之学也。自明诚谓之教，朱子之学也。诚则明，明则诚，其究一也。①

此段文字口吻与泾阳有些接近。又据泾阳《南岳商语》所同引方山之言，有"昔闻诸方山先师"语，当是泾阳从方山亲闻来，故不见诸文字。然而此师弟之间，亦甚有一趣事，即他们相互的论学重心乃成颠倒。方山本重象山，故言朱陆，多是把象山放在前首，而谓陆子之学是诚而明之，从"性地"来。依泾阳之意，则朱子之法为孔子之法，乃"养人性地"，从根本上入手；象山之学乃"发人性光"，从性之透露处指点，不乃为虚灵之标末乎？更何况，泾阳之道统从不及象山，于心学所重在阳明。所以方山恒以朱陆为言，泾阳则每以朱王作论。其趣味之分歧，微妙如是。

### 三　论阳明

泾阳论明代的学术，判正、嘉以前为一局，嘉、隆以后为一局，前期学者尊朱子有甚于孔子，后期学者又尊阳明过甚于孔子。明代的心学，阳明最有影响。但一般认为明代心学由陈白沙开端，如《明史·儒林传》谓"学术之分，则自陈献章、王守仁始"②，又黄宗羲谓："有明之学至白沙始入精微……至阳明而后大。"③泾阳对白沙也时能征引，为之辨正。他对白沙之学及甘泉之学的宗旨是了解的。如白沙"以自然为宗"，后之学者宗之而转为"不思不勉"，泾阳认为要认得白沙之自然乃指天理，甘泉提出"随处体认天理"之说，也正是发明其师说之自然。④又如，阳明曾辟白沙之"勿忘勿助"，泾阳辩曰："阳明目空千古，直是不数白沙，故生平并无一语及之。至勿忘勿助之辟，乃是平地生波，白沙曷尝丢却有事，只言勿忘勿助？非惟

---

① 《庸语·问文》。
② 《儒林一》，载于《明史》卷二百八十二，第7222页。
③ 《明儒学案》卷五，第79页。
④ 参《小心斋札记》卷十三，第163—164页。

白沙,从古亦并未闻有此等呆议论也。"① 对阳明的指责毫不客气。此外泾阳还与高攀龙传阅《吴康斋文集》,都于康斋之"吃亏"一语特发感契。他评价吴与弼为"一团元气,可追太古之朴",评价罗钦顺为"一团正气,可挽末俗之颓"。② 他对薛瑄的《读书录》评价也很高,说它"似乎句句是见成的,不曾使自家些子意思;只句句从躬行心得中拈出来,便句句是文清的"③。对于明代的这些理学先辈,泾阳虽然很少谈论他们的学说,但片言只语,已足以见出敬仰渴慕之情。

泾阳一生勤恳求学、讲学,其所最尊崇的是周子,其所最用力的是阳明。对于阳明,泾阳早读阳明之书而好之,渐觉其非而又辟之,辟之不已而终生辟之。对于阳明之说,泾阳有是之者,有非之者,有以是掩其非者,有以非掩其是者,有出于道理之正者,有惩于流弊之甚而失于激者。其于阳明的态度可谓最复杂。

首先,阳明和周子一样,都具有划时代的贡献。周子在经历了佛教的高度发展之后,使传统儒学向道学化方向发展,开启了宋以后儒学的新样式。阳明在经历了程朱理学极度科举化、程式化的发展之后,把道学向心学方向扭转,开辟了向内心寻求的自得之学,道学由偏于穷理而向偏于体验转变。周子出而有绵延数百年之理学,阳明出则有绵延百数年之心学,皆对历史有甚深远的影响。泾阳对阳明的历史作用是有清楚的认识的。"濂溪有万世永赖之功,阳明有一匡天下之功"④,这是他对周王二人历史作用的经典且成熟的概括。

阳明虽可以和周子相提并论,但不能和周子相比。朱子和阳明,泾阳认为代表了道学的分化乃至整个儒家的分化,所谓之"两大局"。朱王之学相互救正,统一于孔子。具体说来:

> 以考亭为宗,其弊也拘;以姚江为宗,其弊也荡。拘者有所不为,荡者无所不为。拘者人情所厌,顺而决之为易;荡者人情所便,逆而挽之为难。昔孔子论礼之弊,而曰:"与其奢也,宁俭"。然则论学之弊,

---

① 《小心斋札记》卷十八,第211页。
② 《小心斋札记》卷七,第94页。
③ 同上书,第92—93页。
④ 《南岳商语》,载于《全集》上册,第364页。

>亦应曰：与其荡也，宁拘。此其所以逊朱子也。①

朱王就其学术来说都代表了一偏，因而也都不免流弊。既同有流弊，泾阳认为朱子之弊虽为弊，其弊害小，救之也易，阳明之弊则为害大而救之难。就其学说之为害和可救正的难易上讲，朱子之拘比阳明之狂要更可取一些，反过来讲，阳明比朱子也就有所不如。阳明跟朱子可以相比，但阳明要逊于朱子。相对来说，周朱王三子中，泾阳把阳明放在最后一位。

对于阳明的主要学说，泾阳也都论及，其有可有不可。《札记》中载：

>予谓伍容庵曰："阳明之言良知，信之乎？"曰："信之。"曰："阳明之言无善无恶，信之乎？"曰："不敢信也。"予曰："何？"容庵曰："心既无善，知安得良？即其言，亦自相悖矣，奚而信？"②

>李见罗先生《性善编》专为阳明致良知之说而作，其见卓矣！但"致良知"三字何尝不是？诚使人人肯致良知，便人人是个圣贤，亦有何害于天下？惟是阳明以无善无恶为性，则亦以无善无恶为良知，此其合商量处也。③

>阳明先生中兴圣学，其揭"致良知"，简易直截，于提醒人心，最为有功。至其事业，其节义，其文章，又皆卓朗俊伟，赫然足以名世。此英雄也，何谓奸雄？愚特以提宗一语，不免示奸雄以利器，而世方相与侈而张之，谬不自亮，僭为推敲，信苛矣，信苛矣！④

泾阳所问伍容庵的话，恰好反映出他对阳明为两面之理解很是着意，伍氏所答，也正合泾阳的心意。如上，很明显，对于阳明的学说来讲，泾阳认为，其良知说和致良知说是应当充分肯定的，甚至说"阳明之'良知'至矣"⑤，其"致良知"也是"最为有功"。因此，批判阳明的良知说和致良知说，在理论上并不正确。如他认为李见罗之《性善编》⑥专门批评阳明之致良知（其实不然），如此批评阳明根本不能批到位。通过这三则材料我们可以看出，泾阳之意见集中在阳明论心体所提出的"无善无恶"四字，他

---

① 《小心斋札记》卷三，第33页。
② 《小心斋札记》卷十五，第187页。
③ 《小心斋札记》卷十四，第176页。
④ 《证性编》卷六，载于《全集》上册，第535页。
⑤ 《南岳商语》，同上书，第363页。
⑥ 应为《道性善编》。

认为这才是阳明最应受到批判的，附和此说者亦皆为过。因此，他主张对阳明要辩证地来认识，不能一概而论，且对他来说，阳明的是非很清楚。

泾阳其时，讲良知者如痴如醉，而见其弊者则深恶痛绝，如唐仁卿排斥阳明在当时就很突出，讥世之谈良知者"如鬼如蜮"。泾阳对阳明良知说和致良知说的提出，很能同情地理解。他说：

> 《大学》言"致知"，文成恐人认识为知，便走入支离去，故就中间点出一"良"字。《孟子》言"良知"，文成恐人将这个知作光景玩弄，便走入玄虚去，故就上面点出一"致"字。其意最为精密！至于如鬼如蜮，正良知之贼也，奈何归罪于良知？独其揭"无善无恶"四字为性宗，愚不能释然耳。①

程朱理学也讲"致知"，但偏于格物穷理，乃走向对万物之理的广泛探讨，尤其是要通过读书来实现。后世学者多数向这一条路走去。阳明所初而不通，继而感悟者，即是针对程朱的这套格物学说。他认为朱子的穷理工夫是向外施展了，而实际上"心即理"，知本良，良知即理，从而提出他的良知学说，来反对朱子的格物致知。这是阳明"良知"的来历。阳明最初大概认为只提出良知便已经足够，信得良知则知无不良。但渐渐出现了问题，"阳明先生之揭良知，本欲人扫除见解，务求自得。而习其说者，类喜为新奇，向见解中作功课"②。阳明晚年提出"致良知"，本身确实有对其早期良知的矫正之意。泾阳对阳明良知学的这番进路，理解大体不差。因此，他也认为阳明"其意最为精密"，充分肯定阳明。不过泾阳也没有把朱子跟阳明特别对立，他（包括高攀龙）认为阳明的"致良知"即朱子所释《大学》之"明明德"，更认为"一部《传习录》只恁地看"③。对于世之"如鬼如蜮"般谈良知者，他撇清说不是良知本身的问题，而是谈者的问题。"所谓一法设一弊生，盖立教之难如此。"④他坚信，阳明的良知说是可信的，问题只是在他提出的"无善无恶"四字。

但顾泾阳对阳明所持最主要的还是批判态度，有时甚至很激烈，乃至过

---

① 《小心斋札记》卷四，第43页。
② 同上。
③ 《小心斋札记》卷十，第131页。
④ 《小心斋札记》卷四，第43页。

于极端。他在四十八岁时作《还经录》一卷①,这是专门为辟阳明而作的一部文字,不仅对阳明的学说作了几乎统体的驳斥,而且简直对阳明的人格也进行了攻击。这种风格,跟《札记》里的温和风格判若两人,且其所作是年札记竟然依复平静,不见《还经录》情绪之流露。这一时期大概是泾阳兄弟痛彻于阳明学内部存在的缺失,对阳明学说愈探讨愈觉严重,故于阳明如临大敌,不觉情愤于言,著为是书。

在这部书里,泾阳所攻击的阳明学说,首当其冲的是"无善无恶"观念。总的来说,其观点认为阳明的良知说从无善无恶来,与孟子的良知,"其名同,其实异矣。乃欲以告子宗旨讲孟子学问"②,于孟子和告子之间,"委曲调停,漫为两可之论"者有之,"巧为侥统之论"者有之。③

其次,这部书着墨亦多而在此处又作最集中批评的,为阳明的知行合一说。关于知行的讨论,在《札记》中仅卷五有两条讨论,《志矩堂商语》有一条稍详的讨论,又不过为对卷五处的展开。此处的批评最全面,也最早。在知行问题上,泾阳所讨论的重点或者说关键问题在于,知行是一是二。这明显是由阳明倡导知行合一所引发。阳明提出知行合一本是针对程朱理学的知先行后、分知行为二的一般看法,可以说是阳明学对朱子学挑战的一个重要方面。泾阳之愤慨于阳明,恐怕也是激于阳明之斥责朱子学之区分知行而来。其观点认为:

> 知行之说,《大易》揭其原,《中庸》悉其委,试取而参之。或分言,或合言,或单言,或对言,或互言,无所不可,正不须执一而废百也。④

因此,他认为"自古圣贤论学,只是随时、随处、随意发明",没有定式,都是在特定的情境之下,从特定的角度来表述其见解的。就知行而言,有知行分言者,有合言者等形式,"参差不齐,各有攸当",不能说哪一个是唯一正确的。也就是说,对知行的关系而言,"这要活看。看得活,或以知为先,或以行为先,或以知行为一,或以知行为二,一一都是。若执定,

---

① 其弟顾允成作《俳言》十数条,附入《还经录》后。
② 《还经录》,载于《全集》上册,第437页。
③ 同上书,第420页。此处问题详本书第五章。
④ 《小心斋札记》卷五,第66页。又参《还经录》"自古圣贤论学"条,载于《全集》,第423页。

——都非"①。

因此，关于知行是一是二的问题，也就是一个假问题。知行的关系非一非二，而是可一可二，可分可合，可专可互，随宜而定。就朱子来说，其讲知行，并不是只讲知先行后，也有与阳明相接近的讲法，而且这些讲法，"阳明之说，亦无以加于朱子之说也"②。朱子不仅有和阳明相接近的讲法，还有各种各样的讲法，"朱子之说四方八面，无不周遍，阳明止窥见一隅而已"③。况且，知行"原是一个人，却分作两个说，盖必如此交互发挥，方见全身耳"④。知和行有虚实之分，知属虚，行属实。体虚之知无法自我显示，因此要通过实际的行来表现；实际的行也无法穷尽，因此要借助虚体的知来提领。知行虽然是本一的关系，却有分言之必要。朱子在分言知行上也未尝不合理。况且就阳明自身的论述来说，他提倡知行合一，但他也讲"知为行之始，行为知之成"，"行之明觉精察处为知，知之真切笃实处为行"，终究没有摆脱在知和行之间做下区别，"不免许多分别相"。⑤他又说：

> 盖知与行原是一而二，二而一。是故合言之，而条理自然清楚，不为侊侗；分言之，而血脉自然贯通，不为破碎；专言之而全体自然具足，不为欠缺；互言之，而妙用自然周流，不为搀和，要不可以一说拘也。阳明只执定一说，便处处窒碍。虽力为张主，巧为周旋，弥缝回互，几无渗漏，攻击论难，了无顾忌，纵横反复，杳无端倪，而彼此牴牾，首尾乖戾，不觉破绽迸出。⑥

因此，泾阳认为在知行问题上，"阳明直是无端"。本未有儒者将知行定作两件，阳明却指认先儒分知行为二，而故为合一之说，这是"无端之争辩"；本未有一念不善虽未行而不去禁止，阳明却以知行合一乃正欲人彻根彻底克倒不善之一念，这是"无端之标榜"；本未有知行为一为二之论难，阳明合一，弟子疑合一，反复致诘，知行合一若信乎不可缺少之理，这是"无

---

① 《志矩堂商语》，载于《全集》上册，第349页。
② 《还经录》，载于《全集》上册，第424页。
③ 同上书，第425页。
④ 《志矩堂商语》，同上书，第350页。
⑤ 《还经录》，同上书，第422页。
⑥ 同上书，第426页。

端之论难"。泾阳直以为,这种无端之起,为"吾道一厄"。① 其他,如阳明论"惟精惟一",博文约礼,尊德性道问学等,都圆通贯注,不落一执,泾阳认为这是阳明"好持论",② 阳明本豪杰之人,欲学自我出,有意与朱子为敌对,而标榜己说,虽非无见,然独重自我,于前人不免轻易结论。泾阳此批评虽出激烈,亦能于阳明实有所见。

在此书中,泾阳涉及的还有阳明的心即理说、良知说、三教为用说。关于心即理,他一方面认为前儒亦未尝执心理为二,所以阳明标心理为一也是"无端之争论";③ 一方面认为,"阳明曰心即理也,固是,但恐未尽"。因为先儒言心,常加限定曰"本心""真心""无心",到"理"字就没有"本""真""无"这些限定,"可见心与理亦自有辨。"④ 阳明讲心即理,还是失于笼统。关于良知说和致良知,这本是泾阳对阳明所最确信的,此时也愤情所及,数加指摘。一方面,他认为,《大学》讲致知,孟子讲良知,孔子讲无知,阳明一讲"致良知",一讲"良知无知无不知","将来搀搭说,便不是他本色"。⑤ 孔、孟、《大学》本来各有意义,阳明牵合来附会发挥,混淆三个"知"义,不免错会了原意,也添入了己意。一方面,他认为:

> 阳明论学,揭"致良知"三字为宗,亦未为不可,但"知"之一字,却须辨得分明耳。阳明曰"良知即是性,即是心之本体,即是未发之中",而其论性也,曰"无善无恶",然则阳明之所谓知,乃无善无恶之知,非《大学》之所谓知也。阳明既主此说,一切论说俱管归良知,若曰良知何物不备耳。但其与己合者,辄以为是;其与己不合者,辄以为非。与己合者,虽苏秦、张仪,亦以为窥见良知妙用;与己不合者,虽朱子大儒,亦斥而等诸杨墨。然则阳明之所谓知,乃阳明之知,非《大学》之所谓知也。由前观之,则着于无,是为沉空守寂;由后观之,则滞于有,是为守局拘方,正恐不免坏却良知。⑥

泾阳不反对阳明的致良知,也不反对良知,但他对阳明的"良知"不信任,

---

① 《还经录》,载于《全集》,第 426—427 页。
② 同上书,第 422 页。
③ 同上书,第 426—427 页。
④ 同上书,第 430 页。
⑤ 同上书,第 431 页。
⑥ 同上书,第 430 页。

斥为阳明自己的良知，甚至说阳明讲良知正败坏了良知。他还认为阳明的"以知为性"有与谢上蔡"以觉言仁"的相同之处，都是佛教的手段，只是阳明更善于护持。因为觉和知，"作实字看亦得，作虚字看亦得，最好作弄"①，最容易被发挥，最可见玄妙。

关于三教问题，阳明曾有"儒仙释一厅三室"之喻，归之于"二氏之用，皆我之用……后世儒者不见圣学之全，故与二氏成二见耳"②。这些都不是正统的儒家学者所能发出的言论，自然属于骇怪之闻。泾阳责备道：

> 圣贤以异端为举一而废百，阳明以攻异端者为举一而废百。圣贤为吾道而攻异端，阳明为异端而攻吾儒。此何心哉？③

又曰：

> 此盖阳明深有味乎仙、释，见其与吾圣人同，而又为名教所持，不敢不谓与吾圣人异，故阳离阴合，为此含糊影响之语。曰"一厅"，言同也，俨然以范围三教为已任。曰三间，言异也，又以自托于吾圣人。同而异，天下又孰能议其混？异而同，天下又孰能议其固？其亦巧矣。④

阳明之"以吾之完养此身与仙家混犹可言也，以吾之不染世累与释家混犹可言也"，但最后把仙家之虚，佛教之无，作为最高的真理，把儒家之性命之理与佛老之虚无之论，合并为一指，这是泾阳所不能容忍，亦是他最反对的。

《还经录》中对阳明之批判，屡归结为阳明"好持论""好立异论""善护持""善遁""巧为说""阳离阴合"等，不一而足。由对阳明学说之批判而至于对阳明人格之批判，可谓过重，快口快心，有失节制。其大旨，我们可以用泾阳如下的话来总结：

> 《六经》《语》《孟》《学》《庸》具在，其论性本自有定也，阳明以为无定，而欲尽收告子诸人之说；其论知行本自无定也，阳明以

---

① 《还经录》，载于《全集》，第433页。
② 《年谱》三嘉靖二年十一月条，载于《王阳明全集》，第1289页。
③ 《还经录》，载于《全集》，第433页。
④ 同上书，第434页。

为有定,而欲孤行其合一之说。吾所以谓之劳攘者,以此。①
《还经录》是泾阳批判阳明的一部代表作,根心直发,无所隐晦,无事曲折。其对阳明的批判也最全面,可谓于阳明无所不责,阳明几乎无一完处。这当然是泾阳的本心,但却不能说是他的平心。泾阳对阳明大体上是肯定和赞扬的,但由于他过于集中在对阳明无善无恶的批评上,所以这种批评似乎成为对阳明看法的主要部分,就泾阳自身来说有时也把批评极意扩大化。

　　我认为,就泾阳一生来说,"阳明先生一代儒豪,不得因其流弊归咎。此至公之论也"②,可以代表泾阳对阳明是非的定评。而"阳明先生开发有余,收束不足"③,可以代表泾阳对阳明得失的定见。他认为,明道、白沙"两先生善发","朱子善收",④阳明和明道、白沙则属于同一类型。善发、善收,也是阳明和朱子学术的重要区别,朱子之能收,是朱子优于阳明的所在。

　　阳明所提出的良知说,针对士习之沉溺于训诂辞章,就书册文字讨生活的现象,无疑有启发觉醒、苏世明道的积极作用。此其"开发有余",但其"收束不足",表现在"此窍一凿,混沌几亡,往往凭虚见而弄精魂,任自然而藐兢业。陵夷至今,议论益玄,习尚益下,高之放诞而不经,卑之顽钝而无耻"⑤。泾阳所指主要是泰州学派。阳明曾说"慈湖不为无见,又着在无声无臭上见了"⑥。泾阳承用此语,谓"王泰州即阳明之慈湖也"⑦。意谓,王艮把阳明学专向高妙引导了,也即偏向超有而言"无"去了。就泰州一派,具体讲主要是指他们"以何思何虑提人"一法。对于泰州派,泾阳说"不敢概以为非,只是泥不得","其说夫岂不美,而意固有在也"。其意所为有二:一是要人识取本来面目,一是要破除学者的支离胶扰工夫。但他们对人人都讲"何思何虑",讲得太过于泛滥,太执定为一种法式,就如杨慈湖之"着

---

① 《还经录》,载于《全集》,第421—422页。
② 《南岳商语》,同上书,第366页。
③ 《小心斋札记》卷三,第33页。
④ 《小心斋札记》卷十六,第190页。
⑤ 《小心斋札记》卷三,第33页。
⑥ 《传习录》下,载于《王阳明全集》,第115页。
⑦ 《小心斋札记》卷三,第32页。

在无声无臭上见了",因此,也都讲得太过轻易,"患在荡"。①

其实,王艮本人及其初传来说,引起的非议还相对较小。王艮本人重视学,重视敬,也特别重视他的"淮南格物"说和"百姓日用即道"。而且其弟子王栋的学说与明末大儒刘宗周的诚意学说还甚有渊源。他们在发展阳明学上都有自己鲜明的特色和贡献,很有理论价值。引起物议沸腾,而使得整个泰州学派都蒙上强烈的"异端"色彩的,是其再传弟子颜钧一系及李贽辈,颜钧一系之传又以何心隐、罗汝芳、杨起元为代表。"罗近溪以颜山农为圣人,杨复所以罗近溪为圣人,李卓吾以何心隐为圣人。"②可见这些人气味之相投。黄宗羲谓:"泰州之后,其人多能赤手以搏龙蛇,传至颜山农、何心隐一派,遂复非名教之所能羁络矣。"③

苏轼尝讥伊川"何时打破这敬字",泾阳认为:"近世如王泰州座下颜何一派,直打破这敬字矣。"④这里的"敬"字,主要是指工夫。该派强调心体之自然、现成,以为工夫关键在自识本心,一旦到手,便可一切顺任流行,不劳安排。然而更进一步讲,敬必有所主,如畏必有所畏,不然无须用畏。打破敬字,其本质是打破敬之所主,也主要是指理学家的伦理,如李贽在《何心隐论》中有言:"人伦有五,公舍其四,而独置身于师友圣贤之间。"⑤黄宗羲所谓"非名教之所能羁络",即此意。李贽尤其极端,泾阳评论他道:"李卓吾大抵是人之非,非人之是,又以成败为是非而已。学术到此,真成涂炭,惟有仰屋窃叹而已!"⑥他认为这派有功利色彩,如言李氏之"以成败为是非",又尝说:"何心隐辈生在利欲胶漆盆中,所以能鼓动得人,只缘他一种聪明,亦是有不可到处。……假令正其心术,固是一有用才也。"⑦

阳明以后,阳明学势力最大、影响最广的应当归为泰州学派和江右学派。泾阳之痛心于"无善无恶"四字,虽然矛头所指主要在阳明,但就其所

---

① 参《虞山商语》卷中,载于《全集》,第246—250页。"患在荡",《全集》底本作"于",康熙本作"在",失校,本文从"在"。
② 《小心斋札记》卷十四,第171页。
③ 《明儒学案》卷三十二,第703页。
④ 《小心斋札记》卷九,第120页。
⑤ 李贽:《焚书》卷三,北京:中华书局,1975年,第90页。
⑥ 《柬高景逸》,载于《藏稿》卷五,第165页。
⑦ 《小心斋札记》卷十四,第171—172页。

受直接之刺激而言，应该主要是泰州学派这些人物，他们中的大多数人是在泾阳出生后三四十年才去世的。泾阳对李卓吾的一句话，很表赞同："李卓吾曰：'与其死于假道学之手，宁死于妇人女子之手。'卓吾平日议论往往能杀人，此语却能活人，吾不得以其人而废之。"①此话，一以见泾阳对卓吾之流猖狂纵言、颠覆道理之沉痛感受，一以见他们对"假道学"皆同怀仇视。对于泰州学派之向"异端"发展而言，他们实际是出于对"假道学"的深恶，而甘愿以极端或狂狷自居，而不与流俗为类，以保全其真心。他们往往大言骇人，而向道之心倒可以说最虔笃，乃至可以抛撒室家念累，孤苦克厉，四处求学，辗转印证。只不过他们也往往不以一家之说为限，唯一意以明道为归宿。这些人的恶名，实际上多出于"诬"，对于他们的学说和心迹，一般人往往缺乏了解，从而最终多成了社会意见流言的牺牲。

在对泰州学派之狂恣扼腕痛惜的同时，泾阳对江右学派表示出极大的同情，他认为对阳明学力图救正，最突出的属罗洪先和王时槐。他说：

> 阳明之"良知"至矣，暨其末流，上者益上，下者益下，则非阳明本指也。然而江右先达如罗念老于此每有救正，近日如王塘老于此稍有调停，便俱受不透性之讥矣。②

就初传来说，阳明学在良知的体用观上还是基本统一的，即用即体，离用无体。就其分化来说，主要在良知应用克治工夫还是应当顺任自然方面。聂豹提出"归寂"，罗洪先提出"主静"，其间分化明显扩大，延及了良知的体用观。罗、聂在当时是少数派，遭到了阳明学群体的围攻，也可见这一分化在阳明学内部引起的影响之严重。念庵认为，"知善知恶是良知"，如果良知仅是追随善恶，善者知其善，恶者知其恶，就"善恶交杂，岂有为主于中者乎"。为了救正阳明学之逐用而缺少主宰，他提出："知善知恶之知，随出随泯，特一时之发见焉耳。一时之发见，未可尽指为本体，则自然之明觉，固当反求其根源。"③泾阳认为，这是"念庵恐人执用而忘体，因特为拈出未发"。在良知的实践中，这种观点逐渐赢得了江右其他一些人士的认同，影响渐增，但又未免刻意于本体上用功。其实，就念庵来说，

---

① 《小心斋札记》卷十，第128页。
② 《南岳商语》，载于《全集》，第363页。
③ 罗洪先：《甲寅夏游记》，载于《罗洪先集》，徐儒宗编校整理，南京：凤凰出版社，2007年，第81页。

他后来的主张已经发生了变化，不再拘泥于本体上用功，而强调动静合一、寂感无二，提撕较少动静分裂色彩的"收摄保聚"或"研几"之功。王时槐师从刘文敏，文敏一生守静坐法，至晚年不变。《学案》中有"人谓双江得先生而不伤孤另者，非虚言也"①，可见其投合。然其同者讲性情，而其不同者所以讲性情。时槐早期也是从"空寂之体"一路去，后来则转向"研几"一路，专讲生生之"几"，前后煞见对立。由此他反对沉守虚寂之体，注重体仁，指出"知善知恶乃彻上彻下语，不须头上安头"。泾阳认为，这是"王塘南先生又恐人离用而求体"，加以"调停"。但他认为对阳明的良知来说，本来并无偏颇，因为阳明讲良知是"全提"，有专言，有偏言。"知善知恶"只是偏言，阳明还有"无知无不知"，乃专言，并没有不讲"未发"，也并未偏向"未发"。总的来说，罗、王二人"于良知并有发明，而于阳明全提之指，却似均之契悟未尽也"②。

　　泾阳认为对阳明学有很大补救功劳的还有李材③。李材从邹守益学良知学，亦当属于江右派，但逐渐转出良知，而反对致知可树立为根本教法，就《大学》而发挥出一套"止修"理论。黄宗羲认为李见罗的思想已经越出了王学的范围，故特立《止修学案》。见罗对阳明已经不是单纯的修正，而是推翻。他说"从古立教未有以知为体者"④，又说阳明把良知"尽力推向体边，其实良知毕竟是用"⑤，又说"以致知为知本，于理固所不通，谓知止即致知，于用亦有未协，必欲略知本而揭致知，五尺童子知其不可"⑥。可见，他对阳明的良知和致良知说都不以为然。他自己的主张是："须思命脉只是一个善，诀窍只是一个止。如何反反复复，必要说归修身为本，必要揭出修身为本，必悟此而后，止真有入窍，善真有谛当，乃不为堕于边见也。"⑦见罗之见倒是与王泰州的"淮南格物"有接近的地方，一切都要归本到修身上来。归身与归心，在阳明学的发展中也可以说逐渐成为一个重要

---

① 《明儒学案》）卷十九，第430页。
② 《小心斋札记》卷十八，第208页。又见《南岳商语》"文石问"条，载于《全集》第362页。
③ 李材，字孟诚，号见罗。
④ 《明儒学案》卷三十一，第673页。
⑤ 同上书，第676页。
⑥ 同上书，第670—671页。
⑦ 同上书，第679页。

的分际。

泾阳认为，在朱子、阳明、见罗三先生之间，有着学说发展之间的"扬弃"关系。他说：

> 朱子揭格物，不善用者流而拘矣。阳明以良知破之，所以虚其实也。阳明揭致知，不善用者流而荡矣。见罗以修身收之，所以实其虚也。皆大有功于世教。然而，三言原并列于《大学》一篇之中也。是故以之相发明则可，以之相弁髦则不可；以之相补救则可，以之相排摈则不可。①

但他并不主张三说之间应当以一说取代另一说，而是仍站在"补救"的立场上来看待它们，也即这三说都有其独立的价值。在此就有明显的调和意味。

对泰州和江右学派来说，无论弊与救弊，无论其为弊是大还是小，其实都不免于弊，泾阳之"一教立而一弊生"，此可为千古学术之命数。② 这两派于阳明学传承最远，势力最大。其中最根本的缘由，应当在于，这两派不是简单地墨守师说，一成不变，而是反复钻研、探讨、体验、调整，以期归于至当。以此，他们也最能突破阳明学说的范围，给阳明学补充进新颖的内容，使得阳明学未至流于空洞，并且逐渐转出新的更沉实稳健的思想来。一句话，这两派都有理论的创新力，因此也取得了学术上持久发展的生命力。

---

① 《小心斋札记》卷十八，第144—145页。
② 后世亦有以此论泾阳者，如曾国藩。

# 第三章　先天与后天

## 第一节　先天出后天

顾泾阳于周敦颐的学说最为推崇,究其来源,他实际受《易》的影响很大。周子的《太极图说》,即是《易》的太极、阴阳思想和五行思想的结合与发挥。《易》特别是《易传》往往为后来的思想家所依托,通过赋予其固有语言以新的意义,来承载或构造自己的思想理论。前如王弼,后如王夫之,其间之北宋五子无不精于《易》,而所得又皆迥然不同。泾阳于《易》之所得,本源意义为大,重视"先天"之学。这跟他特尊周子,一贯相仍。

**一　太极与乾坤**

所谓"先天""后天",见于《易》乾卦之《文言》,其曰:

> 夫大人者,与天地合其德,与日月合其明,与四时合其序,与鬼神合其吉凶,先天而天弗违,后天而奉天时。天且弗违,而况于人乎?况于鬼神乎?

就理学的系统来说,北宋前期之胡瑗解作:"先于天时而行事,则天弗违之,是天合大人也;后于天时而行事,则奉顺于天时,是大人合天也。"[①]"先天"指"先于天时","后天"指"后于天时","天"指天时,先、后乃时间意义。

伊川则用天理思想来解释《易》,他的说法是:"大人与天地日月四时鬼神合者,合乎道也。天地者,道也,鬼神者,造化之迹也。圣人先于天而天同之,后于天而能顺天者,合于道而已。"[②]他的"天"乃指天地之天,是

---

① 胡瑗:《周易口义》卷一,白辉洪等点校,北京:中国社会科学出版社,2021年,第28页。
② 程颐、程颢:《周易程氏传》卷一,载于《二程集》,王孝鱼点校,第705页。

与"日月四时"并列的名称,天地属形体而不属时间。对伊川来说,天地为形体,就其大而自然来说,天又代指"道",是抽象的观念。

朱子意图还原《易》之本义,他解释"先天""后天",认为"人与天地鬼神本无二理,特蔽于有我之私,是以梏于形体而不能相通。大人无私,以道为体,曾何彼此先后之可言哉?先天不违,谓意之所为,默与道契。后天奉天,谓知理如是,奉而行之"①。"大人"也即常言的圣人,乃得道之人,故能"以道为体"。道乃一切之共同根据,所谓"本无二理"。因此,天人之间本无"彼此先后之可言",本可以不必作先、后天的区分。朱子的先后天,与伊川的看法接近,都是从"合道"或合"理"来解释。但朱子之先后,明显有知行的意味在里面,先天乃未知而默契,后天乃知理而奉行。

阳明则把先后天跟他的良知结合在一起,曰:"'先天而天弗违',天即良知也;'后天而奉天时',良知即天也。"②他的先后天的意旨主要体现在动静、寂感的层次上。不过阳明的"天",主要也是指天理,他把天和良知对等起来,天和良知实质上已不存在先后关系,这种"先天""后天"的认识,已经超越了时空意义。

就"先天""后天"之天,偏指时或形或理而言,泾阳所采取的首先为形之义。他认为,"后天"本于天,天本于"先天"。具体的,他的"先天"即是"无极而太极",他的天即乾;他的后天即万物,包括坤元,或以坤元为代表之万物。他的这个脉络基本上是沿袭了周子《太极图说》中的形化生成顺序,而又融入了自己的独特体会。

二程有"《西铭》则是《原道》之宗祖"③之言,泾阳以为"《太极图说》又《西铭》之宗祖也。"因为,《西铭》只推源人与万物之"父母"到乾坤地步,所谓"乾称父,坤称母"。乾坤,也即天地。《太极图说》则曰:"无极之真,二五之精,妙合而凝。乾道成男,坤道成女。二气交感,化生万物。万物生生而变化无穷焉。"二、五之上尚有"无极之真",也即"无极而太极"。"两仪""两气",并不是生化的最终根源,也即乾坤还有来源。《太极图说》比《西铭》更进一步,追溯"直推到生天生地之父母",

---

① 朱熹:《周易本义》卷七,载于《朱子全书》(壹),第150页。
② 《传习录下》,载于《王阳明全集》,第111页。
③ 《程氏遗书》卷二上,载于《二程集》,第37页。

这才是"究竟处"。学问必须做到这一步，必须从最终根源上"立脚"，不然就成了无本之学。①

泾阳之所以要驾《太极图说》于《西铭》之上，就是认为周子讲的太极理论，是最根本的道，太极才是最高的、最终的实体，万化的总根源。太极的这个作用，如果人格化，就是"上帝"。"上帝者，全体太极，统摄阴阳，生天生地之主也。"②"上帝"之"全体太极"，就如同圣人之"以道为体"。但圣人是还原于道，上帝则是道之从出，其体道虽同，但上帝显然要比圣人更高级。《尚书·汤诰》有"惟上帝，降衷于下民"。泾阳抬出儒家经典里的"上帝"，来和佛教经典里的"佛"义相抗衡。他认为，"上帝"这一造物主，不仅是人类赋性之根源，也是天地赋性之根源，"非特降衷于下民，实乃降衷于天地，此所谓生天生地之圣人也"③。

太极作为总根源，必然对其所创造出的万物具有某种超越性，他说：

> 太极，天地之枢纽，万物之根柢也。为天地之枢纽，则天地不得而偶之矣；为万物之根柢，则万物不得而偶之矣。是故太极无对，性无对。④

太极是天地所"不得而偶之"的，万物更在其次。太极的特性是"无对"，也即绝对。他认为《河图》《洛书》的"中"和《太极图》的"上"，两种形式都是要假象以显示太极的绝对性，"浑然不偏曰中，超然不偶曰上"⑤。

太极之生成天地，其实现的过程离不开阴阳的具体作用，太极并不直接转化成天地。太极是根本，是发动者，具体作用则由阴阳来承担。他说："太极，生天生地之本；阴阳，生天生地之具。"⑥这一说法跟朱子的讲法很接近，朱子说："理也者，形而上之道也，生物之本也；气也者，形而下之器也，生物之具也。"⑦朱子始终肯定地把"太极"当作理来看待。不过朱子的立场是普遍的，理之为"生物之本"，并不强调物域内天地与万物的区别，

---

① 《小心斋札记》卷一，第1页。
② 《小心斋札记》卷十六，第191页。
③ 同上。
④ 《证性编》卷三，载于《全集》，第480页。
⑤ 《小心斋札记》卷十六，第188页。
⑥ 同上，第191页。
⑦ 《答黄道夫》，《朱文公文集》卷五十八，载于《朱子全书》，第2755页。

目的只在突出理的作用，突出形上与形下的对立。泾阳之论太极，并不言为"生物之本"，而言为"生天地之本"，这与朱子不同。他之所以把天地与太极紧密相承，因为在他的思想中，受到张载《西铭》等论仁思想的影响，天地与万物并不是作为太极之同一层次生成物而作平等排列的。

作为万物的生成来说，天地是其直接的来源（"父母"），天地也具有根源性。但天地并不是最终根源，太极又是天地的生成者。这里，"阴阳生天地之具"，也并不完全等同于朱子的命义。朱子认为阴阳是气，所谓的"具"，乃指物质材料。泾阳的"具"，也有物质的意义，但更主要的是说明太极"统摄阴阳"，也即阴阳是太极的两种实际作用。太极之生成天地，乃通过阴阳二者之相互作用实现。太极超越于阴阳，而又"系于阴阳"，太极与阴阳之间是"混之以为体，析之以为用"的关系①。这与张载的"一物两体"思想更相似。他的学说中与此同类的还有：他认为孔子一大圣，后有朱子、阳明两大局，配合为用，乃尽孔子之道；又如他论知行，认为知行分言而后可以交互发挥，乃尽其义理之全。

如上，泾阳很明确地认为，天地是不能跟太极对等的。就太极之生成天地而言，可以说太极为"先天"；就天地之生成万物而言，可以说万物为"后天"；但有天即为后，天地也包括在"后天"的范围之内。他讨论太极与天地的关系，更多是使用《易》的语言，即"太极""乾元""坤元"。天地与"乾元""坤元"之间，可以对应，但并不是完全对应。乾坤本卦名，而取象天地，逐渐含有了德性的意味，"乾元""坤元"成为更深具哲学色彩的用语。他说：

> 太极超形气之上，曰乾元，便不免落于气矣；曰坤元，便不免于形矣。是故以太极为主，方能从先天出后天，以乾元为主，恐未必不涵后天作先天也。此处最宜慎辨！②

在这里，泾阳又进一步把乾元和坤元作了区别。乾元和坤元之间的关系，原来也不是平列的，存在先后之序。太极、乾元、坤元三者之间的区别，乃根据于造化的生成顺序，从超形气进而有气而有形。这种讲法，以汉代的宇宙论为代表，当时的理论也把宇宙之生化认作是从无形到有形的过程，有形又

---

① 《小心斋札记》卷十六，第188—189页。
② 同上书，第189页。

分气、形、质三个阶段，如《易乾凿度》所云："夫有形生于无形……太易者，未见气也；太初者，气之始也；太始者，形之始也；太素者，质之始也。气形质具而未离，故曰混沦。"①"太易"为最原始之阶段，即为气形质未分化的"混沦"状态，也可以说是"元气"，仍然不能脱离物质性。

泾阳学说中最原始的阶段为"太极"。太极不是一个物质性的概念，不仅是先形气，更是"超形气"，太极与形气之间是形上形下的关系。"乾元"次于太极，已经带有形下的性质，而坤元的形下成分更多。这里也应当注意，乾元、坤元未必即是形下的概念，而是表达其后天性，也即不纯粹性。太极是最纯粹的、先天的。"先天"的意思，最重要的是表达其超形气，从而不为形气所累。乾元之"不免落于气"，坤元之"不免落于形"，其含义则在指示二者的形上性质受到形下气质的限制。乾元、坤元二语，可以参考理学之"气质之性"来理解。因此，泾阳认为，必须以先天之太极为主，这样太极用事，才能保证一切之后天皆从先天出发，不带后天的成分。如果以乾元为主，则难免取法后天之本，而混淆先天和后天的关系。这里，泾阳并没有讲坤元的作用如何。在他看来，主宰到了乾元之位，以下也就不能再作讲论，乾元犹嫌其属于后天，何况其他。

泾阳很重视"乾"。他认为圣人反复从各种角度来阐释"乾"，有分而为四者，有分而为二者，有合而为一者，对乾不曾执着一见以为定说。②他主要从"首出庶物"和"群龙无首"来说明其特征。"首出庶物"为乾卦之《彖》言，"群龙无首"为乾卦之《象》言，泾阳拿《中庸》来说明这两句话的意义。《中庸》有言"唯天下至圣……凡有血气者，莫不尊亲"③，"莫不尊亲"，即乾元作用之普遍而尊贵，一贯于万物，为其主宰，这是"首出"。"唯天下之至诚……苟不固聪明圣智达天德者，其孰能知之"④，至诚难知，即乾元作用之神妙，不易见，不易察，唯达天德者方可知之，这是"无首"之义。⑤对于乾元之"无首"而言，也即是说乾元没有特定的形象示

---

① 赵在翰辑：《易乾凿度》，《七纬》（上册），钟肇鹏、萧文郁点校，北京：中华书局，2012年，第33—34页。
② 参《小心斋札记》卷十六，第190页。
③ 《中庸》三十一章，载于《四书章句集注》，第38页。
④ 《中庸》三十二章，同上，第38—39页。
⑤ 参《小心斋札记》卷十三，第160页。

人，其作用是不定的。乾卦初爻之潜，上爻之亢，都是乾元之所历，其"无首"，乃"惟其时而已矣"。①

乾元之"无"，不仅是"时"的不确定性，从时而动，更主要的是，乾元和坤元之间存在着一种不同寻常的体用关系，这也是"时"之实现所依赖的媒介。泾阳说：

> 用九"无首"，是以乾元入坤元。盖坤者，乾之藏也。用六"永贞"，是以坤元承乾元。盖乾者，坤之君也。②

这里，坤为"乾之藏"，乾为"坤之君"。乾藏于坤，即入于坤；坤君于乾，即承于乾。入则隐身而不自见，承则从命而不自主。这也无异于说，乾是坤的主宰，坤是乾的载体。这里的"入"和"承"都值得辨析。"入"有完全透入和不完全之分，即存在乾元是否全部藏于坤元的问题。有承接和承载之义，承接则为始终的关系，承载则为同体的关系。"藏"字之用本诸《系辞传》，其曰"显诸仁，藏诸用"。"坤者，乾之藏"，应该就是指这个意思。关于天地、乾坤的关系，也是《系辞传》的开篇之义，其曰"天尊地卑，乾坤定矣"，又曰"乾知大始，坤作成物"。对于乾坤的一般理解是，乾坤相对，乾又比坤要为大为尊，乾始生物而作始，坤接着天之所始而养育成物，主终。乾坤各有作为，乃共同合作、前后顺承的关系。朱子基本也表示为这个意思。③

泾阳明显与此不同。乾元、坤元表现的不是先后关系，而是主宰和载体的关系，或者可以说是体用关系。乾元之"无首"，见之于坤元之用，乾元完全透入坤元，而坤元非顺承乾元，乃承载乾元。泾阳还认为，"乾，天道也"，"坤，地道也"，用《中庸》之"诚者"和"诚之者"来对格。乾相当于在人之"诚者"，坤相对于在人之"诚之者"。乾代表本体，坤代表工夫，工夫以"诚之"而复于本体之乾。④本体和作用，本体和工夫，是两种关系。由于工夫往往见之于发用，所以两种关系也有其一致性。这里，关于乾坤，无论从哪种关系来理解，我们都能肯定它们之间存在一种完整的

---

① 参《小心斋札记》卷十三，第161页。
② 同上书，第189页。
③ 可参《语类》卷六十八《乾上》。
④ 参《小心斋札记》卷十三，第161页。

对应和依存关系。

如此的乾坤关系,似乎不需要太极,或者说,乾元已相当于太极了。在理学中,二程之天(理)已经是最高概念了。朱子之太极也主要是与气或阴阳五行对言,并不与乾元对言。而且他认为,天是就形体言,乾元是"天之性情","即天之所以为天者"。① 乾元与太极只是散殊之太极和统体之太极的关系,不具有性质上的不同,乾元和太极都是先天的,也即形上的。

但对顾泾阳来说,太极与乾元还是不在一个层次上,不纯粹是同质的。就乾元和坤元来说,乾元更具有主导性,但太极和乾元的关系就有一些曲折。三者之关系,他有如下细致之描述:

> 就乾坤言,乾统坤者也。是故举乾元便摄坤元,不必舍此别求太极。就乾元、坤元言,总之来自太极者也。是故太极无对,乾元便与坤元相对而成两,元亨利贞又相对而成四矣。然则太极敦化也,元亨利贞川流也。乾元在敦化为川流,在川流为敦化,乃先天之后天,后天之先天也。②

这段话,我们可以获得如下几点认识。首先,就乾坤的关系说,乾能统摄坤,"统"字,一以见乾之包坤,一以见乾之主坤,即乾可以延伸至坤,坤可以从属于乾,言乾不必再言坤;不言坤非无坤,只一个乾便都有了。其次,因为太极"统摄阴阳",乾元、坤元乃太极的直接次生,而乾元既能统坤元,则乾元可谓兼统乾坤。就此,乾坤不是对立的,乾坤都统一于乾元,乾元就和太极相当。所以,泾阳言"不必舍此(乾元)而别求太极"。再次,乾元毕竟是与坤元相对而有的一物,乾坤二元共同来自太极,太极是"生天地之本"。因此,绝对无对的只有太极,乾元、坤元二者便"相对而成两",还可以有"元亨利贞"之"分而为四"。最后,也是最关键的一点,太极与乾元、坤元的关系既如上,那么太极实际上是唯一的"先天",乾坤自然相对成"后天"。但乾元的地位很特殊,它虽跟坤元相对,但又能统摄坤元。所以,它与坤元相比为尊,与太极相比又为次。它对太极之一而言为分,对坤元及元亨利贞之分而言又为一。因此,泾阳说:"乾元在敦化为川流,在川流为敦化,乃先天之后天,后天之先天也。"

---

① 《朱子语类》卷六十八,第1699页。
② 《小心斋札记》卷十,第133页。

顾泾阳之言"先天"和"后天",虽然有意要区别二者,但并不是要对立二者。其用意乃在不应误认先天而混淆本体,并保证能够"从先天出后天",后天之实现应完全禀受先天之作用。如果就天之形的意义来区分"先天"和"后天",太极为"天地之枢纽,万物之根柢",是生天地和生万物之本。太极和天地、万物之间存在一个生成的先后顺序。"先天"之意义,要在不断追溯本源而达到极致。

但是,"先天"和"后天"的关系,还主要表现为体用和道器的关系(参《小心斋札记》卷十六)。这种关系强调的不再是源流如何,孰为本孰为次本,而是强调其间的结合,从而先后的意义就不再突出。"先天"和"后天"并不是分离的,两截的,而是不可分的,"体用一源","道器一贯",先后天的差别超越了时空性。因此,他认同比其稍前的阳明学者胡直对儒学与二氏之学的分判。胡直说"圣人先天而天弗违,后天而奉天时,二氏先先天而后后天"[①]。二氏以"先天"为先,以"后天"为后,将"先天"和"后天"割裂开来。因此,泾阳认为二氏如此处理先后天的关系,其学在理论的奠基上就已经不具有稳固性。这里我们也可以发现,虽然在谈到本源问题时,泾阳有太极、乾元、坤元之三分,但他关于"先天""后天"的讨论,仍然保持着体用二元的基本结构,乾元大体可以和太极重合使用。

## 二 仁圣两宗

在本源上,泾阳特意明辨"太极"与"乾元"之先后天的关系,他还把这一思想延伸到对孔子学说的认识上。有人以"孔门有仁圣两宗"为问,他予以肯定,并以太极、乾元之关系为据,给予解释。这充分反映出他的思想中有太极、乾元两行的倾向。太极为绝对先天之本,但这种绝对的先天又非儒家学说所主,他不得不在后天之中寻求一先天之替代,即所谓乾元是也。此乾元,具中介性,即泾阳所谓"为先天之后天,后天之先天"。

《论语·述而》篇孔子尝谦道"若圣与仁,则吾岂敢",分言仁、圣,似乎认为仁、圣之间存在区别。《雍也》篇子贡问:"如能博施于民而能济众者,何如?可谓仁乎?"孔子答道:"何事于仁,必也圣乎?尧舜其犹病

---

① 《小心斋札记》卷十四,第177页。

诸。"孔子之言，似乎进一步认为圣比仁为更加高明难及之境。《周礼·地官司徒》也把"仁圣"并举，作为"六德"之二。可见，在先秦思想中，仁和圣，确实有所区别，都能作为德之大者，具有道德的重要内涵。

但在理学中，以二程为代表，特重言仁，仁可以讲到"浑然与物同体"的本体境界，从而代表道德的极致了。孔子之区别仁圣的问题，若"谓仁小而圣大"，与二程之言仁，似乎发生冲突。伊川对此回应道：

> 盖仁可以通上下言之，圣则其极也。……若今人或一事是仁，亦可谓之仁，至于尽仁道，亦谓之仁，此通上下言之也。如曰："若圣与仁，则吾岂敢？"此又却仁与圣俱大也。大抵尽仁道者，即是圣人，非圣人则不能尽得仁道。①

他认为，仁、圣皆大，但仁"可以通上下"，仁与圣不是两种德，只仁之充极便是圣，圣不外于仁。朱子认为"仁之与圣所以异者：'大而化之之谓圣'；若大而未化之，只可谓之仁。此其所以异"②。仁为实质，圣为充量；仁依固有，圣通所无；未极则仁，既极为圣。可见，他也并不以仁、圣为二德，但承认二者之大小。总的来说，理学对于仁、圣的看法，是以二程之见为基础的：一方面重仁，一方面以体仁之极为圣。

顾泾阳据孔子两言，得出"孔门委有仁圣二宗"的结论。但他认为，仁、圣之间的区别，并不是极不极、化未化的问题，而是根本、来源上的差异。他说："圣其从太极发根乎？仁其从乾元发根乎？"③虽然这里仅带有揣测的语气，然只是表出自见，与人商略，并非不能加以确认。

其讨论者认为，"乾元"就是太极，"正指生天地之本"，并不满于朱子以四德之"仁"来充当"元"的地位，认为仁只是"后天之元"，"乾元"才是"先天之元"。泾阳同意讨论者对朱子说的批评，朱子之以仁当"元"，固有其理解，但"非究竟义"。泾阳犹然不认为"乾元"就是"生天地之本"。如果以四德之仁为"乾元"，可责其埋没了"生天地之本"，那么如以"乾元"充当此本，也仍然埋没了真正的大本，此本"当归之太极"而后无欠。

但是，泾阳最后还是落到朱子对仁的见解上来，而且他的仁圣二宗之见

---

① 《程氏遗书》卷十八，载于《二程集》，第182页。
② 《朱子语类》卷三十四，第903页。
③ 《小心斋札记》卷十，第133页。

最终也有合并之处。他说：

> "从太极发根是圣，从乾元发根是仁，及其至一也。"曰："既二之矣，奚其一？"曰："仁有专言者，有偏言者。专言之仁，无对之仁也，属乎先天，所以合于圣也；偏言之仁，有对之仁也，属乎后天，所以分于圣也。个中消息，要在默而识之，非思解可及也。"①

如此，圣宗和仁宗的基本分别是从太极和从乾元发根的不同，但他也认为圣宗和仁宗不是不可以沟通的。仁有"专言之仁"和"偏言之仁"之分，"专言之仁"也能"合于圣"，入乎圣宗；只有"偏言之仁"才"分于圣"，与圣宗相对为二。

仁"有专言者""有偏言者"，这是朱子论仁的习惯用法。朱子论仁，认为专言之，则仁包四德，仁义礼智皆仁；偏言之，则仁为四德之首，与义礼智并而为四。②这一用法，泾阳与朱子无异。朱子之仁虽有专言、偏言之分，不过是本体在流行过程中的差异。专言之仁实际是统体之仁，仁之全部；偏言之仁只是具体之仁，仁之发露，二者是整体和部分的关系。③但依泾阳看来，"专言之仁"无对，"属乎先天"；"偏言之仁"有对，"属乎后天"，两个"仁"则判然两"天"。无论从太极发根之圣宗，还是从"先天之仁"而来的圣宗，无疑都必须以"先天"为本，也即是否属圣宗取决于是否出于先天。虽然圣宗和仁宗可以归极于一，其间先天和后天的差别却没有变化。

由上，我们可以看出，一方面，泾阳要明确先天、后天之分，故认孔门有仁圣两宗，不得不跻圣宗于仁宗之上，以见先天之尊要；一方面，他又赞赏张载之《西铭》、明道之《识仁篇》，论道而主仁，讲学而求识仁，于仁而乐为提挈。其分别仁圣，非无根据，然圣为先天、仁为后天之说，不无附会安排之嫌。故其有心于仁上出圣，如同乾元之上出太极。"圣"实若赘，亦如其言乾而常不须于太极。泾阳之说，其中间固有曲折之蕴，又不免乎叠架之拙。

泾阳推源《西铭》之祖为《太极图说》，太极乃仁之本。在天地而言太

---

① 《小心斋札记》卷十，第133—134页。
② 参《朱子语类》卷六，第107页、第111页，卷二十，第461页、第463页等。
③ 朱子论仁十分精细，有不同的讲法，统分之说，只是朱子的主要表达形式之一。这种形式从仁为生气而来，因此仁义礼智为仁之流行的四阶段，与四时之春夏秋冬对应。此外，朱子还从体用来讲，仁为体，专言之则兼体用，分言之义礼智四德皆其用，因感而发，不存在先后顺序。又，四德又各有体用。

极,在人则言仁即足以为本。泾阳之论人道,也与他论天道相对应。太极为一切之本,仁则为人之众德之本。"生天地之本"必归结于太极,人之道亦必求至于仁。关于仁与义礼智信的关系,宋代理学与明代心学显成两局。宋代理学,其间虽不无统、分之别,然认仁义礼智(信)为性,为理,为体,几作通论,不以其有分而不作体观。如伊川说"性中只有仁义礼智四者"①。朱子也认为"非是浑然里面(天理)都无分别,而仁义礼智却是后来旋次生出四件有形有状之物也"②。程朱都认为本体之中已具有"仁义礼智"之条理,不是发用上之物。程朱也强调体用,他们是把仁义礼智放在体一边,阳明强调未发已发,但把仁义礼智往往放在发用一边,其后传尤甚。明代阳明良知学,主"性一"之说,其对仁义礼智信诸德之分殊,多数认为属于已发边事,乃作用之条理,不认作本体。缘诸德为用上之分化而不作体观,亦几成通论。如阳明不仅把恻隐等之四端视作"表德",亦把仁义礼智之四德算作"表德"。可见仁义礼智之地位较之宋代已降,几乎与其他属于已发者等观。③在明代的心学讨论中,四德之说已经不是讨论的重点。仁义礼智之说,更多符合理学的理论特色,而与心学不甚融洽。

泾阳关于仁义礼智信的看法,与阳明学接近,但也有接近程朱的地方。他说:

> 仁之为道,最精微,最广大。孔子赞《易》,特揭乾元、坤元,而曰"元者善之长也",又曰"天地之大德曰生",其与门弟子言,独于仁最为亹亹。至孟子,亦曰"夫仁天之尊爵,人之安宅也"。可见,仁乃五常之首,义礼智信对他不过。顾其所以为五常之首者,正以其包义礼智信也。学者不知求仁,而徒规规焉从事于义礼智信之间,诚不免于粗狭。④

他上来就标宗明义,肯定仁是人道之极致,而且孔孟之门也盛言此仁。因此,他认为,"仁乃五常之首",但仁虽列五常之内,却非其他四常可比,它能包"义礼智信"四常。可见,这里它把"偏言之仁"当作"专言之仁"来

---

① 《程氏遗书》卷十八,载于《二程集》,第183页。
② 参《晦庵先生朱文公文集》卷四十《答何叔京》,又《晦庵别集》卷八《释氏论上》。
③ 参《传习录上》"澄问仁义礼智之名,因已发而有"条。
④ 《小心斋札记》卷十三,第161页。

理解了。在仁和义礼智信之间，泾阳似乎存在本末的相对区分：仁为本，义礼智信对仁为末或为下层。所以，他认为"从事于义礼智信"，不免"徒规规"，不免"粗狭"，在方向、方法上存在问题。其重仁与程朱之重仁同，而其轻视义礼智信则又与程朱并重仁义礼智四德异。

泾阳之重仁也与阳明学同，其以从事于义礼智信为"粗"，而强调本体之仁，也是受到阳明学的影响。阳明学内部有两大分化，阳明之初传多以已发为用功之地，因为，他们认为未发即在已发中，离已发无未发。江右逐渐起来异见，认为从事已发，有逐用之劳攘，非主宰之静定。虽然如此，二派之歧趋其实只是本体上的异见，其共尊阳明根本上用功而反对朱子一派之格物穷理是一致的。重本轻末，重内轻外，是阳明学的传统。泾阳也继承阳明学的这种思想，所以在仁和义礼智信之间有精粗的划分。但他对阳明后学之完全注意于识仁而忽视义礼智信的做法，也深表不满。因此，他论《识仁篇》有程子"全提"，而今"半提"之说。可见，他还是保留了朱子学论仁之条理，而不是完全袭取阳明学之注重浑然和自然。他说：

> 若知求仁而遂视义礼智信为粗且狭，外之而不屑焉，将必有温柔无刚毅，有宽裕无谨严，有茹纳无分辨，有流通无专一。是乃徇仁之偏而略其全，袭仁之影而遗其实。即其所见以为精者，亦属渺幽，适足以便人之遁藏而非真精；其所据以为大者，亦属漭荡，适足以供人之假借而非真大。是为仁之贼而已矣。故程子拈出"识仁"二字，欲人寻见自家本来面目。其曰"仁者浑然与物同体，义礼智信皆仁也"，则又欲人寻见仁之本来面目也。其旨深矣！①

因此，只知从事于义礼智信而不知求仁，未免"粗狭"，且"这义礼智信便是硬燥的，没些子生意，亦便非义礼智信之本色"。但遂以义礼智信为"粗狭"便不屑一顾，视之若外在，可忽可遗，则又不免失于偏、虚，且"这仁便是淹搭②的，没些子骨气，亦便非仁之本色"③。这都不是仁的"本来面目"。必须认识到仁之为本，而不离义礼智信，才是完全周备的见地，才是"仁之本来面目"。

---

① 《小心斋札记》卷十三，第161—162页。
② 所谓"淹搭"，即馁弱，无条理之支撑充实也。
③ 《小心斋札记》卷十三，第162页。

## 第二节　理气同异

### 一　理气非一非二

在宋代理学，特别是程朱理学中，理气问题是最基本的一个问题，其中包括理气先后、理气动静、理一分殊、理气同异等分题。理气问题主要是用来说明宇宙之构造，解释人物之生成，并作为解决其他密切相关问题的最终根据。程朱理学在万物之生成原理上，一般持理、气二元之论。如朱子言："人物之生必禀此理然后有性，必禀此气然后有形，其性其形虽不外乎一身，然其道器之间，分际甚明，不可乱也。"① 此说最为典型。理和性，其界分，在天为理，在人物为性，或可以说，理、性之区别即在理之实现与否，有生以前为理，实现之理即性，理性本无二体。但理气之间，其同其异则经历了极大的变化。在宋代理学，理气之异还不成为问题，"形上""形下"界分綦严。张载论气，不甚言理，大抵以气为本，而理（性）见焉。明代则对宋之理气二元论逐渐形成反动。明初理学家如曹端、薛瑄，沿袭旧脉，虽有辨正，在基本观点上大体仍持宋儒矩矱。然心学既起，于理气二元论便起排拒，气学论者也同样如此。理气为一，理为气之理，理非别有实体，几成定论。清代学者也一脉相沿，言之尤确凿。此诚可以说是历史的一种进步，气质非不自天生，如何可罪？朱子学把气质作为恶之来源，近乎假设，非人道之允。

如果把理气作为直接的善恶来源固然不可，然理气二分，亦有其必要的原因。理气二者赋则同为天赋，不能或善或有不善，如果把气作为间接的善恶来源，不仅可许，亦甚见人类道德价值之所在。泾阳之理（性）气论，即主要是阐述理、气的同异问题，理气同异对他来说具有很重要的理论用途。《札记》载：

> 问："论性者，或以理言，或以气言，或兼理气言，何如？"曰："厥初一气也，孰主宰是？理也。所谓性，盖自其主宰言之也。"曰："如此得无遗气？"曰："既曰'自其主宰言'，便是就气上点出理来，

---

① 《答黄道夫》，《晦庵先生朱文公文集》卷五十八，载于《朱子全书》，第2755页。

曷尝遗气？吾侪要识性，须从主宰处认取，方有下落。虽曰性不离于气，亦必知其有不堕于气者存，而后性之真面目始见耳。若向气上认取他，这个纷纷纭纭，清浊纯驳，千态万状，将指何者为性？"曰："然则理与气二乎？"曰："识得理是气之主宰，如何分而为二？"曰："然则理与气一乎？"曰："识得理是气之主宰，如何混而为一？"①

"厥初一气"，意不在说明气为宇宙之本始，而是说气自始就离不开"主宰"，此"主宰"便是理。性便是气之性，是气的主宰，也就是理。如果但讲性是气之主宰，似乎就把性从气中抽离出来，性与气判然分离了，即所谓"遗气"。泾阳认为，讲"主宰"，就包含某物之"主宰"意，不是虚讲。性，"是就气上点理"，并没有脱离气。这种"遗气"之虑，说明在当时普遍有比较自觉的"理不离气"的意识。理虽然不能"遗气"，但泾阳认为"要识性，须从主宰处认取，方有下落"，性气之间还是有必要加以精析。性气的关系，并不是浑一于气而已。"性不离于气"乃性气关系的第一义，还有更重要的另一义，即性"有不堕于气者"。识性不离于气，不足以见性之义；识性不堕于气，方可见"性之真面目"。而且，气的差别是无限的，就气认性也无从认起。性气的关系，依上所引，乃是非一非二的关系。就其非二言，理（性）是气的主宰，理不离气，理气一体；就其非一言，必就气之主宰处认理（性），理（性）才有着落，理气为二。理（性）气两者，既不可以混而为一，又不可分而为二。

这种看法，也与朱子的看法一致。朱子言："所谓理与气，此决是二物。但在物上看，则二物浑沦不可分开，各在一处，然不害二物之各为一物也。"②理气为二物，朱子的讲法比泾阳要更为坚决明快，实际上泾阳此处正是遵朱，二人所持为同一原理。

性论最根本的着眼点是要说明性的善恶问题，但善恶如果都跟性联系，则势必至于众说混乱不清，争持不下。论性而兼论气，始于宋代道学，二程、张载都有发明之功，如程颐讲"论性不论气不备，论气不论性不明"③，内蕴打开，最为经典。他们都提出了"本然之性"（或"天地之性"）与"气

---

① 《小心斋札记》卷九，第113—114页。又参《札记》卷十三第168页。
② 《答刘叔文》，《晦庵先生朱文公文集》卷四十六，载于《朱子全书》，第2146页。
③ 《程氏遗书》卷六，载于《二程集》，第81页。

质之性"的分化。这样就把善恶为二而性为一的矛盾，转化为性于善、恶于气质这样的一一对应。恶不植根于性而源自气质，各循其派，论性的矛盾也就得到解决。朱子很推崇张、程发明气质之说，认为"极有功于圣门，有补于后学，读之使人深有感于张程。前此未曾有人说到此"。而且他认为："使张程之说早出，则这许多说话，自不用纷争。故张程之说立，则诸子之说泯矣。"①泾阳对于朱子的判断，还有补充，他说：

> 予以为未也，别气质于性则性明，溷气质于性则性晦，犹在人善看。惟"性即理也"之说出，而后诸子更无所置其喙耳。②

气质之说的提出，固然有"别气质于性"的可能，但也有"溷气质于性"的机会。气质和性可以发生不同的组合，于论性的澄定尚仍有间。事实也确如此。宋代理学，虽备言气质，其实多倾在性之一边。至于明代，性气关系则转而又倾在气之一边，性之实体意义消失，而成为气质之条理或作用之中节而已，成为一"虚"体。泾阳经历了这一变化，自然是深有感触。因此，他认识到，虽然提出气质之说，还不足使论性之说趋定，必须要把伊川之"性即理也"的命题拿出来作标准，论性才不含混，才可以平息诸说。他说，伊川"此一语极说得直截分明，亘古亘今，撅扑不破"，而且还为，理字比经书里的"衷""则"诸字，更分明更到位。③可见，就性（理）气之非一非二的关系中，他强调的还是性（理）气之非一之处，二者"直截分明"，其口吻又坚决如朱子的"决是二物"。

论性于伊川和朱子来说，理气不同是毫无疑问的，但对明道来说，则颇难论定。因为，他认为"善固性也，然恶亦不可不谓之性也"④。朱子谓："明道所谓'恶亦不可不谓之性'，是气禀之性，观上下文可见。"⑤泾阳也作此看，似尤精到。他说：

> 此专以气质言耳。然而气质非性也，以气质为性，是旁论，非正论也。程子盖尝喻之于水，以为"清固水也，浊亦不可不谓之水也"。

---

① 《朱子语类》卷四，第70页。
② 《小心斋札记》卷十一，第137页。
③ 参《小心斋札记》卷十一，第137页。
④ 《程氏遗书》卷一，载于《二程集》，第10页。
⑤ 《胡子知言疑义》，《晦庵先生朱文公文集》卷七十三，载于《朱子全书》，第3558页。

> 是则然矣，但借水喻性，须点出"性"字方才明白。试曰："清固水之性也，浊亦不可不谓之水性也。"其可乎？①

朱子和泾阳都认为，程子之言善恶皆性，只有就气质上理解才是可通的。但如果以气质来论善恶，就不免犯了泾阳所警惕的"溷气质于性"之病。这里，泾阳借用了孟子反驳告子的论证方式。他认为，如果说清浊皆水，是没问题的，但如果说清浊皆水之性则万万不可。设若如此下论，就如同孟子之难告子，就下固水之性，而过颡在山也都成了水之性了。因此，不能清浊皆水之性，水之性本清犹其本就下，"以此论之，安得指气质为性"②。程子之说如果可存，也只是"旁论非正论"。只言水之清浊，尚有可混之处，若点出水之性，清浊之辨俨然，则不可混矣。人性亦然。可见，泾阳之论性，比之前辈，的确为时标卓见，析论有不少精越洞彻的地方。

泾阳认为论性而兼言气质，未必能彻底，容易有混淆，须以"性即理"作主张方可无病。但对于"程、张气质之说未透性善"者，他也不以为然，可进一步看出他对性气的分析：

> 或疑程、张气质之说未透性善。愚窃以为，气质之说正显性善耳。夫何故？人之生也，昏明强弱，千万不齐。自未有气质之说，人且以是不齐者为性，概曰性善，犹在离合之间。<u>自既有气质之说，然后知其所以不齐者，气质也，非性也，即欲诬不善于性不可得已。故曰：气质之说，正显性善。</u>③

"程、张气质之说未透性善"，所指应当为程、张提出"气质之性"来与"本然之性"（或"天命之性"）对言，性若分判为二，气质与性亦若对立迥异，性善而气质则未尽善。疑者本意在于，气质自亦为性善，性何往不善；论性，当无不善，即气质之性亦是善，此方为"透性"。关于"气质之性"与"天命之性"之二分，明代罗钦顺和王廷相提出明确的反对。罗认为："一性而两名，且以气质与天命对言，语终未莹。"④王则认为："所谓超然形气之

---

① 《小心斋札记》卷十四，第174页。
② 同上。
③ 《小心斋札记》卷五，第54—55页。
④ 罗钦顺：《困知记》卷上，阎韬点校，北京：中华书局，1990年，第7页。

外，复有所谓本然之性者，支离虚无之见，与佛氏均也。"①二人皆认为只有"气质之性"，更无二性。宋儒以气质之发明为大有功，明儒以前辈气质之说犹未究竟，此学理所造不同，扇而成风，各习以为常也。又以见，道理平铺自在，学者因时发明，各取所重，自有转移也。

泾阳认为，"气质之说"的提出对论证"性善"是有利的。早期人性论者，所持实多为"生之谓性"之见。告子谓"性无善恶"，善恶皆本于后天之引导；荀子谓性恶，故有"化性起伪"之说，善为后天之教化。虽孟子辟告子，然其论性善，亦引"孩提"为证，言尽性亦不过扩充本初所有而已。"人之生"，其所赋予的成分很多，如果从不同的方面引而伸之，就都可以作为"性"来看待，体现性的不同内涵。因此，论性也就可以多方歧异，造成一个十分混乱的局面。泾阳认为，人生之差异是气质的原因，气质"明暗强弱，千万不齐"，前人论性多以气质之"不齐者为性"。因此，即使论者都以性为善，也不免从气质之夹杂来立脚，其主张并不是纯粹的性善论。这一问题，在"气质之说"提出之前是不容易得到认识和解决的。有了气质之说，传统论性之多样格局才得到根本性的解释。而且，"知其所以不齐者，气质也，非性也"，就能够把气质从论性的因素中排除出去，"即欲诿不善于性不可得已"。无气质之"不齐"，尤其把不善归结于气质，性则"齐"矣，便唯有"性善"一途。

这里，我们可以看出，泾阳一方面，仍把不善归结于气质之"不齐"，带有朱子学的特征；另一方面，他之论性，认为性应当是"齐"的，也即他主张"性一"，且不论齐于善否。

## 二 理同气异

"性一"的问题，主要是在泾阳讨论到人与物的关系时出现，特别是在讨论《孟子》"人之所以异于禽兽者几希"时，泾阳对人物之间的性一问题有过比较多的表述。对于人禽之异何以"几希"，他认为有"二义"："一就念头上看，一就源头上看。""就念头上看"，也就是一念之间天理之存亡，存则为人，亡则禽兽，但一念间耳，所以为"几希"，朱子之言"忧勤惕励"

---

① 王廷相:《性辨》,《王氏家藏集》卷三十三，载于《王廷相集》，王孝鱼点校，北京：中华书局，1989年，第609页。

正为此也。"就源头上看":

> 曰:"源头上看如何?"曰:"即《书》所云'惟人为万物之灵'是也。"曰:"何也?"曰:"'大哉乾元,万物资始。''至哉坤元,万物资生。'人与禽兽都从那里来,有何差殊?其不同者,只是这些子灵处耳。"曰:"何以有这些子不同?"曰:"理同而气异也。"曰:"这些子恐亦是理之发窍。"曰:"诚然!第谓之发窍,便已落于气矣。这个窍在禽兽仅通一隅,在人可周万变。自禽兽用之,只成得个禽兽。自人用之,便成得个人。至于为圣为贤,与天地并,其究判然悬绝,而其分岐之初,不过是这些子,故曰'几希'。……"①

这段提出"理同而气异"之说,可谓泾阳理气观最凝练的概括。"理同"即就"源头"说。人禽都从"乾元""坤元"来,即从天地来,不论天地是不是最终源头,在此已经可以视作共同源头。此种看法,主要根据他论仁的思想而来。"夫何故一体之谓仁?《西铭》分明是个一体图。'天地之帅吾其性','天地之塞吾其体'二语,又分明将一体源头拈出也。"② 万物是一体的,能与万物浑然一体便是仁的境界,而仁之所以能为一体,乃因万物都从一个共同的源头生化而来。就万物之一源讲,其性皆天地之理,故天地之理同,而万物之性(理)亦同,本无"差殊"。但人物之既生,此理之体现于人物,有所赅载,便不同了,这是"气异"。就人与禽兽来说,"其不同者只是这些子灵处耳",此"灵处"初间作用甚小,所以人禽之异"几希"。所谓"些子灵处",应该指孟子讲的"良知""良能",或指心之灵明功能。这"些子灵处"是理之作用于人物身上的具体实现,即"理之发窍"。依照"理同"之说,"理之发窍"也应相同,但泾阳认为"第谓之发窍,便已落于气矣",气是不同的,所以"发窍"之实现也甚不同。论气之不同者常言"清浊偏全通塞",这里"在禽兽仅通一隅",即指其"偏塞","在人可周万变",即指其"通全"。因为气的差异,人禽之间"些子灵处"或"理之发窍",虽然起处"几希",最终却有天壤之悬。

朱子有"以气言之,则知觉运动,人与物若不异也;以理言之,则仁义

---

① 《小心斋札记》卷八,第100—101页。
② 《东林商语》卷下己酉,载于《全集》,第333页。

礼智之禀,岂物之所得而全哉?"①由于泾阳认为人物之"理同"而"些子灵处"②不同,这与朱子的看法恰好相反。所以他对朱子之说不表赞同,曰:"若知觉运动,人如是,禽兽如是,即仁义礼智,禽兽亦可得而全矣。恐未必然。"③依朱子之文反推,则知觉同,而性亦将同为矛盾矣。这里一方面可以作为泾阳论朱子之功而以《四书章句集注》须另当别论的一点理由,他的一些见解乃至核心见解与朱子是不同的;一方面我们可以看出,泾阳之论理气,常表现为单向,即根本观点只有一个,"理同气异"是也。朱子则站在不同的角度,立论更开合,他既包含有泾阳的论点,又超出泾阳的论点。朱子说:"论万物之一原,则理同而气异;观万物之异体,则气犹相近而理绝不同也。"④这可以比较全面地概括朱子理气同异的见解。从"万物之一原"来看,朱子和泾阳无二。但朱子比泾阳要多一层曲折,就"万物之异体"来看,气近而理异。而且朱子认为一物有一物之理,理是物之所以为物且物物区别的根据,因此,物理之间是不同的。从这一维度来看待理气同异关系,是支持朱子格物理论的基础,对朱子学的构成来说十分重要。此点,则与泾阳形成根本的冲突。泾阳不是欠缺这方面的注意或分析,而是他的思想从根底上认为万物是理同的,差异之处惟在气质。这是比较朱子与泾阳时,所极应注意之点。泾阳与高攀龙尝有"生之谓性"的讨论。⑤其中,泾阳有"似皆宜有商量",显指孟子、朱子二者言,其不同意孟子之物性不同之观点甚可见。又泾阳以为"性者万物之一原",性出同源,故无不同;景逸则谓"以命言则万物一原",则万物之一原为命,说"原"上同,不说"性"上同,由此可见顾、高二人论性态度之微妙差异。景逸更近朱子,气异则性异,泾

---

① 《四书章句集注》,第326页。
② "灵处"与朱子之"知觉运动"对应。
③ 《小心斋札记》卷八,第101页。
④ 《答黄商伯》,《晦庵先生朱文公文集》卷四十六,载于《朱子全书》,第2130页。
⑤ 参《高子遗书》卷八上《答泾阳论生之谓性》。中引泾阳来书"《生之谓性章》颇有所疑。性者万物之一原,安有不同?孟子将犬马之性犹人之性折难告子,分明谓人与犬、马有二性矣,如《集注》谓:知觉运动,人与物同;仁义礼智,人与物异。似皆宜有商量。幸丈一参之",景逸答作:"在天为命,在人物为性,一也。然以命言,则万物一原;以性言,则有禀受之不同,故人得之而为人之性,犬牛得之为犬牛之性,非性异也,形既异则气为形拘,有不得不异者,所谓才说性时便已不是性者,谓落在形气中也。仁义礼智人与物一也,形气异,是以有偏全明晦之异,故曰论性不论气不备,论气不论性不明。理之与气二之固不是,便认气为理又不可。告子生之谓性,语未尝差,生之谓性与一阴一阳之谓道,何异也,然圣人不谓阴阳便是道,故又曰形而上者谓之道,形而下者谓之器。形只是这个,须是截得上下分明,告子不知此,故认气为道也。鄙见如此,先生以为何如?"

阳则强调气异而性一。

如上，朱子认为人禽之知觉运动如果"以气言之"，可以说相差无几，泾阳已示异议。他还进一步反对以觉为性之论。朱子也明确反对"以觉为性"，谓："夫性者，理而已矣。"① 理学人物中谢良佐为"以觉言仁"的代表，朱子不以为然，可是朱子却有"以觉言智"的倾向。② 泾阳评论道：朱子之论觉仁，已"极精"，然罗钦顺指出"以觉言仁固非，以觉言智亦非也"，则仁智皆"定理"而觉为"妙用"，③ 则"益精"。"觉非特不可以名仁，且不可以名智"，"彼认觉为性者，恐非究竟义也"。④ 觉与仁智的问题，泾阳和高攀龙曾有书信往来讨论，他的意见也被保存在《高子遗书》中，如下：

　　仁者必觉，而觉不可以名仁（按，此述景逸说兼朱子意），信然。
　　觉非特不可以名仁，亦不可以名智，徒以智与觉字面相近，故说者多以属之耳。如以觉为智，则以觉为性，又何疑焉？⑤

泾阳此论针对景逸谓程、朱"一边是仁体"，陆王"一边是知体"，而"仁统四端而知不能兼仁"而发。⑥ 他认为觉如果可以为智（"知体"），则即为理，即属性了。觉不可以为性，因此也必不能为智。

阳明之良知学，重言良知，以良知为本体、为性，良知无所不笼罩，则论学中"知"的地位自然达到最高的程度。由于知之"知善知恶"，其分别作用突出，与传统四德论中的"智"有合一之势。明代胡直昌言"以觉为性"，又为继上蔡之后言觉的代表。⑦ 泾阳之论觉与仁的区别，而尤其着意觉与智的区别，是深有原因的。

谢良佐以觉言仁，被当时讥为近禅，明代士人以佛教专"以觉为性"尤属熟见。泾阳也特别把"以理为性"还是"以觉为性"作为儒释区别的标志。朱子认为，就觉而言，人物可以有相同之处，泾阳的意见则极与相左。他认为：

---

① 参《晦庵先生朱文公文集》卷四十五《答廖子晦》。
② 参《晦庵先生朱文公文集》卷第六十七《仁说》，《朱子语类》卷六"觉决不可以言仁"条。
③ 《困知记续》卷上，载于《困知记》，第71页。
④ 《小心斋札记》卷十六，第195页。
⑤ 《答顾泾阳先生论格物》第二书，《高子遗书》卷之八上，载于《高攀龙全集》，第397页。
⑥ 《答顾泾阳先生论格物》第一书，同上，第396页。
⑦ 参《胡子衡齐》卷八《中言上》，又参蔡献臣《清白堂稿》卷十四《四川按察使省庵王公墓志铭》。

> 语觉，则有不同矣。是故瓦石未尝无觉，然而定异乎草木之觉；草木未尝无觉，然而定异乎禽兽之觉；禽兽未尝无觉，然而定异乎人之觉；虽欲一之而不可得也。①

在泾阳看来，万物皆有觉，甚至"瓦石"也未尝无觉。但他认为万物之觉是不同等的，瓦石、草木、禽兽、人类之间，其"觉"各各不同，是"定异"的。因此，论万物之皆有觉可，论万物之觉为相同则定乎不可。"性一乎二乎？如其二也，不名为性。"（《证性编》卷六）他的基础思想认为，论性必须是万物统一的，也即他主张"一性"。觉每不同，显然不能作为性的判断标准：

> 语理，则无不同，自人而禽兽而草木而瓦石，一也，虽欲二之而不可得也。语觉，则有不同矣。……今将以无不同者为性乎？以有不同者为性乎？孰是孰非可以立决矣。②

万物之气不一，故万物之觉不同。只有超越形气之"理"无偏无蔽，于万物是无所不同的，不仅人及其他有生之物为同一理、同一性，瓦石之类的无生物也与人同一理、同一性。这便是泾阳"理同气异"论的彻底之体现。

泾阳之追溯人禽之"理同气异"，着意解释人禽差异之"几希"，是有深意的。他说：

> 从源头上看，便知人绝无可自恃处；从念头上看，便知人略无可自肆处。吾侪切勿虚担个人，孤负孟子一片提撕苦心也。③

人物之"理同"，则理不独为人类所私有，而乃万物所普遍同有。因此人并无根本殊特之处，人之性是"绝无可自恃处"的。但人物之"气异"，具体表现在"理之发窍"处，也即理于气中之实现处，也即所谓之"些子灵处"。这些灵处发源于同一理，本当同一，但因为气质的缘故，并不尽相同。其最终的差距可以是悬殊的，然最初之差处只有"些子"。所以，就此而论，"人略无可自肆处"，必须一念兢惕，才不致与禽兽无异。人禽差异之"几希"，对人来说是一个向上的刺激。人应该保持人较于万物而独具的"灵处"，也即应维护人之为人的人格。孟子"但微言人之所以异于禽兽者几希，使之自

---

① 《小心斋札记》卷十六，第195页。
② 同上。
③ 《小心斋札记》卷八，第101页。

思而自悟焉，庶于此识得两下界限所争不多。若不肯为圣为贤，便应为禽为兽；若不肯为禽为兽，定须为圣为贤，中间更无站立处耳！"①

对人来说，气质主要为人之形体，包括耳目口鼻四肢等官能。耳听目视，鼻臭口味，四肢之能动，诸体皆有感知，皆能作用，天生而然。如上，我们知道，泾阳是反对"以觉为性"的，所以人体的这些官能作用，自然不能当作性来看待。他说："'食色性也'，'形色天性也'，两下认取'性'字，各自不同，将来比方看，便不是！"②"食色性也"和"形色天性也"，泾阳认为是两个命题，"性"字的含义不同，不能混淆。他认为"食色性也"是不可取的。"自爱亲敬长充之，则为圣为贤，至于与天地同流。自甘食悦色充之，则为愚为不肖，至于违禽兽不远。其究有霄壤之判焉。"③爱敬是从理义之心来，甘食悦色是从口腹之欲来，也即从感官知觉来，如以感觉为性，其流弊将使人距离禽兽不远。因此，不能把人的食色之欲当作性。那"形色天性也"，泾阳是否肯定呢？首先，他认为"形色天性也"是可以成立的，形色也即气质，气质属天，"生之谓性"，"形色天性也"是可以讲的。但食色则为人欲，官能之欲有属人之处，不纯是天，所以就不能当作性，两个"性"字是有区别的。虽有区别，但泾阳也不把"形色"当作性，他将孔子告颜子的"四勿"之教认作"是儒门一个庄严法"："'非礼勿视'，是为颜子庄严这眼；'非礼勿听'，是为颜子庄严这耳；'非礼勿言'，是为颜氏庄严这口；'非礼勿动'，是为颜子庄严这四体。如此，即颜子一身如水晶宫，莹彻玲珑，不复可以形色求矣。"④性不能局限在形色之内，必须超越形色。

性之超越形色，也就是要发挥性（理）对气质的主宰作用。就人来说，形色可以说是相同的，甚至也谈不上气质对人的拘束作用。"尧舜的耳目口鼻四肢便是蹠跖的耳目口鼻四肢，蹠跖的耳目口鼻四肢便是尧舜的耳目口鼻四肢"，而"尧自尧也，舜自舜也，蹠自蹠也，跖自跖也，拘自拘也，蔽自蔽也"，⑤皆是出于个人自己的原因，不能归咎于气质本身。他把性、气、欲

---

① 《小心斋札记》卷十二，第150页。
② 《小心斋札记》卷十，第129页。
③ 同上书，第132页。
④ 《小心斋札记》卷十四，第178页。
⑤ 《小心斋札记》卷十一，第135页。

三者之间的关系作了一个很形象的比喻：

> 吾尝譬之，性是主人翁，气是客，欲是奴仆。主弱则客强，主暗则奴仆用事，然而主人翁固自在。朱子不云"本体之明有未尝息者"乎？正为子指点出主人翁。子第从这里认取，作起主来，所谓"一朝权在手，便把令来行"，纵是甚么样的气质也应变化，纵是甚么样的物欲也应退听。至此，岂惟不子拘、不子蔽，且各各出而为子效疏附，奉奔走也。①

气是"客"，是外来禀赋，说明气质本有外在来源，具有客观性，因此谈不上善恶，也谈不上对人的拘束与否。欲是"奴仆"，地位最低下。就"主"来说，要有待客之道，更要有驾驭"奴仆"之术，但无论是"客"还是"奴仆"，"主"都要"作起主来"。气即上所引"形色天性也"之形色，欲即上所引"食色性也"之食色。气之失是次要的，欲之失才是最根本的。欲是人之追逐于气质之官能作用的结果，其实也本原于气。总之，在性和气质之间，一定要把握性主宰气质的原则。

> 矫气质以从义理，是圣贤路上人。矫气质以从流俗，是乡愿路上人。上之不能纯于义理，下之不肯同于流俗，是狂狷路上人。②

气质从于理义，泾阳认为这是对气质的一种矫正，即理学传统讲的"变化气质"。不过，这是"变化气质"说的一种深层理解。就早期理学来说，"变化气质"确实是针对人的气质之偏来加以矫正的。这可以说是"变化气质"说的初义，而且"变化气质"是理学工夫修养的基本目标。如程颐认为，人的语言躁急属于气质上的毛病，"此亦当习，习到言语自然缓时，便是气质变也。学至气质变，方是有功。人只是一个习"。他还希望能以"涵养气质，薰托德性"为教养皇帝的方针。③ 又如张横渠，主张"为学大益，在自求变化气质，不尔皆为人之弊，卒无所发明，不得见圣人之奥。故学者先须变化气质"④。在阳明，也甚是主张"变化气质"之说，"君子以变化气质为

---

① 《小心斋札记》卷十一，第136页。又参《札记》卷四第48页。
② 《小心斋札记》卷十四，第174页。
③ 参《程氏遗书》卷十八，载于《二程集》，第190页。
④ 《经学理窟·义理》，载于《张载集》，第274页。又参《气质》《学大原》诸篇，屡见。

学"①，并数以此旨教人②。泾阳也有这一层次的变化气质之说。如他认为李延平（侗）和吕东莱（祖谦）是修养气质比较成功的典范：

> 李延平初间是豪迈人，后来琢磨得与田夫野老一般，可谓十分细腻。这便是个最善涵养气质的样子。吕东莱少褊急，一日诵《论语》"躬自厚而薄责于人"，平时忿懥，涣然冰释，可谓十分果决。这便是一个最善变化气质的样子。③

但这一说法，在泾阳并不为主要，可以作为其"矫气质以从义理"之说的辅助来看。"变化气质"，纠正改善气质之偏，其实际的目的是向"中"。周敦颐提出"性刚柔善恶中而已"④，周子之论性实际是从气质来说。他认为有性刚、性柔、性善、性恶之不同，最终的目标是通过师教而止于"中"。"中"可以理解为"极"，没有一点偏颇、最为恰好。后世之谈"变化气质"实际都是在使气质向"中"一路用力。不过"中"都是气质的表现，如延平之"磨得与田夫野老一般"，又如东莱"平时忿懥，涣然冰释"。因此，"变化气质"的方法主要是学习和克制。这与深层的"以性宰气"还是有区别的。"以性宰气"增添了更多对性的认识和觉悟的内容。"以性宰气"与"变化气质"之说，其在理学演进中的发展和运用是一个有意义的问题。

## 第三节 性命交关

性命之论，实乃先天后天与理（性）气关系之延续，但所论越发细密，越发深切。泾阳讨论性命，于其著作中甚为突出，按其所本，则由《孟子》"性也有命焉""命也有性焉"、《中庸》"天命之谓性"及《论语》"五十而知天命"数条之讲习而来。较之以往的论说，多发精义。

### 一 天命之性

《中庸》首提"天命之谓性，率性之谓道，修道之谓教"，为理学中论

---

① 《与胡伯忠》，载于《王阳明全集》，第161页。
② 又参《王阳明全集》卷四《与王纯甫》，《全集》卷七《矫亭说》等。
③ 《小心斋札记》卷十，第123页。
④ 《通书·师第七》，载于《周敦颐集》，第20页。

性之总纲。朱子《中庸章句》解释"天命之谓性"曰:"天以阴阳五行化生万物,气以成形,而理亦赋焉,犹命令也。于是人物之生,因各得其所赋之理,以为健顺五常之德,所谓性也。"①此乃从头讲起,顺而下之,从天命而到人物之性,一方面说明性本自"天命",一方面说明性为"天命"之具体。泾阳对天命如何而为人性,不甚感兴趣,他分析"天命之谓性",乃反而溯之,即由性讲回"天命"。这一思路,于他重视"先天"的追溯,同一用意,皆为其重视根源问题的表现。

泾阳说,"天命之谓性","这是吾人一个大头脑所在,应细入理会"。②可见"天命"问题,对他来说至关重要,对此的理解,他应当下过很大的工夫。对于"天命"的领会,泾阳自言当其少时便已受《论语集注》中"禘"说的启发。《集注》中引唐人赵匡之说,"王者既立始祖之庙,又推始祖所自出之帝,祀之于始祖之庙,而以始祖配之"③。泾阳由此觉悟到,世间之人,无不有所自出,其所自出有近有远,始祖其远也。然此不过为书契记载所知,记载之前,仍有所自出,"禘之说直要透到这里"。天命之义,正如"禘"说,"欲识'天命'二字,须如此反复体取,方才有些端绪"。"反复体取",也即要极本穷源,进而又进,不能止于相似。但就寻求始祖来说,有着时间的推移,对于"天命"之追寻来说,却并不存在间距,"及识得时,又只在眼前,不隔丝毫"④。此义待后论。

泾阳认为,《中庸》首章乃至全篇"吃紧处只在'天命'二字"⑤。首先,从《中庸》的结构上来判断,该篇起句便是"天命之谓性",结句又为"上天之载,无声无臭",中间也讲到"知天""配天""如天""其天"等一些关系"天"义的文字,用意"深切著明",因此,"天命"在《中庸》一文里的地位便十分重要。这是就著作的形式来判断。就著作的思想意蕴来判断,子思尤有深意。泾阳认为,子思之为是篇,乃针对其时诸子百家论道之肤浅混乱而发。诸子百家,各有宗旨,类举说,有未见道者,有见道而不见

---

① 《四书章句集注》,第17页。
② 《仁文商语》,载于《全集》,第354页。
③ 《四书章句集注》,第64页。
④ 以上,见《仁文商语》,载于《全集》,第355页。
⑤ 《虞山商语》卷上,同上书,第231页。

性者，有见性而不知源头者，有路向不差而株守方隅者；总的说，不知源头者多，所以终是"各从自己意见揣摩"。以杨、墨为例，墨氏有见于"兼爱"，故"以兼爱为道""以兼爱为教"；杨氏有见于"为我"，故"以为我为道""以为我为教"。泾阳认为："这个都不是性之本色，纵竭尽一生精神，成就了一个家当，亦只是阴阳五行活计。"① 就这些学说来说，未必无是处，但以其与儒家之正统见解有差距，也自然被认为属于道理之偏而非道理之正，也即不合于理（性）之本然。所以泾阳目之为"阴阳五行活计"，统属于"后天"。

诸子一一之弊，根本言之，"皆由源头上含糊未了"②，因此，造成了各家意见分歧的可能。子思之作《中庸》，正要揭示论性之正鹄，"天命之谓性"是也。这一命题的意义有二：一者，对于未识性的人，可以作为认性的指导，使之直入真理，不必作盲目、错误的摸索，冥心独造，自误误人，"以学术杀天下"；一者，对那些于性已有正确认识的人而言，可在知性之然的基础上，进而知"性之所以然"，把握住性之"大来历"，既知有此来历，遂不敢怠慢其物，而努力寻求一相应之"大结果"，不苟以眼前为满足。朱子《中庸章句序》谓："《中庸》何为而作也？子思子忧道学之失其传而作也。"③ 今依泾阳此论，则子思子忧性学之不明而作也。子思之作《中庸》而揭"天命之谓性"，性之大原端在"天命"。

## 二 与孟子论性命之歧异

泾阳于《中庸》所得为"天命"对于认性之必要，其于《孟子》所得则为性命二者交关之重要。性命之间，不仅命对于性的认识极有必要，而且性对于命的实现也同有必要，此二者不可偏废。泾阳讨论所资为《孟子·尽心下》一段文字：

> 孟子曰："口之于味也，目之于色也，耳之于声也，鼻之于臭也，四肢之于安佚也，性也，有命焉，君子不谓性也。仁之于父子也，义之于君臣也，礼之于宾主也，智之于贤者也，圣人之于天道也，命也，有

---

① 《虞山商语》卷上，载于《全集》，第230页。
② 同上。
③ 《四书章句集注》，14页。

性焉，君子不谓命也。"①

泾阳解释道：

> 耳目口鼻四肢，人见以为落在形骸，块然而不神，今日"性也有命焉"，是直推到"人生而静以上不容说"处，以见性之来脉极其玄远。如此，不得丢却源头，认形骸为块然之物也。故曰："知其性则知天。"仁义礼知天道，人见以为来自於穆窈然而不测，今日"命也有性焉"，是直反到愚夫愚妇可与知与能处，以见命之落脉极其切近。如此，不得丢却见在，认於穆为窈然之物也。故曰："殀寿不贰，修身以俟之，所以立命。"呜呼微哉！②

很显然，这段话包括两层意思，前半部分解释"性也，有命焉"，后半部分解释"命也，有性焉"。其大意则谓，性有"来脉"，不能不寻求源头，命为性之源头；命有"落脉"，不能舍却实际，性为命之实际。然这里所用的性、命概念，与一般所讲甚是参差，理当辨析。

上述"耳目口鼻四肢"与"仁义理知天道"之对照，即性、命二者之对照，简单地对应，则"耳目口鼻四肢"似乎指"性"，"仁义礼知天道"似乎指"命"。此间颇为吊诡。依常见，耳目之类应当属形，泾阳亦以为"落在形骸"，然以此当性；仁义之属应为性，泾阳以为"於穆窈然"，则属之为命。就耳目之属论，不但为"形骸"，理学中也以为是气禀之命。如此，泾阳之性，人之命也；泾阳之命，人之性也；性命之关系乃两相倒置。

据孟子之意，其言性、命，并非如泾阳之性命交关、相互渗透，而是要在性、命之间做出分判。孟子说："口之于味也，有同嗜焉；耳之于声也，有同听焉；目之于色也，有同美焉。至于心，独无所同然乎？心之所同然者何也？谓理也，义也。圣人先得我心之所同然耳。故理义之悦我心，犹刍豢之悦我口。"③孟子时常把口耳之欲与心体之能相对而论。此处可见，他认为，耳目之欲与心体之能都是天然的，生则有之，理义之于心，就像食色之于口耳。孟子通过这一类比要说明人如果相信食色于口耳之关系，就应该明白理义与心的关系。如果食色是天性的话，那么就能得出理义也是天性的推

---

① 《全集》，369页。
② 《小心斋札记》卷九，第109页。
③ 《四书章句集注》，第330页。

论。就这个意义来看，耳目之欲与心之能，即人之甘食悦色之欲与爱敬理义之心，都是性。因此，孟子既然承认耳目之欲为"性也"，则其之论性显然是"生之谓性"之义。

众所周知，孟子旗帜鲜明地反对告子"生之谓性"的主张，如此岂非也不免"生之谓性"的错误？据孟子之见，可以肯定，他承认万物有性，如言水之性、牛之性等处甚多。然其认为万物之各有其性，万物之性各为不同。他反对告子"生之谓性"，有两层意思。第一层，反对告子意义之"生之谓性"。告子之"生之谓性"，乃指生之性本无所禀，凡有皆后天之力，如水之引而东西不同，又如人之化而善恶各别。孟子则认为，人性并不是中性的，并非无善恶可论，善恶并不全出于后天，性本是善的。第二层，孟子反对告子"生之谓性"有万物一性之嫌疑。因为就告子"生之谓性"来说，如果性皆本无所有，净如白纸，但就生而有性来界定，则不免得出"犬之性犹牛之性，牛之性犹人之性"之结论，"则是谓凡有生者同是一性矣"。[①] 这样的"生之谓性"，便沦为一种抽象的性论。由此可知，孟子反对的是告子意义的"生之谓性"，而其论性依然遵从"生之谓性"的原理。

凡论性自不能免于"生之谓性"，因为"生"乃天生，犹理学中言"天命"，性的观念不能脱离天生的意义。不过，孟子并不认为人所生而有者尽可为性。所以，他之言性、命，乃是希望通过这两个观念把"生之谓性"进行内涵性的限定，从而明确所谓性的应然含义和道德价值。如上，孟子认为，耳目口鼻四肢之欲，"性也，有命焉，君子不谓性也"，而仁义礼智天道，则"命也，有性焉，君子不谓命也"。"君子"乃就成德来说，"君子"之意义即道德上之意义。"君子"之道，以仁义礼智天道为性，而不以耳目口鼻四肢之欲为性。

对于孟子来说，性、命之间，关系紧密，但他的本意在别性于命、别命于性，从而归重于仁义礼智天道之性。对泾阳来说，一方面重视性之来源于天命，与孟子之重视既生（禀形以后）之性，有所不同；一方面泾阳主张性命交关，两下并重，与孟子之偏重在性一边亦不同。而且更重要的区别在于，他们对"命"的理解截然不同，故其言若相反。

---

① 《四书章句集注》，第 326 页。

于性命章中,难以确知孟子所谓之"命"何指。东汉学者赵岐注《孟子》,其解释此处之"命"曰:"口之甘美味……此皆人性之所欲也,得居此乐者有命禄,人不能皆如其愿也。"又曰:"仁者得以恩爱施于父子……此皆命禄,遭遇乃得居而行之,不遇者不得施行。然亦才性有之,故可用也。"① 其意,"命"为"命禄""遭遇",此"命"为常言所谓"命数""命运"之命,不完全或完全不由自己所掌握,进而能有所预期。孔子曰:"道之将行也与?命也。道之将废也与?命也。公伯寮其如命何!"② 这里的"命"也是同意,皆注定而不定。所谓注定,命决于天;所谓不定,非人意所能卜知,但偶遇之而已。先秦不甚言理,后世以理字言之者,多归于天。若命之为物,人虽不可知,然天则知之主之。天为最高最完全之主体,天之使然③或天之意志,即天之命。天本身也带有"命"义,如孔子曰:"天之将丧斯文也,后死者不得与于斯文也;天之未丧斯文,匡人其如予何?"④ 这里的"天"犹命。天为命之主,天有命意,因此,"天命"常联言,共同来表示"命"义,即天所注定,而人所无能为力之事。"天命"是人所难掌握的,孔子"五十知天命",乃能克顺。

结合《孟子》中言"命"之意来看,此处的"命"字也应作"遭遇"来看。他说:"求则得之,舍则失之,是求有益于得也,求在我者也。求之有道,得之有命,是求无益于得也,求在外者也。"⑤ 这里,可求不可求,成为判断属"命"与否的标准。孟子认为,"求无益于得"者,得之与否不在人为的努力,属于"命"的范畴,为"在外者";"在外者"无法做到求而必得,具有偶然性。与"在外者"相对,人同时有"在我者","在我者"则可以由自我作主,求则得之,不求则不得,可为而非不可能,属意志问题,不属于"命"的范畴。他说:"仁义礼智,非由外铄我也,我固有之也,弗思

---

① (汉)赵岐注,(宋)孙奭疏:《孟子注疏》,北京:北京大学出版社,2000年12月,第463—464页。
② 《四书章句集注》,第158页。
③ "命,使也,从口令。令者,发号也,君事也。非君而口使之,是亦令也,故曰命者,天之令也。"段玉裁《说文解字注》第二篇上,许惟贤整理本,南京:凤凰出版社,2015年,第99页。
④ 《四书章句集注》,第110页。
⑤ 同上书,第350页。

耳矣。故曰：'求则得之，舍则失之。'"① 可见，孟子是以"仁义礼智"为"在我者"，即上所言之"性"。如此，孟子性、命观念的区别，简单地说，就是"在我者"为性，"在外者"为命。其性与理学之性同，而其言命则指向官能之欲求。这是孟子所认可的性、命分界。

泾阳寻常言性，与理学无异，其与孟子之论性亦同。然其引述孟子"性也，有命焉"，"命也，有性焉"，性命二字之义皆与孟子之指义有所不同。因为，此处孟子之"性也"乃指"生之性"，"君子不谓之性"与"命也，有性焉"二句中的"性"字方是仁义礼智之性，而泾阳则诸"性"字不加分别，他与孟子论性命始终有别之处在于"命"的观念。泾阳之"命"乃"天命"，"天命"为性之"来历处"，他认为"命"在性先，为性之根源。此与孟子论命大异。对于"命"字，他分疏道：

> 问："天命，'命'字如何看？"先生曰："命字有以主宰言者，有以流行言者。以主宰言，这命便是命脉之命；以流行言，这命便是命令之命。"问："此命字宜何从？"先生曰："这是就流行处指出主宰说。《中庸》原自有个注脚，'维天之命，於穆不已'，盖曰天之所以为天也。天之所以为天，即人之所以为人也，更无二物。"②

泾阳认为，命可以从两义来看：一"以主宰言"，为"命脉之命"，此就作用说，以命脉具有决定性、主宰性；一"以流行言"，为"命令之命"③，此就活动说，以命令为流传施行的过程。对于"天命之谓性"之"命"的认识应是综合的，即"就流行处指出主宰说"。"天命"乃一不断命赋施行的过程，一切皆不离天命之来源，一切皆有天命为之主宰，主宰与流行二义实相绾合。又，命之主宰为天，命之流行而为人，命之二义的结合，最终表现为天人之合一。

无论是分疏言命，还是综合言命，"命"在泾阳的思想中都是积极的，基本的，重要的，与孟子之论"命"截然异趣。所以，就性命关系而论，与其说顾氏厘清了性的内涵，不如说他表彰了命的地位。泾阳曾言"所谓性，

---

① 《四书章句集注》，第328页。
② 《虞山商语》卷上，载于《全集》，第231页。"这命便是命脉之命""这命便是命令之命"二句，《顾宪成全集》本俱无"便"字，康熙本有之，失校，今从康熙本。
③ 朱子曰："命，犹令也。"见《四书章句集注》，第17页。

盖自其主宰言之也"①，性为气之主宰，强调性要从主宰处认取。如此，性、命二者则内涵又相一致，对他来说性、命没有本质的区别。

由上，泾阳在分析孟子之性命一章时，俨然以"形骸"对应性，以四德对应"命"。而其论性气，则决然以性为气之主宰，性非气质。这些概念之间的关系有似紊乱。其实，这一问题，在分析其先天后天学说时同样会遇到。他认为，乾元在先天为后天，在后天为先天，为"先天之后天，后天之先天"。性与乾元的性质极其接近，对泾阳来说，先天概念不是"性"而是"命"，"性"落于形气之中，性非气质而又不离气质。泾阳之性绝非程、张话语中的"气质之性"。但就性之为现实层面中的流行者而言，它无疑是属于后天的，更精确地说是"后天中之先天"。因此，泾阳并不以现实层面之性为根源而止于是，他必强调性之先天来源——"天命"。

就性而言，它之所处与气质（或形体）为同一现实层面。因此，性、气二者可以"互言"或兼涵，就主宰处认性，未尝"遗气"；反过来，也可以说，他之论"形骸"，也并未"遗性"。就后天来说，性、气决不可相混，但就先天后天之序来说，气和性都有可以代指后天处。故泾阳以四德当命，而以"形骸"当性，乃代指相对于"命"之后天，其中包括了性义，不是纯粹以"形骸"当性。不过，由于泾阳过于作二重之分析，所以就先天和后天来说，性都无法获得纯粹性，性介于命和气之间，即可以下并于气而言，又可以上同于命而言。其下并于气，则与命而对立为二，性之于命的关系犹如气之于性，性冒于气；其上同于命，则与气对立为二，命之与气的关系又犹如性之于气，命冒于性。此之为弊，析之精而合之难也。

### 三 与程朱论性命之歧异

泾阳之论性命，与程朱理学也大有相异处，也特别见于对"命"的理解之不同。程颐解释孟子"性也有命焉""命也有性焉"一章作：

> 口目耳鼻四支之欲，性也，然有分焉，不可谓我须要得，是有命也。仁义礼智天道在人，赋于命有厚薄，是命也，然有性焉，可以学，故君子不谓命。②

---

① 《小心斋札记》卷九，第113页。
② 程颢、程颐：《二程集》，王孝鱼点校，北京：中华书局，1981年，第257页。

伊川言"有分","不可谓我须要得",与东汉赵岐之注言"命禄"意同，这仍是比较接近孟子原意的。然这里伊川又讲到"赋于命有厚薄，是命也"，"厚薄"已经是理学中对气质的讲法了。这是理学中逐渐偏向气禀讲"命"的先机。关于"命"，孟子所讨论的是官能之欲的满足问题，乃就一般人人来说。后来注家，言命为"命禄""有分"，逐渐转化成针对贫士或普通士人而言的命运问题，主要是就对富贵的欲求而言。所谓的命即人之能否求得富贵，并认为富贵之可得与否有"命"在，这些对象是外在的，与自己的主观愿望无关，不能归结为人本身（性）的原因。朱子与学生就此曾有讨论，其文曰："然则此其专为贫贱愚不肖者言之耶？抑其通言之也？（朱子）曰：孟子之意，似若专为贫贱愚不肖而言者，而其推之，则亦无不通矣。盖富且贵者，虽所求之必得，而必亦有制度之节。"①

可见，在朱子已经意图把"命"的范围扩大，"命"不仅是对贫士或一般士人之求取富贵的一种限定，对于富贵之人来说，同样也受限定，"命"是通论之说。并且对富贵之人的限定，也不是一般的"遭遇"之"命"，而是"品节限制"之"命"，其已向"度"的方面偏移。这已经可以看出朱子言"命"较之前辈的转变。更有甚者，朱子言："命则因夫气之厚薄，而赋于人之名也，不惟智愚贤否之所系，虽贫富贵贱之所值，亦无不由于是也。"②他在讨论孟子"性命"章的"命"时，命在"智愚贤否"上的体现较"贫富贵贱"问题更有优先性，"贫富贵贱"的问题已经被超越，而"智愚贤否"作为气禀上的问题更被突出。

泾阳言命，"天命之谓性"与"性也，有命焉"等，概属混言，皆当作一个"命"来理会。因此，他之言"命"，毫无消极的意义。而朱子言命，则甚注重命义之分疏。如他说：

> "死生有命"之"命"是带气言之，气便有禀得多少厚薄之不同。"天命谓性"之"命"，是纯乎理言之。然天之所命，毕竟皆不离乎气。但《中庸》此句，乃是以理言之。孟子谓"性也，有命焉"，此"性"

---

① 朱熹：《孟子或问》卷十四，载于《朱子全书》（陆），第1009—1010页。朱子针对程子之言"有分"而申之曰："不能皆如其愿，不止为贫贱，盖虽富贵之极，亦有品节限制，则是亦有命也。"（《四书章句集注》，第369页）

② 《孟子或问》，同上书，第1009页。

是兼气禀食色言之,"命也,有性焉",此命是带气言之。性善又是超出气说。①

"命"之一字,如"天命谓性"之"命",是言所禀之理也。"性也,有命焉"之"命",是言所以禀之分有多寡厚薄之不同也。②

问:"先生说:'命有两种:一种是贫富、贵贱、死生、寿夭,一种是清浊、偏正、智愚、贤不肖。一种属气,一种属理。'以偶观之,两种皆似属气。盖智愚、贤不肖、清浊、偏正,亦气之所为也。"曰:"固然。性则命之理而已。"③

由上,"死生之命""天命之谓性""性也,有命焉"和"命也,有性焉",这数句里面的"命"字,朱子皆注意到其不同处。他认为,除了"天命之谓性"为纯以理言,其他皆"带气"或"兼气"言。而且朱子也注意到"贫富贵贱、死生寿夭"与"清浊偏正、智愚贤不肖"作为命的差异,因而把这两种"命"作为"命"的主要种类。不过,朱子最终还是把二者都归结到"气"上。他也不主张离气言"命",他说:"(命字有专以理言,有专以气言,二义)也都相离不得。盖天非气,无以命于人;人非气,无以受天所命。"④总的来说,在朱子看来,命跟气的关系是很紧密的,言"命"离不开气。

至于性、命的区别,朱子明言道:"性分是以理言之,命分是兼气言之。命分有多寡厚薄之不同,若性分则又都一般。此理,圣愚贤否皆同。"⑤性一而命不一,"命分是兼气言",可谓朱子之笃论。朱子之论命主要不是从性理来说,而是从气禀来说。如此,"遭遇""幸值"之命,完全属于偶然者,在朱子也都获得了根据,即人自身之气禀原因。孟子以为"命"属于"在外者",朱子则转而为"在我者"了。从孟子到朱子,其对"命"之阐释,可谓发生了很大的转变。

泾阳与朱子,在性命之关系上,稍加比较,便见其不同。泾阳谓"落在

---

① 《朱子语类》,第77页。
② 同上。
③ 同上。
④ 同上书,第76页。
⑤ 同上书,第77页。

形骸"者为性,以"於穆窈然"者为命(见上),则性为杂乎气质,命为不带气质者矣。明道有言:"盖'生之谓性''人生而静'以上不容说,才说性时,便已不是性也。"①泾阳为之解曰:

> 请姑借孟子四语为君参之。"性也,有命焉",缘人而溯之天,盖自其超乎形气之上者而言也,此可以阐不容说之指。"命也,有性焉",推天而属之人,盖自其丽乎气质之中者而言也,此可以圆不是性之指。②

"命"为"超乎形气之上者而言","性"为"丽乎气质之中者而言",尤其显然。泾阳之论命,以超乎形气(形上)言之;朱子之论命,以兼乎气质言之;孟子之论命,则以命数言之:此其所以为先后时代之迥异也。

朱子在《孟子集注》"性命"章中述师说谓:"然世之人,以前五者为性,虽有不得,而必欲求之;以后五者为命,一有不至,则不复致力,故孟子各就其重处言之,以伸此而抑彼也。"③泾阳对"伸此抑彼"之说不甚赞同。他说:

> 此语恐尚有商量。君子不谓性,正以其似性非性,实不可冒认为性,于自家躯壳上求其圆满也,非曰:"原来是性,故借命以掩之也。"君子不谓命,正以其似命非命,实不可冒认为命,于自家道理上听其缺陷也,非曰:"原来是命,故借性以掩之也。"何伸抑之有?④

于此,也可进一步看出泾阳对《孟子》是章中性、命观念的独特理解。他并不认为,有命又可以为性,有性又可以为命,命、性有重合之处,或者说,就其即为性又为命,有宜作性者,有宜作命者。如果是这样,则就一物之中而有"伸抑",或伸性抑命,或伸命抑性,实际并非如此。所谓"君子不谓性",不是说本是性而不谓之性,伸其为"命"之义,而是"以其似性非性",本不是性,所以"不可冒认为性"。所谓"君子不谓命",不是本是命而故不谓之命,而是"似命非命",所以"不可冒认为命"。此处,顾宪成之严别性、命,不使稍有混合,一方面为针对世俗之性、命观念的误执而发,一方面恐非孟子本意,而再一方面于程朱就命中认性,就性中认

---

① 《二程集》,第10页。
② 《小心斋札记》卷十,第132—133页。
③ 《四书章句集注》,第370页。
④ 《小心斋札记》卷一,第13页。

命,也非相同的思路。

## 四 性、命之分合以言

泾阳反对"以性掩命""以命掩性"之"伸抑"说,他实际并不否认孟子"性命二条",有"各就其重处言之"的意思。以下一段材料分析甚切要而有序,可作讨论之资,故繁为录之:

> 或问:"孟子性命二条,有分而言之者,有合而言之者,孰是?"曰:"分而言之者,就情识偏坠处提拨;合而言之者,就本原归一处指点。皆是也,总之不出天人两字。"曰:"试为分而言之,何如?"曰:"世人看嗜欲一边恒重,况口之于味,目之于色,耳之于声,鼻之于臭,四肢之于安逸,与生俱生,与形俱形,又可唤他是性,恰中其重之之心,便一切引入里面来,营求无已。孟子为转出外面去,而曰:'这个有命焉,唤作性不得。盖在人者,无一不悬于天,莫可强也。'世人看义理一边恒轻,况仁之于父子,义之于君臣,礼之于宾主,知之于贤者,圣人之于天道,时值其常,时值其变,又可唤他是命,恰中其轻之之心,便一切推出外面去,苟且自安。孟子为转入里面来,而曰:'这个有性焉,唤作命不得。盖在天者,无一不悬于人,莫可诿也。'此就情识偏坠处提拨也。"曰:"试为合而言之,何如?"曰:"耳目口鼻四肢非他,即仁义礼知天道之所由发窍也;仁义礼知天道非他,即耳目口鼻四肢之所由发根也。是故性也有命焉,在人者无一不原于天,极天下之至精而非粗也。外命求性,只在躯壳上认取,狥其粗而遗其精矣,君子不谓性也。命也有性焉,在天者无一不备于人,极天下之至实而非虚也。外性求命,只在造化上揣摩,狥其虚而遗其实矣,君子不谓命也。此就本原归一处指点也。如此看来,无所不可,何必执着只有一个意思?当入理会。"曰:"愿闻之。"曰:"知其分,便须以命御性,以性立命,无容混而为一。知其合,便须摄性归命,摄命归性,无容岐而为二,方才有着落处。不然,说分说合,总属闲谈,况又争谁说是谁说非,何益何益!"①

---

① 《小心斋札记》卷八,第105—106页。

于这一大段材料,我们可得到的认识有如下数点:

一者,性、命须"分言"。世人之性、命非真性、命,乃倒置之性、命。世人恒重嗜欲,而恒轻义理,其所重便欲引入性,其所轻便欲归诸命,此所谓"情识偏坠处"。孟子之论性、命,乃针对世情之轻重,而为转移。世人以为性者,孟子转移为命,世人归诸命者,孟子转移为性。这里,泾阳所用为"转出外面去"和"转入里面来",可知,性和命首先并不是调和的,而是不并存的,性为"内",命为"外"。但泾阳此论,并不是要以孟子之说为权说,乃是要对比,以见世人之性、命非真性、命,孟子之性、命方为真性、命,此须注意。性、命既然有分,因此,就其间的关系,应"以命御性,以性立命,无容混而为一"。性、命之功能不同,命主宰性,性承载命。

一者,性、命须"合言"。性、命虽非一,但性、命须"合一而言",也即上文所言性、命乃交关之物,不能偏废。"外命求性,只在躯壳上认取,狗其粗而遗其精矣,'君子不谓性也'","外性求命,只在造化上揣摩,狗其虚而遗其实矣,'君子不谓命也'"。此即,离命之性,性为粗,不是真性;离性之命,命为虚,也非真命。性之来脉为命,命之落脉为性,性命交关而后可以为真性真命。因此,性、命既然"本原归一","便须摄性归命,摄命归性,无容岐而为二"。性、命之本源归一,性、命之实际也自归一。

一者,泾阳所论性、命关系,最终又可以转化为天、人关系,"分言""合言","总之不出天人两字"。命者,天也;性者,人也。性命之关系则为,"在人者无一不原于天","在天者无一不备于人"。"天之所以为天,即人之所以为人也,更无二物。"就本质论,天人是合一的。其论性命、天人之用意则为,"盖在人者无一不悬于天,莫可强也","盖在天者无一不悬于人,莫可诿也"。性受命的主宰,人对天而言具有消极性,天命非人为之力所及,因此容易忽视命。性是人所本有,人对其所本有则具主动性,"为则得之,舍则失之",因此人力可以努力实现。天难为,人可为,因此,如果认识不清性、命之关系,也就不能正确处理天人关系。

进而言之,性、命之关系,诸子所以反复讨论辨析者,正在欲明天人之际,而端正工夫之所施。命在天,不能把其作为在己者一样来强求;性在人,不可推诿于天而不奋勉有为。张载"养则付命于天,道则责成于己"之说,可谓"言约而尽矣"。① 可见，就性、命之论的目的来说，孟子、程朱、张子及泾阳都是相同无二的，皆主张不以人而夺天，不因天而废人。

一者，泾阳之讨论性命关系，实际所讨论的，并非天命与仁义礼智之性的关系，而是"耳目口鼻四肢"与"仁义礼智天道"之关系，此为通常所言之形（欲）、性关系。泾阳认为，"耳目口鼻四肢非他，即仁义礼知天道之所由发窍也；仁义礼知天道非他，即耳目口鼻四肢之所由发根也"。他说，人禽之不同"只是这些子灵处"，且"灵处"为"落于气者"。不难知，泾阳所说"灵处"也是指的人之官能作用，又不仅指"耳目口鼻四肢"之灵能，尤其指心之灵明。在孟子，耳目口鼻四肢与心来对言，"耳目之官不思，而蔽于物……心之官则思……先立乎其大者，则其小者弗能夺也"②。他认为，"体有贵贱，有大小"，耳目之官和心都为人之官能，但耳目之官为人之小体，心为人之大体，人要养其"大体"而成"大人"，勿徒养其"小体"而为"小人"。泾阳接受了孟子这些方面的影响，重视人之官能作用。他不以人之官能为卑无足道，而是当作天命之"发窍"，天命之实现不外乎此"耳目口鼻四肢"。"发窍""发根"之说，将抽象之命理而化作物质之实体，以为命理实现之具，一虚一实之间，便导致性命之关系极微妙难言。

泾阳在《论语》"知天命"一章的讲说中，将这层意思发挥得更为充分。孔子说："五十而知天命，六十而耳顺，七十而从心所欲不逾矩。"（《论语·为政》）在这里，泾阳着力处理了"知天命""耳顺""从心"之间的关系。关于"知天命"，他说："吾夫子用了四十余年功夫，方才知得。……曰：'这是吾夫子下学而上达的地头，生平许多积累，功夫至此，不觉一透……盖前此犹属人界，至此乃属天界矣。前此犹见天自天，我自我，至此知我其天，知天其我，俯仰上下，两称莫逆矣。'"③ "知天命"即天人关系的一种自觉，天人关系本非为二，天即人，人即天，这也为性命关系的应然。不过，"知天命"仅是"知"的觉悟，仅是"知的影子"，尚不是终极，下面还有"耳顺""从心"的阶段。孔子特言"耳顺"，这对一般学者来说是个很大的疑惑，着实费解。朱子认为，这一步是"声入心通，无所违

---

① 《四书章句集注》，第370页。
② 同上书，第335页。
③ 《虞山商语》卷中，载于《全集》，第242页。标点有更定。

逆，知之之至，不思而得"①，"耳顺"虽为知之极熟，犹属于"知"。

泾阳与朱子的解释不同，就"耳顺"和"从心"来说，他认为这已经超出了知，而是到了"体当"的层次。"从耳所听不逾矩，耳斯顺矣；从心所欲不逾矩，心斯顺矣。耳顺，而小体之性尽矣；心顺，而大体之性尽矣。"②"耳顺""从心"已经是在"践形""尽性"了。"据常情看，'知天命'是神化上事，'耳顺''从心'是自家身子上事。两者较之，'知天命'似深，'耳顺''从心'似浅"，但孔子十年之后方言"耳顺"，二十年之后方言"从心"，这一过程应当是逐渐入深入细的过程。泾阳认为，"定要一一自家身子上打透，方肯作准。盖渺茫处（按，谈天命处）可假，自家身子上不可假"，所以必要"勘到自家身子上"。所谓"勘到自家身子上"，就是要"即形即天命""即心即天命"。他认为，天命不能在"耳目心思之外"，否则只能资发谈玄者的拨弄，浮于光景。天命应在"耳目心思之内"，件件着实，件件有考验，如此，方不致有虚假。③

总之，在泾阳看来，一方面，命性之间的关系，不仅为命、心之间的关系，而且也包括命、形之间的关系，耳目之官能，并不是粗俗而可遗者，也是天命之所彰。另一方面，就天命来说，"五十知天命"是人生境界的一大转变，但并不是"知天命"的终极，"知天命"最终是要在人之耳目心思诸官能上具体实现，只有"体上身来"，才算"知天命"的成就，才算性、命关系的真正合一。泾阳的性命关系论，不仅是学理的、辨析的，更是身体的、实践的。

---

① 《四书章句集注》，第54页。
② 《虞山商语》卷中，第244页。
③ 以上俱见《虞山商语》卷中，载于《全集》，第243页。

# 第四章 "性善"与"小心"

## 第一节 道性善

顾泾阳《札记》十八卷,历时十八年完成,始自其东林讲学之前十年(1594),终于其逝世之前一年(1611)。虽为零章碎句,然自有一段"真精神"注焉,为顾氏一生思想之最大结晶,为其最具代表性之杰出著作。今考其首尾,其开篇第一义曰:

惟知性,然后可与言学;惟知学,然后可与言性。①

其归宗还源之最后一义曰:

语本体,只是"性善"二字;语工夫,只是"小心"二字。②

知性,其学问之始;性善、小心,明此,其所以为知性、知学。学一"小心"而已,性一善而已。泾阳成文之初未必有如是之预设,而其文成之后,首尾衔合如此。殆其胸中宗旨如此,故发言结语,在在于是,虽历年所,终相扣合。性善之义,泾阳始终用心于斯,可谓大矣。

不仅《札记》一作,始终在讲明性善之旨,顾泾阳的全部著作和讲学活动,可以说几乎全部都是围绕着性善论展开。本书第三章、第五章以及本章之其他两节都直接与性善相关,包含了泾阳性善论不同方面的重要观点。本节所论,意不在对泾阳之性善论的全部观点一并铺叙。作为顾氏思想的核心,特立此一节,以见其大概,具体的层面,则分别归之于其他各章节,以避免重复讨论。

一曰知本。知本云何?本者性也,学以尽性也。尽性,必自识性

---

① 《小心斋札记》卷一,第1页。
② 《小心斋札记》卷十八,第216页。

始。性不识,难以语尽;性不尽,难以语学。①

泾阳订立《东林会约》承袭朱子《白鹿洞规》,而自立"四要""二惑""九益""九损",其"四要"又赫然以"知本"为首。他认为"知本"乃学之基础,不知本即无以为学。其所谓"本"即"性",其所谓"知本"即"知性"或"识性"。可以说,泾阳在其所订《东林会约》中,直接表达的个人思想也是以知性、知学二者的关系为开宗第一义,这和他写作《札记》首卷首条时的思路如出一辙。

泾阳认为对于性的认识是一个很关键的问题。因此,他乐于称道高攀龙之"透性"说,认为"总而论之,景逸拈'透性'二字,最是。得这个到手,所谓一了百了,更有何事?"②泾阳又尝自谓:"看来吃紧只在识性。识得时,不思不勉是率性,思勉是修道,总是圣人一脉;识不得时,不思不勉是忘,思勉是助,总与自性无干。"③无论就性之本体而言,还是就学之工夫而言,对性的正确认识都具有前提性和决定性,并且对于性之本体的认识尤其重要,尤其为根本,因为工夫必须以此为前提方得施展。前提之明确,即工夫亦简易,不思不勉也是工夫,思勉也是工夫,所谓"一了百了"。而前提之误认,必将导致工夫之偏失,而流弊不可胜言,不思不勉不是工夫,虽思勉也不是工夫,一非而百非。所以泾阳对识性的强调必然是居于第一位的。

泾阳谓"惟知性,然后可与言学;惟知学,然后可与言性",知性和知学的关系如是重要而密切。然亦应知,其所谓"学"绝非仅作普通之认知观,而更有深意。《论语》有"学而时习之",朱子释"学"字曰:"学之为言效也。人性皆善,而觉有先后,后觉者必效先觉之所为,乃可以明善而复其初

---

① 《东林会约》,载于《全集》,第379页。"一曰知本。知本云何?本者性也",《全集》本作:"一曰识性。识性云何?性者,天之命也,民之彝也,物之则也。"据《全集》"编校说明",则《遗书》除《小心斋札记》卷一至卷十二为以万历本为底本外,其他(含《东林会约》)皆以康熙本为底本,然文字与康熙本不同。又据同页所出校记,有正文某"康熙本作"某者,则所据底本似非康熙本。据《东林会约》题注,知"以中国国家图书馆藏清康熙刻本《东林书院志》为底本",以康熙本《遗书》为校本。作者于诸本异同失校,且文字颇有关系。今整理本《东林书院志》,所据底本为光绪七年刊二十二卷本,为雍正十一年刊本之翻刻本,卷二所载《东林会约》本处文字与《遗书》康熙本全同,作"一曰知本"云;又谓"还校以康熙年间所刊之严毂编二卷本《东林书院志》",亦无校记。然文中有吴桂森按语,曰"先生所谓四要者,一曰识性",则是处"识性""知本",确有二本,不知系所传不同,抑后人所改,待考。今文字从《遗书》康熙本、《东林书院志》今整理本,作"一曰知本"云云。

② 《南岳商语》,载于《全集》,第370页。标点有异。又参《南岳商语》"安节复问"条,第361—362页。

③ 《小心斋札记》卷十五,第181页。

也。"① 泾阳认为"其训精矣"②，然他进一步解释朱子之"效"，则言："窃惟，'天生蒸（按，当为烝）民，有物有则'，耳之为物本自聪，只依他去听；目之为物本自明，只依他去视；是即所谓'效'也。"③ 二子言"效"虽同为效法之义，朱子之效是效法先觉，学习圣贤之训，模仿圣贤所为，泾阳之效则是效法于物则即理、性，效法为依循义。所以泾阳虽赞许朱子训"学"为"效"甚精，然二人的见解是不同的。朱子之效与本体犹隔一层，而泾阳之效则直接属于尽性。他在《东林会约》中说"学以尽性也"，也可证明这一点。上言"识得时，不思不勉是率性，思勉是修道"，泾阳之"效"也即指这里的"率性"。识得性，便总不出一"率性"，"修道"也不过修其不率以归于率性而已。"效"即"率性"，那么我们可以说，泾阳所谓的"学"即要"率性"，其"率性"也即"尽性"，都是要依循于性而实现性。他说：

> 认得一"性"字亲切，即欲一毫自弃而有所不敢也。故曰："惟知性，然后可与言学。"认得一"学"字亲切，即欲一毫自用而有所不敢也。故曰："惟知学，然后可与言性。"④

这是泾阳对开卷第一条的解释，由此，学和性的关系我们也可以认识得更加清楚。认识到"天生烝民，有物有则"，性是人人生而有之的天"则"，是"天命"所赋，这可谓"知性"。既"知性"，所以"欲一毫自弃而有所不敢"，于是应"知学"。"知学"其实就是知尽性，"知性"便要尽性，知尽性即是"知学"，尽性即是学。而"知学"之所以"欲一毫自用而有所不敢"，便是因为学是尽性，要"率性"或"效性"才是学，不能离开性而效而学。所以"知学"不可以不"知性"，不知性便无以"效"，无以"率性"。学有精严的内涵规定，被密切地建立在性的基质之上，学、性为一体交明交致之事。于此，我们对泾阳开篇第一义可以了然。

## 一 论性本自有定

既明白了泾阳之"学"为效为尽性之义，所以必先要知性，性之本真如

---

① 《四书章句集注》，第47页。
② 《小心斋札记》卷一，第1页。
③ 同上。
④ 同上。

何便成为首先要确定的问题。他对于性的认识，或曰所识之性，一言以蔽之，即"性一而已矣，言性者，亦一而已矣"①。

首先，泾阳认为自古"言性者亦一而已"，即"论性本自有定"。他说：

《书》曰："惟皇上帝降衷于下民，若有恒性。"《诗》曰："天生蒸民，有物有则。"《易》曰："大哉乾元，万物资始"，"至哉坤元，万物资生"。《春秋传》曰："人受天地之中以生。"《论语》曰："人之生也直。"《中庸》曰："喜怒哀乐之未发谓之中。"世之上下千有余载，言人人殊，要其指归，若合符节。至战国时，异论蜂起，于是孟子特为拈个"善"字出来，一语之下，令人洞见性真，可谓昭昭乎揭白日而行中天矣。②

《书》言"帝衷"，《诗》言"物则"，孔子又阐出"乾元""坤元"之奥，孟子又拈出仁义礼智之端，上下千载，先圣后圣，更相发明，总之，只是道性善而已。③

《六经》《语》《孟》《学》《庸》具在，其论性本自有定也。④

泾阳所列诸说，全部在六经经传和四书之中，即本之早期儒家的经典。他所作《证性编》首为《存经》一编，内容也与上所列举大体相同（无《春秋传》）。通过这几则材料，可见泾阳认为所引诸经典中的文字都可作为论性之说，他对早期儒家经典中诸论性之说有着自己习惯的看法。并且他认为早期儒家论性的表述虽无一相同，但论性的观点是先后一致的，"世之上下千有余载，言人人殊，要其指归，若合符节"，即"论性本自有定"。这种一致一直延续到孟子时代。所谓论性之定，泾阳认为"只是道性善而已"。早期儒家经典，除了孟子直揭性善之旨外，其他并无明文，这只是泾阳的引申之见。所以他也认为孟子之"道性善"，拈出善字，乃"令人洞见性真"。不过由此我们也可以看出，泾阳所理解的善并不是一空洞的属性，而是和"帝衷""物则""乾元""坤元""仁义礼智之端"相关联。他明显是把理义当作性来看待，理义之性方为善。性善指此，所以他才有自

---

① 《东林会约》"知本"条，载于《全集》，第380页。
② 《证性编》卷三，同上书，第475—476页。
③ 《证性编》卷六，同上书，第530页。
④ 《还经录》，同上书，第421页。

古论性本一、本定之说。性是善的，善是性的本真之意，理义之性为善，这就是泾阳所谓的自古言性者本一、言性之论本定。

泾阳还认为，到了战国时代，言性之异论开始盛行，论性统一的局面不复存在。他综观历史，提出了论性之"两大变局"的说法：

> 自孟子道性善，告子又道无善无不善，而一者始岐而二矣。此孔子以后之变局也。今之言曰无善无恶是谓至善，而二者又混而一矣。此孟子以后之变局也。或于同中生异，或于异中强同，诐淫邪遁，皆从此出，不可不察也。①

泾阳认为告子提出性无善无恶，与性善相对立，打破了论性之见自来统一的局面。性善与性无善无恶角立，这是孔子以后的一大变局，论性由合一到二分，即"于同中生异"。到了阳明提出"无善无恶是谓至善"，把无善无恶与至善合并在一起，这是孟子之后的一大变局，论性又由分而合，也即"于异中强同"。在泾阳眼中，对性善最构成威胁的性论即性无善无恶之论。此论自告子发其端，到阳明极其成。由于泾阳主张合乎儒家经典之性善论，所以他对性无善无恶论深为排斥，进行了不遗余力的辨正，详见本书第五章。

就此两大变局而论，阳明之变局要比告子之变局为害更大。告子虽然主张性无善无不善，认为不善不是性，善也不是性，从而将儒家之仁义礼法从人之本性当中加以排摈，仁义礼法不再具有性的正当性和合法根据地位。然而，作为一种性论，告子之性无善无不善，与儒家一贯之性善论是截然为二的，与性善论在名义上的区别是清楚的，二者相互辩难、不可调和。如此，虽然性论出现了分化，论性不复统一，但此为此，彼为彼，各自保持自己的观点，性善论并未受到学理上的破坏。到了阳明提出"无善无恶是谓至善"，性论貌似从二分又到合一。在常人看来，告子之性无善无不善，"专欲抹下一'善'字"，而阳明之"无善无恶是谓至善"，"却乃拈上一'善'字，稽其立言之指，倘亦微有不同乎"。② 但是这种"至善"的性论已经发生了严重变异。其名为至善，实则要宣扬无善无恶。更甚，无善无恶与至善相合，就形式上说，文字就变得不太刺眼而能够与传统儒家观点附和；就内容上说，

---

① 《东林会约》"知本"条，载于《全集》，第380页。
② 同上书，第383页。

确立了至善的新标准，无善无恶也就有了学理上的根据，即意味着无善无恶也是一种性善论，无善无恶与性善的差别不在性论上，而在善论上，理论争议的焦点悄然发生了转移。如此，性善论本身也就不再是天经地义之常理，而是一种理论性学说，与"无善无恶是谓至善"即便不合也地位相当，很难以此非彼。

阳明并无意于推翻孟子的性善论，他希望通过这样一种嫁接来取得一种折中的效果，把自己对本体的理解仍然建立在儒家学说的正统之上，从而使得无善无恶与至善可以相互为说，左右逢源。无怪泾阳讥之为"巧为佗统之论"①。正因为阳明不推翻孟子之性善，而是结合无善无恶和性善为一说，因此对性善论反而构成了更大的冲击。仅"性善"二字尚且可以作名目看，其实质是什么，可以有不同的解释。如果把阳明无善无恶作为对孟子性善进一步的解释，那么就消解了孟子的性善。管志道就把阳明之说作为孟子性善论的"义疏"看待。这一后果确实很严重，泾阳指出："混无善无不善于性善，面目无改，血脉潜移，孟子之所谓性亡矣。"②

对于两大变局，泾阳总结道：

> 岐性善于无善无不善，一是一非，凡有识者，类能辨之，告子之说，犹不得重滋人心之惑；混性善于无善无不善，吕、嬴共族，牛马同曹，告子之说且居然窜入羲、尧、周、孔之宗矣。……呜呼！此儒者之所为硁硁护持，力争于毫厘杪忽之间，而必不敢苟为迁就，与世同其滔滔者也。③

这也可以看作泾阳努力辨正阳明无善无恶之说的苦心。早期儒家本以礼乐为文明，以经学为事业，于天命、鬼神、性论之玄远论题不甚措意，即论性也未必归正一家。程朱理学兴，固持"性即理也"之说，性遂不得不以善为定论，而儒门之标宗信为性善而不可移。孟子的善论，逐渐成为儒家性论的代言，即言性的正论。荀子为先秦时期经学之末代大师，独以性恶一论，遂遭遗慢于儒流之外，两千余年沉歇不振，孟子用以独盛。泾阳于孟子之后，"论性本自有定"经历两大变局之际，"硁硁护持"儒家性善之

---

① 《还经录》，载于《全集》，第420页。
② 《东林会约》，同上书，第380页。
③ 同上书，第384页。

论,似乎意在接续孟子论性的正统,继承孟子辟除异端的事业。沿程朱而追孔孟,泾阳自立之地步可谓绝正,其自负之责任亦可谓极重。

以上论述乃是泾阳对自来"言性者"的认识。他认为论性本自有定,性善是也;孟子之后,论性经历了两大变局,尤以阳明"无善无恶是谓至善"为对性善论致命的破坏。这些都可以作为其"识性"思想的构成。通过对历史上诸性论的梳理,便大局在目。泾阳明确站在孟子以前的传统之上,认同性善论。在此,泾阳即古言性,虽然并非直接论性,但通过旁观来判定、析出自己认为合理的性论,效果上使自己的人性观点旗帜鲜明。

## 二 性唯一于善

泾阳不仅认为儒家传统经典中的人性论是一致的,所谓"言性者亦一而已",而且认为"性一而已"。这就转入他对性的直接认识。"性一而已",有两层意思:第一层,性是统一的,性皆同,只有一个性,①当然这个性的统一还不能确定其善恶之属性;第二层,性在善、恶、有善有不善或无善无恶之间是唯一的,即性只是善,或只有善是性,恶不是性,无善无恶也不应当是性。万历三十六戊申(1608)顾泾阳应吴安节之邀,赴虞山参加讲会,会间作《性善解》一篇,今主要以此为据来对其"性一"思想作分析。

### (1)性是统一的

《孟子》中公都子引"或者"之言,谓"有性善,有性不善"②,这在当时大约已经是一种比较有代表的性论。与孟子性善、荀子性恶和告子性无善无不善的一元人性论不同,这种人性论认为,性对于每个人来说并不一定是相同的,有人可能性善,有人可能性不善。这种学说由于从经验层面比较符合人们的一般印象,也作为孟荀两家极端性论的调和,所以比较容易为人接受。汉唐在宇宙论上流行元气思想,特别是汉代又盛行阴阳二元对立的思想,所以人性善恶不齐的思想更有深固的理论基础。其间重要的思想家如董仲舒、王充、韩愈都有性三品或三等之说,明显带有"有性善有性不善"的痕迹。

---

① 性的统一,主要是指人性之统一,但泾阳还把性之一扩展到万物之性的统一。这从性指理而万物理同推论而来。参本书第三章第二节"理气"。此处但论人性。
② 参《四书章句集注》,第328页。

泾阳其时，对于这种性论也颇有坚持者，他们举春秋时的杨食我①、斗越椒②为例。史称二人生而即知其有亡宗灭族之祸，论者以此来说明二人是性恶、有人性恶。泾阳认为杨食我、斗越椒二人之恶只是相恶，首先应当辨别相和性的差异。人的命运可以通过其声貌骨骼等外观有所推断，因此善相之人，能够预知。但是"这是个相法，只管得祸福，管不得善恶"③。相和性是两个层面的问题，相的好坏只是与祸福有关，凶相多祸，善相多福，并不涉及人之本性的善恶。因此不能通过生来之相所预示的祸福来证明人性之有善有恶，从而将两种问题混为一谈。并且，泾阳还认为，人之相的好坏与祸福之间也不是必然的关系，"即祸福之权，还自善恶操之。可见，性能转相，不为相转也。安得泥相而疑性？"④相虽说与祸福有关，但祸福最终更取决于善恶，积善有庆，积恶有殃，善恶与祸福之间更具有因果关联。因此，相不仅与善恶无关，与祸福也关系甚微。人的祸福很大程度上不是出于相之好坏，人性之有恶与否更不足以相为凭。

今认为有人性善有人性不善，这是通众人而论。通众人而论，人容易怀疑人性之为一，就一人而论，人则往往不会怀疑其性之为一。泾阳进一步引申其说。如果仅从外观或迹象上来怀疑人性之为一，不但众人之性唯一为可疑，即使一人之性唯一也同样可疑。就人之一生言，"其间盖有少而驯良，壮而放恣者焉，又有壮而修检，老而颓落者焉，分明两截人也，不似乎有两个性耶？"不仅一生如此，就人之一日言，"盖有旦而清明，好恶与人相近，昼而牿亡，违禽兽不远者焉，不似乎一日之间，亦有两个性耶？"不仅一日如此，就人之一念言，"盖有方以为是，俄以为非，方以为非，俄以为是，理欲公私交战而不决者焉，不似乎一念之间，亦有两个性耶？"⑤即使下愚、自暴自弃之人，"教他看自家是非，果然一切糊涂；教他看别人是非，又无不了了也。岂遇别人性便善，遇自家性便不善耶？"又人泛论古今则明，身在当局则不明，若有两个性。又，人在讲会则惶恐、端正，平居则无赖、指

---

① 参《左传》昭公二十八年。
② 参《左传》宣公四年。
③ 《性善解》，《虞山商语》卷下，载于《全集》，第252页。
④ 《性善解》，同上书，第253页。
⑤ 以上俱见《性善解》，同上书，第253页。

笑，若有两个性。即瞽瞍与象，或顽或傲，然而终亦底豫、忸怩，也似为两人。至于盗贼至无耻者，也怒人之呼其为盗为贼，若一人而有相反之两性。如此分析，谓一人有一性也不可，一时有一性也不可，"只一人亦有许多般样，因而谓有许多般性也，如何通得？"①泾阳引申至此，用意自显。如果说同一个人的性有善有不善、此时善彼时又不善，这从常情来说很难理解，简直是自相矛盾、难以成立。甚至还可以说，如此简直是性无定论，性既无定，又岂为性？如此又必将导致无性可论。

泾阳从正面论证了，有人性善有人性不善是混相于性；又从反面论证了，有人性善有人性不善，引而伸之可以导致人有时性善、有时性不善的荒唐结论。因此，就性而论，无论就人人来说，还是就一人来说，不能既有善又有不善，即性在善、不善之间只能居一，不能有二，性是一元的，非二元的。当然，单凭泾阳的如上论证，并不严格，也不充分，仅可作为其论证"性一"思想的初步澄清，还要结合其"性一"的第二层意思其性论才能深刻。

**（2）性唯是善的**

上面，泾阳用祸福销释了一部分人认为性属于善恶的问题，但他也不能不承认性存在善恶的对立。他既然认为善恶不并立于性，那么就必然要对社会上的善恶现象进行一种彻底的解释，以说明为什么善是唯一的性，恶并不是性，而进一步，如果恶不是性，又从何而来。

无论性善论还是性恶论都不是无据的，不然善恶之名也无从成立。社会上确实有所谓善人，有所谓恶人，并且不单如此，在人们的观念里，为善者常少，为恶者常多。明代著名的气论学者王廷相就持性有善有不善，教化未立，善人少而不善人多，善只是成性，非生性。②泾阳对此解释道：

> 此无他，只为人生堕地，有这躯壳便有欲，有欲便有歆羡，有歆羡便有驰求，有驰求便有期必，有期必便有系恋。强者耽耽相竞如虎，弱者营营相逐如蝇……纵然见了善，明知是一条好路，他恰出来做对头，百方拦阻，不愁你不退缩；纵然见了不善，明知是一条乖路，他恰出来做牵头，百方引诱，不愁你不依顺。夫如是，又何惑乎为善者常少、为

---

① 以上俱见《性善解》，同上书，第254页。
② 参《雅述·成性篇》。又按，此论内蕴与荀子甚合，皆主教化成性善。

不善者常多也？①

如是，为不善者之多，根本上是由于人的躯壳欲策使。这种欲望与生俱生，力量强大，驱动着多数之人不顾善恶之防，毕力追求欲望的实现。虽然这些人也能够区分行为的善恶属性，但欲望的力量往往使他们难以克服，从而与向善之路背道而驰。"今不察其所以常少之故，而但据其常少之迹，遂疑人性之善者常少；不察其所以常多之故，而但据其常多之迹，还疑人性之不善者常多。使人借性诿责，使性代人受过，如之何不少者愈少多者愈多也。"②人们仅根据表面现象来轻下判断，致使有性不善这种论调的滋长和牢固。

这种"躯壳欲"更明白言之，即是"利心"。泾阳认为，恶与利之间尚有一段关系。他说：

> 人只有善恶两路。既曰"孳孳为善，舜之徒"，应曰"孳孳为恶，跖之徒"可也。舍曰"恶"而曰"利"，反觉放宽一步，何也？人本有善而无恶，亦本好善而恶恶，弃所有而殉所无，违所好而趋所恶，夫岂其情？只缘他起了一点利心，凡事但问孰是便我者，遂向前；孰是不便我者，遂退后，更不暇问善恶耳。既不暇问善恶，自然善一边少，恶一边多，久之且移其好于恶，移其恶于善，至于有恶而无善矣。故为恶者为利之标末，而为利者为恶之根本也。与其禁之于标末，不若禁之于根本。所以"舍曰恶而曰利"也。③

此一段也是说明为善者少、为恶者多，习恶成性，且"利心"之作用与"躯壳欲"之作用相同，可见二者正是同指，正相发明。这里泾阳首先说明"人只有善恶两路"，而"人本有善而无恶"，那么很显然，他认定恶不是先天的，而是后天的。他又认为"恶者为利之标末，而为利者为恶之根本"，那么恶与为利相比，恶尚属于为利之"标末"，即为后天之后天。如此，恶非先天固有，而为利欲过度，积习成偏，落在后天，更是无疑。为利之心乃人寻求感性满足的欲望，是恶产生的"根本"。"一善一利，我自为之；舜芳跖秽，

---

① 参见《性善解》，《虞山商语》卷下，载于《全集》，第254—255页。此处从康熙本，不从《全集》文，文末标点有异。
② 同上书，第255页。
③ 《东林商语》卷上乙巳，同上书，第287—288页。

我自当之；吉凶祸福，我自尝之。"①人之为利，可以违背本性，在践性还是习利之间，人自己能够作出选择。人之为利成恶，是由自己造成的，不是性之过，恶非性。

泾阳对于恶的来源赋予了一个根源性的解释，人性之不善是由生而即有的躯壳欲或利心驱使的。如此，恶是由欲望产生，不是性之所有。"人只有善恶两路"，排除了恶为性，那么就只有善可归于性，"若然，性只是一个了"。②但泾阳之性一于善，还必须要与经典相贯通，以消除对性一于善的疑问。

### 三 经典间论性之协调

泾阳论性善本之于孟子，孟子道性善，自然是权威之见，但比孟子更具权威而论性又有明文的独在孔子。孔子有言"性相近也，习相远也"，又言"唯上智与下愚不移"（《论语·阳货》）。这三句话是后世认为孔子论性的精要，也往往成为言性有善有不善的典据。孔子论性不直言善，若各据以分析，可以引发绝大的异同。因此，泾阳若欲以性善取信，还必须协调孔孟之性论。

孔子言"性相近"，并不说"性相同"或"性一"。这是疑问之一。泾阳认为，如果性为二，善恶性质相反，便绝不能说"相近"。犹《中庸》言"道不远人"，非即谓道与人仅是相近，"远近"之说，不应过于泥守。远近，无妨直接理解为对同异的指示③。如果承认性有不善，则从性上就有善、不善的对立，可谓已远，姑不论性是否为相近，即一"习"字也将丧失着落。总之，如以性有善有不善来理解孔子"性相近也，习相远也"一句话，难免前后乖逆。在此，泾阳特别发挥了"习"的观念，认为恶与善之相远是出于习成，谓之"习"也即说明恶不是性所本有。此一疑问可释。

孔子曰"唯上智与下愚不移"，说明至少上智和下愚的性是确定而迥异的。不移也即是性，不移者有上智与下愚，即性诚有不一。此疑问之二。上智下愚问题，在泾阳是作为善恶问题来处理的，此为首先应予说明的一点。泾阳认为，孔子之意重在"不移"，然"不移"也并不意味着性有不同且不

---

① 《东林商语》卷上乙巳，第288—289页。
② 《性善解》，《虞山商语》卷下，载于《全集》，第255页。《全集》本无此句，从康熙本，见校记。
③ 泾阳说："此'近'字对'远'字而言，只作'同异'二字看。"（同上）

可变。"上智与下愚"其区分的标准可以有三：如果就性来说，性人人相同，在上智为不增，在下愚为不减，谈不上变化；如果就习来说，习此则此，习彼则彼，没有不能变化的；如果就气质来说，宋代理学程、张、朱三子皆主"变化气质"，通过努力，气质是可以变化的。因此，如果就性来说，性无所谓移不移，也谈不上上智之性和下愚之性，性是等同的。如果孔子此语是就气质和习性来说，也并不是绝对"不移"的，而是都可以移。

总而言之，孔子的话并不是就性立说，与性之善恶无关，也不是就气质和习性来立说，而说的是人的主观意志。上智与下愚之不移，非习善习恶而不能移，皆是自己不肯习，不肯习于恶所以称为上智，不肯习于善所以称为下愚，是其意志如此非本性使然。就此，泾阳甚契合于阳明"不是不可移，只是不肯移"①一语，而于朱子"人之气质相近之中，又有美恶一定，而非习之所能移者"②之见，则以为不妥。此一疑问也可得释。

《性善解》中，泾阳认为孔子言"习相远"，恶出于后天之习，习而善恶相远。孔子之意正要防止人们"误认相远者为性"。孔子谓"上智与下愚不移"，不移只是不肯移，其意也是要防止人们"误认不移者为性"。总之，孔子数义只是要发明"性相近"一义，相近者即相同者，即性善是也，与孟子之单"道性善"并无偏全之不同。③对于孔子之三言，泾阳也还有不同的解释。

首先，泾阳对于"下愚不移"的问题，在《还经录》中引孔子自己的话作注脚，提出"不学"作为不善的一种解释。孔子谓："生而知之者，上也；学而知之者，次也；困而学之，又其次也；困而不学，民斯为下矣。"（《论语·季氏》）泾阳指出，所谓"下愚不移"，正是"困而不学"，"所谓下愚，盖指不学者而言。然则下愚亦是习也，非性也。孟子性善之说，真是颠扑不破"④。他从"不学"的角度来说明下愚非性。这里他把下愚之"不学"也认作是"习"，孔子三言，总以善属性而不善由习。"习"有顺习成性之义，下愚之"不学"应出于不知不觉，非有意为恶。所以"习"与"不

---

① 《传习录上》，载于《王阳明全集》，第31页。
② 《四书章句集注》，第176页。
③ 有疑孔子三言较孟子"道性善"更为浑全者。
④ 《还经录》，载于《全集》，第420页。

第四章 "性善"与"小心" | 153

肯移"在意志方面还有些许差别。"习"没有太多主观色彩，而"不肯移"则完全为主观上的阻滞。然"不肯移"则安于故常，便成为"习"；"习"则不知不觉，蒙蔽其向"学"之意，积习牢固，自然也"不肯移"。泾阳此二解，亦本相通，一则强调人之主观意志，一则强调其现实成因。"习"是人之有不善的现实成因，而人之为不善又最终取决于人之意志的裁定。

其次，泾阳在《性善解》中认为，"性相近"乃指性相同，但在《证性编》中他提出一种更有理据的解释。他说：

> 然则何以不曰"同"而曰"近"也？此朱子所谓"兼气质而言"也。"兼"字下得恰好。专以理言，自圣人至于途人等也，奚啻曰"近"？专以气质言，其间或相倍蓰而无算矣，奚得曰"近"？惟以理为主，带气质说来，所以不曰"同"，不曰"相远"，而剂之曰"近"也。近者不远之辞，故曰："此孔子之道性善也。"①

这里泾阳采纳了朱子《集注》里的说法，认为孔子"性相近"的最佳解释是"以理为主，带气质说来"。因为，如果"专以理言"则性同非近，"专以气质言"则相远而非近。所以非远非同，兼糅相济，便有"相近"的结果。如此，孔子之"性相近"确实是指相近而不是相同，非仅指理而为理气之合，以理为主而以气质为从。如果就气有善有不善之见，则理气混必然意味着善恶混。但泾阳又明确认为这种"性相近"并不是"有善有不善"或曰善恶混，乃是孔子之道性善。此即是说，"性相近"仍是指性善。就"相近"为理与气质之兼而言，如果相近仍为性善之说成立，有两种可能：一是理为纯善，气质亦必不能有不善；一是纯善之理为性，有善有恶之气质非性。然气质不齐，必不能纯善，所以对于泾阳，其说成立只能是后一种解释。就"性相近"来说，理为性，所以相同，又不纯为理，以理为主、以气质为从，所以性不同亦不远。但是这种解释虽近情实，于说也不能尽善。因为孔子谓"性相近"，所论为性，无论其兼不兼气质，照泾阳的理路，论性所得都只能是"同"而不会是"近"。②

---

① 《证性编》卷六，载于《全集》，第530页。
② 孔子作为儒家的圣人，泾阳论证性善首先要疏通孔子之义，以示不违背教宗。除了孔子之外，泾阳还要疏通大程"恶亦不可不谓之性"一说，因为大程此说也极有影响，而大程更是为理学和心学所共尊之权威。他认为，大程是"专以气质言"，也引气质作根据。参《证性编》卷六，此不详说。

现在再重新来看古今论性之分合，泾阳认为：

> 古之言性也，出于一；今之言性也，出于二。夫既谓之性，安得有二？当是各人认取处不同耳。出于一，纯乎太极而为言也；出于二，杂乎阴阳五行而为言也。①

经典言性之出于一，是纯从"太极"即理上论性。后之言性出于二，为"杂乎阴阳五行"，即杂乎气质。恶与善地位相同，遂有则兼有，无则兼无。兼理气以明性，这也是朱子、泾阳对孔子"性相近"的解释。然朱子以"相近"非指"性善"，此自可通；泾阳以"相近"为"性善"，与其一般之论有违，则不免不通。

但是我们应当理解泾阳的用意，在其思想中，论性是需要兼理气合论的，即程子所谓"论性不论气，不备；论气不论性，不明"②。因为理和气质二要素在对性之善恶属性的说明中，都有适当的解释力：一方面可以解释善恶的来源，一方面又可以相互对照而更容易判明性之所是与所非。本书第三章第二节即论述了顾泾阳对于"气质之说"的看法。他认为"气质非性"，"别气质于性则性明，溷气质于性则性晦"，"气质之说，正显性善"（见前引）。泾阳以"气质非性"，以理为性，其立场是十分坚定的。朱子认为有气质之极端为不可移，泾阳对此并不赞同，但他对朱子从气质的角度来分析事物不是排斥，而是十分崇信。

气质能用以解释清楚事物和人类所表现出的"不齐"或"万殊"等诸多差异性。气质之说与理性之说相辅，对于理学来说有其必要性。但是我们也应当注意一点，朱子之论气质，有此一层意思，即气质之美恶清浊等所呈现之不同等级与善恶有关，圣人生知，质美而纯善，下愚质浊而有恶。然泾阳论气质则很少区分气质之美恶，他之以气质为恶的来源，并不是要推论出不善之气质。任何人无论其气质之美恶与否，都不能免于气质所带来的恶的困扰。同时可以看出，气质对泾阳来说是很重要的因素，但生来气质之美恶清浊对他来说却并不是很关键的问题，是否"气质用事"才是他关注的根本。

本节论泾阳"性一"思想的第一层意思时，首先是从"相"和"性"的区分着手。"相"其实就属于"气质"的范围，性、相之别，即性与气质之

---

① 《东林商语》卷下戊申，载于《全集》，第319页。
② 《程氏遗书》卷六，载于《二程集》，第81页。

别。泾阳之排除相与性之善恶的关联，其实就是排除气质与性有关。他在理气论上基本和朱子学一致，但泾阳往往并不直接以气质来论恶。本节在论泾阳"性一"思想的第二层意思时，指出泾阳把恶的来源归结为人之"躯壳欲""利心"，在疏通孔子"性相近，习相远"时又把恶归结为"习"，而在解释"唯上智与下愚不移"时又归结为人的主观意志。恶无论是由于"躯壳欲""利心""习"还是"肯不肯"，都不能直接得到恶出于气质的论断。恶乃出于主体自觉或不自觉的选择。但我们按而论之，"躯壳欲""利心""习""肯不肯"又都与气质有关。欲曰"躯壳欲"，便显然是顺从气质的影响，"利心"亦然，所谓"习"其实也即习于人之"躯壳欲"或"利心"，所谓之"不肯移"也即久习成性。因此，如果把泾阳对不善来源之诸种说法贯通到底，其根源还是推本到气质上。于是我们得出，气质既为不善之根源，然又非不善之直接原因。对于泾阳来说，恶之原因，既不能脱离客观性，也不能出离主观性。如果我们仅以气质论恶，或以意志论恶，都是不尽其理的，求诸数义兼赅之一语，"躯壳欲"庶几当之。

由此亦可发现，心学由于以本心为主体，本心之外更无主体或主宰，本心具有全部的决定能力，且本心纯善，恶完全非先天所致，而为后天习染。所以心学家并不认为人有完全为恶而不可转移为善者，人之向善或向恶完全由自己的主观意志来决定，阳明所谓"人之善恶，由于一念之间"①。与此相比，理学家并不以心为本，而从理、气之双重维度来解释人的善恶问题。其尽管主张性善，而把恶归因于气质，由于气质亦是天命，所以恶便有"生而有之"之嫌。大程有所谓"恶亦不可不谓之性"之说，②朱子则谓气质有美恶不可转移者，对于孔子"上智与下愚"之说又显得过于拘泥。程朱之见不是理学的个别现象，其学理有以致之。理学不仅希望把善归于性理而给予先天的来源，也不满足于恶之本于后天习染的说法，希望予以本源上的揭示，于是归诸天生的气质，由此有所谓"气质之性"之说。因此，理学对于善恶的解释，并不单纯以人的主观意志为主，甚至可以说，人之善恶在来源上都以客观为主，由理气作用来共同决定。

---

① 《南赣乡约》，载于《王阳明全集》，第600页。全作："尔等父老子弟毋念新民之旧恶而不与其善，彼一念而善，即善人矣；毋自恃为良民而不修其身，尔一念而恶，即恶人矣；人之善恶，由于一念之间。"
② 《程氏遗书》卷一，载于《二程集》，第10页。

但是伊川之论性于理学中别具特色。他论善恶严而不执，继承了孟子"才"的观念。他一方面严格区别性和气，一方面又于气上论才。其曰："性出于天，才出于气，气清则才清，气浊则才浊。……才则有善与不善，性则无不善。"①人之性无不善，而人之才则有善有不善。"才出于气"，然才和气相比，气纯为客观，才则为人之实现其意志的能力，②具有适度的主体能动性。所以伊川直截认为"下愚非性也，不能尽其才也"③。其意，下愚不是注定之性，倘能尽其才，也是可以移的。因此伊川又谓"孔子谓'上智与下愚不移'，然亦有可移之理，惟自暴自弃者则不移也"④。上智与下愚也皆"有可移之理"，即不善无不可移者。进而，他还认为"'唯上智与下愚不移'，移则不可知。上之为圣，下之为狂，在人一心念不念为进退耳"⑤。人之为圣为狂或向善向恶，在乎人之能不能发挥其才能，而其才能是否得到发挥，最终还是系于"人一心念不念"。所以在伊川看来，人之为善为恶，最终取决于人的主观意志。如是，伊川虽然讲理气为生物的两大根本，但其由论气转而论才之善不善、尽不尽，在客观性的基础上又完全以主观为决定，这比朱子在《集注》中执着上智、下愚之气质为不可移之说要更灵活。⑥

孔子谓"为仁由己，而由人乎哉"（《论语·颜渊》），孟子亦言"求则得之，舍则失之"（《孟子·告子上》），这是儒家以仁义为人之内在德性的必然要求，也体现出儒家道德注重意志自由的精神特质。儒家的教义，以劝善为教化之原则，善可以说是本性，从而欲人为善不已；恶却不能作为本性，否则会有恶本固然、恶不可移之说，妨碍劝善的宗旨。人之为善为恶完全出于人之主观意志和主动修为与否，其他因素，如气如才，作为善恶实现的载体，其实都不具有善恶之道德属性。孟子以为"若夫为不善，非才之

---

① 《程氏遗书》卷十九，载于《二程集》，第252页。
② 在二程才为才能之才、才人之人，皆指能力。如大程谓："天下之士，亦有其志在朝廷而才不足，才可以为而诚不足。今日正须才与至诚合一，方能有济。"（《遗书》卷十，《全集》第110页）才乃实现某种志向之能力，甚显然。朱子《集注》释"才"亦曰："才，犹材质，人之能也。"（《集注》第328页）
③ 《程氏遗书》卷二十五，载于《二程集》，第323页。
④ 《程氏遗书》卷十八，同上书，第204页。
⑤ 《程氏遗书》卷五，同上书，第77页。此乃二程先生语，不知究竟出于大程还是小程，二程实皆主此见解，至少与小程之意前后相贯，此处姑以为小程之说。
⑥ 朱子解释孔子"唯上知与下愚不移"，曰："人之气质相近之中，又有美恶一定，而非习之所能移者。"（《集注》第176页）泾阳对此提出批评，见前文。

罪"（同上），就见及此。泾阳也认为，谓性有恶是"使人借性诿责，使性代人受过"，此与孟子同意。理学以理气言生物，虽主"性即理也"，然必有气之恶是否为性的疑难。[①] 心学则不会存在此疑难。就道德善恶之彻底出于主体意志说来考察，心学与儒家的传统更近，而理学与儒家的传统反而出现了一定程度的偏离。理学认为人物之生皆本于理气之合，又推善于理，气质遂为不善之渊薮，于是理气之途愈乖，善恶之分愈远，天理人欲交战遂愈烈。人多知诿不善于性之非，而少明诿不善于气质之非，使气质代人受过，其可乎？伊川之论才，泾阳之论"习"与"欲"，皆重"反求诸己"以求善不善之道者也。"气质之说"为理学之利器，若发自来未有之覆，其功其过并寓乎是。

总之，在性论上，泾阳持性善论，本之孟子，而极力寻求儒家经典在论性方面的协调一致，对孔子的性论作了许多疏通，对其他性论作了不遗余力的批评。其对性善论的分析，则主要是站在朱子学的立场上，从理气两重维度来考察善恶，认为性即理，善是唯一的性，而恶由气质，并不属于性。但与朱子也有不同，泾阳完全不以恶有由于气质之极端不善而注定者，善是性所本有，恶乃完全出于后天之"习"，是人们追求其"躯壳欲"的实现所致。因此，他更强调人的主观意志在恶的问题上的决定作用，而与阳明有着某种共鸣。

## 第二节　论心及"小心"

心，无论是就认识问题还是就德性问题，都是中国古代思想的一个重要观念。众所周知，"性即理"和"心即理"，分别是理学和心学的基本命题，也是两派的根本分歧所在。理学对于性的认识比较明确和统一，对于心的认识就比较复杂。以朱子为代表，他认为"心统性情"，心是一个系统，性只

---

[①] 汉代的气论，常以为生之质是不可变化的，人之性命也因之注定，如王充所持便为代表。《论衡·无形篇第七》言："人禀元气于天，各受寿夭之命，以立长短之形，犹陶者用土为簋廉，冶者用铜为柈杆矣。器形已成，不可小大；人体已定，不可减增。用气为性，性成命定。体气与形骸相抱，生死与期节相须。形不可变化，命不可减加。以陶冶言之，人命短长，可得论也。""用气为性，性成命定"，即为此种意见的概要。宋代之气论，认为气质也是禀赋而得，为天生而成，但多主"变化气质"之说，则气质为可变可知。程朱皆主此意，而朱子亦继承之，然其认为气质有数等，《集注》中认为气质有极不善、不可变化者。天生可谓性，不变可谓性，此所以疑气之恶为性。然气质可变，所以又不以气质之恶为性。于是理学折中之，创为"气质之性"之说，与天命之性相对。此则若有两性，于是遭到明代无论是心学学者或是气论学者的强烈反对。此义理日精，人心顺理而安，自然进步之机也。

是其中的部分，并且心偏于气，①因而心和性（理）不能直接对应。而心学认为，"心外无物"，"心外无理"（阳明语），"至当归一，精义无二"（象山语），所以心即理。理学之论心，强调理气的不同和体用关系的结合。朱子奠定了理学中"心统性情"的观念，对心、性、情三者进行了建构性的处置，使三者成为一个完整的运作系统。心学则强调心的根本性，认为心即是终极，并不是在心之上或之外还有所谓之理，求理于心之外或求理于心之先都是"义外"，都是"二本"。任何一种"心"论，其实都是为了论证工夫之方式。心学的工夫不能离开心，全在于"正心"，理学的工夫则不能全本于

---

① 朱子对心性的典型说法，即《孟子集注》中所谓："心者，人之神明，所以具众理而应万事者也。性则心之所具之理，而天又理之所从以出者也。"（《集注》，第349页）从此我们可以得出：首先，朱子是分别心性的；其次，之为心，乃为"人之神明"；再次，心具众理，而众理为心所具。朱子主张"心统性情"，就此，我们可以说，心是大体，心包括性在内。性是纯粹的理，心则是一个系统，故而，心性（理）是不能直接对应的。朱子在《语类》中又说："所觉者，心之理也；能觉者，气之灵也。"（《语类》卷五，第85页）此处很显然，也是对照讲心性之别。"所觉"为心所具之理，即性，"能觉"即"具众理"之心。"能觉"实际指《集注》中所谓心的"神明"之用，因而，此处朱子谓"能觉者，气之灵"，也即是说"心之气，气之灵"。《语类》中，朱子便有一处说："心者，气之精爽。"（同上）他认为，人心是从天地之生气而来，因此，人心的最大特征，"一言以蔽之，曰'生'而已"（同上）。这个"生"当指人心之活或虚灵、神明之能而言。可见，心之为心，最基本的特征是"虚灵"或"神明"。认识朱子的心，首先要从心之自体的特征来把握。由上，我们也可知，人心之虚灵与气之生生有渊源关系的。在理气关系中，朱子认为理不能动，要乘气而动，他说："太极理也，动静气也。气行则理亦行，二者常相依而未尝相离也。"（《语类》卷九十四，第2376页）在心和理（性）的关系中，朱子也有类似的说法，他说："心之理是太极，心之动静是阴阳。"则心中所具之理也要通过能动的心来表现。《大学章句》中，朱子有心的另一种界定，他说："心者，身之所主也。"（《集注》，第3页）这也是朱子对"心"的一种经典说法。朱子更全面的说法为"心者人之知觉，主于身而应事物者也"（《大禹谟解》，载于《文集》卷五十六）。就心之主于身而言，主要还是以心之知觉能力来论，即上言之"能觉"或"神明"之用。就心之主于身来说，更深层的原理即为"心统性情"。朱子谓："性是体，情是用，性情皆出于心，故心能统之。统如统兵之统，言有以主之也。"（《语录》卷九十八，第2513页）心对性情之"统"，即"主"义，"心统性情"犹言心主性情。这是朱子"心统性情"说的主要精神。而心之所以能主性情，即由于其有"知觉"或为"能觉"。性（理）作为"所觉"要通过心之"能觉"发而为情，情作为性之发动也要在心上体现，"性情皆出于心"。在朱子的论述中，其论心性关系，显然是和理气关系有对应之处的。心之能觉，正如气之能动，理之主于心，正如太极之乘于气。他甚至说"性犹太极也，心犹阴阳也"（同上，第87页），认为心和性的关系，就如同太极和阴阳的关系。但朱子特别强调，心是"气之精爽"，他认为："心比性，则微有迹；比气，则自然又灵。"（同上）心相对性来说，"微有迹"，已经涉于形下，但比气"又灵"，要超出一般的气。"性虽虚，都是实理。心虽是一物，却虚，故能包含万理。"（同上，第88页）这个说法，可以代表朱子对心性比较明确而肯定的认识。性之虚和心之虚不同，性是形上之虚，心是形下之虚，只不过心的虚使它的形下色彩比较弱，正如心为"气之精爽"，它之为气的特性比较弱一样。总之，就心来说，心与性不可分离，正如同理与气不可分离（其实，朱子所谓心具众理，虽然有特殊性，但与理载于气，也并无实质的差别。只是在体用间的发动机制上，讲述的更清晰。而在理气之体用发动上，仍然欠缺，故理之不动如何通过气而动而表现，仍存疑问。当然，这个问题可看得极其重大，不过，还是不会妨碍心具众理与理载于气关系的类似），但心有自己的最基本和最独特的性质，即"知觉"或"神明""虚灵"等，就心之具有这种特征来说，心即不是性，因为性是不具有活动能力的。因此，心是要偏于气的，也可以加以限定，即狭义的心或纯粹的心是偏于气的。就此，心与性也是不能直接对应的。

心，必须要先之以明理。故心学有"简易"之称，理学有"支离"之讥，皆以两家对心的认识不同之故。泾阳论心，其说不如朱子之周全，其理也不如阳明之融彻，总之，是欲明心非性，而心有矩，所以当"小心"以"循矩"。是知，顾泾阳之论心完全出于朱子的立场，而有和心学本心之说对立者。

## 一　心之活

顾氏认为，人之有心，心是虚的。他说："人之一身，惟心以神用，余皆不离乎以形用也。"① 心并不通过具体的形质来发挥作用。他沿用孟子"大体""小体"之说，认为心为大体，耳目口腹为小体。心既以"神用"，其作用便能"极灵"。

> 这个心极灵，是是非非瞒他不得些子。何但我瞒他不得些子，他也不肯为我瞒却些子。"闲居为不善"，则"见君子而厌然"；"胸中不正，则眸子眊焉"。直是将五脏六腑一一呈出与人看。假饶无量惺惺，到这里，都使不着。②

这里的"心极灵"，主要不是说心对外界刺激之感觉能力的敏捷，而是指此心对是非的判断极其真实、准确。人既不能欺心，心也不会欺人，在人心上容不得"些子"虚假。心是一个是非公正的裁判官。泾阳认为俗言之"心为明师""心为严师"，正可以道出心的此种灵明作用。阳明谓："尔那一点良知，是尔自家的准则。尔意念着处，他是便知是，非便知非，更瞒他一些不得。"③ 泾阳言"心极灵"，是非瞒不得它，与阳明论良知处相投。

但泾阳却并没有因此走上与阳明良知学相同的道路。正因为此心之极虚和极灵，也反映出此心之"极活"。泾阳认为"心，活物也"④。

> 心是个极活的东西，不由人把捉得。《虞书》所谓"惟危""惟微"，《南华经》所谓"其热焦火，其寒凝冰"，庶几足以形容之。这里须大入理会在。⑤

---

① 《虞山商语》卷中，载于《全集》，第245页。
② 《小心斋札记》卷一，第10页。
③ 《传习录下》，载于《王阳明全集》，第92页。
④ 《小心斋札记》卷五，第60页。
⑤ 《小心斋札记》卷一，第9页。

这里，通过借鉴先圣贤言的心之说，泾阳指出，对心的理解应当采取十分谨慎细致的态度。心并不是一成不变之物，而是极具活动能力。心是认识主体，可以有各种各样的能力发挥，其作用能够在两个极端之间游走。因此，如果直接从心入手，缺少适当的修养，便很难掌握此心，从而不能使之稳定发挥其积极作用。

"活物"之说，早起于理学之论仁。大程尝以手足痿痹最善状不仁，谢上蔡遂有"以觉言仁"之说。"谢氏以觉训仁，谓仁为活物，要于日用中觉得活物，便见仁体。"① 并且，上蔡之论仁，也是论心，他说："心者何也？仁是已。仁者何也？活者为仁，死者为不仁。"② 可知，上蔡之"谓仁为活物"或"活者为仁"，既是论仁，也同时意味着"心为活物"。朱子反对谢氏"以觉言仁"之说，认为言觉或言"活物"，应首先以"识得仁体"为前提。但是"心是活物"却是朱子明确说出的。"或问：'仁有生意，如何？'曰：'只此生意。心是活物，必有此心，乃能知辞逊；必有此心，乃能知羞恶；必有此心，乃能知是非。此心不生，又乌能辞逊、羞恶、是非！'"③ 然朱子谓"心是活物"，不过是要说明心有"生意"。它和上蔡的"活物"之活同义，都是就生意上讲，侧重于言仁。到了明代，吴康斋（与弼）也常以"活物"言心，如说："心是活物，涵养不熟，不免摇动，只常常安顿在书上，庶不为外物所胜。"④ 这里的"活物"之义，已经与朱子的侧重不同。"活物"之"活"更强调的是心的活动性、难以把捉，因此，康斋认为如果"涵养不熟，不免动摇"。康斋之"心是活物"和泾阳之意纯同。

"心是活物"，"活物"最大的特征就是能动，多动则具有不确定性。与之相反，最具有确定性的，就是理或性，理或性能够"先天而天弗违，后天而奉天时"。就确定性来比较，心、性的区别显然易见。泾阳即认为心和性是有别的，其区别就在于：

> 或问："孟子云'尽其心者，知其性也'，似从性上得手；下条先言'存心'，后言'养性'，又似从心上入手，何也？"曰："心有为也，性

---

① 《朱子语类》卷一百一，第2563页。
② 《宋元学案》卷二十四，第917页。
③ 《朱子语类》卷二十，第468页。
④ 《明儒学案》卷一，第23页。

无为也。论本体，有为者必须得无为者为之张主，故知性乃能尽心；论功夫，无为者必须得有为者为之效灵，故存心乃能养性。横说是一样，竖说是一样，要看得圆。"①

这一段之要义即"心有为也，性无为也"。"有为"指心具有活动性，"无为"指性不具有活动能力。"有为""无为"之说，朱子也有，除了对释老教义的分析外，主要应用于周敦颐"诚无为，几善恶"的解释。他说："'诚无为。'诚，实理也；无为，犹'寂然不动'也。实理该贯动静，而其本体则无为也。'几善恶。''几者，动之微'，动则有为，而善恶形矣。"②朱子认为"诚"是"实理"，是"本体"，本体无为，而"几"为"动之微"，"动则有为"。本体之无为，"该贯动静"而无动静，几微之有为则指动静而言。朱子在解释周敦颐《太极图说》太极动静生阴阳时，提出"盖太极者，本然之妙也；动静者，所乘之机也"③。这里，他认为太极是本体，动静是太极"所乘之机"。"机"与"几"不同，"几"是状态，而"机"为"机关"之"机"，为载体，所以朱子谓"机，是关捩子"④。更具体的，"机，言气机也"⑤。动静即所谓"气机"，发于动机则动，发于静机则静，太极所乘者为气。因此，在朱子看来，太极（理）本体为无为，气为有为。理气的关系为"理搭于气而行"⑥。但是这种理气关系，理之主宰性不仅得不到体现，反而对气具有依附性，从而否定了理的积极作用。这与理学之强调动静有"动静之理""理在气先"等观点相违背。朱子本欲尊理，反而卑之。针对理气动静问题，在明代前期学者中已经引起比较大的反响⑦。他们认为朱子如此言理，理便成为"死理"了，理之本原地位不足以体现。

朱子论理气，理无为，气有为；泾阳论心性，性无为，心有为，二者正相表里。泾阳在理气论上持朱子的立场，故而其心性论也完全与朱子合辙共

---

① 《小心斋札记》卷十三，第169页。点校本《札记》"存心"作"有心"，误，失校。
② 《朱子语类》卷九十四，第2393页。
③ 《太极图说解》，载于《周敦颐集》，第3页。
④ 《朱子语类》卷九十四，第2376页。
⑤ 同上。
⑥ 同上。
⑦ 参陈来先生《宋明理学》之"曹端""薛瑄"二节相关部分。

贯。以此，泾阳对于阳明"心即理"说提出异议，他说：

> 阳明曰"心即理也"，固是，但恐未尽。先正言心曰"本心"，曰"真心"，到"理"字上便不须着此字；又曰"无心"，到"理"字上便不得着此字。可见，心与理亦自有辨。①

儒先言"心"常注意在使用上加以限制、辨别，心未必是"本心"或"真心"，而言理却不需要任何限制，理即是本体。并且心可以言无，理不可以言无。如是，心和理是确有不同的，直接得出"心即理"的命题还不充分。

但也应注意，泾阳对阳明"心即理"的态度在可否之间，甚至以肯定为主。他所谓"未尽"之处应即指心和理有辨，"固是"之处，当指"本心即理"。泾阳对阳明"心即理"说似乎意在作紧要的一点补充或澄清。他所谓心和理有辨，并不是要就二者在性质上作划割，而是认为不应当笼统地说"心即理"。其原因就在于上面所讲的"心是活物"，可以有不同的价值取向：

> 心，活物也，而道心、人心辨焉。道心有主，人心无主。有主而活，其活也天下之至神也，是谓众妙之门；无主而活，其活也天下之至险也，是谓众祸之门。②

此心最基本的价值取向有二，因此便有两种心：道心和人心。"道心""人心"之说最早始于《古文尚书》中"人心惟危，道心惟微"。泾阳认为其说，"直是八字打开"③，毫不含糊地表出了心的两个路向，出此入彼，绝不相滥，更无"中道"。但他又根据周子《太极图说》"无极之真，二五之精，妙合而凝"的思想，指出"即人心、道心又不是截然两物也"。"不是截然"可味，是两物但又不截然，道心、人心是两种心，却又不是两个心。二者的关系，"乃孟子论性命二条，实备发其指。是故'性也，有命焉'，盖就人心拈出道心，以为舍无极没处寻二五也。'命也，有性焉'，盖就道心摄入人心，以为舍二五没处讨无极也。所谓'妙合而凝'，盖如此"④。本书第三章第三节论泾阳之性命思想，专言其对性命关系的看法。此处他转从

---

① 《还经录》，载于《全集》，第430页。标点有异。
② 《小心斋札记》卷五，第60页。
③ 《小心斋札记》卷九，第109页。
④ 同上书，第110页。

道心、人心的角度来诠释孟子"性命二条"之旨，两对关系名异而实同。他认为"性也有命"，这是就人心指出道心；而"命也有性"，则是就"道心摄入人心"。①即道心必出乎人心之中，不能离人心，所谓"摄入"是也；而人心应存道心之正，所谓"拈出"是也。性命之关系为"知其分，便须以命御性，以性立命，无容混而为一。知其合，便须摄性归命，摄命归性，无容岐而为二"②。道心、人心的关系亦然，非一非二。泾阳上言"道心有主，人心无主"③，道心之有主，即所谓有"命"，人心之无主，即所谓任"性"。心而无主即是人心，人心而有主，便成道心。此泾阳论人心、道心的大概。

道心、人心之说，朱子有详论。他亦尝从有无主宰来区别道心、人心，其言曰："圣人以为此人心，有知觉嗜欲，然无所主宰，则流而忘反，不可据以为安，故曰危。道心则是义理之心，可以为人心之主宰，而人心据以为准者也。"④此可为泾阳有主、无主说的注脚。朱子又言："论来只有一个心，那得有两样？只就他所主而言，那个便唤做'人心'，那个便唤做'道心'。"⑤这里他则认为，人心不是无主，只是与道心所主不同。"所主"之"主"与主宰义别，犹"所从"。"只是这一个心，知觉从耳目之欲上去，便是人心；知觉从义理上去，便是道心。"⑥人心所从为欲，道心所从为理。理学主张"存天理，灭人欲"，以道德理性来主宰人心之感性欲望，消除人之私欲。朱子在《中庸章句序》中提出他有名的"必使道心常为主一身之主，而人心每听命焉"⑦之说，认此即为历圣相传指诀的实义。朱子也不认为，有道心、人心之分，便意味着有二心。他一再强调"只有一个心"，只是此心所"知觉"不同。人心圣人不无，道心恒人亦有，道心是"人心据以为准

---

① 这里应注意顾泾阳在对孟子"性命二条"分析时，他所谓的"性"与一般之性不同，而"命"与一般之性同，理学所谓"在天为命，在人为性"（程朱皆有是说）是也。
② 《小心斋札记》卷八，第106页。
③ "或问心。曰：莫辨于《书》矣。'人心惟危，道心惟微。'曰：何言乎人心、道心？曰：莫辨于《易》矣。乾，道心也，以其微，故曰'见群龙无首，吉'；坤，人心也，以其危，故曰'利永贞'。"（《小心斋札记》卷五，第60页）泾阳以乾坤分道心、人心，乾健而主，坤顺而从，亦是从有主无主上立说。
④ 《朱子语类》卷六十二，第1488页。
⑤ 《朱子语类》卷六十一，第1462页。
⑥ 《朱子语类》卷七十八，第2009页。
⑦ 《四书章句集注》，第14页。

者"。如此，泾阳道心、人心之见不脱朱子的藩篱。

心之有道心、人心之分，即泾阳所谓"心是活物"的实质。他说："从道心发来，方是至中至正，至纯至粹，至神至妙，方是'寂然不动''感而遂通'，方是'肫肫''渊渊''浩浩'，方是'不识不知'，方是'无声无臭'，方是'人生而静以上不容说'。若从人心发来，无论出于恶者，乖刺谬戾，直与道心判为两截，即其出于善者，或是偶中，或是硬做，尚与道心隔却几层，不可不察也。"①泾阳之言道心者，皆是以往论性、理之语，即他认为只有道心才是心之本体，才体现了人心之理，才是性之所然。这也是泾阳认为阳明"心即理"固是而又未尽的原因。钱渐庵（肇阳）在《性学总论》中提出的"人心无定也，道心有定也。性，道心也"②之说，泾阳表示肯定。钱说与泾阳"心有为，性无为"及"道心有主，人心无主"两说亦可以互发。

## 二　不动心及无欲

心既"极活"，既"无主"，工夫所在便欲使此心能够有主，能够不妄动。因此，泾阳强调"不动心"是工夫的极致。"不动心"之义，孟子首发之。伊川尝论孟子之功，以为其恢扩孔子之蕴，功绩甚多，首推其合言仁义与养气两点。③而泾阳则认为，"孟子拈出'不动心'三字，其功尤多也"。进而他认为，"千古圣学只是个不动心"。④

上文引泾阳言，如果此心"从人心发来"，"即其出于善者，或是偶中，或是硬做，尚与道心隔却几层"。"不动心"，不是一时"偶中"或强制把捉而然。所谓"动心"是指人心，所谓"不动心"不是使此心不动，而是指此心之动不发乎人心而发乎道心。"人心"，即朱子所谓"从耳目之欲上去"者，也即泾阳所谓习于"躯壳欲"者。人被这些欲望所驱使，蝇营狗苟，奔波不息，则背离道德价值之准则亦无所顾忌。泾阳说："人心原来只是一个

---

① 《小心斋札记》卷五，第60页。
② 《东林商语》卷下，载于《全集》，第315页。
③ 参《程氏遗书》卷十八，载于《二程集》，第221页。
④ 以上见《小心斋札记》卷六，第71页。

善，动于欲而后有不善，非其初也。"① 人心之善即道心，"动于欲而后有不善"即指"人心"。据此理，则道心为人心之本，"人心"为此心之后起。此与泾阳论性之善恶同理。因此，欲望是人心为恶的根本成因。如果在本心与欲望之间，人顺从欲望，"沿习既久，见谓固然"，"通体是欲"，则性与习倒置，本体之善为欲望所移，则不知有善而唯欲是求，恶于是就无间断。因此，人心之向道心，其关键或谓工夫之入手还在于如何消除人之形体欲望或曰气禀之欲，一语蔽之，即周濂溪所谓"无欲"②。"无欲"与"不动心"也相表里。

泾阳青少年时期师从张原洛，即已有"寡欲莫善于养心"之说。他设譬道：心是主人，官能之欲为奴仆，主人应主宰奴仆，不应受制于奴仆。③可见，心与欲的对立在他早已确立。顾氏对周子之"无欲"说更是服膺有加，他说：

> 早来思"无欲"二字最妙。无欲则虚，虚不窒矣。无欲则清，清不涸矣。无欲则刚，刚不屈矣。无欲则简，简不劳矣。无欲则静，静不扰矣。无欲则高，高不俗矣。④

> 看来看去，吾人千病百痛，只是欲为之胎；做来做去，吾人所以赶不上圣贤，只是欲为之祟。周子特提出"无欲"二字，正从咽喉下着刀，只寸铁便能杀人。故曰：拚得性命，方了得性命。⑤

> 人须是无欲，方得自由自在。只些子未净，凡事便不免左顾右盼，婉转周旋，惟恐妨碍了这些子。到底这些子未必能如吾意，那许多周旋处都枉了。⑥

"欲"是人类一切不良问题之总根源，是人之所以不能为圣为贤的最终障碍。因此，"无欲"之功，正是斩断根源、消除障碍之总要领。"无欲"则纯是此心之本体，故虚、清、刚、简、静、高，而"自由自在"，臻于诸种妙境。泾阳还认为"无欲"之境界，其所到也有数等，"龟山先生门下相传

---

① 《小心斋札记》卷三，第38页。
② 所谓"无欲故静"。
③ 参《小心斋札记》卷四，第48页。
④ 《小心斋札记》卷十三，第163页。
⑤ 《小心斋札记》卷九，第111—112页。
⑥ 《小心斋札记》卷四，第47页。

教学者'看喜怒哀乐未发前气象',此为入门;'富贵不能淫,贫贱不能移,威武不能屈',此为升堂;'毋意,毋必,毋固,毋我',此为入室"。① 入门者,是求识本体之本来无欲;升堂者,是断除外在势利之显的无欲;入室者,是销绝内在念虑之微的无欲,工夫逐渐入精入细。

在人的欲望当中,其首要者为人的躯体之生死问题,而其显要者则有好利之心和好名之心,②此皆为人所当克服超脱者。泾阳有"真心""凡心"之说,其言曰:"论真心,性命重而躯命轻;论凡心,性命轻而躯命重。"③此言人之命有"性命"和"躯命"之别,人的正命为"性命",然人恒情所困者在"躯命"。他又有"有形之生死"和"无形之生死"之说,其言曰:

>"人身之生死,有形者也;人心之生死,无形者也。"众人见有形之生死,不见无形之生死,故常以有形者为主,情欲胜而道义微。即其耳目人也,口鼻人也,四肢人也,不过行尸走肉已耳。圣贤见无形之生死,不见有形之生死,故常以无形者为主,道义胜而情欲微。即其耳目人也,口鼻人也,四肢人也,固已超然与造物者游矣。而今理会生死,须把这二字勘得明白,然后可。④

此则言人有"有形之生死",也有"无形之生死","有形之生死"易见易胜,而"无形之生死"难知难胜。"有形之生死"即是"人身之生死",代表着人的诸种情欲,亦即"躯命";"无形之生死"即是"人心之生死",代表着正理道义,亦即"性命"。泾阳认为人应以道义之心为重而以道义胜情欲,所谓"道义胜而情欲微""性命重而躯命轻",这也即为朱子"道心为主而人心听命"之意。泾阳二十岁左右时尝遇"玄客"授四语:"若要生此身,除非死此心。此心若不死,此身安得生?"他在丁未(1607年)东林讲会上"反而赓之"以四语:"若要生此心,除非死此身。此身若不死,此心安得生?"⑤他所要表达的也是在人身之生死和人心之生死之间,应以人心之生死为本,且销尽人身之生死念头,才能得到人心之生机的释放。泾阳上

---

① 《小心斋札记》卷十三,第163页。
② 参《札记》卷一第29条,卷八第11、14条等。
③ 《东林商语》卷上甲辰,载于《全集》,第276页。
④ 《小心斋札记》卷六,第75页。
⑤ 《东林商语》卷上丁未,载于《全集》,第306页。

言,"拚得性命,方了得性命",便为此意。①

"罔之生也幸而免",生犹死也。圣人盖曰:人不得草草而生也。"朝闻道,夕死可矣",死犹生也。圣人盖曰:人不得草草而死也。死生之际,大矣哉!②

人之有生有死,"死生之际大矣哉",皆应善加"理会",不应草草了当。顾氏强调,人之一生"应不堕生死堑中"③。生死为佛理所喜谈,泾阳认为,"不但佛氏,即吾儒亦只是理会生死",孔孟就有不少生死之说。但是儒家的生死之说,在表面看来,极力压抑人对躯体生死问题的关注,却似对生死持轻视的态度。泾阳解释道:"以生死为轻,则情累不干,为能全其所以生、所以死而生死重。以生死为重,则惟规规焉躯壳之知,生为徒生,死为徒死,而生死轻矣。然则以生死为重者,正不免堕生死,而其以生死为轻者,乃其深于理会生死者也。"④儒家对待生死,不是厌离生死,也不是超脱生死,更不是汲汲于生死之间。儒家对待生死的态度,不在生死上,而在"所以生、所以死"上。其所自期与力践者应为"全其所以生、所以死"⑤,或曰"尽其道而生,尽其道而死。……不以生而生,不以死而死。此之谓理会生死"⑥。如是,理会生死,即求明、求合乎死生之道,尽其道即全其道,从而归还于生赋之天。只有真正尽乎死生之道,才算有真生死。形骸之死生为浅,义理之死生为大,尽道全归,在儒家看来才是生死之最高境界,因此其看死生若轻而实重。并且,这种尽道之生死,不是简单地克治自己重生恶死之念而要生死一齐放下,此乃一种道理上的彻底觉悟。"如此且无生死可言,而所谓'一齐放下'者,亦成剩语矣。若曰那个是生,那个是死,那个死的要他生,那个生的要他死,恰好堕生死中也。"⑦

---

① 此处两"性命"义不同,前者为"躯命"。
② 《小心斋札记》卷一,第7页。
③ 同上。
④ 以上见《小心斋札记》卷六,第74页。
⑤ "天地全而与之,人全而归之是谓仁人。父母全而与之,子全而归之是谓孝子。善乎!荆川先生之言之也,曰:'生时一物带不来,此物却原自带来;死时一物带不去,此物却要还他去。'吾儒之理会生死,盖如此。"(《小心斋札记》卷六,第75页)此条亦言尽道全归之义,全归者此道也。
⑥ 《小心斋札记》卷六,第75页。
⑦ 《东林商语》卷上丁未,载于《全集》,第306页。标点有异。

## 三　断名心、利心

在泾阳眼中，死生问题十分重大，不但是生物学上的问题，更具有道德层面的意义。人应当追求更高级的死生价值，而不是沉溺在肤浅之形骸死生的好恶当中。但死生的意义要综观人一生的行事才能有所评价，所谓"盖棺论定"。名利之心的问题较之生死问题更切近人的当下，名利之心为人的欲望之直接呈现。

> 贫贱富贵是眼前事，死生是末后事，其理只一般。若要末后超得过，须是眼前超得过。若是眼前超不过，末后何由超得过？故功夫只在平时，若非死心塌地，将躯壳念头十分洗尽，纵饶你孙、吴之智，仪、秦之辩，贲、育之勇，输、墨之巧，到这里，都使不着。①

"贫富贵贱"，名利在其中。名利之心皆起于人之自私而有所求，为人欲望之两大端。名利问题与死生问题也并不相外，泾阳以"眼前事"和"末后事"说明二者的关系。死生属于比较终极的问题，然死生问题亦要经由名利问题之审核方能判定。死生意义之崇高与否，即在人是否能够超越名利之心的牵扰，换言之，即用心是否纯粹。人之利心，如求饱食安居，如货殖等。但是利心也有粗细，如货殖，"粗看来便粗，细看来便细"②，计然、猗顿之徒为粗，而舜之"有天下而不与"，方入细。入于细处，则利心就不易为人觉察。名心与利心也往往相互纠葛，难以划清，名心常以利心为本。孔子言"朝闻道，夕死可也"，泾阳认为，孔子所言之道，才是最高尚的，"超乎贫富之外，不以贫富为丰啬者也"，"超乎贵贱之外，不以贵贱为加损者也"。③君子应以知道为贵，应以志道为心，不应以名利为心，"吾人之所以安身立命，昭昭在富贵贫贱寿殀之外矣"④。

"利根断，方能充无欲害人之心；名根断，方能充无穿窬之心。"⑤人应当断除名根和利根，才能杜绝恶的发生。对于好利、好名之心，泾阳所辩白者亦甚多，有可注意之处。他认为，名利之心固不当有，但是不能有"薄

---

① 《小心斋札记》卷八，第102页。
② 《小心斋札记》卷四，第51页。
③ 《小心斋札记》卷八，第101页。
④ 同上书，第99页。
⑤ 同上。

视名节之心"和"薄视事功之心"。因为名节一丧,则"其流必且至于卑琐而无检",事功一轻,则"其流必且至于孤高而无实"。①特别是好名之心,尤其不能一概而论。他赞成"须拔去名根,乃是第一义耳。信乎其第一义也,吾焉得而訾之?"但是他察觉到"无好名"有圣贤之论和流俗之论,从圣贤之"无好名"则可,从流俗之"无好名"则不可。因为,圣贤之"无好名"乃因"好名一念,上之有碍于天理,是故在善中为恶",须加去除;而流俗之"无好名",乃因"下之有碍于人欲,是故在恶中为善"。②流俗欲附和"无好名"之声来排除施加在私欲上的道德束缚,"好名"之说对于抑制邪恶是有帮助的,应予扶持。"圣贤之论曰'无好名',流俗之论亦曰'无好名',然而在在圣贤将以成就君子也,在流俗将以败坏君子也。两下用心,直是判然天渊,何得借用?"③且泾阳另有一说:"好名,中人所不免,由中人以上则不屑也,由中人以下则不能也。"④"不好名",或为"不屑"之不好,或为"不能"之不好,概言"不好名",则未必无小人自掩之计,欺世盗名,以"不能"而充"不屑"。因此,"好名"虽不可取,然权衡来有善有不善,应区别对待,不能举而非之,"不好名"亦不可举而是之。

泾阳对"好名"之心的维护,乃是针对当时心学发展突破名检之狂流而措意,他尤其以王龙溪为代表。泾阳尝读罗念庵《三游记》,认为其中所述龙溪之指,"总是要人断名根"。"断名根","这原是吾人立脚第一义",但龙溪所言"打破毁誉关,即被恶名埋没一世不得出头,亦无分毫挂带","则险矣,这便是为无忌惮之中庸立了一个赤帜"。"不好名"可能只是一个幌子,其中很有可能埋藏着利根,如此反便于人欲之流行。泾阳认识到,名根、利根能够倚伏,必以断绝利根为先,断名根才能保其无失,名根之断不可仓促。"利根是粗尘,名根是细尘。断得利根,却说断名根,委是入细头路。若利根不断,漫说要断名根,吾恐名根愈死,则利根愈活。个中包裹藏伏,有不可胜言者。"⑤空言断名根,若不以断利根为先手,则不但名根断不了,

---

① 《小心斋札记》卷四,第47页。
② 以上见《小心斋札记》卷二,第24页。
③ 《小心斋札记》卷九,第117页。
④ 《小心斋札记》卷二,第23页。
⑤ 同上。

利根且滥入而盘固其中,所以顾允成谓:"'不好名'三字,是恣情纵欲的引子。"泾阳认为:"名未有不从为善来者也,故利之于善也远,而名之于善也近。利根断,自当反恶而之善;名根断,容有借口'善之近名',委而不为以自便者矣。故'不好名'三字,又是为善的反间也。"① 名心与利心不同,利心无所可取,而名往往从为善来,因此名心犹可以鼓动人向善。混言"不好名",人们将避"好名之嫌",实际上可能因善近名,亦避"为善之嫌"。故"不好名"的结果可能是"避好名之嫌,则无为善之路,难乎其为君子!避为善之嫌,却有为恶之路,便乎其为小人!"② "不好名"则无所忌惮,此泾阳所以谓龙溪之"打破毁誉关"为"险"语。名之所归,往往代表了社会公众对特定行事的认可赞许,具有积极的教化功能。无论是实至名归,还是有名无实,自社会方面之表彰价值言,仍有益处,不可轻易抹杀。东林以君子自许,砥砺名节,甘冒天下之大不韪,舍生忘死,弹讥时恶,这种全意为善、不为"不好名"的流俗论调所羁束蛊惑的信念,应当发挥了重要的推动作用。

总而言之,人心是"活物",其所从的价值取向不同,则有道心和人心之分。"人心"易有,"道心"难得。人之所以有"人心",乃因人之欲望力强,使人心向躯壳念去,追逐名利,不了生死。因此,人应断除利根和名根,特别是以断除利根为先为要。名利心尽,死生便皆能得其正。此儒家"安身立命"之所务。

## 四 "小心"

上言,心为"明师"、为"严师",今知如果放任此心,由其习性,便至于为善成畏途,作恶有借口,故又当"以师心自用为大戒"③,泾阳在一般性地谈及入门工夫时指出:"同志聚晤,往往论及初入门功夫,诚切务也。第此处亦难指定耳,才指定便未免因药发病,故必从性地入方稳。"④ 工夫的着力点和实践方式各有不同,不必专门执定,理应灵活对待,然而其间

---

① 以上见《南岳商语》,载于《全集》,第360—361页。文从康熙本。
② 《小心斋札记》卷六,第76页。
③ 《东林商语》卷上乙巳,载于《全集》,第279页。
④ 《小心斋札记》卷八,第102页。

利弊小大、轻重亦各异，不容放任自流、不加辨析，而尤以从性上入手为可靠。泾阳反对阳明"心即理"说，即反对其径以心立宗旨，而特别强调性之作用。他解释说："心何尝不可为宗？然而心之所以为心，非血肉之谓也，应有个根柢处，性是已。舍性言心，其究也必且堕在情识之内，粗而不精。"① 立说提宗，不能单以一"心"字，言心不可以脱离性，应以性御心，防其自用而流入情识途中。性者，此心之准则也。泾阳认为，就初学工夫而言，如果不得已要有所指示的话，有两种教法较为可取：一是周敦颐令程子寻孔颜乐处所乐何事，一是杨时门下所传教人静坐看喜怒哀乐未发作何气象。尽管如此，二者并非最佳的、便于操作的方法。《论语》"吾十有五"章有"七十从心所欲不逾矩"之言，乃孔子自道为学之大成。顾氏特别感悟于此，反复发明心、学、矩之义，进而提出他的"小心"说。

"就众形而言，心为之主；就心而言，矩为之主。"心为人身之主宰，而心亦有主宰，矩是心之主宰或准则。心和矩之间，其关系为"以为二，何得言'从心所欲不逾矩'？以为一，何必言'从心所欲不逾矩'？非二非一之间，率尔不辞，必受人驳，默体而自得之可也"②。心与矩非一又非二，非一故心当从矩，非二故心可从矩。这种微妙非言辞可达，须默加体认。

正因心、矩非自然而一，所以从心未必是从矩，从矩未必能从心。人心之有矩，"所谓矩乃是个天然恰好的方法"，泾阳认为：

> 若不明明研究，细细体贴，密密持循，紧紧收摄，绵绵保任，但靠自家意见作主，任自家意气发挥，无乃从心不从矩？于是乎有学。学则一点一滴，俱不容草草抹过矣。然而求之也，未能至之也；即之也，未能安之也。无乃从矩不从心？于是乎学之……六十不已而七十，阅如是之岁月，萃如是之精神，殚如是之勤劳，历如是之阶级，方才表里精粗打成一片，从心便是从矩，从矩便是从心，随其所欲，无之而不可耳。③

从心较从矩而言，是相对容易做到的，认识到心之有矩便已不易，而能从心亦从矩，则最为困难，其间需要不断地"学"以致之。就孔子而言，泾阳认为孔子十五以前为"从心所欲而未必不逾矩"，十五以后则为"不逾矩

---

① 《经正堂商语》，载于《全集》，第339—340页。标点有异。
② 《虞山商语》卷中，同上书，第245—246页。
③ 同上书，第249页。标点有异。

而未必从心所欲"，直到七十才可以说真正达到了"从心所欲不逾矩"，也即心、矩的合一。圣人犹且如此，可见心、矩需要长期磨合，从心亦从矩乃一生不断为学的过程，这个过程不可缺少。就宋代理学和明代心学来说，泾阳认为，理学学者可以说做到了"不逾矩"，而未必做到了"从心所欲"，心学学者"直是从心所欲而未必其不逾矩"。同样的"从心"，有学前之"从心"和学后之"从心"，有不从矩之"从心"和从矩之"从心"，其间有很大的差异。

泾阳从心未必从矩之论，正是要揭露心学的过失。他认为心学之流于放纵其心，"此不知学之过也。非惟不知学之过，实不知矩之过也"①。心不能离矩，从心和从矩亦不能片面只言其一，泾阳在理学和心学之间所持的立场是折中的，但从矩又明显更见偏重。

> 这章书（"吾十有五"章），是吾夫子一生年谱，亦便是千古作圣妙诀。试看入手一个"学"，得手一个"矩"，中间特点出"天命"二字，真是血脉准绳，一齐俱到。……提这"学"字，乃与人指出一大路，以为由此，虽愚者可进而明，柔者可进而强，但一念克奋，自途人而上，个个做得圣人。此吾夫子所以曲成天下万世于无穷也。提这"矩"字，乃与人指出一定则，以为到此，虽明者有不得自用其明，强者有不得自用其强，但一丝稍岐，任他殊能绝行，总总犹是门外汉。②

儒学以成圣为期，孔子是圣人的典型，孔子自述学问成就的经历存乎"吾十有五"章之中，因此，泾阳谓此一章为"千古作圣妙诀"。其"妙诀"即在"学"和"矩"二字，"只此二字，吾夫子全体精神和盘托出"。③"学"字指示了"作圣"的途径，也暗示了人人"作圣"之可能性，只要通过学，人人都能"做得圣人"。"矩"字则指出此心之"定则"，心有定则，所以必以合乎定则为有所成就，茫然不知此定则，纵有智力，一切全凭自用，皆与作圣之道无关。

泾阳认为"吾十有五"章夫子之"作圣妙诀"即其"小心诀"。他说：

---

① 《虞山商语》卷中，载于《全集》，第250页。
② 同上书，第241—242页。
③ 同上书，第251页。

> 此章要看第一句"学"字，末一句"矩"字，两字首尾呼应，最可味。是故谓之"学"，便见虽圣人亦不敢一毫自家主张，知有矩而已矣；谓之"矩"，便见虽圣人亦不敢一毫违他主张，知有学而已矣。岂不是个小心诀？"①

"小心"二字，其于泾阳之思想，重要性与"性善"相当，且与"性善"互为因果。泾阳三十六岁休假家居，盖有悟于政治之险巇，名所居为"小心斋"。四十五岁，革职家居，条其所思所得，作成札记，亦名之为《小心斋札记》（下文简称为《札记》）。六十二岁，《札记》之绝笔"语本体，只是'性善'二字；语工夫，只是'小心'二字"②，披沥肝胆，存驻精华，仍归于是。《札记》中直言"小心"二字处不甚多，但泾阳自道："吾所言无非此二字，只是不曾牵名道姓耳。"③ 顾氏言则"性善"，居则"小心"，非性善何以小心，非小心何得性善？此二者为本体、为工夫，不可或缺，所谓"互为因果"，而为顾氏全部主张之纲领也。

"小心"为工夫，其义简言之即"小心以从矩"，这也是"学"的内涵。因此他说："心不逾距，孔子之小心也。心不违仁，颜子之小心也。"④ "小心"与"大心"相对，"大心"便近乎放心，无所取则，所谓"师心自用"是也。心之有矩，"虽圣人亦不敢一毫违他主张"，必学以从矩，丝毫不能自用。泾阳认为"吾十有五"章，道出了孔子之"小心诀"，《乡党》一篇则"恰章章写出小心图"，他说：

> 《乡党》一篇，乃是门人到处体察，到处描画，恰如章章写出小心图。末章拈出"时"字，尤妙！"可以仕则仕，可以止则止，可以久则久，可以速则速"，时也。时未至，圣人不敢先也；时既至，圣人不敢后也。⑤

"可以"四句乃孟子形容孔子之语，孟子认为孔子是"圣之时者"，"自有生民以来，未有孔子也"，故愿学孔子（见《孟子·公孙丑》）。圣人也可

---

① 《小心斋札记》卷十二，第157页。
② 《小心斋札记》卷十八，第216页。
③ 《小心斋札记》卷十二，第157页。
④ 《小心斋札记》卷十八，第216页。
⑤ 同上。

以有不同的类型,有"圣之清",有"圣之和",然孟子认为"圣之时"是圣人的最高境界。圣人之时,就是《中庸》所讲的"时中",随情势的变化而皆能处得其当,不执不滞,亦不波不流。泾阳极推崇孔子之"时"。"时"与"小心"之义密切相关,所谓"章章写出小心图",即时时处处表露出孔子行事"小心"之状。因此,"小心"之一义就是要随时而宜,时变则事变,当时时以"小心"应对。泾阳又谓:"无可无不可,是孔子小心处。"① 他认为,"时"字"正所谓无可无不可也"。② 然"时"义与"无可无不可"义比较,后者比前者似能彰显更多的内涵,更能道出"小心"之实质。"时"主要是突出一种变化,固然此变化有着深层的根据,而"无可无不可"则"时"义自在其中。"可者因而可之,圣人未尝敢自有其可也;不可者因而不可之,圣人未尝敢自有其不可也。这是甚么样小心!"③ "可"与"不可"皆不以自我为标准,而是一切以事情之义也即所谓"矩"为标准,此足表明无论可、不可,都不是出于私心。

泾阳立论,于诸家纷纭之说,往往持包容并收、融会贯通的态度,主在适用,在工夫论方面亦不例外,如《札记》卷四有一条典型的表达:

> 圣人之言,高如天,平如地,其间种种具备,处处圆通。是故,见以为主静,无往而非主静也者;见以为主敬,无往而非主敬也者;见以为穷理,无往而非穷理也者;见以为致良知,无往而非致良知也者;见以为修身为本,无往而非修身为本也者。只看人如何体取。若执一说以格诸说,则固而已矣。"④

泾阳认为,宋明理学的不同工夫论,其最终的实质是相通的,即以"无往而非"表示此意,诸说只是在应用上有其偏主。传统及流行的为学工夫,与泾阳之主张小心也本可相通。"恭主容,敬主事。有事着心做,不易其心而为之,是敬。"⑤ 朱子所谓"不易其心",就是"小心"之意,此其论敬之语。可见,泾阳之"小心"本合于理学主敬之修养方法。程朱理学甚

---

① 《小心斋札记》卷一,第8页。
② 《小心斋札记》卷十二,第157页。
③ 同上。
④ 《小心斋札记》卷四,第42页。
⑤ 《朱子语类》卷六,第122页。

言主敬。如伊川论敬为"主一无适","主一,则既不之东,又不之西,如是则只是中",[①]与泾阳"小心"之"无可无不可",只是要合一个矩,其意思相同。谢上蔡又特别提出"敬是常惺惺法",欲使此心常觉,随事之来而应之,不为事情所纷扰。[②]尹和靖言敬,又提出"其心收敛,不容一物"之说。[③]此数说言敬精矣,然而泾阳却没有简单袭用。

他认为,此数说"总不出'小心'二字,此二字亦何尝不精!且执涂之人而告之曰'主一无适',曰'常惺惺法',曰'其心收敛,不容一物',正恐茫然。有如告之曰'小心',谁不晓了?及其至,即尧舜犹病。此最易知,最易能,又最无穷尽者也"[④]。"主敬"之于理学,乃工夫之要领,理学工夫论之言"主敬"可以和本体论之言"理"作为新儒学之重大发明相提并论。今在谈到心的修养方法时,泾阳显然并没有归宗于理学,而是本其对时代风气之观察及其内心之体会,提出"小心"之说,并把理学所言主敬之数义,归纳入"小心"之内。他的理由是,理学所言数义,不如"小心"二字"易知""易能",且可以"无穷尽"。换言之,理学的方法,终究带有学究气味,可以流行于士大夫阶层,却不是普通百姓明白易晓的,因此,在适用的普遍性上就存在问题。就"小心"一方法而言,常人可行,圣人不尽,所以人人都适用,这是它较"主敬"诸说的优势。泾阳还强调,"小心"不仅是针对世俗之"放胆"的"对症之药",而且"不论有病无病,都少他不得"。[⑤]"小心"是一般的修养工夫。由于对工夫之平易程度的强调,泾阳对理学之主敬说不甚同情,舍而不言,独是"小心"之法。从此一端,也可以看出明代儒学与宋代儒学风格之不同,明代儒学乃大众之儒学,其世俗性更鲜明,不但学理上发明贯通于人人之旨,且工夫上亦求能面向适用于普通百姓。

宋儒之"主敬",其实义以"主一"为主,也即要保持内心之凝聚、不

---

① 参《宋明理学》,第82页。

② 同上书,第103页。

③ 参《宋元学案》卷二十七,载在《祁氏师说》,原作:"且如人到神祠中致敬时,其心收敛,更不着得毫发事,非主一而何?"以上程、谢、尹诸说,泾阳当转引于《大学或问》,参《朱子全书》第六册,第506页。

④ 《小心斋札记》卷十二,第158页。

⑤ 同上。

教四处游走,从而使此心能够清明而不纷乱,天理之作用便能够顺利透发出来。"主敬"更多的属于一种心理状态,并不是主于理或其他专门之物。泾阳之"小心"确实属于宋儒之"主敬"范畴,但泾阳之"小心"在合矩的意思上,用力似乎显得稍重。

此外,"小心"尚有一层关系需待说明。"语人心曰'惟危',语道心曰'惟微',又曰'出入无时,莫知其乡',语独曰'十目所视,十手所指',语人之所以异于禽兽者曰'几希'。读其言,想见圣贤满腔子都是一个战兢恐惧之心。"① 此圣贤满腔所有之"战兢恐惧之心",即泾阳常所谓之"小心"。如此,"小心"似甚拘束劳苦,不得自在。这一问题在理学初期便已经突出。二程夫子皆主敬,但伊川之主敬偏于严肃派,强调内心之敬畏与外表之齐整,内外一致,不容懈怠;而明道则偏于洒落派,诚敬并提,反对过度把持,强调境界之浑然、自然及内心之和乐。泾阳之前辈唐顺之,也提出"小心"作为对治时代之病的"灵药"。在他看来:"小心非矜持把捉之谓也……以为洒脱与小心相妨耶?惟小心,而后能洞见天理流行之实,惟洞见天理流行之实,而后能洒脱,非二致也。"② 敬畏与洒落,泾阳在处理"小心"问题时已注意到,并加以解决来完善其"小心"之论。他认为:"究其实,洒落原非放纵,乃真敬畏;敬畏原非把持,乃真洒落。如必免于如临如履之惧,方称大休歇,则是洒落必废敬畏,敬畏必碍洒落。自古圣贤忧勤惕励,汲汲一生,却成个大劳攘矣。殆不其然。"③ 泾阳之"敬畏"则不敢自用而敬畏于天命之矩也,其"洒落"则无所自用而凭恃天理之流行也。真敬畏而后能真洒落,真洒落方是真敬畏,敬畏与洒落毫不矛盾,而互相贯通。人以为持敬有碍洒落,洒落有乖持敬,这是"习情",而"尚解悟的不无露出个脱洒相来,尚修持的不无露出个庄严相来,这是习气"④。"习气"和"习情"都应当抛弃,洒落应本之敬畏精神,敬畏应能做到洒落地位,这样才完备充分。因此,"小心"作为工夫,并不是加人以束缚,同时也是自得安乐之道。

---

① 《小心斋札记》卷一,第3页。
② 《明儒学案》卷二十六,第599页。
③ 《小心斋札记》卷九,第119页。
④ 同上书,第121页。

## 第三节　论良知、良能

黄宗羲谓:"有明学术,从前习熟先儒之成说,未尝反身理会,推见至隐,所谓'此亦一述朱,彼亦一述朱'耳。……自姚江指点出'良知人人现在,一反观而自得',便人人有个作圣之路。故无姚江,则古来之学脉绝矣。"① 良知之说,始于孟子,而阳明张大之,遂赫然成为有明中后期思想界一大宗旨,波谲云诡而变相层出。

### 一　良知的两个基本问题

阳明之学,心学也,其学本从朱子突破出来,进而与朱子之理学势相对立者。其初亦不过是彻悟于"心外无理"而已,此与象山心学并无二致。然阳明对于心学的推进,就突出表现在他晚期更经常地越"本心"而言"良知",提挈"良知"以为宗旨。"良知"虽为旧名词,然良知学却是阳明综合四书等儒家文献及个人之艰险经历而发明的新学问。阳明言良知,仍不脱离心。他说:"心者身之主也,而心之虚灵明觉,即所谓本然之良知也。"又曰:"吾心之良知,即所谓天理也。"② 又曰:"良知者,心之本体,即前所谓恒照者也。"③ 可见,良知是"心之良知",阳明之良知学仍是心学的范畴。但良知学较心学,显然要更深化、更尖端。言"本心"犹然以体为主,不见其用,若欲明"本心"之妙用尚需一转方及,如阳明谓"心之虚灵明觉"是也。言"良知"则良而知、知而良,"知"其妙用,"良"其本然,一言而无不兼赅,体用俱在。且心学命题"心外无理",亦可表达工夫在心不在外物,然尚属笼统,少下手处;良知之说,则当下一念,知是知非,是则是之,非则非之,直截了当,更无曲折,但诚不自欺,便是工夫。良知学之进步,一言之,即中国哲学由实体化之本体论向作用论或功能论之本体论转变,体有逐渐被消解在用之中的趋势。这也可以说是心学对理学由体出用之形上本体论的一种革新,转而入于即形下见形上,即作用见本体的本体论观

---

① 《明儒学案》卷十,第178页。
② 以上见《答顾东桥书》,载于《王阳明全集》,第47页。
③ 《答陆原静书》,同上书,第61页。

念当中。

由于体用观念本身就是理学二元论的产物,为理学分析方法和分析模式之精练,因此容易导致体用之分立或曰两截。就阳明之良知说来讲,"良知"二字本身就显示了作用,阳明谓"心之虚灵明觉,即所谓本然之良知也",则尤其说明良知属于心之作用。但一学说若能成立,如未能从本体上安立,便成无根。因此,阳明良知学的重点就是说明"良知"的本体性。他说:"吾心之良知,即所谓天理也。"又曰:"良知者,心之本体,即前所谓恒照者也。"① "良知"之"良"字用来说明良知之先验,此"知"乃本于天,是"天理",是"心之本体"。但阳明谓此"心之本体"即"恒照",仍是就作用言。可见,阳明虽把良知看作本体,依然脱离不开作用一面。当然阳明指良知为本体,并不是要消除其作用,相反是要给其作用以最高的地位。阳明良知之作用,并不是禅宗所谓之"作用是性",混手足之用为性。他说:"良知只是个是非之心,是非只是个好恶","知善知恶是良知"。良知的作用是对好恶之道德情感及是非善恶之道德意识的知觉和裁判。这才是阳明所谓的"良知",这才是他所谓的"知"之"良"。

在阳明的思想中,良知既是用,又是体,且良知之用如"恒照"② 即本体。良知是本体性的作用,非感觉层的作用。这一点,可以从阳明之反复强调良知之为"未发之中"及良知无分寂感、动静来说明。他说:"心之本体(良知),无起无不起,虽妄念之发,而良知未尝不在,但人不知存,则有时而或放耳……若谓良知亦有起处,则是有时而不在也,非其本体之谓矣。"③此言良知非"起",其知为本体之照;良知非"不起",其照恒在,良知无时不在。又曰:"性无不善,故知无不良,良知即是未发之中,即是廓然大公、寂然不动之本体,人人之所同具者也。"④ 又曰:"'未发之中'即良知也,无前后内外而浑然一体者也。有事无事,可以言动静,而良知无分于有事无事也;寂然感通,可以言动静,而良知无分于寂然感通也。动静者所遇之

---

① 《答陆原静书》,载于《王阳明全集》,第61页。
② "照"为照知之义。
③ 《答陆原静书》,载于《王阳明全集》,第61—62页。
④ 同上书,第62页。

时，心之本体固无分于动静也。"① 阳明谓良知为"未发之中"，并不是即指良知为未发，与已发相对，言"未发之中"即相当于言本体。总之，阳明认为良知就是本体，良知本体是"无起无不起"，"无分于有事无事"，"无分于寂然感通"，"无分于动静"的，当然也无分于已发、未发。良知作为"未发之中"，与已发未发之"未发"是不同的。已发未发之"未发"属于作用层，"未发之中"属于本体层。泾阳对此已有注意。朱子论"明明德"有"因其所发而遂明之"语，泾阳疑"直当求之未发之前，何待发而后致力耶"，后悟"未发已发之发，是就一念之寂感说；因其所发之发，承'有时而昏'来，是就一念之通塞说"。"本体之明有未尝息处"，然气拘物蔽遂有时而昏，"因其所发"乃因本体之明的有限透露，非发动之发，故此"发"仍是本体之发。② 本体层的良知有"恒照"故有恒用，是绝对而非相对，谈不上已发未发的问题。即事之良知，所谓已发者，实际仍是本体良知，有事时的良知和无事时的良知为同一良知本体。"无知无不知，本体原是如此。"③ 此最足以说明阳明对良知之认识。"无知"所以为本体，"无不知"所以为作用，此用无时不有。陈来先生也谓："对于良知而言，'意之本体便是知'和'发动之明觉便是知'并不矛盾，良知即是本体，也是发用。"④ 在阳明，其以良知即体即用，以作用之良知为本体之良知，良知兼体用，体用合一，此固属无疑。

然阳明之后，良知异见于是林立。王龙溪曾经对其中的代表性观点进行了两种概括及批评。⑤ 合而论之，所谓良知异见：有谓"良知主于虚寂，而以明觉为缘境界"，龙溪以为此"自窒其用"；有谓"良知主于明觉，而以虚寂为沉空"，龙溪以为此"自汩其体"；有谓"良知无见成，由于修证而始全"，龙溪以为"挠其体也"；有谓"良知本来无欲，直心以动，无不是道，不待复加销欲之功"，龙溪以为"销欲正所以复还无欲之体"；其他谓"学有主宰，有流行"，"而以良知分体用"，又如"求之有本末，得之无内外，而

---

① 《答陆原静》，载于《王阳明全集》，第64页。
② 以上见《小心斋札记》卷十，第131页。
③ 《传习录下》，载于《王阳明全集》，第109页。
④ 陈来：《有无之境：王阳明哲学的精神》，北京：生活·读书·新知三联书店，2009年，第191页。
⑤ 参陈来：《宋明理学》第五章第五节，北京：生活·读书·新知三联书店，2011年。本段所引文字俱出此处。

以致知别始终",此皆折中之见,欲两全者。

就此数见,所谓良知异见,有两大根本问题,即良知是体是用的问题和良知需不需要工夫的问题。其中诸家难免各执一端,而良知是体是用、有工夫无工夫遂成此后学者聚讼之府。顾泾阳之论良知,重点也是围绕这两个基本问题展开。

## 二 良知良能为体用之间

泾阳对良知说是衷心认可的。他有时指责阳明之良知为其个人之良知,然对阳明之良知说,总体亦是肯定的,虽有异词[①],多出激愤[②]。他认为"阳明生平之所最吃紧,只是良知二字",且其讲良知为"全提"。他说:"阳明之于良知有专言之者,'无知无不知'是也;有偏言之者,'知善知恶'是也。""专言之"即兼体用而言,"偏言之"但言其用。阳明言良知极灵活多样,虽有偏言,但对良知的看法并不片面。其之所以有"知善知恶是良知"之说,似乎以用言良知,泾阳有一种理解,他说:"只缘就《大学》提宗,并举心、意、知、物,自不得不以心为本体。既以心为本体,自不得不以无善无恶属心。既以无善无恶属心,自不得不以知善知恶属良知。参互观之,原是明白。"在阳明后的良知学发展中,泾阳认为罗念庵(洪先)和王塘南(时槐)先后对良知学甚有救正的功劳。罗氏谓"知善知恶之知,随发随泯,当于其未发求之",泾阳以为此是"恐人执用而忘体";王氏谓"知善知恶乃彻上彻下语,不须头上安头",泾阳以为此是"恐人离用而求体"。[③]这说明,泾阳意识到了,良知学的发展,其间良知之体用问题很是关键,阳明本"全提"良知,后世逐渐偏堕在体用之一边了。所以他认为:"自阳明以来,谈良知者几且盈天下矣。徐而察之,其于良知似犹在离合之间也。"[④]

---

[①] 如泾阳以为阳明个人之知,为牵合孔孟、《大学》之说等。其中最主要一点,阳明以良知为性,而以性为"无善无恶",泾阳以为其良知自不能不以"无善无恶"为基础,因此其言良知与孟子言良知"其名同,其实异矣","乃欲以告子宗旨讲孟子学问"。(《还经录》,载于《全集》,第437页)但他也特别肯定阳明知上点出一"良"字及"性无不善,故知无不良"之说。"良知"与性无善无恶,二者之间的差异还是明显的,良知特别强调先天之"良"。泾阳对阳明性无善无恶说坚决反驳,而对良知则每每赞同、维护。他对良知的异词,更多属于波及和顾虑。

[②] 对阳明学说之评价详见本书第二章第三节。

[③] 以上俱见《小心斋札记》卷十八,第207—208页。

[④] 《小心斋札记》卷二,第18页。

泾阳反对"以意念为心，照察为知"[①]，因这种理解流于表层现象，不够深刻。对"心""知"二字的诠释，泾阳赞同朱子的定义。朱子在《集注》中谓："心者，人之神明，所以具众理而应万事者也。"[②] 又在《或问》中谓："若夫知，则心之神明，所以妙众理而宰万物者也。"[③] 常情多以心为主宰，以知为心之用，然朱子却以"应万事"属心，以"宰万物"属知。顾氏认为这并无不当，正见朱子解析之精密。他说：

> 心与知，一而二，二而一者也。"心统性情"，"具众理"，性也，心之体也；知则在体中为用，故以"妙众理"言之。"应万事"，情也，心之用也；知则在用中为体，故以"宰万物"言之。[④]

一方面，泾阳沿袭了朱子"心统性情"的观念，以心为大体，包性情，兼体用；一方面，他也明确认为知是属于大体之心的，此即心、知"一"处。就心和知来说，二者的关系是"一而二，二而一"的。所谓"二"指知不是心之全体，具体有两层含义：一是，心有体，性为心之体，知不是纯粹的体，而"在体中为用"；一是，心有用，情为心之用，知不是纯粹的用，而"在用中为体"。我们可以作此理解：性是心之体，此体是指作为性的理，知虽不是理而是用，然却是本体之用，即相当于，本体有两个部分构成，一部分为所运用之"众理"（"具众理"），一部分为能运用之"知"（"妙众理"），两个部分都是本体的构成。同样，情是心之用，这些情之用都是具体的，知之用却不是具体的，乃主宰万事者。因此，知虽为用，却有主宰之地位，即相当于体。总之，知的地位很特殊，"在体中为用"，"在用中为体"。

顾氏亦言"独知"。《大学》《中庸》都有"慎其独"之文，《大学》状"独"为"十目所视，十手所指"，《中庸》状"独"则谓"莫见乎隐，莫显乎微"。[⑤] 朱子在《中庸章句》中释"独"字为"独者，人所不知而己所独知之地也"。[⑥] 于是有"独知"之说，阳明则更强调了良知的"独知"意义。朱

---

① 《小心斋札记》卷五，第60页。
② 《四书章句集注》，第349页。
③ 《四书或问》，同上书《朱子全书》，第511页。
④ 《小心斋札记》卷十三，第167页。
⑤ 《四书章句集注》，第7页。
⑥ 同上书，第18页。

子之"独知"实际是指"独知之地",乃与人知、众所周知相对,为个人内心对事情之是非的明了,作知的一种境地看;阳明之"独知"则不是强调此知的个体性和内在隐微,而是强调此知的绝对性和主宰性,一切之知不由他出,唯此独知,把独知当作本体看,独知即良知。① 阳明说:"良知是造化的精灵。这些精灵,生天生地,成鬼成帝,皆从此出,真是与物无对。"② "与物无对"正是阳明"独知"说的殊意。泾阳"重有味乎独知之说"③,觉其较以往言"独"尤为亲切。他理解"独知"主要是从《大学》"十目十手"、《中庸》"莫见莫显"及阳明"与物无对"三个层面。"绎十视十指之义,令人欲一毫自恣而不得;绎莫见莫显之义,令人欲一毫自瞒而不得;绎与物无对之义,令人欲一毫自袭而不得,皆吃紧为人语也。"④ "独知"兼有此数重意义。约言之,"独知"之义:一为"至尊",一为"至危"。"盖一掬炯然,内不落安排,外不落色相,正所谓'与物无对'",此所谓"至尊";"而自心自照,善也无从而著,恶也无从而掩,正所谓'十目十指'",此所谓"至危"。

泾阳对"独知"也从体用方面进行了分析。他认为,专就"与物无对而言独","但说得体之浑然、莫视莫指处,未说得用之显然、可视可指处。兹乃体中之用,无对之迹,有对之朕,至尊而至危者伏焉"。专就"十视十指而言独","但说得用之显然,与物为对处,未说得体之浑然与物无对处。兹乃用中之体,无指视之人,有指视之我,至危而至尊者临焉"。"独知"同时具有"至尊"和"至危"二义,"可喜"亦"可惧",良知的积极义和消极义都得到了呈现。"至尊"者其体,体中藏用,"至尊而至危者伏焉";"至危"者其用,而用中存体,"至危而至尊者临焉"⑤。虽立言有偏,而"独知"之体用未尝可分。

"良知"之说,始于孟子,然孟子没有单提"良知",而是"良知"与"良能"并提。到了阳明,他才把"良知"作为独立的宗旨来看,一切都归

---

① 朱、王二家"独知"说的差别,更参陈来:《有无之境:王阳明哲学的精神》,第193页。
② 《传习录下》,载于《王阳明全集》,第104页。
③ 《小心斋札记》卷十三,第166页。
④ 《小心斋札记》卷十一,第143页。
⑤ 以上俱见《小心斋札记》卷十三,第165—166页。

摄于良知,"良能"也是"良知"的体现。泾阳虽熟悉阳明的宗旨,也时谈"良知",但在他的思想中,"良知"之地位远到不了阳明学的程度。他往往是把"良知"和"良能"对言,以孟子之说为率,这样,良知之地位明显是被削弱了。

泾阳尝论太极为本体,而其作用则由"乾元""坤元"来承载,他说:"这是太极两个大总管,千变万化,皆由此出。"而"人心之有知、能,亦犹是也","知曰良知,所谓乾元也,能曰良能,所谓坤元也"。① 人心虽然是活动的,但其活动还有更具体一层的形式,知和能便是人心的两项基本作用,人心功能的展开就体现为知、能之活动。他说:

> 性,体也;情,用也;曰知曰能,才也,体用之间也。是故**性无为而才有为**,**情有专属而才无专属**。惟有为,则仁义礼智一切凭其发挥,有似乎用,所以说者谓之用也。然遂举而概诸四端,恐两下尚不能无毫厘之别。惟无专属,则恻隐、羞恶、辞让、是非一切归其统率,有似乎体,所以说者谓之体也。然遂指而名之曰性,恐究竟且不免有千里之谬矣。阳明先生揭致知,特点出一个"良"字,又曰"性无不善,故知无不良",其言殊有斟酌。②

就"心统性情"来说,心之体为性,心之用为情,此泾阳认同朱子者。然泾阳与朱子不同之处在于,他在性情间提起一"才"字。孟子讲"良知""良能",同时也讲到了"才"。而且孟子对"才"还充分肯定,认为"若夫为不善,非才之罪也"。人性皆固有仁义礼智,而所以相远无算者,"不能尽其才者也"。③ 程子也很重视才的作用。④ 泾阳继承了他们论才的思想。才和性、情相比,"性无为而才有为,情有专属而才无专属"。活动是有形质之物的能力,性为理,是形而上者,因而"无为"。才则是心的能力,用来实现心之意志,因而"有为"。情则是性之表现,一定之性发为一定之情,因而"情有专属"。才则不拘为何性之发、发为何情,一切之性情的发动都离不开才的作用,因此谓"才无专属"。就性无为而待于有为之才方得

---

① 以上见《小心斋札记》卷二,第19页。
② 《小心斋札记》卷二,第18—19页。
③ 《四书章句集注》,第328页。
④ 参本章第一节。

发挥言,才似乎是用;就情有专属而无专属之才可以统摄诸情言,才又似乎是体。但他认为,直接谓才是性不可,谓才是情亦不可。以孟子"亲亲仁也,敬长义也"①为例,"仁义为性,爱敬为情,知爱知敬为才"②。性、情、才三者有明显的区别,性为道德原理,情为感情状态,才则是心(人)之活动能力。朱子谓"才,犹材质,人之能也",此义最确,但阳明学把此才由"人之能"向"心之能"转移了。

泾阳认为,知、能就是才。才似体非体,似用非用。正如"乾元"地位的特殊性,泾阳认为"乾元"为"先天之后天,后天之先天"③,知、能的地位也同样特殊,在乎"体用之间"。前已言,知的地位"在体中为用""在用中为体",此处正相印证。

不仅如此,泾阳继续说道:"'良知'二字,盖通性、情、才而言之者也。"④顾氏对良知(或知)的这种特殊认识,是他服膺阳明"良知"说的原因。正如他所言,阳明于知上"特点出一个'良'字,又曰'性无不善,故知无不良',其言殊有斟酌"。单言"知"则沉于用,加一"良"字,则此"知"便与性体相通,因此良知便能兼具体用,不落一边。⑤这也是泾阳赞誉阳明为"全提"良知之所以处。良知在"体用之间",意味着良知可以体言,可以用言;良知"通性、情、才",则意味着良知可以性言,可以情言,可以才言。良知并不单纯只是一种性质,从而也无法执定一说。面对阳明身后对良知说的诸争议,泾阳对阳明是竭力维护的,并对一些主要的异议,进行了驳正。

"或问:'阳明先生之揭良知何如?'曰:'此揭自是痛快!往往有驳之者,予不敢以为然也。'"⑥这些"驳之者"有阳明学内部的,有外部的。其观点则主要有:第一种,良知"是体而非用",这自然是堕在一偏。

---

① 《四书章句集注》,第353页。
② 《小心斋札记》卷二,第18页。
③ 《小心斋札记》卷十,第133页。
④ 《小心斋札记》卷二,第18页。
⑤ 参《还经录》第36条。此条恰是泾阳揭穿阳明"知"上加"良"字之企图的一条。其中分析了阳明是如何由"知"之滞于用,通过构造而使之具有了本体地位的程序。《还经录》中的观点多激烈,不可从。然从此条反面的剖析,却可得正面的印证:良知必兼体用。
⑥ 《小心斋札记》卷十一,第140页。

其中，还有一种典型的看法，即把良知对应于四德中的智。智，孟子即以为性，理学也把智当作心体，如果把良知之"知"作智看，良知之为体就毫无疑义了。泾阳认为："夫良知一也，在恻隐为仁，在羞恶为义，在辞让为礼，在分别为智，非可定以何德名之也。"这也即上所言良知"无专属"意。① 第二种，"良知是用而非体"②，这是堕入另一偏。其中，也有一种典型的看法，即以知为分别义，良知亦为分别，如此良知为用无疑。泾阳认为："（此）似矣。窃谓分别非知，能分别者知也。认分别为知，何啻千里！恐未有以折之也。"其实，分别即为一种能力，言知为分别亦没有错。但泾阳特别强调"能分别者知"，其意，良知不但是一种能力，去简单地进行分别而已，它更带有价值的原则，是道德主体，如果只以能力言良知，则过于看低了良知。第三种，上言知"有为"且"无专属"，那么将会导致善、不善皆由之而出，知无法为主。泾阳以为："（此）似矣。窃谓知善知恶是曰良知，假令善恶杂出，分别何在？恐未有以折之也。"其意，良知为道德原则，它首要的并不是保证有善无恶，而是要明照善恶，善则好之，不善则恶之，作道德的判断，善不善在良知之下是丝毫不杂的。第四种，如以良知为本体，又以良知为作用，用以达体，体为所求，用为能求，如是则有"以灵明求灵明"，"二之"之弊。③泾阳回应道："（此）似矣。窃谓，即本体为功夫，何能非所？即功夫为本体，何所非能？……恐未有以折之也。"④其意，能所、体用、本体工夫诸关系，并不就是分离、对立的，本体和工夫可以相即，而体用之间也可以不二。第五种，《传习录》中有一段文字，阳明云："仪、秦亦是窥见得良知妙用处"⑤，如以此为良知，则良知即同世之所谓"识神"，而不免遭受诟病。泾阳则谓："阳明看得良知无善无恶，故如此说。良知何病，如此说，恐未能无病。阳明应自有见，恨无从就正耳。"⑥也可见，泾阳对良知和阳明所言之良知是作了特定区别的。

---

① 以上俱见《小心斋札记》卷二，第18页。
② 同上。
③ 同上。
④ 以上俱见《小心斋札记》卷十一，第140—141页。
⑤ 《王阳明全集》，第114页。
⑥ 《小心斋札记》卷十一，第141页。

## 三　良知现成与不现成之间

良知体用合一，此为良知学的原理，也是其宗旨和工夫能够简易的原因。然此却也埋伏下了良知学最大争议的根源。在理学中，理无为，理乘气而动，性有赖于心之作用而得实现。心统性情，体用可以说统一于心，但并不直接统一于本体之性，因此必有心性磨合的工夫存在。良知之用即是本体，体用统一于良知，则良知是否现成？良知到底需不需要工夫？这类尖锐的问题就随之而来。

阳明之良知学，本是本体和工夫兼重。他在强调良知本体自然明觉、无人不有、无时不存的同时，也强调对于一般人来说，如镜之容易蒙尘，良知也"不能不昏蔽于物欲，故须学以去其昏蔽"。[①] 所谓之"学"就是克己复礼、"惟精惟一"等去除私欲的工夫。特别是对于初学者来说，阳明认为必须下"省察克治"的工夫，而且"省察克治之功，则无时而可间，如去盗贼，须有个扫除廓清之意"[②]。阳明提出良知，其意决不是要否定工夫，而是指出"只要在良知上着功夫"[③]，这也可以说是他所彻悟之"格物"思想的延伸。在与弟子陈明水（号九川）的一段讨论中，谈到克治念虑的问题。阳明认为，九川所言的"一时不知"，"只为尔功夫断了，便蔽其知。既断了则继续旧功便是"，"须是勇。用功久，自有勇"。[④] 可见，阳明认为良知工夫是不能间断的，且必须要有勇力，持久地用功，方能廓清良知之蔽。钱德洪在《刻文录叙说》中总结阳明一生思想变化的经历，有"学三变""教三变"之说。"教"即教法，教人为学的方法，即工夫之方式。阳明之为教三变分别是："居贵阳时，首与学者为'知行合一'之说；自滁阳后，多教学者静坐；江右以来，始单提'致良知'三字，直指本体，令学者言下有悟。"[⑤]阳明之"教三变"为其"学三变"而后的变化，体现了他领悟宗旨后探索切合的教法的过程。阳明之成学始于彻悟"格物"，其学之成熟为"良知"说的提出，而其学说之高度凝结则在晚年所倡之"致良知"。阳明之良知学的

---

[①]　《答陆原静》，载于《王阳明全集》，第62页。
[②]　《传习录上》，同上书，第16页。
[③]　《传习录下》，同上书，第94页。
[④]　同上。
[⑤]　同上书，第1574页。

不同阶段，可谓即以工夫之逐层跃进为标志。他末年所标之四句教，虽以"无善无恶"为本体，仍在在不忘"为善去恶"之工夫。因此，阳明之言良知，终其一生，无时不讲工夫。"致良知"体现了这层精神，四句教也体现了本体和工夫统一的阳明学系统。

　　阳明之后，学无宗主，教不能一，而本体、工夫之论遂人执一言。王龙溪（畿）主于顿悟，"在先天心体上立根"①，即阳明之四句教而为"四无"之说。他讲求一悟本体便是工夫，即本体即工夫，认为阳明"致良知"工夫也是权说，"良知原是无中生有，无知而无不知；致良知工夫原为未悟者设，为有欲者设"。②罗洪先评价其学说："龙溪之学，久知其详，不俟今日。然其讲功夫，又却是无功夫可用，故谓之'以良知致良知'，……直是与吾儒'兢兢业业，必有事'一段，绝不相蒙，分明二人属两家风气。"③王心斋（艮）也追求良知学的简易工夫，以孔子为极则，反对用意，不尚安排，谓："天下之学，惟有圣人之学好学，不费些子气力，有无边快乐。若费些子气力，便不是圣人之学，便不乐。"④又谓："此至简至易之道，视天下如家常事，随时随处无歇手地。"⑤他主良知现成，转阳明之"致良知"为"良知致"，提出以"日用现在指点良知"的教法。心斋所传之泰州学派，尤其继承了他以"百姓日用即道"和"当下即是"、以当下指点良知的教法。"二王"之良知学，突出了良知之"良"，然又明显把阳明"良知"之"良"偏于道德原理和德性自觉之意，向良知自然流行、作用自足、不用人为工夫一边移动了。

　　江右学者颇守阳明之传而固持其矩，黄宗羲谓："姚江之学，惟江右为得其传，东廓、念庵、两峰、双江其选也。再传而为塘南、思默，皆能推原阳明未尽之旨。是时越中流弊错出，挟师说以杜学者之口，而江右独能破之，阳明之道赖以不坠。"⑥如邹守益主张，"为学大要，在戒慎恐惧，常精常

---

① 王畿撰，吴震编校整理：《王畿集》卷一，南京：凤凰出版社，2007年，第10页。
② 《滁阳会语》，载于《王畿集》卷二，第35页。
③ 《明儒学案》卷十七，第408页。
④ 《语录》，载于《王艮全集》卷一，第3页。
⑤ 同上书，第17页。
⑥ 《明儒学案》卷十六，第331页。

明，不使自私用智得以障吾本体"①。而罗念庵也认为，"良知者静而明也，妄动以杂之，几始失而难复矣。故必有收摄保聚之功，以为充达长养之地，而后定静安虑由此以出"②，又曰："只是时时不可无收摄保聚之功，使精神常一，常虚常定，日精日健，不可直任见在以为止足。"③其实，"二王"学也不是不讲工夫，江右王门也不是不任本体。江右学和"二王"学在本体之后的境界上也并不见差异，但在本体的工夫上则有很大的距离。"二王"主悟，一悟即是，享用现成，乐天知命；然江右认为良知本体未必现成，因而须有谨严、切实、持续的克复或保任本体的工夫。虽然江右学者在宗旨上也不归一，但主有工夫，大体是其共同之处。

在良知是否现成的问题上，泾阳于"见成"派的大师罗汝芳和"不见成"派的大师罗洪先都有所许有所不许，也体现出他在良知问题上的折中立场。

罗汝芳大言"赤子之心"以为宗旨。他认为，人应于自身中见"天命"之所在，而"天初生我，只是个赤子。赤子之心，浑然天理，细看其知不必虑，能不必学，果然与'莫之为而为，莫之致而至'的体段，浑然打得对同过"④。"赤子之心"即是在人之天，与天命对同，因此人人皆保有此"赤子之心"而不失。他解《大学》为"大人之学"，特与孟子"大人者，不失其赤子之心者也"结合为说。⑤而且就"大人"与"赤子之心"的关系，他认为："不是说大人方能不失赤子之心，却是说赤子之心，自能作得大人。"⑥"大人"的意义与圣人相当，"赤子之心"即圣人之体。因此，罗汝芳有言："由孩提之不学而能，便可到圣人之不勉而中；由孩提之不虑而知，便可到圣人之不思而得。"泾阳评价"此意见得极透"⑦，"良是"。同时他认为，此说尚有余地，还未说尽。近溪此说犹然"就圣人、孩提分上说来"，作了分别，"若就性上看，应曰：圣人之不勉而中，恰到得孩提之不学

---

① 邹守益：《邹守益集》卷十七，董平编校整理，第803页。
② 罗洪先：《甲寅夏游记》，载于《罗洪先集》卷三，徐儒宗编校整理，第82页。
③ 同上书，第86页。
④ 《明儒学案》卷三十四，第764页。
⑤ 参罗汝芳：《罗汝芳集》，方祖猷等编校整理，南京：凤凰出版社，2007年，第216页。
⑥ 《罗汝芳集》，第196页。
⑦ 泾阳引语及评语，见《小心斋札记》卷一，第10页。

而能；圣人之不思而得，恰到得孩提之不虑而知耳。虽然，犹二之也，原来只是一个，没些子界限，何处放个'到'字？故曰：'大人者，不失其赤子之心者也。'"① 此即从孩提到圣人，人人都一于性，人人都有这个"赤子之心"为本。但是他对此说也怀警惕，认为："宗其说者，因是类喜言自然，图做个现成的圣人，则又误矣。"② 因为圣人之心也不过为此"赤子之心"，所以圣人与赤子便也没什么差异了，如此，容易导致学者废弃工夫，只任现成，则成一大误区。泾阳认为，圣人之知能与孩提之知能，有同处，也有不同处。其同如上，而不同则在："孩提不学而能，无有所挠之也；圣人不勉而中，则挠之而愈定矣。孩提不虑而知，无有所淆之也；圣人不思而得，则淆之而愈清矣。故不同也。"③ 孩提之知能尚未有复杂经历的干扰，故能够现为良知良能，而圣人之良知良能是经过历练的，能够承受住各种后天事故的干扰。就孩提与圣人良知良能之同异言，其同处为本体之同，其异处为工夫之异，此即是说，孩提之良知良能是未经工夫锻炼的良知良能，圣人之良知良能是有工夫夹持的良知良能。因此，对于孩提和圣人而言，既要识其本体之同，也不能不识其工夫之有无而一概混视。

罗念庵之良知学与王龙溪有莫大的关系，其初几以龙溪为导师，虚心领教。然随其体验的深切，渐觉为现成良知所误，遂与龙溪分庭论诤，互相砥砺。因此念庵之良知观点很大程度是针对龙溪所发。在《夏游记》中，他针对龙溪的"八条"提出自己的意见，其中重要之点认为："谓良知为端绪之发见可也，未可即谓时时能为吾心之主宰也。知此良知，思以致之可也，不容以言语解悟遂谓之为自得也。"④ 在《甲寅夏游记》中，他与龙溪继续展开辩论。虽然此时念庵对良知的理解已经有极大的深入，但依然延续了他的基本看法。龙溪谓："学问脱见到尽处，便是寻常事，一切不须占（疑当作拈）起。"念庵则以为龙溪的这些话，"乃其一生超悟处。……此处须有收摄保任之功，见得端倪，似此煞好进步。若以现在良知承受，即又不免被虚

---

① 以上见《小心斋札记》卷八，第102页。
② 《小心斋札记》卷一，第10页。
③ 《小心斋札记》卷十一，第145页。
④ 《罗洪先集》卷三，第72页。

见作祟耳"①。念庵认为,大言良知现成,一切不着工夫,此是虚见,必须致良知,扩充此良知,"达"此良知,"收摄保任",方为实功。九年之后,罗王二子仍不相下,互相为虑,为证大义,最后一次会晤于松原,二人各有所记。念庵借龙溪语势,提出"世间那有现成良知?良知非万死工夫断不能生也,不是现成可得。今人误将良知作现成看,不知下致良知工夫"②。龙溪对于念庵之见亦存不满,他说:"(念庵)至谓:'世间无有见成良知,非万死工夫,断不能生。'以此较勘虚见附和之辈,未为不可。若必以见在良知与尧、舜不同,必待工夫修证而后可得,则未免矫枉之过。"③罗王二公路径如此悬殊,终不能合,然究其所以,实皆出于同重本体之故。念庵之重本体,是以归寂主静,密密保任;龙溪之重本体,故"以良知致良知",难以犯手。学贵能真,真则皆通,不害其分也。

对于念庵"世间那有现成良知"之说,泾阳虽不认为这即是良知之真理,但他却有自己充满同情的理解。他说:"良知不是现成的,那个是现成的?且良知不是现成的,难道是做成的?"就良知论良知,良知确是现成的,不是后天人为造成的。"此个道理,稍知学者类能言之,念庵宁不晓得而云尔?"④良知现成这是普天下的公理,念庵不是不知而言,他"亦是稽弊深心"⑤。念庵"世间那有现成良知",主要针对两种错误的良知观念:一是"将见成情识冒作见成良知",一是"言良知不虑而知,不学而能,本自现成,何用费纤毫气力"⑥。而且,泾阳认为就念庵所言"世间那有现成良知"来说,比起"世间那有现成圣人",要更能发人深省。圣人难及,良知易得,故后说人多泛泛听过,对前说则"人定要疑起来,既有疑,便须讨出中间缘故。既讨出中间缘故,便自住手不得,更觉意味深长也"⑦。人一旦省发,"求复故物",良知便复存复完。然我们应知:"存即存其所未尝亡,完即完其所未尝缺,谓是'见成良知'可也。以其由亡而存,由缺而完,谓是'做

---

① 以上见《罗洪先集》,第86页。
② 《罗洪先集》第十六卷,第696页。
③ 《王畿集》卷二,第42页。
④ 以上见《小心斋札记》卷十一,第137—138页。
⑤ 同上书,第139页。
⑥ 同上书,第138页。
⑦ 同上书,第139页。

成良知',亦可也。直所从言之异耳,无两良知也。"① 就良知本体言,良知是现成的;就由工夫言,良知是"做成的"。对良知之现成问题,可以有不同的理解,不必拘泥文字。

就良知本体来论,良知人人皆同,"非特尧舜是现成的,即桀纣亦是现成的"。然就人之结果处来看,"一边做了尧舜,一边做了桀纣"。"且就桀纣论,非特良知是现成的,即他弥天富贵,亦当不是现成的?"然二者"坐享现成",暴殄天物,终成独夫之君、亡国之主。"然则现成足恃乎?不足恃乎?可以观矣。"② 此即明言"现成"其实也靠不住,良知也是不足恃的。论良知本体,必有工夫,不然结果非所能料,在在歧途也。

现成良知问题与现成圣人问题在阳明心学里几乎是同一个问题。阳明与弟子常言"满街人都是圣人",③ 泾阳理解"所以谓满街人都是圣人,正谓满街人都有现成良知尔"④。此解是正确的。心学喜言"人同此心",从而拉近常人与圣人的距离。《孟子》有言"人皆可以为尧舜";陆象山有四方上下及千百世之上、千百世之下"有圣人出焉,此心同,此理同也"之说;⑤ 阳明及弟子有"满街人都是圣人"之说。三说相比,泾阳认为象山之说"单提个圣人,还觉上下四方往古来今之间,有些子隔限在",而阳明之说"更爽",然亦有弊,"只是看作奇特,说得惊天动地,便会发狂"。因此,他认为孟子所肯定的"人皆可以为尧舜","最痛快又最实落,最激昂又最平稳;能使人当下识取自家面目,有勃勃兴起,不忍薄待其身之心;又能使人当下识取尧舜面目,有欣欣向往,不肯自安于不如之意。真造化语也"。⑥ 所谓"最痛快"者,人人皆可作圣人,此是"自家面目",良知本体之圣也;所谓"最实落"者,"可"而非"必",必"识取尧舜面目"方能为圣,此工夫之圣也。故而,泾阳之推崇"人皆可以为尧舜",而不以阳明"满街人都是圣人"为极则,乃以前者同时蕴含了本体和工夫,更为周全无弊。

无论是罗近溪之"赤子之心",还是罗念庵之"世间那有现成良知",泾

---

① 《小心斋札记》卷十一,第138页。
② 以上见《小心斋札记》卷十一,第139—140页。
③ 参《传习录下》,载于《王阳明全集》,第116页。
④ 《小心斋札记》卷十一,第139页。
⑤ 参陆九渊:《年谱》,载于《陆九渊集》卷三十六,钟哲点校,北京:中华书局,1980年,第482—483页。
⑥ 以上俱见《小心斋札记》卷十二,第148页。

阳都进行了肯定，但又认为皆陷于一偏，指出了两下相反的一面。他认为现成良知不足恃，以"人皆可以为尧舜"为最完善。这些看法都反映出泾阳继承了阳明"全提"良知的立场，同时从本体和工夫两个层面对良知来加以把握。

## 四　良知、良能内涵的精严与扩充

"人之所不学而能者，其良能也；所不虑而知者，其良知也。"这是孟子最早对良知、良能的定义，后世完全沿袭了这一看法。良知学讲良知，主现成者多以"不学""不虑"为说，反对用工夫之学和虑，认为这有碍本体。因此，良知良能之有工夫、无工夫问题，多数情况下实际为良知之思虑还是不思不虑的争议。

泾阳认为，孟子之言良知良能，"非谓学能障人，却把良能来扫之也；非谓虑能障人，却把良知来扫之也。若作如是解，是必率天下而归于一无所事事可尔，失孟子之指矣"。"孟子之指"乃"欲人将耳目口鼻四肢一齐放下，认取自家本相，原是停停当当，原是玲玲珑珑，庶几憬然有省，不肯将他埋没过去"。①良知是天理，是"吾心天然自有之则"（阳明语）。孟子教人明良知良能，一则明人之可贵，要人自重其良知，自重其为有良知之人，一则要人"存天理，去人欲"，充养此良知。这与一般人执人有良知良能而一切行事都从轻便的态度是相反的。因此，孟子虽言"不学""不虑"，并没有否定学和虑。泾阳从良知良能说的源头上给学和虑争取了地位，他提出：

> 孟子以不学而能为良能，吾以为不能而学亦良能也。何也？微良能，彼其有不能也，安于不能已耳，孰庸之而使学也？孟子以不虑而知为良知，吾以为不知而虑亦良知也。何也？微良知，彼其有不知也，安于不知已耳，孰启之而使虑也？又曰：孟子以不学而能为良能，吾以为学而能亦良能也。何也？能之入处异而能之究竟处同，非学不学之所得而岐也。孟子以不虑而知为良知，吾以为虑而知亦良知也。何也？知之入处异而知之究竟处同，非虑不虑之所得而岐也。②

---

① 以上见《小心斋札记》卷一，第11页。
② 《小心斋札记》卷六，第69页。

这一段是泾阳论良知良能的精彩之处。顾氏认为，不但孟子没有否定学和虑与良知良能的关系，而且，学和虑本身也同样可以为良知良能。这里他区分了两种情况：第一种，"不知而虑亦良知也"，"不能而学亦良能也"。良知良能并不意味着一切都是现成的，"爱亲""敬长"是良知良能的典型体现，但人尚有许多其他之知、能。如果仅把人生而具有的知能作为良知良能，则人后天的许多知、能就与良知良能无关了。泾阳认为，此大不然，人生而不知不能者较生而知能者更多，但人之不知而不安于不知，虑以求知，人之不能而不安于不能，学以求能，这本身就是良知良能的作用使然。因此，"不知而虑亦良知也"，"不能而学亦良能也"。第二种，"虑而知亦良知也""学而能亦良能也"。这种情况看似难理解一些，其实也不难，乃与第一种情况为前后文。有"不知而虑"，故有"虑而知"，有"不能而学"，故有"学而能"，前为起因后为结果，正是一脉，非有两个良知良能。然这处又非如此之简易。泾阳所以谓"虑而知亦良知也""学而能亦良能也"，其理由为，知能之"入处异"而"究竟处同"，"非虑不虑之所得而岐"，"非学不学之所得而岐"。他并不是认为有人生而不备之知能，须学虑以致之，而是认为人之知能，有生而有之的品质，有须学虑以致之者。生而有之与学虑以致之，所谓"入处异"，而学虑也最终可以得到他人生而有之者，此所谓"究竟处同"。此才是泾阳认为"虑而知亦良知也""学而能亦良能也"的本意。

关于这一点，还可以旁及泾阳对《中庸》"诚明""明诚"的理解为证。《中庸》言："自诚明，谓之性；自明诚，谓之教。诚则明矣，明则诚矣。"[①] 泾阳解释为："'自诚明谓之性'，盖天命之脉络本如是，虽圣人无异于途人者，此也。'自明诚谓之教'，盖修道之究竟当如是，虽途人可进于圣人者，此也。故曰'诚则明矣，明则诚矣'，更无二样。"[②] 无论是性之诚还是通过教而之诚，"明诚"和"诚明"最终都以"诚"为本体，这个"诚"是毫无不同的。良知亦然。总的来看，第一种情况，良知良能偏指动态的良知良能，第二种情况则偏指静态的良知良能。

就如上顾泾阳对良知良能的理解来看，他是把传统对良知良能内涵的理解极大地扩展了，不但不虑而知为良知，不学而能为良能，虑而知也是良知，

---

① 《四书章句集注》，第32页。
② 《小心斋札记》卷十，第129—130页。

学而能也是良能。然而,另一方面,泾阳也有把良知良能的内涵缩小之处。他说:

> 良能不学而能,概以不学而能为良能又不得;良知不虑而知,概以不虑而知为良知又不得。何也?"孩提之童,无不知爱亲也,及其长也,无不知敬兄也",是固不学而能、不虑而知也。乃孩提之童,无不知甘食也,及其长也,无不知悦色也,是亦不学而能、不虑而知也。二者几无以异矣。然而自爱亲敬长充之,则为圣为贤,至于与天地同流。自甘食悦色充之,则为愚为不肖,至于违禽兽不远。其究有霄壤之判焉,夫岂得一一而良之?①

良知为不虑而知,良能为不学而能,此诚然。但是如果反过来说,不虑而知皆良知,不学而能皆良能,则不是必然判断了。因为,"孩提之童,无不知甘食也,及其长也,无不知悦色也,是亦不学而能、不虑而知也"。按照不学而能为良能、不虑而知为良知的标准,则"知甘食""知悦色"便都成为良知良能了,如此显然违背了良知良能所蕴含的德性价值。并且,更为严重的是,人由于受到"知诱物化",嗜欲倾向不断增强而习熟,爱亲敬长之心不断受到侵蚀而生疏,甘食悦色之良知良能"非惟无益而反有害",而爱亲敬长之良知良能亦"绝不见分毫之足恃也"。②因此,现成良知良能是"不足恃"的,概以不虑而知为良知、不学而能为良能,是极其危险的,其中很可能夹杂了情欲的势力,所谓"将见成情识冒作见成良知"是也。识此,也可以对泾阳上所言"良知""至尊而至危者伏焉"有更深的理解。现在看来,不是泾阳要勉强为学和虑争取良知良能的地位,而是学和虑对良知良能来说确有不可缺少的意义。泾阳这般对良知良能的澄清,对于揭露良知学的内在病根及克制良知学被误导向破除检束、忌言工夫之恶流发展,都是大有帮助的。

然而也应注意,泾阳论良知也并不是完全采用双重标准——以本体为一重标准,以工夫为一重标准。有人提出"不学而能,良能也,学所以致其良能也;不虑而知,良知也,虑所以致其良知也。故论本体,即凡人亦不学不虑,论功夫即圣人亦学且虑",向泾阳质证。论本体,无不"不学不虑",论

---

① 《小心斋札记》卷十,第131—132页。
② 同上书,第132页。

工夫又无不"学且虑",这种两可之见,就是典型的双重标准。泾阳认为"是则然矣,而未尽也",反对"执定一边",而推崇大程子之论。①明道曾言:"圣贤论天德,盖谓自家元是天然完全自足之物,若无所污坏,即当直而行之;若小有污坏,即敬以治之,使复如旧。……若合修治而修治之,是义也;若不消修治而不修治,亦是义也;故常简易明白而易行。"②泾阳以为此"却说得恰好",体现出了"无执"的精神,孩提之不学不虑,不必强为学虑,常人之当学当虑,亦不必强言其不学不虑,此方圆通。世俗常以一说格一说,主不学不虑则反对学虑,主学虑则反对不学不虑,故不当以一说格一说。立双重标准以求不格,此难免又成一格。更甚,求不格之义,又或流为两下姑息,漫为两可。如是,泾阳虽主从本体和工夫之双层方面来理解良知,但并没有执定,尤非姑息,可以见矣。

## 五 良知与闻见之知

最末,就良知与学虑的问题中,尚有一个子问题,即良知与闻见之知的关系。此问题在泾阳的文字中多见讨论,且亦由此可见他论良知之另一特色,故当明之。他说:

> 知与识,一物而两名,两字而一解,要当问其所以然处何如耳。《诗》曰:"不识不知,顺帝之则。"《语》曰:"默而识之"。故知亦有妄,不必纯是也;识亦有真,不必纯非也。③

这里的"知"指世所重的良知,而"识"与"闻见之知"意思相近。此段可以略见泾阳对良知与闻见之知的态度。他对良知并不过分推重,对道学家多排斥之"闻见之知"也并无恶意。

良知的一层界定是"不虑而知",我们也可以从另一种角度来界定良知,即"生而知之"。孔子有言:"生而知之者,上也;学而知之者,次也;困而学之,又其次也;困而不学,民斯为下矣。"这也是讨论良知的一个重要话头。就文字来看,孔子是以"生而知之"为第一义("上"),把"学而知之"作为第二义("次")的。孔子又曰:"盖有不知而作之者,我无是

---

① 以上俱见《小心斋札记》卷五,第58页。
② 《程氏遗书》卷一,载于《二程集》,第1页。
③ 《还经录》,载于《全集》,第435页。标点有异。

也。多闻择其善者而从之，多见而识之，知之次也。"①如果把前后两处对应起来，所谓"学而知"就是指"多闻""多见"而知，即闻见之知，孔子还是认为这是"知之次"。一般人皆以孔子为学习的榜样，孔子的这部分言论，必然成为其学习的重要内容之一。不过他们汲取了孔子之言的表面和片面含义，因而对闻见之知多持轻视的态度，认为闻见之知不足取，以德性之知压制闻见之知。这不是到了明代良知学发生流弊才如此，而是中国传统思想特别是儒家思想里自来就比较突出的意见。泾阳对闻见之知的基本立场并不背离这种儒学传统价值观。他承认如果是多闻多见，以获取更多的知识为目的，"若专求诸见闻之末，则程子所讶'玩物丧志'者耳，是乃知之蠹也，何但落第二义而已乎"。而且，对于钝根的人来说，是不宜于以闻见为致知的途径的，"须是他心地上扫得空空无一物，方好商量。若便引入见闻中，几何不弄得昏了"②。

但是，泾阳对闻见之知抱有更多的同情。首先，他认为，世人对孔子的话是误解了。孔子谓多闻多见之知为"知之次"，"此为专求诸见闻之末者言，诚顶门一针。然而体察孔子当时口气，似乎不类"。孔子自谓无"不知而作"，时下则把这句话理解为孔子自谓"无（所）不知"。"自谓无不知而作，其辞平，其意虚；自谓无不知，其辞矜，其意满矣。"③孔子曰"仁者其言也讱"④，以孔子的德量来推测，不至于说出如此骄矜自满之语。因此，泾阳认为，孔子此话及"知之为知之，不知为不知，是知也"⑤，都是针对那些"不知而作"、强不知以为知的人（包括他对自己的某些反省）。他认为："盖世间有一种人，自负聪明，说得去，做得来，便尔前无往古，后无来者；以为吾性本灵，不消些子依仿，吾性本足，不消些子帮添，只就个中流出，纵横阖辟，头头是道矣。岂不甚伟？由圣人观之，却只是个不知而作，俗所谓杜撰是也。"⑥圣人所谓"多闻""多见"——"知之次"，正是为这些虚浮无实之人指出一条切实之路。泾阳提醒应当深入理会孔子"不知为不知，是

---

① 《四书章句集注》，第99页。
② 以上见《小心斋札记》卷二，第26页。
③ 《小心斋札记》卷二，第25页。
④ 《四书章句集注》，第133页。
⑤ 同上书，第58页。
⑥ 《小心斋札记》卷二，第25页。

知也"一部分的内涵:"初谓'是知也'与'是礼也',皆直指本体之辞。今看来,又须识得'入太庙,每事问',乃真'不知为不知'者。于此认取'是'字,方悟并功夫亦摄于其中,方悟这话头极易简又极精密,极直截又极周致,极能开发人又极能磨炼人。展转玩绎,真觉意味无穷耳。"①人必如实不知而如实求知,方称得上"是知",不知而不求不学,此亦算不上"是知",故泾阳谓"并功夫亦摄于其中"。

"由圣人观之,生知而下,便须数着他。谓之'次',正见其可追随而上,非有判然悬绝之等,故曰'及其成功,一也'。"②生知常少,所以学知对绝大多数人来说最为要紧,特别是那些"利根"之人。"钝根的"未有立基,故多闻多见反易昏眩,"利根的大头脑已自分明,若肯用多闻多见工夫,将来越炼得细腻"。③而且利根之人,最容易犯"不知而作"之病,泾阳认为"多闻而择,多见而识,亦便是'不知而作'的药"。④因此,孔子所谓"知之次",不但不是要否定这种"知",反而有提揭这种"知"的意思。泾阳认为:"看来'知之次','次'字甚活,乃可上可下之辞。"⑤"识得头脑,这个知便是德性之知,直透向上一层去;不识得,这个知只成得闻见之知而已,行不免流入下一层去矣。"⑥泾阳之论利根和钝根是否适合用闻见之知,即本此。"今人将这'次'字说得坏了,以为专求诸见闻之末,比于玩物丧志。审尔,是乃知之蠹也。"这是时人对"次"字的莫大误解。

虽然学知、多闻多见之知不是最高等的知,但与生知的差距也并不大。"其始入门,不能无殊,总之是一家人,可追随而上,非有判然悬绝之等。故曰:'及其知之,一也。'"⑦最后无论是生知还是学知,都同归一知,"究竟闻而知的,即不闻而知的;见而知的,即不见而知的,原无二物。况多闻而择,便不落多闻;多见而识,便不落多见,其亦何尝非第一义也?"⑧这

---

① 《东林商语》卷下戊申,载于《全集》,第323页。
② 《小心斋札记》卷二,第25页。
③ 同上书,第26页。
④ 《东林商语》卷下戊申,载于《全集》,第322页。
⑤ 同上书,第323页。
⑥ 同上书,第324页。
⑦ 以上见《东林商语》卷下,同上书,第322页。
⑧ 同上书,第323—324页。

里，泾阳连"头脑"也用不着强调了。这种观点与泾阳论"虑而知亦是良知"，"学而能亦是良能"，是完全一致的。

总的来看，顾泾阳论良知，是以阳明"全提"为准则，既强调良知本体的现成性，又注意现成良知之"不足恃"。但他明显没有落入姑息调和的立场，有自己比较圆通的见解。就良知学的重大问题，一者良知为体为用的问题，再者良知有无工夫的问题，他都有比较深入的讨论，作出了自己对时兴观点比较全面的评价。他提出知能都是"才"，良知良能为"体用之间"的观点，这一说法在良知学中是有其独特性的。最值得表彰的是，顾氏挖掘了良知良能的内涵，既对良知良能有精严的界定，防止情识之冒入，又扩大了良知良能的内涵，把学虑、闻见等工夫成分尽量合理地纳入到良知良能的内部来。他的看法是十分有价值的见解，极大地更新了人们对良知良能已经僵化固执的认识，使得良知学得到了很大程度的扩张，而更具有包容性。他既对时代的虚浮思想作出了回应，也对问题从理论上予以了适当的解决。这是泾阳值得称道的贡献。

# 第五章 "无善无恶"之辨

泾阳之著作,专辟无善无恶者,有《还经录》和《证性编》。《还经录》无体例,同于札记,主要是针对阳明。《证性编》存四部分,合六卷①。《存经》列举《易》《书》《诗》《论语》而收于《孟子》,所引皆诸书言性之条,此论善之正源。又《原异》,列六佛偈及达摩、慧能禅宗二祖之偈,老子、庄子之语,此为以无善无恶论性之源,与性善之论立异者。正反二部,泾阳皆考稽而备列之,以正本清源,各示所出。《罪言》则专论阳明无善无恶之说,而名为"罪言",可见泾阳对阳明无善无恶之说之深恶,可罪而罪之,以还于正,俨然有自觉不容已之意。《质疑》则专与管志道论学往复者,虽旁及其他,要不出无善无恶之范围。此泾阳论性之专著,而用心结构以为论性之备。其代表之作《小心斋札记》及诸商语,虽讨论非一义,然仍以对无善无恶之批评居首。泾阳谓告子、阳明一生要在以无善无恶压倒一善字,其一生亦可谓要压倒无善无恶而还本性善。此其一生学问之精髓,亦其一生事业之实践,精诚感召,风义凛然,于挽回世道之功大哉!

## 第一节 辩告子

告子在先秦典籍并不多见,《墨子·公孟》篇尝及之。其学说可见者更是寥寥,主要因为《孟子》而保留了他论性的学说"生之谓性"和"性无善无不善"等。且他反因孟子之辟而得以名播后世,论性几与孟子相敌。到了明代,阳明提出"无善无恶心之体",作为良知学的第一义,则告子的论性主张尤其得到了宣扬。

---

① 据《年谱》原编目有《征信》一卷,《或问》一卷,今本不见。

## 一　告子与儒学史之关系

其实，对于告子的肯定，并不必远到明代良知学方才可能，理学之初，二程夫子便对告子都抱有同情了。"二程先生语"中有一段："告子云'生之谓性'则可。凡天地所生之物，须是谓之性。皆谓之性则可，于中却须分别牛之性、马之性。是他便只道一般，如释氏说蠢动含灵，皆有佛性，如此则不可。"①二程的语录中皆有相似的说法②，可以代表二程对告子的共同看法。当然二程对告子的肯定是站在孔孟之儒家立场上，有肯定，亦不能免去否定。概括来说，二程对告子"生之谓性"的提法表示可以理解，认为能够成立。所不予认可者，是告子之"生之谓性"缺少对不同物性的必要区别。

二程之所以改变孟子辟异端的激烈态度，乃与理学本身的兴起极有关系，正如告子性论在明代复兴与阳明心学的发展有极大关系相同。二程论性，已经把"理""气"作为二重因素融入了其中。伊川反复强调，对于孟子之论性当采取灵活的态度，如说"孟子言性，当随文看"（见注②引），"凡言性处，须看他立意如何"等。其用意即在表示，性可以分别从理、气两个维度来考察。"且如言'人性善'，性之本也；'生之谓性'，论其所禀也。孔子言'性相近'，若论其本，岂可言相近？只论其所禀也。"孟子之性善，是"极本穷源之性"，告子之"生之谓性"是论"气禀"之性。因此，伊川认为："告子所云固是，为孟子问它，他说，便不是也。"③此即，从气禀论性，告子的观点是正确的，但告子在应对孟子的质问时，言说上有些不妥帖。理学论气，就是要说明不善的来源。他们认为不善也是"天命"，只不过不是性命，而是"气禀"之命。因此就"气禀之性"来讲，可以说性有善有不善。明道就直接作出这样的结论："'生之谓性'，性即气，气即性，生

---

① 《程氏遗书》卷二上，载于《二程集》，第29页。
② 明道曰："'天地之大德曰生'，'天地絪缊，万物化醇'，'生之谓性'，告子此言是，而谓犬之性犹牛之性，牛之性犹人之性，则非也。"（《遗书》卷十一，载于《二程集》，第120页）伊川曰："犬、牛、人，知所去就，其性本同，但限以形，故不可更。如隙中日光，方圆不移，其光一也。惟所禀各异，故'生之谓性'，告子以为一，孟子以为非也。"（《遗书》卷二十四，同上，第312页）伊川又曰："孟子言性，当随文看。不以告子'生之谓性'为不然者，此亦性也，彼命受生之后谓之性尔，故不同。断之以'犬之性犹牛之性，牛之性犹人之性与？'然不害为一。若乃孟子之言善者，乃极本穷源之性。"（《遗书》卷三，同上，第63页）
③ 以上见《程氏遗书》卷十八，载于《二程集》，第207页。

之谓也。人生气禀，理有善恶……是气禀有然也。善固性也，然恶亦不可不谓之性也。"①

二程虽从气禀的角度肯定了告子"生之谓性"之说，但并没有肯定告子之"性无善无不善"之说，而是从"生之谓性"走向了告子的反面，即主张善恶皆性。这与阳明学对告子的肯定有所不同。阳明学与告子之"性无善无不善"的主张关系最为密切。告子作为孟子所辟的异端，阳明自然也有意识地与之保持距离，但阳明区别了"性无善无不善"之说与告子之"性无善无不善"之说，犹如泾阳区别良知和阳明之良知一般。阳明说：

> 告子病源从"性无善无不善"上见来。性无善无不善，虽如此说，亦无大差；但告子执定看了，便有个无善无不善的性在内。有善有恶又在物感上看，便有个物在外。却做两边看了，便会差。无善无不善，性原是如此，悟得及时，只此一句便尽了，更无有内外之间。告子见一个性在内，见一个物在外，便见他于性有未透彻处。②

可见，阳明认为，"性无善无不善"，如此论性，不但不是异端之见，恰是正确的，"性原是如此"。告子"虽如此说，亦无大差"，阳明内心契合而故作保留了。然而就告子的"性无善无不善"来说，阳明则明确指出其中存在问题。他认为告子之论"执定看了"，认"无善无不善的性在内"，而认"物在外"，善恶属于"物感"自然亦"在外"。如此，性和"物"（善恶）就有内外之分而不能统一。这是告子问题的"病源"。此病与阳明"心外无物""无内外"之说相矛盾，自然引起他的反对。不过，阳明对告子的讨论，更多的是在"不动心"方面。他认为告子之"不动心"与孟子的不同。"告子是硬把捉着此心，要他不动；孟子欲是集义到自然不动。"③"告子只在不动心上著功，孟子便直从此心原不动处分晓。"④"告子强制其心，是助的病痛，故孟子专说助长之害。告子助长，亦是他以义为外，不知就自心上集义，在必有事焉上用功，是以如此。"⑤总之，他认为，告子不是

---

① 《程氏遗书》卷一，载于《二程集》，第10页。
② 《传习录下》，载于《王阳明全集》，第107页。
③ 《传习录上》，同上书，第24页。
④ 《传习录下》，同上书，第107页。
⑤ 《传习录中》，同上书，第83页。

在心之本体上用功，因而只是从外面硬捉定此心使之不动而已，孟子之集义才是本体上的工夫。告子之蔽，正是他分性与"物"为二所致，所谓"义外"是也。阳明晚年提出"四句教"，其中第一句便是"无善无恶心之体"，他把这一思想可谓提升到了最高的程度。而此思想与他所肯定的告子之"性无善无不善"说是完全一致的，"性原是如此"，性即是本体。这一教法在阳明学群体中影响是极大的。他的弟子钱德洪说："告子言性无善无不善，与孟子言性善，亦不甚远。告子只先见定一个性体，元来不动，有动处只在物感上……于吾性体澹然无所关涉……殊不知先着性体之见，将心与言气分作三路，遂成内外二截。"① 可见，钱氏对告子"性无善无不善"论的看法，完全继承了乃师的讲法。从此也可以窥见阳明弟子对告子性论看法的一斑。

孟子以告子为异端，目之为"率天下而祸仁义者"②，后世不敢与孟子为异，故难与告子为同。然不知是巧合还是注定，告子寥寥数言，遂与中国儒学发展之大潮相始终，成为后世新儒学中的重要成分。其初则激扬孟子，发为《告子》上下两篇，而得儒家论心性之至文；至宋代理学兴起，而告子"生之谓性"之说遂取合于二程之论气禀之性，进而成为理学论性之一大端，大程善恶皆性之说亦有倚于此也，可谓与理学密不可分；至明代阳明学兴，而告子"性无善无不善"更为其"无善无恶"之说张本，求诸吾国宗旨与阳明学"无善无恶心之体"切合者，更无有两，其与良知学关系较理学尤加微密。

顾泾阳以尊朱为帜，因此他对程朱理学并不有意发难。并且他对理学之作理、气的区分，还相当认同，以为"气质之说"正可以明性善③。虽然泾阳注意到了大程善恶皆性之说，给性善论增添了阻力，通过解释，程子之说也还是可以与儒家的性善论相融洽。泾阳对告子的批评主要是从现实之良知学的恶流而溯及。

---

① 《明儒学案》卷十一，第 226 页。
② 《四书章句集注》，第 325 页。
③ 参本书第三章第一节。

## 二 告子之空仁义

泾阳对告子的批评,并没有从"性无善无不善"直接入手,而是着重对其"仁内义外"之说进行剖露。告子言:"食色,性也。仁,内也,非外也;义,外也,非内也。"① 告子认为,仁取决于内或己,是属内的,义则取决于外或物,是属外的。一般把告子的此项主张概括为"仁内义外"。此一说,据儒家传世文献,则似甚为孤起,实则极有来历,恰恰代表了孟子以前儒家人性观念流衍之主流意见,今观出土简书,可一目了然。而孟子乃于自来之流行意见,痛施改造,将一切价值之来源俱转归于人性之内,可谓儒家人性论之一大发明,一大变革或一大跃进,遂成不易之剀论,定千古之弦调。孟子指责告子"未尝知义,以其外之也"②。泾阳转孟子之语为"告子未尝知仁,以其内之也"。他认为"夫仁义,性之德也,合内外之道也,如之何其二之也?"③ 告子以义为外,这与后世主流的儒家德性观点不合,这种不合是显然的。而告子以仁为内,这似乎是与儒家的德性观点相合了,但仔细推究起来,也不然。泾阳认为仁义都是德性,德性固然为人之内在本性,但也并不意味着与"外"相对。儒家的德性观念是"合内外"的,德性贯通于内外,或曰内外都不脱离德性的作用。以仁为内,这也是片面之见,似乎执定了有一个"仁"在内。泾阳此见与阳明对告子"仁内义外"的批评,如出一辙,都认为告子是有执而"二之"。

告子"仁内义外"之说以外,尚有一说:"性,犹杞柳也;义,犹杯棬也。以人性为仁义,犹以杞柳为杯棬。"④ 这一说,告子直接认为仁义犹杯棬,都非性所本有,即都是外在的。从杯棬仁义到"仁内义外",似乎告子的思想发生了变化,对儒家有所迁就,至少认为仁属内了。泾阳则认为,告子的思想并没有"因孟子之辨而稍有变也,正发明杞柳杯棬之意耳"。其理由在于:"'食色性也',原未有所谓仁义,犹杞柳原未有所谓桮棬也。'仁内也,非外也;义外也,非内也',各滞方所,物而不通。是故仁义成而性

---

① 《四书章句集注》,第 326 页。
② 同上书,第 232 页。
③ 以上见《小心斋札记》卷一,第 10 页。
④ 《四书章句集注》,第 325 页。

亏,犹梏桊成而杞柳亏也。始终只是一说。"① 告子以食色这些本能为性,仁义这些高级的道德能力是人为造成的,不是本性。他虽然以仁为内、义为外,其实仁和义都执定为一物,因此反而成为人性的障碍。告子之仁内,其所谓之仁也并不是儒家之仁性。所以告子的观念始终如一,仁义皆非性。

在《孟子》中还讲到了农家之许行,主张自食其力,"市贾不二,国中无伪"②,有一定的影响力。泾阳认为许行之道,"其并耕也,所以齐天下之人,将尊卑上下一切扫去;其不二价也,所以齐天下之物,将精粗美恶一切扫去。总总成就一个空"。尊卑、精粗、美恶皆齐,等无差别,所以泾阳直以"扫去"言之,即"无"或成"空"了。这与告子把仁义从性里面扫除出去"一般意思",但是也有区别。"只是告子较深,许行较浅",因为"许行空却外面的,告子空却里面的"。③ 许行所空的,是外在的,如等级的尊卑、物质的美恶等,而告子空掉的却是内在的,是仁义价值,是儒家的善。外在的标准可以随物变化,内在的标准却要一定有常。性善与性无善无不善,其间的差别是天壤之别,因此,内在的改变其影响将会更严重。

泾阳认为:"自昔圣贤论性,曰'帝衷',曰'民彝',曰'物则',曰'诚',曰'中和',总总只是一个善。"告子杯桊仁义,仁内义外,以"性无善无不善","便是要将这'善'字打破",因而"本体只是一个空"。④ 不但如此,他还提出"不得于言,勿求于心;不得于心,勿求于气"。⑤ 泾阳认为:"自昔圣贤论学,有从本领上说者,总总是个求于心;有从作用上说者,总总是个求于气。"而告子此说,"便是要将这'求'字打破","将这'求'字打破,工夫也只是一个空"。⑥ 不过,告子与时下的良知学的恶流相比,"告子不论得不得,只论求不求。孟子不论求不求,只论得不得。今人只要扫去'求'字,正告子一脉;不肯认个不得,此又出告子下矣"⑦。"得不得"是有所准则的,有不得而必求者;"求不求"并不以准则之实现为目标,只涉

---

① 以上见《小心斋札记》卷三,第29页。
② 《四书章句集注》,第261页。
③ 以上见《小心斋札记》卷三,第28—29页。
④ 同上书,第28页。
⑤ 《四书章句集注》,第230页。
⑥ 以上见《小心斋札记》卷三,第28页。
⑦ 《小心斋札记》卷十三,第166页。

及行为发动与否，因此有不得则可以不求。然而到了良知学的末流，不但不求，且亦不必以"不得"为前提，直是完全放任。泾阳认为这比告子更拙劣了。

阳明认为告子论性之差失，病源是"从无善无不善上见来"，泾阳也认为告子的问题是在"源头上错了"。① "'性犹杞柳也'，岂不仿佛寂然不动之说？'性犹湍水也'，岂不仿佛感而遂通之说？'不得于言，勿求于心，不得于心，勿求于气'，岂不仿佛内者不出、外者不入之说？只是头脑上欠明，便一切俱错。"② 而且，告子之说与孟子、程子也有相似之处，但泾阳认为："出于孟子则是，出于告子则非；出于程子则是，出于告子则非，何也？只缘他认源头处差耳。"③ 所谓源头之处为何？告子"只认得不思不勉是性，不认得善是性，遂有千里之谬"④。告子认为性无善无不善，背离了性善，所以泾阳认为是根本错误。

"'食色，性也'，何善何恶？'仁内也，非外也'，以我为悦，自然而然，何须着力？'义外也，非内也'，以长为悦，偶然而然，何处着力？总是一个空也。"⑤ 无论本体还是工夫，告子都"空"了，本体也无所有，工夫也无所用。所以，泾阳认为告子简直与禅宗没什么差别，"故曰告子禅宗也"⑥，又曰："动意则乖，拟心则差。告子之指，盖如此。吾乃知中国之有佛学，非自汉始也。"⑦ 告子的宗旨与佛禅想通。不但如此，告子的思想还与老庄相表里。《庄子·胠箧》谓"盗亦有道"，泾阳认为"庄子之说，则以见圣、勇、义、智、仁都是乱天下之具，欲一切扫之而不有"⑧。《老子》第三十八章也说："失道而后德，失德而后仁，失仁而后义，失义而后礼。"这些见解皆表明与告子不以仁义为性而要空却仁义的观点是相近似的。总之，告子之说与儒家眼中的异端——佛老都是可以相通的。泾阳于是大胆地作如

---

① 《小心斋札记》卷十五，第181页。
② 同上书，第186页。
③ 《小心斋札记》卷十一，第140页。
④ 《小心斋札记》卷十五，第181页。
⑤ 《还经录》，载于《全集》，第422页。
⑥ 《小心斋札记》卷三，第28页。告子为禅宗的观点，泾阳当从李见罗（材）得来。《证性编》卷五："李见罗中丞曰：告子是一个大禅宗，可谓道着告子。"为一证。
⑦ 《小心斋札记》卷三，第29页。
⑧ 《小心斋札记》卷十五，第186页。

是断言:"告子'无善无不善'一语,遂为千古异学之祖。得之以混世者,老氏也;得之以出世者,佛氏也;得之以欺世者,乡愿也。"①他把告子作为当下无善无恶说的最深根源,认为其说对中国学术的影响极其严重。

告子论性把善恶二字"一齐撇下,单单道个'无'字,何等脱洒","居然狭小孟子,以为是何足与语最上第一极则云尔。何等超卓!却不知道个中埋藏无限嵚崎也"。②"从上圣贤费尽气力,只要扶策这个'善'字。告子费尽气力,只要压倒这个'善'字。"告子之说,是极其危险的。告子学说的危害较荀子性恶论还要大。"荀子道性恶,只将'恶'做不好的看,告子并将'善'做不好的看。荀子道性恶,还是强人为善,告子却是嫌人为善。其流害之孰大孰小,居然可见矣。"

阳明特讲"无善无恶心之体",就阳明与告子相比,泾阳"不敢以阳明为告子"。③但阳明谓"不动于气,即无善无恶,是谓至善"④,诸说不一,"从上圣贤道性善,都是实实地就本体上指点出来;阳明道性无善无恶,却是虚虚地就光景上形容出来。一边作平常说,一边作玄妙说,只这些意思,便会做病"⑤。他此时不敢公开指责阳明,但对其说的弊端已明白指示出来。在《还经录》中,泾阳则对阳明与告子的关系毫不客气地言明了。阳明曾谓:"性无定体,论亦无定体,有自本体上说者,有自发用上说者,有自源头上说者,有自流弊处说者。总而言知,只是一个性,但所见有浅深尔。""孟子说性,直从源头上说来,亦是说个大概如此。"⑥又谓告子论性"无善无不善,性原是如此,悟得及时,只此一句便尽了"。如是,则阳明认为孟子论性是从源头上说,而告子才是从本体上说,故而孟子为"说个大概",告子"一句便尽"。泾阳洞察阳明的此番意思,他说:

> 孟子曰"性善",告子曰"性无善无不善",两说判若冰炭。吾儒与异端学术几微之辨,亦就此而决。阳明曰"孟子只是说个大概",明以孟子之说为疏矣,却不敢直指其非。又曰"无善无不善,悟得时,只

---

① 《还经录》,载于《全集》,第421页。
② 《小心斋札记》卷十四,第176页。
③ 以上见《证性编》卷三,载于《全集》,第478页。
④ 《传习录上》,载于《王阳明全集》,第29页。
⑤ 《证性编》卷三,载于《全集》,第478页。
⑥ 《传习录下》,载于《王阳明全集》,第115页。

此一句已尽",明以告子之说为精矣,却不敢直指其是。委曲调停,漫为两可之论。曰"孟子是就源头上说,告子是就本体上说",又恐不合分源头、本体作二义看,则巧为侊统之论,曰"无善无恶是谓至善"。信斯言也,告子之说也。纷纷之辨,何为者?①

孟子和告子的论性之说是不可调和的,所谓"吾儒与异端学术几微之辨"在此。阳明直是把两说融会在一起,而且还意图把告子的论性之见推到孟子之上,这与孟子之辟告子的立场背道而驰,也与传统儒家的主流立场完全不合。如此,在泾阳眼中,阳明与告子之同异,便不揭自明。②

## 第二节　辩王阳明

本章开头已经说明,顾泾阳的主要精力为反对无善无恶之说,他的《还经录》和《证性编》也是专门为批判无善无恶来证成性善而作。他还对无善无恶说进行了穷源之搜讨和批评,与同时之重要的无善无恶论者进行辩论。他的诸多努力,都是因为目击明代王学末流之时弊,而围绕着对阳明所倡之"无善无恶"说所作的批判展开。他对告子及佛老的批判,都是为了挖掘阳明学的来源,揭露阳明学的本质。他与钱渐庵和管志道的文字辩论,也都离不开对阳明的申辩和驳斥。因此,泾阳对阳明无善无恶的批评,同时附见于其他章节。本节主要论述以下几个方面:泾阳对阳明人性论的认定;本文对阳明无善无恶说的澄清;泾阳对阳明无善无恶说危害的分析。

阳明的学说当中,泾阳对于其良知说还是比较认可的,让他最不能释怀的就是阳明"无善无恶心之体"说。他认为阳明的"无善无恶"之说,"夷善为恶,销有为无,大费力在",因此,人皆以阳明"无善无恶"四字为"易简之宗",他却以"无善无恶"四字为"支离之祖"。③泾阳对"无善无恶"

---

① 《还经录》,载于《全集》,第420页。标点有异。
② 又参《东林商语》卷下戊申年所录,尤可证。其文曰:"阳明之无善无恶,与告子之无善无恶不同。向来亦曾有是说,仔细推敲,毕竟不免费个转语,便不自然,今姑无论。假如有人于此,揭'兼爱为仁'宗,而曰'我之兼爱,与墨氏之兼爱不同也';揭'为我为义'宗,而曰'我之为我,与杨氏之为我不同也',翁还肯之否?程伯子云:'凡立言,无使知德者厌,无德者惑。'今必援孟子之所力摈,还而翻孟子之案,得无犯此二病乎?"(《全集》,第318页)
③ 《小心斋札记》卷十一,第141—142页。

说固执而激烈的态度，引起一些人的不解，比如当时著名的讲学家钱渐庵，又如人以为他"独于'无善无恶'四字，辨之谆谆"[①]，"有惑于无善无恶之说也"[②]。泾阳自解道："这是大头脑所在，如何放过得。"[③]究竟是性善还是性无善无恶，这关系到人性的基础，也关系到儒家道德之根本原理，所以不容丝毫的含糊。

## 一　驳阳明性无定论

阳明论性有一个总的观点，在告子一节已经提到。他认为：

> 性无定体，论亦无定体。有自本体上说者，有自发用上说者，有自源头上说者，有自流弊处说者。总而言知，只是一个性，但所见有浅深尔。若执定一边，便不是了。性之本体原是无善无恶的，发用上也原是可以为善，可以为不善的，其流弊也原是一定善一定恶的。[④]

泾阳对阳明"论性无定"之说作了大力的批评。我们可以从四个方面来分析：

第一点，他认为自古"论性本自有定"，而阳明多方言说，以为无定，反对在人性论上胶执一说，从而把历来论性之观点都加以肯定，"欲尽收告子诸人之说"[⑤]。尽管在诸人性论当中，"执性善"与"执无善无恶"，作为一执是相同的，但是并不能以"等执"就否定其间的是非差异。一说之可否，并不能仅仅因为"执定便错"，而要看其所执为何，对于真理正是需要坚持的。如果以执定一说便错，那么"言性者必兼众说而后可"[⑥]，如此，也就无可无不可，笼统含混，取消了是非之确定性的原则。

第二点，就性之有无定体，两方面都是可以讲的。如果说性无定体，是从性之广大包容、无物不体、无处不有等这些角度来讲，突出性之本体的地位和作用，是可以的。但是，如果是从善恶角度，认为无善无不善是性，有善有不善也是性，可以为善可以为不善还是性，直接就性之本体来说，是不

---

① 《小心斋札记》卷十二，第158页。
② 《小心斋札记》卷十四，第170页。
③ 《小心斋札记》卷十二，第158页。
④ 《传习录下》，载于《王阳明全集》，第115页。
⑤ 《还经录》，载于《全集》，第421页。
⑥ 《证性编》卷四，载于《全集》，第484页。

允许的。"由前之说，性是个极灵妙的；由后之说，性是个极鹘突的。孰是孰非，盖不待明者而后辨也。"

第三点，阳明谓"性无定体"，其所谓之性，在泾阳看来都不是性。"无善无不善，识神也，非性也；有善有不善，气禀也，非性也；可以为善，可以为不善，习染也，非性也。"① 他认为："若以性言，总只是一个善耳，谓之无定体，不可也。"如果要说"无定体"，"以识神言，委是无善无不善，委是可以为善可以为不善，委是有善有不善，谓之无定体，可也"。② 泾阳认为，性是太极，是纯粹的善，"识神"相当于阴阳，为太极之具体，已经落于气质层次，善恶夹杂，因而论"无定体"。陈明水曾以为："宋儒从知解上入，认识神为性体，故闻见日益，障道日深耳。"③ 阳明对此加以首肯。泾阳认为，此宋儒主要针对伊川和朱子，然二人皆固持"性即理也"，阳明所论"性无定体"等说，反有认识神为性之疑。阳明责程朱"认识神为性体"，此"正恐人言其以'识神'当'良知'，故预为道破耳"。④

第四点，就体用的关系来说，阳明之论有不通处。自从伊川提出"体用一源，显微无间"⑤，便成了儒家的通义，也往往成为评论一学说的重要标准。阳明提出论性有本体，有作用，有源头，有流弊，那么"体用、源流是一是二？"如果是二，那么体用、源流就不是一体，缺少关联，名亦不立。如果是一，那么体用、源流之间就不应该善恶不一，乃至截然相反。就性之本体来说，只是一个善，这是"天命之本然"；就人之不善来说，或就人之有善有恶来说，是出于后天之习染，"人为之使然"，不是性。"以其使然掩其本然，虽谓性之有善有恶也，亦宜。"⑥ 即阳明把"使然"冒认为"本然"，论性无定之说才显得无所不通。

阳明晚年提出"四句教"，其中分别了心、意、知、物四个层次，包含了对体用、本体工夫的不同论说。因而，"四句教"也可以看作阳明"论性无定体"之说的一种具体体现。同时也说明阳明之"论性无定体"也并不是

---

① 以上见《证性编》卷四，载于《全集》，第485页。
② 同上书，第485页。
③ 《阳明年谱二》，载于《王阳明全集》，第1279页。
④ 《证性编》卷四，载于《全集》，第485页。
⑤ 见《程氏易传序》，又见《二程粹言·论书篇》。
⑥ 以上见《证性编》卷四，载于《全集》，第484页。

包藏机心，欲容纳"无善无恶"，这是他的一般见解。根据阳明的"四句教"，其高弟钱德洪执之为"四有"之说，王龙溪衍发为"四无"之说。阳明于两说主合并，然以"四无"为接"利根人"法，心肯之。泾阳也从体用一源的关系来批评阳明"四句教"之非。他认为，如果说心之体"无善无恶"，那么意、知、物也便要"无善无恶"；如果说意、知、物有善有恶，那么心之体也必然要有善有恶。然而，"四句教"在善恶上是间出不齐的。如果就心、知、意、物"地分上"看（地分犹所处之层次），他认为"谓意、知、物无善无恶可，谓心无善无恶不可"。因为，意、知、物是感发之物，有感则发，无感则不发，当其不发，意尚且无，无论善恶了，因此可言无善无恶。然"心包体用，彻显微，满腔子都是一个善，不以无感而无也，不以有感而有也"①。心体之性贯通寂感、已发未发，也超越寂感、已发未发，因此，其性是恒一的，在泾阳看来，就是始终一善，不能说无善无恶。

泾阳针对阳明"论性无定体"之说，主张"自古论性本自有定"②。他也因此认为阳明之说，在儒家六经四书系统中都缺少经典的根据，非但"发程、朱之所未发"，"愚反复参证，直以为是发孔、孟之所未发也"。③他讥讽阳明："须知，无善无恶却是个空铦。"④而他对阳明语意上之抑孟子而扬告子，也有揭示。⑤

上言，泾阳认为阳明之言性，乃以"识神"言性。他对于阳明"无善无恶"中的善恶是如何认识的呢？

> 阳明先生曰："无善无恶者理之静，有善有恶者气之动，循理便是善，动气便是恶。"此以有无当善恶也。又曰："圣人之无善无恶，只是无有作好，无有作恶。"此以好恶当善恶也。以有无当善恶，似觉看深了一层；以好恶当善恶，似觉看浅了一层；却于善恶本来面目，并不曾道及。⑥

泾阳认为，阳明一则"以有无当善恶"，一则"以好恶当善恶"。"以有无

---

① 以上见《证性编》卷四，载于《全集》，第486页。
② 详参本书第四章第一节。
③ 《证性编》卷三，载于《全集》，第475页。
④ 《小心斋札记》卷十八，第212页。
⑤ 详参本章第一节。
⑥ 《证性编》卷三，载于《全集》，第482页。

当善恶","无"为理之本然状态,以循理为是,也可以说以循理为善,而"动气"为后发状态,善恶所出,也可以说动气为恶。这里的善恶与"有善有恶"之善恶不同,"有善有恶"都属于动气之恶。"以好恶当善恶",好恶为人之情感反应,好之为善,恶之为恶,阳明主"无有作好,无有作恶",因此好恶都非。有无是就本体之状态来说,好恶是从人之情感状态来说,前者比后者要深入,但泾阳认为,二说都没有切中善恶之本体。他又说:

> 从来论性,只是一个善。阳明却曰"性无善无恶",此以性为精,以善为粗也;又曰"无善无恶是谓至善",此以无为精,以有为粗也。以善为粗,则等之于恶而无别;以有为粗,则并其善亦无之而不计。阳明之敢于自信如此。①

善恶是相对的,但善与恶不同,泾阳认为善才是性之本体,并不是可有可无之物。阳明把善也当作"气之动",把善当作"好恶"来看,认为性体"无善无恶",这明显是把善恶对同而言,把善与性区别而言,"以性为精,以善为粗","以无为精,以有为粗"。总之,泾阳认为,阳明所作"无善无恶"诸论,所言之性都不是真性,所言之善也并不是真善。

泾阳对阳明之善恶观念的指责,并不是无理之辨。他认识到了阳明之善恶,并非单纯的道德意义的善恶,而是多从"好恶"或"有无"这些角度来认定善恶。如果放在儒家的正常人性论中,阳明此见,必然是与传统不合。因为一方面,儒家之传统人性论是要说明人性之善恶来源,而善恶都是道德观念,是直接体现道德价值的。这样,就决定另一方面,即儒家传统人性论要求,应直接从善恶两面对人性作出认定,或持性善,或持性恶,或持善恶混,各说都有相应的代表性大儒作主张,然无善无恶,违背了儒家对人性作出明确价值论断的要求。反过来思考,正因为阳明在作人性之论断的时候,并不是以儒家传统之道德性的善恶价值观为标准,所以对他无善无恶说就应有新的诠解。结果是,顾泾阳注意到了阳明言善恶之非价值性,却以价值之善恶观来驳斥阳明。如果站在传统人性论的立场上,阳明确实与传统存在很大的差异,但如果站在阳明的立场上,阳明之说,亦本自圆通。因此,这里我们对阳明之"无善无恶"应作一点必要的澄清。

---

① 《还经录》,载于《全集》,第429页。

## 二　阳明"善""恶"为善念恶念

阳明虽然早年"泛滥词章","出入佛老",但是他最终是明确以儒家为归宗的。他虽然讲本体无善无恶,但以良知提宗,其良知是明确的道德价值原则,良知所发之条理,无外乎人心自然之孝弟等伦理道德。甚至,阳明所言之"心外无理",也必须从德性之理的角度才能被理解为正确的。因此,阳明之儒家的立场是不可否认的。但也应注意,阳明所论之性、所言之善恶,又有其特殊意义,较传统已发生明显的转变。

阳明尝言:"人性皆善,中、和是人人原有的,岂可谓无?但常人之心既有所昏蔽,则其本体虽亦时时发见,终是暂明暂灭,非其全体大用矣。"① 这里,阳明学说之几微走向,已经透露。人性、善、中这三个概念,阳明在他的学说中,更多的是把人性(或良知)和"中"义结合在一起。他当然不反对传统意义之人性善,其言"人性皆善"可见,但这已经不是他讨论的主题。阳明所讨论的人性,更多的是人心或良知之本体有无"昏蔽"、是否为本体之呈露这些问题,本体与工夫相切入。阳明谓:

> "……中只是天理。"曰:"何者为天理?"曰:"去得人欲,便识天理。"曰:"天理何以谓之中?"曰:"无所偏倚。"曰:"无所偏倚是何等气象?"曰:"如明镜然,全体莹彻,略无纤尘染着。"曰:"偏倚是有所染着……"曰:"虽未相着,然平日好色、好利、好名之心,原未尝无;既未尝无,即谓之有;既谓之有,则亦不可谓无偏倚……须是平时好色、好利、好名等项一应私心扫除荡涤,无复纤毫留滞,而此心全体廓然,纯是天理,方可谓之喜怒哀乐未发之中,方是天下之大本。"②

首句的"中"字乃喜怒哀乐"未发之中"的"中"。阳明认为这"中"即是天理,而对天理他没有直接描述,只是说"去得人欲"便识,近于佛教的遮诠表达。天理仿佛要通过间接的去欲,才能认识,去欲与识天理之间,有必然的联系。他认为天理之中,为"无所偏倚",而"无所偏倚"实际又指"略无纤尘染着"。"人欲"与天理之关系,就像"染着"与明镜的关系。其实,阳明所说的"昏蔽",主要也是指染着而蔽而昏,是一种外在关

---

① 《传习录上》,载于《王阳明全集》,第23页。
② 同上书,第23页。

系，与朱子常言之气禀清浊通塞所带来的昏蔽不同。染着之心未尝无，"既谓之有"，有则非"无偏倚"，即非"中"、非天理。这里，阳明已经有一种简单而清楚的"有""无"对照。"有"代表私欲，"无"代表了中或天理。这里的"有""无"，所指的对象，主要是偏倚的"有""无"或私欲的"有""无"，并不是直接指天理的"有""无"。相反，他认为天理是人人所同具而无时不有的，私欲之有乃对天理之遮蔽，而私欲之无，正是为识天理。而且，这里恰用了一个很有助于我们理解阳明之有无的词语，即"气象"。阳明所言"略无纤尘染着"是用来描绘"无所偏倚"之气象，即中或天理之气象，并不是直言本体之性质。对阳明来说，必须要把一切私欲之"有"，"扫除荡涤，无复纤毫留滞，而此心全体廓然，纯是天理，方可谓之喜怒哀乐未发之中"。"未发之中"是私欲彻底虚无的状态，"中"虽然即指"天理"，但是二者相比，"中"本身就是一个表示状态的用词。理学常言"看喜怒哀乐未发作何气象"，也是明确以"未发之中"为表示本体之"气象"者。

在良知的认识上，阳明也是如此。他说："性无不善，故知无不良。良知即是未发之中，即是廓然大公，寂然不动之本体。"① 这一方面表明了阳明对儒家人性论给予认同，这是前提；一方面表明，他对人性之论说，尤侧重于本体之状态，因而喜从"未发之中"来讨论本体，喜用"廓然大公""全体廓然"这些语言来描述本体。

在此基础上，我们可以对阳明"无善无恶"之独特意涵进行分析。阳明谓：

> 心之本体原无一物，一向着意去好善恶恶，便又多了这分意思，便不是廓然大公。《书》所谓无有作好作恶，方是本体……正心只是诚意工夫里面体当自家心体，常要鉴空衡平，这便是未发之中。②

这里，阳明指出，心之本体原是"无一物"的，也即"廓然大公"。然本体是如何有物的呢？本体之物为何？依此段文字，本体之有失其"廓然大公"，乃因人之"着意"。对于善恶来说，如果"好善恶恶"，即有意于善恶，就与本体不相应，较本体而言，便属增入，便属偏倚，便为染着。换言之，

---

① 《又答陆原静》，载于《王阳明全集》，第62—63页。
② 《传习录上》，同上书，第34页。

本体上是不应有这些"好善恶恶"之意的。因此阳明引《尚书》"无有作好，无有作恶"之文，说明只有消除人的好恶之意，才能显出本体，才得"未发之中"。可见，这里，阳明所指的本体"原无一物"之物，为好恶之意或曰"着意"之意。

那么对本体具有昏蔽作用或能够导致本体失"中"的"物"为"意"，在阳明的学说中，是否具有普遍性呢？我们可以考察一下阳明对于"物"的独特界定。阳明在结合《大学》文本，阐述他相对早期的格物理论和诚意理论时，提出"心外无物"一原理，认为凡物都不超出人之内心，都是人内心中的物。他对心、意、知、物还都有所界定，其中，他认为"意之所在便是物"，即认为物是不脱离人之意念的。他举例说："如意在于事亲，即事亲便是一物"①，把外在显然之行为，都归结为意念之所在。在阳明《答顾东桥书》中，他对意和物的关系表述得更全面、更透彻。他说："意之所用，必有其物，物即事也。如意用于事亲，即事亲为一物……凡意之所用无有无物者，有是意即有是物，无是意即无是物矣。"②这里，阳明除了坚持"意之所用"为物，又补充了"物即事"一点。我们可以明确知道，他所说的"物"与常言之静态的自然物是有区别的。就意、物关系来论，可以简单地说，无无物之意，也无无意之物。如果我们把意理解为抽象的，那么意为意向，是空洞的，物为意向之所指，为具体的，必须意、物结合才是完整的意向构造。无物，意即不能发生，无意，物即无从而指。意、物关系之密切，可以说是一体两面。但是，如果我们把意作为综合的构成来看，那么意就包括意向之功能和意向之内容或所指两部分。物就被统摄在意中，物和意则为一物之统分。我们就可以把意向之意作为动态之意，把意向所指之物作为静态之意。就阳明所言之"意"的通常情况来看，意都是应有内容的，是综合的、具体的。意、物的这种关系，也是阳明格物理论和诚意理论的基础。

因此，我们也可以认定，在阳明的思想中，意和物不是一件东西，但意和物在一体之中，或直接说物属于意。至少我们可以肯定地说，物必有意，

---

① 《传习录上》，载于《王阳明全集》，第6页。
② 《传习录中》，同上书，第47页。《大学问》中，阳明对意、物关系之论述，与此处大同，较此处尤清晰，但此处稍详，故引此。可参《大学问》，其文曰："物者，事也，凡意之所发必有其事，意所在之事谓之物。格者，正也，正其不正以归于正之谓也。正其不正者，去恶之谓也。归于正者，为善之谓也。夫是之谓格。"（《大学问》，同上书，第972页）

有是物则有是物之意。因此，对物之执着，也必然意味着对此物之意的执着，即所谓"着意"。故而，在阳明的学说中，其"心之本体原无一物"，而能够昏蔽本体的外来之"物"为"意"，因"着意"而起，乃具有普遍性。并且，引起人"着意"者，如"好名""好利"等，哪怕是"好善恶恶"，都非"天理"本有，而为人之私欲。"着意"主要是人从私欲出发而带有心之好恶。但是，阳明并不是否定"意"，心意知物对阳明来说都是一体流行的，他所反对的是"着意"之意，这两者应当分别。阳明良知的一个重要内涵就是"好善恶恶"，如果否定"好善恶恶"也就意味着否定良知。其实不然，好恶有自然之好恶和"着意"之好恶之分，自然之好恶不可无，"着意"之好恶不可有，此所当辨。

分析至此，阳明之"无善无恶"究竟作何理解，便可迎刃而解。

《传习录》中"侃去花间草"一段，为分析此问题的一段重要而极佳的材料。阳明谓："无善无恶者理之静，有善有恶者气之动。不动于气，即无善无恶，是谓至善。"他所谓"无善无恶"之善恶乃对应"有善有恶"之善恶而言，故二处善恶当为同指，因此我们应首先考察其"有善有恶"之所指。阳明弟子薛侃"去花间草"，而以为"善难培，恶难去"。其意，花则善，草则恶。阳明以为："此等看善恶，皆从躯壳起念，便会错"，"天地生意，花草一般，何曾有善恶之分？……此等善恶，皆由汝心好恶所生，故知是错"。① 阳明认识到，对于自然或自然之物来说，本是不宜以善恶之道德价值去评价的，善恶往往是人为施加的标准，为人心"好恶所生"，"从躯壳起念"，因此不一定正确。所谓"气之动"，阳明即指"从躯壳起念"而有好恶。"气"，看似是指气质之气，因有言"躯壳"，然细考察，当指"心气和平"②之气，也即喜怒哀乐"发而中节谓之和"的和气。因此，"气之动"，实际是指人之内心因私欲牵动而有失平和。如忿懥，"凡人忿懥着了一分意思，便怒得过当，非廓然大公之体了"③。正确的做法是，"虽怒，却此心廓然，不曾动此子气"④。这里，我们可以理解为，"着了一分意思，便怒得过

---

① 《传习录上》，载于《王阳明全集》，第29页。
② 同上书，第113页。
③ 同上书，第98—99页。关于"动气"之说，又可参《答陆原静》，载于《王阳明全集》第62页。
④ 同上书，第99页。

当"即是"气之动"。对于"有善有恶气之动"而言，便是指人心"从躯壳起念"，犹如对待花草，执所好为善，执所恶为恶，对于善恶也是着意而失当了，不得好恶之正，因而是动气。这里的动气，就是指上面所言的"着意"之好恶，而所谓之"有善"乃指有"着意"之好，"有恶"乃指有"着意"之恶。进而言之，"有善"乃指有着意之善，"有恶"乃指有着意之恶。据上所推，作为着意之善恶，本身即为意向之物。如是，我们还可以进而言之，"善"为有着之善念（或曰善意），"恶"为有着之恶念（或曰恶意）。如此，"无善无恶"所无之善恶，实际所指，乃为有着之善念或恶念。简单言之，所无者为所着之"意"或"念"而已，与道德性质之善恶本身并无关系。

就此段材料，我们可以进一步证明此点。阳明在回答佛氏之"无善无恶"与自己所讲的"无善无恶"区别何在时指出："佛氏着在无善无恶上，便一切都不管，不可以治天下。圣人无善无恶，只是无有作好，无有作恶，不动于气。"此言指明，阳明所讲的"无善无恶"，只是《尚书》所言之"无有作好，无有作恶"，"无善"为"无有作好"，"无恶"为"无有作恶"。"作好""作恶"，即上言"着意"之好恶，对所好、所恶的念头有执着。一切念头都可能成为执着，如"无善无恶"，阳明虽主此说，但他认为佛教在这上面也成执着了，与儒家（阳明）的实质不同。因此，他才强调，"无善无恶"并不是直言德性之善恶，而是"无有作好，无有作恶"，是就人之好恶之情感而言，或就人之意念之有无执着而言。并且，阳明还同时强调，他的"无善无恶"也并不是要取消人之好恶。他说："不作好恶，非是全无好恶，却是无知觉的人。谓之不作者，只是好恶一循于理，不去又着一分意思。如此，即是不曾好恶一般。"[1] 阳明提良知为宗，"良知只是个是非之心，是非只是个好恶，只好恶就尽了是非，只是非就尽了万事万变"[2]。可见，好恶为阳明良知之绝大关键，良知自然之知，最本能的表现就是人之好恶的情感，好恶是最基本的情感。良知具有普遍性，同时意味着好恶具有普遍性。好恶之心，也可以看作阳明对孟子四端之心的一种提炼。因此，阳明并不反对人之有好恶，否则意味着否定人之良知。那么，我们更可以看出，阳明所反对的只是在好恶上"不去又着一分意思"，正面地讲也就是要"好恶一循

---

[1] 《传习录上》，载于《王阳明全集》，第29页。
[2] 同上书，第111页。

于理"。也即，有"着意"之好恶不可，有"循理"之好恶则可。阳明还进一步对好恶和意之间的关系，有所揭示。他说："本无私意作好作恶"，"无私意"，并不是无意，"却是诚意，不是私意。诚意只是循天理。虽是循天理，亦着不得一分意……须是廓然大公，方是心之本体。知此即知未发之中"。① 因此，与"着意"相应的是"私意"，与"着意"相对的是"诚意"。好恶是情，故为心之所发，阳明以"心之所发便是意"②，因此好恶也应属于动态之意。"无有作好，无有作恶"，即"本无私意做好作恶"。如是，"无私意"，也就没有心体之染着或昏蔽，那么便"廓然大公"，便"是心之本体"，便是"未发之中"，回到了阳明对心体的基本认识上来。

天泉证道，阳明印证钱德洪之"四有"说和王龙溪之"四无"说，也可以看出他所谓"无善无恶心之体"的本意。他对钱德洪说："有只是你自有，良知本体原来无有，本体只是太虚。太虚之中，日月星辰，风雨露雷，阴霾饐气，何物不有？而又何一物得为太虚之障？人心本体亦复如是。"③ 阳明以人心之本体为太虚，但他同时认为，"太虚之中""何物不有"，但这些所有之物不为"太虚之障"而已。"障"与上言之"昏蔽"意同。人心本体，与此相同。他不是反对人心之"有"，而是反对此"有"为人心本体之障。这些"有"之能为心体之障，其原因这里也作了交代，即"有只是你自有"，也即是私意所有，或曰着意所有。就太虚和心体来说，都是"一过而化"，未常"着意"，未尝有私意。

综合观之，阳明所谓"无善无恶"，是对"有善有恶"而言。"有善有恶"，阳明认为，是"着意"之好恶，非自然之好恶，为"私意"，非"诚意"。阳明之"无善无恶"，并不是要空无掉作为人之道德属性的善恶，也不是要去除掉作为人之自然情感的好恶，而是要消除人们私意之好恶，及与私意好恶并存之意向内容而已。此也即说，阳明之"无善无恶"，是无"有着"之善念或恶念。但凡有着之意念都成心体之障碍"物"，妨碍其进一步生息流行，为了维护本体之太虚或使天理得以呈现，凡有着之物，都应去除，无论是属不善还是属善。阳明之所无，与道德属性无关，只与是否为私意之执着有关。

---

① 《传习录上》，载于《王阳明全集》，第29页。
② 同上书，第6页。
③ 《年谱三》，载于《王阳明全集》，第1306页。

钱德洪和王龙溪虽作"四有""四无"之对立，然二子在"无善无恶心之体"一句上是无异的，这在阳明学中可以说是通论。龙溪认为："天命之性粹然至善，神感神应，其机自不容已，无善可名，恶固本无，善亦不可得而有也，是谓无善无恶。若有善有恶则意动于物，非自然之流行，着于有矣。"①龙溪也是从本体流行、无所滞碍的角度来理解"无善无恶"的。他也认为"有善有恶"，意味着"意动于物"，善恶之念（意）即"物"，一旦物化则流行不通。钱德洪则认为："至善之体，恶固非其所有，善亦不得而有也。至善之体，虚灵也……今之论至善者乃索之于事事物物之中，先求其所谓定理者以为应事宰物之则，是虚灵之内先有乎善也，虚灵之内先有乎？"②钱氏主要是从本体虚灵而能应万物的角度来论证"无善无恶"，对理学先求明理之思维进行了比较透彻的批判。但他的最终根据，仍不外本体之中"先有乎善"，有碍本体之虚灵。这些都可以说是对阳明的完全继承。

对阳明"无善无恶"的理解，比较同情阳明的为黄宗羲。他说："今之解者曰：'心体无善无恶是性'……其实无善无恶者，无善念恶念耳，非谓性无善无恶也。下句意之有善有恶，亦是有善念恶念耳，两句只完得动静二字。……四句本是无病，学者错会，反致彼以无善无恶言性者谓无善无恶斯为至善，善一也而有有善之善，有无善之善，无乃断灭性种乎？……得羲说而存之而后知先生之无弊也。'"③黄宗羲对阳明"无善无恶"四字及"四句教"解释得很清楚，而且极度自信。阳明之时人及后人，闻"无善无恶"四字，便畏若洪水猛兽，汲汲而辟之，若不可待，若不容已。其实，阳明之"无善无恶"，只是"无善念恶念耳，非谓性无善无恶也"。吾又稍补之曰：非无善念恶念耳，但无"有着"之善念恶念耳。顾泾阳之讲友高攀龙，虽不赞同阳明之"无善无恶心之体"说，但他亦能理解阳明善恶之实指。他说："道性善者以无声无臭为善之体，阳明以无善无恶为心之体。一以善即性也，一以善为意也。故曰：'有善有恶者，意之动。'佛氏亦曰：'不思善，不思恶。'以善为善事，恶为恶事也。以善为意，以善为事者，不可曰明善。"④

---

① 《天泉证道纪》，载于《王畿集》卷一，第1页。
② 《明儒学案》卷十一，第234页。
③ 《明儒学案》卷十，第178—179页。
④ 《就正录》，载于《高攀龙全集》，第182页。又见《高子遗书》卷一。

可见，高氏是明确意识到，阳明所讲的善恶不是指性，而是指"意"。泾阳之论友管志道，也言："阳明对意之有善有恶，而言心体无善无恶，此指未发之中言也。"① 他也能理解阳明。

陈来先生著《有无之境：王阳明哲学的精神》一书，就是以把握阳明之有无关系为核心的，自然对阳明之"无善无恶"问题作了更透彻的分析。在该书的专门讨论部分，我们可以获得两点最重要的结论，来作印证和补充。第一点，陈先生通过详细的分析和论证，认为根据阳明自己的解释，"所谓'无善无恶心之体'所讨论的问题与伦理的善恶无关，根本上是强调心所本来具有的无滞性"②。他并通过对整个宋明儒学史乃至整个中国古代思想史的考察，论述了理学中"有我之境"和"无我之境"的双重境界取向，及阳明学对有无之间的紧张"从理论到实践的完全化解"③。这对本文所分析的阳明"无善无恶"之善恶，为"有着"之"善念恶念"，而非道德属性之善恶，可以说是极大的印证。第二点，陈先生综观了阳明以"无滞性"为内涵的无善无恶思想在前后期的表现，认为阳明这些思想，既发于居越以后，也见于江西之前，"足以证明无善无恶之说不是阳明偶发之论"④。这一点是本文未做的工作，陈先生之考察可为本文之补充，具体可详参。另外，张学智先生对顾宪成之批评阳明"无善无恶"之说，也已经在新作《中国儒学史（明代卷）》中力加澄清，以黄宗羲所辩白为确论，对阳明"四句教"的解析可谓极精。他认为："四句教之第一句'无善无恶心之体'，此'心之体'指心之体段，心之样态，非指心之本体——性。"⑤ 其意也是说明"无善无恶"之善恶，非指性之善恶，而是指"体段"上的善恶。

---

① 管志道：《问辨牍》利集，万历戊戌刻本。
② 《有无之境：王阳明哲学的精神》，第231页。
③ 同上书，第274页。
④ 同上书，第237页。
⑤ 张学智：《中国儒学史（明代卷）》，北京：北京大学出版社，2011年，第541页。张师以为"无善无恶"非论心之本体——性，此极精义之言，然下语或微起误解，恐不如说乃论本体之"体段"样态，非论本体之道德属性，为尤严密。因为阳明言"心之体"，这个"体"应指本体而言，且对阳明来说本体即性。又，阳明通常所论之心或良知之不着一物，也主要是突出本体而言，是指向本体的。唯阳明论本体与理学之以性（理）论本体已经发生了重大的转变。张师所谓之"体段"，为传统理学固有之用语，"样态"意思亦同（实际"体段"即指本体之样态），这两词也约同于理学之另一用语"（未发）气象"。气象者，物（所意为物）所自现，仿佛其体，感通而思会者也。"中""和"实即论本体之气象。恐读者泥词，别生枝节，故特于此稍分辨焉。

就阳明的文献澄清了他的"无善无恶"之意义，我们再回过头来，重新看待泾阳对阳明"无善无恶"思想之认定。他认为阳明以"识神"为性，以"好恶"、以"有无"为善恶，"疑阳明先生之所谓善恶，与圣贤之所谓善恶不同"。① 我们说，这些确实是有根据的，不是无端之论。他认为阳明之善恶"却于善恶本来面目并不曾道及"，也诚然如是。阳明所论之"无善无恶"之性，的确是指性体的虚无状态，或曰"未发之中"，而不是讨论人性之道德属性的善恶。这些说明顾宪成的眼光是很敏锐的。正因此，他与阳明的立意，完全不能合拍，虽同言善恶，却交错而行。我们可以说，就性善论的立场上，坐实善恶的概念，对阳明的指责是成立的，但在阳明的立场上，却是莫大的误解。

泾阳对阳明"无善无恶"的批评是严厉的。他不是没有接触阳明"无善无恶"是为无着于善恶的观点，本章第四节在与钱渐庵辩论"金玉屑"问题中就已触及。他也认识到"无着"的看法在阳明学中是很普遍的，他说："近世率喜言无善无恶，及就而即其旨，则曰：'所谓无善，非真无善也，只是不着于善耳。'"但泾阳对"无着"说也毫不认同，他说："吾之心，原自超出方体、声臭、识知之外也。至于善，即是心之本色，说甚着不着？"② 他认为，作为善来说，善是性之本体，与性为一，善是抽象的，不同于声色。因此，善之于性，不能言着。有的学者如张纳陛③，也认识到泾阳之善与阳明之善不同。其意："盖以予（泾阳）之所谓善，乃本体之善，阳明之所谓无善之善，乃名相、方隅之善也。"泾阳亦以为"剖析精矣"，但仍未心同。他认为，"名相方隅之善"毕竟是从性中来，如是，则"本体之善"和"名相方隅之善""总来只是一个"，"一切皆吾之所固有，不得谓之无矣"。④ 总之，泾阳认为，所谓"着于善"的说法是不通的。

如果承认性善，而只是说"不着于善"，作为道德属性之善来说，确实是属于本体层面，本体自在，不增不减，只能说"昏蔽"，这在阳明是肯定的，泾阳之批评也是正确的。以本体之善为着为不着而有无之，皆属于人为

---

① 《证性编》卷三，载于《全集》，第482页。
② 《小心斋札记》卷十八，第208页。
③ 字以登，号文石，东林讲友。
④ 以上见《证性编》卷三，载于《全集》，第482页。

之"造作安排",与本体之本然无关。如果说"着于善"而应"无善"的话,这里的善明显不能是本体之善或德性之善,而只能是意念之善或私意之善,阳明之实指正是如此。因此,泾阳对阳明的批判,虽然有助于揭露阳明与传统人性论的不同取向,但终究是误解的批判。然而,这也不是说,泾阳的批判就失去了意义。

## 三 "无善无恶"的严重危害

阳明后学则往往把阳明意念之善当作人性之善来看待,把道德属性之善也当作私意之善来看待,从而容易导致学者将善恶之道德标准也加拂除,行事用情,放胆无忌。这正是泾阳硁硁反对"无善无恶"说的本因。把这两种善混同起来,就会出现严重的分歧。而且,把善念之无当作善性之无,也会导致严重的误解,泾阳便如此;把善性之无当作善念之无,还会产生严重的错误,阳明后学或如此。泾阳所批判的对象是实际存在的,并且以阳明的学说为根基。所以,他的批判对阳明在学理上未必适用,但对阳明之学说的实际流传形态和实际影响来说,却都是极其中肯和重要的。

泾阳认为阳明的"无善无恶"之说有极坏的影响。他说:

> 善与恶相为贞胜,不并立者也。从上圣贤勤勤恳恳发明性善,正欲压倒一恶字,今也并欲压倒一善字。压倒一恶字,恶字不得出头;压倒一善字,善字亦不得出头矣。……诚使善不得出头,其亦何所不可为哉!昔宋范纯仁,或讥其好名,纯仁喟然叹曰:"人若避好名之嫌,则无为善之路矣。"窃谓,无善无恶之说,则人又当避为善之嫌矣,不知是何路而可也![1]

俗言"邪不胜正",是善有以制恶。"无善无恶"关键在"无善"。一方面,善被压制,"与恶平等看",正当的为善之路,会受到阻碍。另一方面,善作为向上的积极的标准,一旦失去,人的不良行为就丧失了裁制,从而得到伸张,无所不可为。因此,"无善"实际上会纵容邪恶。泾阳反责"无善无恶",认为,"无善"固可以说能统天下之善,阳明"未尝专言无善",而亦曰"无恶",那么也同样可以说"心无恶,斯能统天下之恶"[2]。如是,

---

[1] 《小心斋札记》卷十三,第162—163页。
[2] 《还经录》,载于《全集》,第423页。

"阳明先生曰'无善无恶谓之至善',苟究极流弊,虽曰'无善无恶谓之至恶',亦宜"①。"无善无恶"确实存在这种理论可能,而这一可能的后果是不堪设想的。

孔子有"不义而富且贵,于我如浮云"②之说,此以富贵为浮云。程子有"虽尧、舜之事,亦只是如太虚中一点浮云过目"③之说,此以事业为浮云。两说各有所指,言之固可。然"无善无恶之说行,且并道德而浮云之矣"。"若乃浮云道德,窃恐既无可忧,又无可乐,其流未有不至于猖狂自恣者也。可不畏哉!可不畏哉!"④无善无恶,则道德落空而成无用之物,泾阳对这层关系的认识是很清楚的,所以也十分忧虑。富贵、事业,尚且属于外在,可以不必措心。有人认为,"无心于名与利",这是相对容易做到的,"无心于道与行,非圣人不能"。这明显是"无善无恶"论影响下的论调。如果"无善",那么为善之路和一切善行,也都可以不必放在心上因而失去应有的地位。王时槐对此作两转语:"理固有之,非所以训也。"一种学说之可否,不仅应考虑其原理上的通塞,还应注意其教法上的适用与否。"无心于道与行,非圣人不能",在圣人或许如此,但如果对大众而轻作是说,立以为教,就成问题,因而"非所以训"。泾阳对王时槐如此从原理和为教两方面来评价一学说的看法,很是赞许佩服。他针对"无心于道与行"又作了两点补充。一方面,泾阳认为:"道与行,天理一边事;名与利,人欲一边事。两下判若霄壤,却总总道个无心,须就里讨个分晓,方没病痛。"名利和道行,不是一类性质,因此,不能一概而论,要注意区别。二者,"无心同而其所以无心异",就"无心于名与利"说,"是别真于伪,教人从真上立根",就"无心于道与行"说,"是别性于反,教人从性上归宿"。如此,两"无心"之说"非特理实如是,兼亦可以为训也"。另一方面,如果把"两个无心混作一样用",名利道行,一概鄙视,"悉与破除,而无忌惮之中庸出矣。此非特不可以为训,兼亦无如是理也"⑤。把善恶作同等看待,而不讲原

---

① 《证性编》卷三,载于《全集》,第479页。
② 《四书章句集注》,第97页。
③ 《程氏遗书》卷二上,载于《二程集》,第31页。
④ 以上见《小心斋札记》卷十,第125页。
⑤ 以上见《小心斋札记》卷十八,第209—210页。

则的"无善无恶",正是"非特不可以为训,兼亦无如是理"。其此为说,是彻底不成立的。

泾阳认为阳明的"无善无恶"说,并不单纯,其中有数层转折。"谓之'无善'则恶矣,却又曰'无恶';谓之'无恶'则善矣,却又曰'无善'。只此两转,多少曲折"①,又"'无善无恶'之说,并要破个'善'字,却曰'无善无恶谓之至善',到底这'善'字又破不得也。只觉多了这一转,却落在意见议论中"②。泾阳之意,一方面,欲说明阳明"无善无恶"说在成立上有困难,所以才一再曲说牵合;另一方面,欲在说明,"无善无恶"在为"训"的意义上,很成问题,而且这一方面相当重要,故泾阳反复言之。

> 单以无恶言性,固自直截分明;单以无善言性,宛转说来,亦自分明。惟概善恶而归之无,窃恐始也一切脱略以见卓,卒也两下鹘突以藏偷。于是天下所谓善,独不谓善;天下所谓恶,独不谓恶。其流之弊,有不可胜言者,非但区区议论之得失而已也。③

正是因为"无善无恶"在为说上不执一说,"无恶"而又"无善","无善无恶"而又"谓之至善",所以具有极高的灵巧性。在证成"无善无恶"上,虽有便利,但在理解上也增加了分歧,在发挥上也提供了空间。泾阳谓:"多少曲折,多少含蓄,一切笼罩、包裹、假借、弥缝、逃匿、周罗、推移、迁就、回护、闪烁,那件不从这里播弄出来?"④就"无善无恶"说,人们可以圆转为说。其曲折愈多,则其包容性愈大,乃至一切之人都可以被其笼罩,一切之见都可以附会于其中,此所谓"包藏"。"始见以无善无恶为极透语,今乃知其为极险语也。"⑤此所谓"非但区区议论之得失"。

总的来说,"无善无恶"对人的引导,有两个路向。就"无善无恶"来说,"见以为心之本体原是无善无恶也,合下便成一个空;见以为无善无恶只是心之不着于有也,究竟且成一个混"⑥。"无善无恶"根本是言无,而其末流则往往入于"混"。对"无善无恶"的"无"又可以作两面之理解:

---

① 《证性编》卷三,载于《全集》,第479页。
② 同上书,第477页。
③ 《东林商语》卷下戊申,同上书,第314页。
④ 《证性编》卷三,同上书,第479页。
⑤ 同上书,第477页。
⑥ 同上书,第481页。

一是"有无为二，离有而无"，一是"有无为一，即有而无"。"离有而无也，其究也必将堕入空见，于善亦薄之而不屑，就里便开了一个玄妙法门。……即有而无也，其究也必将文以圆见，于恶亦任之而不碍，就里便开一个巧妙法门。"① 此即意味着"无善无恶"说，最投合两种人的爱好，对此两种人最有吸引力。"'无善无恶'四字，上之收了一种高旷的人，下之收了一种机巧的人。惟存下中行收他不得，只是此种人最少，不比那二种人多。又有一种庸常的人，亦收他不着，只是没用处，不比那二种人都有一段精神耸动得人。"② 高旷之人易入"玄妙法门"，机巧之人易入"巧妙法门"。此两种人对"无善无恶"最能作弄。而它对于"中下行"人和"庸常的人"来说，反倒最少作用，因为他们既下不入卑，又上不贪高，而精神庸猥愚钝，对此无可利用。

进一步言之，从"无善无恶"所引出之二路向："就上面做将去，便是耽虚守寂的学问，弄成一个空局，释氏以之；从下面做将去，便是同流合污的学问，弄成一个顽局，乡愿以之。"③ 简言之，"无善无恶"的高明一路，可以与释氏合流，其卑下一路，则与乡愿同污。泾阳对"无忌惮之中庸、无非刺之乡愿"④ 最为深恶。乡愿的"无善无恶"具体表现为："其于流俗污世，不为倡而为从也，即欲名之以恶而不得矣；其于忠信廉洁，不为真而为似也，即欲名之以善而不得矣。是谓无善无恶。"⑤ 管志道曾言："凡说之不正而久流于世者，必其投小人之私心，而又可以附于君子之大道者也。"⑥ 泾阳认为这种学说，"无善无恶"四字最足以当之。就高明者来说，乃沉迷于义理，或不必有功利之心。而持其"机巧"者，主要是乡愿。"忠信廉洁，既足以媚君子，惟其不为真而为似，则小人亦安之而不忌矣；同流合污，既足以媚小人，惟其不为倡而为从，则君子亦略之而不责矣。乡愿之巧，如此。"⑦ 此足以见乡愿之下合上投的手段。当时有"埋藏君子，出脱小人"

---

① 以上见《证性编》卷三，载于《全集》，第476—477页。又参《小心斋札记》卷四第44条。
② 《小心斋札记》卷十四，第170页。
③ 《证性编》卷三，载于《全集》，第479页。
④ 《东林会约》，同上书，第383页。
⑤ 《证性编》卷三，同上书，第479页。
⑥ 《小心斋札记》卷十八，第209页。
⑦ 《证性编》卷三，载于《全集》，第479页。又参《还经录》"世间只有两种人"条，载于《全集》，第421页。

之说，泾阳之弟泾凡认为"此八字，乃'无善无恶'四字膏肓之病也"①。泾阳则以为"此之谓以学术杀天下万世"②。

## 第三节　儒释之辨

宋代禅宗的流行与士大夫的关系十分密切，在理学的发展中，周张二程都与禅宗有关系，或与禅客往来，或长期出入于佛老之学。理学本身即为儒学应对佛教发展并吸收转化其心性命题而创建来。因此，新儒学虽然十分注意与佛教禅宗的区别，以显示儒家的立场，但在心性方面二者往往很难区分。如一些学者常常认为儒释之上半截同，而不同的只是应世之下半截。特别是倾向心学的学者，更是容易被严正的理学家讥为入禅，南宋心学的主流，象山、慈湖尤其如此。即使理学内部的学者，如程门高弟，也有所不免，如朱子谓："看道理不可不子细。程门高弟如谢上蔡、游定夫、杨龟山辈，下梢皆入禅学去。"③因此，在整个宋明理学的发展中，保守儒家立场的学者都要严辨儒释之立场，主张辟佛，特别是展开儒学内部的清理工作。顾宪成也是如此，他以一个儒学者自居，逐渐自觉与佛教方面划清界限。本节主要讨论他与禅学的接触、对禅学态度的变化、对儒释之异的分析，以及他最终对待佛教的态度。

### 一　言禅三变及论佛

顾宪成也和许多宋代以来的儒学者一样，有过亲禅的经历。《札记》中有言：

> 闻子少时，有晋陵谢省庵令君，贻以《阳明文粹》，子读而爱之，于是亦遂好言禅。乃今于阳明犹亟称焉，独于禅则绝口不言。非直不言而已，察子之意，一似疾之然者，一似厌之然者，一似畏之然者，何居乎？（泾阳）曰：是三者皆有之。④

---

① 《俚言》"无善无恶四字"条，附见《还经录》，载于《全集》，第441页。
② 《证性编》卷三，同上书，第482页。
③ 《朱子语类》卷一百一，第2556页。
④ 《小心斋札记》卷七，第93页。

据顾氏《年谱》所载，万历四年庚午（1570），泾阳二十一岁，他的老师张淇（字子期，号原洛）馆于陈云浦①家。泾阳遂与弟泾凡偕从张师学于陈家。适值武进令谢师严（号省庵）向泾阳赠送所刻《阳明文粹》，泾阳"读而旨之。师知公向道甚殷，遂率公兄弟偕受业于薛（方山先生）"②，并受《考亭渊源录》。相隔九年之后，他又自道曰："余弱冠时好言禅；久之，意颇厌，置而不言；又久之，耻而不言；至于今，乃畏而不言。"③两处所言皆同意，所指"少时""弱冠"时之"好言禅"，即其二十一岁时的这段故实。可知，泾阳早期对禅宗已有接触，而且也像其他理学家的路径一样，由出入佛老，最后摆弃佛老。泾阳对禅宗的态度，如他所述，经历了三个转变：第一个阶段"好言禅"，第二个阶段"耻而不言"，第三个阶段则"畏而不言"。这个变化，说明泾阳对禅宗的理解、对禅宗与儒家的区别，认识在不断加深。"耻而不言"说明是单单从立场上排斥，"畏而不言"说明是对其弊端能够洞见，从而保持高度的警惕。其中，还有一点需要注意，即泾阳之"好言禅"与接触阳明学有关，是读过《阳明文粹》，接触了阳明的精要思想之后，才发生兴趣的。这即暗示着，他感觉阳明学在精神内核上与禅学相合。他对禅宗的由好生畏，也预示着他对阳明学的态度转变，并且对阳明学流弊的畏惧更甚。

泾阳对于佛教的理解如何呢？

> 或问佛氏大意。曰："三藏十二部五千四百八十卷，一言以蔽之，曰：无善无恶。试阅七佛偈，便自可见。"曰："《永嘉证道歌》谓'弃有而着无，如舍溺而投火'，恐佛氏未必以无为宗也。"曰："只就'无善无恶'四字翻弄到底，非有别义也。"曰："何也？"曰："弃有，以有为恶也；着无，以无为善也。是犹有善有恶也。无亦不着，有亦不弃，则无善无恶矣。自此以往，节节推去，扫之又扫，直扫得没些子剩，都是这个意头。故曰：此只就无善无恶四字翻弄到底，非有别义也。"④

---

① 名忠言，更名以忠，字贞甫，无锡人。
② 《年谱》卷上万历庚午条，载于《全集》，第1734页。标点有异。
③ 《小心斋札记》卷十六，第193页。
④ 《小心斋札记》卷十，第130页。

从这段文字，可见泾阳对佛教宗旨的理解。他认为，佛教的一切学说都可以归结为"无善无恶"，无论如何讲，都跳脱不出这四个字。然而，佛教思想也并不是一味谈空，一味谈空则入于断灭了，也成执着，也入流转，非真证性空。如上引唐代永嘉玄觉大师所作《证道歌》意，原文作"弃有着空病亦然，还如避溺而投火"。其意即谓，如以有为可弃，如以空为当求，皆同一误执。佛教也反对"弃有着无"。泾阳认为，佛教之反对"弃有着无"，是因为"弃有，以有为恶也；着无，以无为善也，是犹有善有恶。无亦不着，有亦不弃，则无善无恶矣"。"弃有着无"犹有所去取，见有善恶。"无亦不着，有亦不弃"，则有非真有，无非空无，为恶不去，为善不取，善恶一无去取而两下平等，即无善无恶矣。如《证道歌》所言"不求真，不断妄，了知二法空无相"，最终泯除真妄之相，方达无相之实相，还是要归于空义。因此，"佛教大意"总不出"无善无恶"四字。当然，泾阳所指，乃谓"无善无恶"四字可以代表佛教之大意，并为其宗旨应有之义，非谓佛教所谈、归宗仅是无善无恶问题。他也不否认佛教也劝诫人们要"诸恶莫作，众善奉行"，但他认为："以性善为宗，则为善去恶，实教也；以无善无恶为宗，则为善去恶，权教也。此处最宜慎辨。"① 佛教虽言"为善去恶"，最终并不以善为归宿，善也应去，所以此说仅是"权教"，假设方便法门。

泾阳认为，佛教的发展经历了三个阶段。他说：

> 佛法至释迦一变，盖迦叶以上有人伦，释迦去人伦矣。至达磨再变，盖释迦之教圆，达磨之教主顿而客渐矣。至五宗三变，盖黄梅以前犹有含蓄，黄梅以后法席云兴，机锋百出，倾囊倒箧，不留一钱看矣。此云门辈所以无可奈何，而有"一拳打杀，喂却狗子"之说也。或曰："何为尔尔？"曰："他们毕竟呈出个伎俩来，便不免落窠巢。任是千般播弄，会须有尽。"②

历史上，佛教的发展有三个重大的转变，即第一期释迦佛祖逃王位出家，放弃人伦之道，苦卓修行，此转变之一；第二期达摩顿悟立教，兴起禅宗，尚悟解而轻渐修，此转变之二；第三期禅宗分派为五，所谓临济、曹洞、沩仰、云门、法眼五宗是也。达摩之禅，犹重教典，禅法平实，五宗愈发展

---

① 《证性编》卷三，载于《全集》，第480页。
② 《小心斋札记》卷五，第67页。

愈狂放，逗机锋，逞智勇，呵佛骂祖，真可谓是"掀翻天地"，此转变之三。

然而，禅宗之肆无忌惮地发展，终究要引起人心的厌恶。各种禅法虽然花样百出，骤然闻见，毫无把柄，久之却毕竟还是有法可循，甚至故弄玄虚，此即泾阳所谓"不免落窠臼。任是千般播弄，会须有尽"。佛教发展到禅宗，便是下坡路，禅宗发展到极致，便到了穷途了。朱子也认为佛教到了禅学即入了恶流，他说："禅学炽则佛氏之说大坏。缘他本来是大段着工夫收拾这心性，今禅说只恁地容易做去。佛法固是本不见大底道理，只就他本法中是大段细密，今禅说只一向粗暴。"① 而且，他认为禅学的发展会有尽头，"禅学，后来学者摸索一上，无可摸索，自会转去"②。此即泾阳所谓"伎俩"尽时。顾氏认为朱子之辟禅"率中肯綮"，只"禅学炽则佛氏之说大坏"一言，便表明朱子对佛教发展的形势、禅宗的实质都看得很清楚，"只此一语，五宗俱应下拜"③。

## 二 "无善无恶"与"无声无臭"

佛、儒的差异具体又何在呢？

伊川对于儒释之别有一个经典的论断，即"圣人本天，释氏本心"。所谓"圣人本天"，指"天有是理，圣人循而行之，所谓道也"。④儒家讲求依照"天命""天理"以行事，一切行事都是有本然之准则。而佛家则认为没有实法，法法因心生灭。万法空相，无实相可得，亦无实法可求，一切执着有实我法，都成佛障，因而，有所谓"人我障"和"法我障"之说。在儒释的分别上，泾阳则言：

> 吾圣人曰："太极生两仪，两仪生四象。"佛氏曰："迷妄有虚空，依空立世界。想澄成国土，知觉乃众生。"吾圣人曰："寂然不动，感而遂通天下之故。"佛氏曰："觉海性澄圆，圆澄觉元妙。元明照生所，所立照性亡。"于此求之，儒释几微异同之辨，可得而识矣。⑤

---

① 《朱子语类》卷一百二十四，第2977页。
② 《朱子语类》卷一百二十三，第2967页。
③ 《小心斋札记》卷十六，第193页。
④ 《程氏遗书》卷第二十一下，载于《二程集》，第274页。
⑤ 《小心斋札记》卷五，第53页。

"太极"两句,语出《易·系辞传上》,原作"易有太极,是生两仪;两仪生四象,四象生八卦"。两处"佛氏曰",语出《楞严经》卷六,为文殊师利菩萨对佛所说偈语的首段。泾阳对于儒家圣人的话作何理解可以说明,但对佛氏所言作何理解不容易说明。他认为,儒家圣人所言的原理为,万物根于太极,太极化生阴阳,一切皆有本实,皆有所以,非无端而起。有体有用,有静有动,皆为太极阴阳之作用。而就佛氏所言的原理本身来看,则为圆觉妙性本然澄明,不由造作,但因忘觉而生妄照,遂见妄所,妄所既立,正性则夺。所见虚空及此世界与其众生,皆是因此迷妄而生,本来无有。众生迷妄,沉沦知觉。泾阳应是从觉性、知觉的角度来理解这段话的。他曾言"吾儒以理为性,释氏以觉为性"①,便可明了泾阳所引《系辞传》及《楞严经》文所欲表达的本意。《易》之"太极"为理也,此儒家以理为性,《楞严经》之"知觉为众生""觉海性澄圆",即所谓"以觉言性"也。本于"太极"还是本于"知觉",正是"儒释几微异同之辨"。他认为,这也就是程子所言"圣人本天,释氏本心"之义。②这一区别是儒释之根本区别。

儒家"本天",实即指"本理",而佛家则有理障、事障之说。针对佛氏之说,泾阳认为"释家有理障、事障之说,便是无善无恶的注脚"③。所谓障,乃指对性之障或对道之障。理障和事障相比,理障更为碍道,要说明理之障道,首先要说明理之为何物。在《证性编》中,泾阳与管志道也有关于此的一段讨论,管氏站在释氏的立场上,运用理障之说来反对性善之论。《易·说卦传》曰"穷理尽性以至于命",如果以理为障,则非性命之所有,"将所谓理者,于性命之外另为一物,而所谓道者,又于理之外另为一物乎?"管志道尝曰:"不生不灭之理,只在日用饮食间,遗人伦以求道,非上乘之道也。"如是,则理非超乎人伦之外而别有物,即人伦而在。管氏又曰:"上士闻道,日用莫非天机;其次多习气之累焉,不入事障则入理障矣。"④如是,日用即道,所以障道者"多习气之累"。人于理,"或以情

---

① 《小心斋札记》卷十六,第195页。
② 见《小心斋札记》卷七,第90页。
③ 《小心斋札记》卷十,第130页。
④ 以上俱见《证性编》卷五,载于《全集》,第511页。

识认取，或以意念把捉，或以见解播弄，或以议论周罗"①，此皆所谓"习气"。由此看来，障道者，"非特与理无干，抑且与事无干"②，"却是人障理，非理障人也"③。如是，释氏理障之说，只是为了要排除人对善的执着，证成其"无善无恶"之说。而就儒家的立场来看，所谓之障，与理无关，只是习气。理并不在性外，理即是性。理障之说不能成立。

　　佛氏之大意为"无善无恶"，本章前文已言及，泾阳认为儒家也不讳言"空"。在"空"的问题上，既要认识到儒家也讲空，同时也要认识到儒释之空是有区别的。因而，他说：

　　　　"无声无臭"，吾儒之所谓空也；"无善无恶"，二氏之所谓空也。名似而实远矣。是故讳言空者，以似废真；混言空者，以似乱真。予皆不敢知也。④

泾阳认为儒家之所言"空"才是真正的"空"义，"以似废真"和"以似乱真"的做法，俱不妥当。而儒释之"空"的差异即在：儒家之空为"无声无臭"之空，释氏之空为"无善无恶"之空。就儒家之空来说，可以从两方面来理解。一方面，其空是形容本体的性质和状态，并不是说本体的有无。他说"太极无声无臭，有何方所"⑤。太极是理，就理之为形而上者言，理不具有物理属性，无法感知，因此，理或性都可称"无声无臭"。"且佛氏之空，果与吾儒不异，乃其弃家入山，等三纲五常于声色货利，一概而扫之，何也？亦还能服儒者之心否？"⑥佛教之空，乃把儒家之伦理尽数扫除破坏了。另一方面，儒家之空或"无"，不是无条件地谈空，如《系辞传》之言"夫易，无思也，无为也"，《诗》之言"上天之载，无声无臭"，《论语》之言"无意，无必，无固，无我"，"圣人何尝讳言无？但'无'之一字，其下必有所属"。⑦儒家之空，都是有所空，即有具体对象，而且这些对象相对本体来说，都是外在的，与本体的性质不相应，因此，是可以在

---

① 《小心斋札记》卷十，第130页。
② 《证性编》卷五，载于《全集》，第511页。
③ 《小心斋札记》卷十，第130页。
④ 《小心斋札记》卷四，第44页。
⑤ 《小心斋札记》卷十六，第188页。
⑥ 《东林商语》卷下戊申，载于《全集》，第315页。
⑦ 《还经录》，同上书，第436页。

本体上"空"之的,而本体之善仍存。泾阳认为,世之言"无善无恶"即同"无声无臭",乃"混言空"。其中的奥秘即为,"始而等善为恶,卒又等善为声臭,为方体,为意必固我也"。"夫善亦何负于人也,而不誉之甚如此乎?"①

## 三 因果之异趣及辟佛

儒释之异,泾阳认为还可以在大众的信仰上得到很大程度的体现。就儒家来说,其主要的信仰者为士子、学者,即常所谓之"读书人",儒学主要在知识分子群体当中传播。而对于佛教来说,除了不少上层知识分子热衷于对佛教义理的研习外,主要的信众为一般百姓,即常言之"善男信女"。对于佛教的信仰,在古代中国之底层社会,也有着比较广泛的基础。顾泾阳注意到了佛教对于普通百姓来说,具有很大的吸引力,不少寺庙香火鼎盛,"男女载于道,往过来续,绳绳不已",而儒家门内却不存在这种现象。他认为"即此可以辨儒佛已",这也确实是一个发人深省的视角。而且,泾阳认为只有感应至于"愚夫愚妇"方为真实的感应,"真之为言也,纯乎天而人不与焉者也。研究到此,一丝莫遁矣"。要研究儒释的不同,就"愚夫愚妇"之感应来观察,是最为切实可靠的。

那么,儒释在为百姓信仰上究竟有何不同呢?世俗之礼佛,"凡所以为此一片祸福心耳,未见有为祸福而求诸吾圣人者也"。世俗于祸福之事常求向佛门,而不求向儒门,此可见其异。然"佛氏何尝邀之而使来,吾圣人何尝拒之而使去?佛氏何尝专言祸福,吾圣人何尝讳言祸福?就中体勘,其间必有一段真精神迥然不同处"②。这说明,儒释在祸福事上对世俗之感召,并不是通过直接的说教来实现,而是内在"一段真精神"所致。外在之迹的不同,即昭示了儒释内在之蕴的"迥然不同"。这种"精神"之不同,泾阳没有明确说出。不过,我们至少可以理解,儒家在祸福上对世俗缺乏感召力,乃因为儒家重视道德价值为第一价值,道德是超越功利、超越祸福而可以贞定祸福的。孟子之"舍生取义",董仲舒之"正其谊不谋其利,明其道不计其功",即为儒家道德价值取向原则的概况,祸福之情作为功利取向被明确

---

① 以上见《证性编》卷五,载于《全集》,第510页。
② 《小心斋札记》卷五,第53—54页。

压倒了。

泾阳也注意到，佛教在世俗方面的影响与其教理教义方面并不一致，存在着世俗佛教和义理佛教的不同。世俗佛教中，信众希望通过佛教之信仰而得祸福之趋避，然而"佛教何尝专言祸福"。不过，佛教之世俗影响与其教义毕竟又不能脱离关系。其在世俗社会中形成若是影响而所基之教义，即为泾阳所言"一段真精神"。这段"真精神"恐怕即为佛教之因果观。泾阳对佛教的因果有讨论，他并不反对有因果，而且认为儒家的经典也有不少因果方面的论说。因果主要表现为时间的序列，即由过去、现在、未来所构成。"佛氏之言死生，人以为至精矣，必曰过去何如，未来何如，瞻前顾后，牵缠不断。孟子只就见在一念，八字打开，这边是生，那边是死，岂不十分斩截？"①佛教的因果通过去未来，乃至无量久远，皆能积累和转现，与其业报观念、轮回观念相辅相成。儒家的因果则以现在为主，且儒家的过去未来与佛氏的不同。儒家之因果，与轮回无关，因而并不讲三生，主要注目当下之生，过去未来不超离此生。②儒家之因果，基本与祸福无关，因为，儒家的德性修养除了以德性的完成即成圣为目标外，是"无为"的，超功利的。而且，儒家的因果，并不以行为实现为条件，更多是强调"念"或"志"之是否纯粹，是否具有道德性，对德性结果的评价是以"原心"或"原志"为主，因而格外重视当下之自我。

泾阳认为："造化大矣，因果之说岂可谓无之？要亦其中一法耳。若便执煞，恐又不免看得造化太拘也。"造化的作用为大，故容有因果，然亦不应过夸大因果的作用。如果执定了因果，那么佛门讲诸佛轮番出世宣法，又得大自在，不由造化去来，为何尧舜等圣人不时时现身于世？"此犹自儒家之圣人言之"，"佛氏以三祇尽觉道"，"是知圣贤出世一番，则增进一番，必应重来者胜，纵顺流逆流间出不齐，总其大都，亦应有以相当耳。何为孔子之后，再不闻有孔子，释迦之后，再不闻有释迦乎？何为圣一降而儒，儒遂不复转而圣，佛一降而禅，禅遂不复转而佛乎？"③且"释迦本愿为众生一大事因缘而出矣，谓孔子本愿为天下无王因缘而出矣"，然释迦得王位而

---

① 《毗陵商语》，载于《全集》，第344页。
② 与佛教之重因果相比，儒家更言鬼神，然与佛教之鬼神绝不同。
③ 此处亦可明，泾阳认为佛到禅为佛教发展的下降。

弃之出家，孔圣欲得位行道而栖皇，将何谓而然？这一段是泾阳与管志道辩论的一个话题。"翁（管志道）惜儒者不信因果，特讽之曰：'必破此藩篱，而后可穷道妙。'愚则曰：'必能穷孔、释去来之际，而后可参因果之说，为儒者破此藩篱也。'"①此结语可证：一者"儒者不信因果"，此儒释之一异；一者泾阳对因果说的肯定是极有限度的，并不承认佛教轮回之因果观。

对于佛教之三世因果说，泾阳还有明确的反对。人问："'今不知佛氏之所谓过去未来，有耶无耶？'（泾阳）曰：'不知也。'"他没有直接作答，而是进行了一番推论。他认为，"域中有二大：道大，法大"。"道者何？纲常伦理是也，所谓'天叙有典'，'天秩有礼'，根乎人心之自然而不容或已者也。"泾阳显然是认同儒家的伦理，并以之为观念基础的。他认为，如果承认佛氏之因果，那么儒家伦理之忠孝则非从理而来，乃成"为报夙生之恩而来"，而儒家伦理所反对之乱贼亦非从理而来，乃成"为报夙生之怨而来"。如此，这些儒家的价值伦理，就与"人心之自然而不容或已处"，"了不相干"了，善恶失去了根据。"法者何？黜陟予夺是也，所谓'天命有德'，'天讨有罪'，发乎人心之当然而不容或爽者也。"法是现实儒家社会的维护和运行工具，虽然儒家强调德性的说教和感召，然而其价值必须有法来体现和保障。如果承认佛氏之因果，则"凡君子而被戮辱，皆其自作之孽，而戮辱之者非为伤善；凡小人而被显荣，皆其自贻之休，而显荣之者非为庇恶。揆诸人心之当然而不容或爽处，吾见了不相蒙也。于是黜陟予夺且贸焉无所凭依，而法穷矣。"信从因果，便荣辱也无所用，劝惩也无所施了。"道穷法穷，虽羲、农、尧、舜复生，无以御天下。由此观之，佛氏之所谓过去未来有耶无耶？无则非吾侪之所当言，有则必至于妨道妨法，非吾侪之所敢言也。"②从因果看来，儒家之社会，就失去了其道德之价值和荣辱之权衡，也就"礼坏乐崩"，无以为治了。因此，佛教之三世因果说，与儒家之价值观相冲突，具有极大的破坏性。倘其果无，则不当言，倘其果有，当"畏""不敢言"。其实，泾阳对佛教因果观的反对，与儒家内部对"命"之认识，异曲同工，唯儒家之"命"犹不若释氏因果观之为过甚。

---

① 以上俱见《证性编》卷五，载于《全集》，第512—513页。
② 以上俱见《小心斋札记》卷九，第115—116页。

最后，将讨论一下泾阳对于辟佛的态度。

泾阳对于自来佛教（常合老氏为二氏并言）的态度，也像对"无善无恶"的态度一样，有过一番清理。他认为，"后人攘斥二氏的公案"源自孔孟，"后人崇事二氏的公案"源自庄列，而"近世论三教异同的公案"则源自北宋学者苏辙（号颍滨）和金代学者李纯甫（号屏山）。① 此中的是非，泾阳没有直接发表看法，他只是提议："学者无主先入之见，虚心参核，必有个真是非涌出来。"② 然已有是非可论。隋代大儒王通在《中说》中，有与弟子谈论对佛教态度的记载。他认为佛"圣人也"，其教则"西方之教也，中国则泥。轩车不可以适越，冠冕不可之胡，古之道也"。③ 这种观点从地域文化和风俗信仰的角度来区别儒佛之不同，比较近于事实，因而很受认可。但是泾阳对于此说，并没有停于表面，大加认同，只是平淡地论其"似矣"。他认为："佛氏之慈悲行之中国，亦安见其泥？若其离君臣，绝父子，弃夫妇，即夷狄亦未尝胥而从之也，乌在其为西方之教哉？"④ 因为思想往往具有普遍性，以地域来限隔思想，则常会滞而不通。中国儒家之伦理也适合于西方，而西方佛教之慈悲也同样可以行之中国。泾阳对王通的另一说，颇怀好感。"程元曰：'三教何如？'子曰：'政恶多门久矣。'曰：'废之何如？'子曰：'非尔所及也。'"⑤ "政恶多门"而又"非尔所及"，泾阳以为"大自可味"。⑥ 这反映出了他的两面考虑，一者欲归宗儒家，一者又不愿轻易辟佛。

泾阳的这一态度并不见，他对持此看法的前辈，皆大加许可。《湖州吴山端禅师语录》卷上载："章相公（章惇，字子厚）赴召，别师⑦，师请入方丈。茶汤罢，师云：且为爱护佛法。相公云：不兴不废，爱护佛法也。"泾阳《札记》中述之，谓章子厚"不兴不废，爱护佛法""却是宰相语"。⑧

---

① 诸家之言，详参《小心斋札记》卷六。
② 《小心斋札记》卷六，第71页。
③ 张沛撰：《中说校注》，北京：中华书局，2013年，第114页。
④ 《小心斋札记》卷十六，第193页。
⑤ 《中说校注》卷五，第134页。
⑥ 《小心斋札记》卷十六，第193页。
⑦ 西余净端禅师。参《五灯会元》卷第十二。
⑧ 《小心斋札记》卷十六，第193页。

泾阳时人邹观光（字孚如）认为："二氏之学，贤者务之，务之非也；其遗世累，离情欲，不可废也。亦惟贤者辟之，辟之非也；必其遗世累，离情欲，乃能辟也。"邹氏之说，务之非，辟之非，存乎不务不辟之间。泾阳认为邹氏"此语最平"①，"不兴不废"与不务不辟，其用意大同。可见，泾阳对佛教的态度本来如此。

泾阳对于佛教和禅宗方面的经典也有所涉猎，他对《楞严经》和一些禅宗语录都比较熟悉。他甚至认为："禅门话尽多悚发人处，善取之。皆足为吾用。但究到血脉上，便须有商量耳。"②如果能够注意到儒、释之别，禅宗的话头也不是不可以为吾儒所利用的。也因此，我们还当注意，顾氏对佛书的理解并不一定符合原本精神。在泾阳的著作中，引用禅宗公案处，数数可见。③并且，他还对佛教的修行精神和让人切实自省的教法，比较肯定。他认为，世之好禅，"'这也怪不得他们，委自有动人处，有服人处，难以一笔涂抹。'曰：'何也？'曰：'他们极肯吃辛苦……'"而"吾儒却只悠悠自在，一月中不知有几日成得片段，一日中不知有几刻成得片段"，"他们（禅宗）做便宜的题目却肯吃辛苦，我们（吾儒）做辛苦的题目却要讨便宜，如何使得"。④禅门喜悟，儒家则爱作注疏的工夫，朱子已经意识到自己对经典的解说过于繁多，使学者减少了自我思考，以致入处不深。"昔香岩问沩山如何是西来意，沩山不答。一日击竹有悟，乃稽首遥拜曰：'若令当时说破，宁有今日？'此意最好！儒家却大段卤莽在。"⑤泾阳认为，儒家多缺少含蓄，常常把底里直接吐露出来，喜欢简易明白。总之，他觉得儒家在切实修行的工夫上，反不如禅宗的艰卓，在自得的工夫上，亦不如禅宗得法。

泾阳认为："吾儒曰'性善'，释氏曰'性无善无恶'，两者各自为一宗，其究竟亦各自成一局，不须较量，不须牵合。"⑥儒家和佛教各有宗旨，虽然不同，亦不必归一，不必相互附会。"三教异同，原是两重见成公案，非

---

① 《小心斋札记》卷十四，第171页。
② 《南岳商语》，载于《全集》，第369页。
③ 如《小心斋札记》卷十一第3条，卷十二第10条，卷十八第1条，《南岳商语》第15条，《志矩堂商语》第3条。
④ 《小心斋札记》卷七，第93—94页。
⑤ 《小心斋札记》卷十二，第155页。
⑥ 《证性编》卷五，载于《全集》，第508页。

一时一人所能创设。要其同也,必有以见其同;其异也,必有以见其异,亦非人各以私意强为主张也。学者在审所尚而已。"三教异同问题,由来已久,不是轻易能够解决的。佛教"往往有豪杰在焉,不谓吾儒之外遂无人品"。学者可以根据自己的习尚在儒、释之间作出选择,但绝不能盲从附和,应当本于真实所见。特别是那些选择了儒者身份的人,应保持自己身份的纯粹性,"诚欲祖述仲尼,自应以仲尼为主,合则取之,离则舍之,甚则摈而绝之,不得更有依违,作三教中乡愿也"①。

但是,也应注意,泾阳虽然对佛教的态度比较温和,不主张轻易地辟佛,留存佛教的空间,甚至认为佛教还有一些优越之处,但他毕竟站在儒家的立场上,不主张儒释之归一,也不认为两家可以调和。因此,他必然要在儒家的立场上对佛教有所压制。他认为,二程和朱子对佛教的教义都比较能深入,"三先生之言如此,不为不知佛矣",但他们都辟佛。其中的原因在于,"遡其(佛教)发端,既与吾圣人尚有毫发之岐;究其末流,又为不善学者酿成千里之谬。是安得不重为之防?况崇佛太过,必至于卑孔;业已卑孔,势必至于土苴名教,猖狂无忌"②。泾阳一直强调儒释之辨存乎"几微",因此要十分谨慎地把握差异之所在,明确真理之所是,以防走上相反的道路。并且,儒释之屈伸,轻重随移,释氏伸则儒屈,崇佛则卑孔,卑孔则孔氏之学说亦卑,而名教之用削矣。因此,为了保持儒家的地位,还是应当采取辟佛的态度。

对于辟佛,泾阳推崇韩愈之《原道》。韩氏此作,二程已经极为推崇,认为虽然其间仍有语病,然孟子之后,宋代以前,已是仅有的文字。就辟佛来说,泾阳最初尚嫌其"粗","年来体验,乃知其妙"。这也是基于他"儒释几微之辨"而来。他说:"盖佛氏说心说性,尽自精微,几与吾圣人不异;至其单言片语,能使人立地豁然而顿悟;又或汪洋浩荡,高入九天,深入九渊,能使人没于其中而不得出,更若驾吾圣人而上之者。即欲辟他,何处下口?惟就人伦上断置,方才无辞以解。且既于此无辞以解,即心性之说亦不攻自破。"在心性说上,儒释差异甚微,但佛教谈禅说虚,更能笼罩人,使人自失于其中。从人伦上辟佛,能够对佛教形成有力的打击。其中的原因,

---

① 以上见《证性编》卷五,载于《全集》,第518页。
② 《小心斋札记》卷六,第72—73页。

可以见之于顾氏与高攀龙关于"儒佛同体而异用"的商讨。高氏认为:"体则寂无朕兆,所以易混;用则全体俱呈,所以易别。"心性为体,人伦言用,泾阳道:"今迹其所易别,核其所易混,信乎心性之说不攻自破矣。此《原道》之作,似平平无奇,而上下二千年间辟佛家,竟未有尚之者也。""吾圣人以人伦为实际,其所谓心性,即在君臣父子兄弟夫妇之中。佛氏以人伦为幻迹,其所谓心性,乃在君臣父子兄弟夫妇之外"。佛氏逃人伦而言心性,犹无用而言体,体用为二。"体用一原,显微无间",见其外人伦之用,故可知其言心体之非,辟用即所以辟体。若以用为粗,外用而别求心性之高妙,则适入释氏之彀中了。因此,于佛理愈精则愈失,昌黎之辟佛,"固是""落影响间","却亦正幸其入佛未深",所以终不失儒家之立场。辟佛"入之深而仍不堕者",泾阳自谓"意中只周元公一人"。①

## 第四节 与钱渐庵辩②

钱大复,字肇阳,别号渐庵,华亭人(今上海市松江区人)。万历甲辰(1604),领乡荐,就选铨司,释褐为蓬莱令。考满,他即致仕返乡,出资创建了日新书院,专意从事讲学活动。自戊申至丙辰,在此讲学九年。有二子,长子圣锡,次子龙锡,皆著名。"所著书有《四书证义》《四书合编》《四书笔记》《良知的证》《性学总论》《味道编》《省言》《东牟试略》行世,他如《获麟》等语,尚未付之杀青者,固多也。"渐庵算是顾泾阳的同辈。

"盖公为文学时,第工咕哗之业。而自公为令,则退食之暇,于洙、泗、濂、洛之学无所不窥,而俨然以成己成物自任","每月旦诣黉宫,集诸青衿子弟,课其艺文,而并勖以正心诚意之学,作讲义以训迪之"。可见,钱氏做蓬莱令,即为其从政生涯的起点,也是他人生志趣发生转移的重要时期。他对理学充满了向往,对讲学也怀着极大的热忱。因此,当他考满,人皆以升迁瞩望,希望他能到更高的平台施展作为时,他却选择了弃政从学的道路。他说:"吾与其绾铜符,无宁握丹桨;与其服勤民社,无宁羽翼圣经,

---

① 以上俱见《小心斋札记》卷十第18条,第103—105页。
② 此辩专门注意及之者为方尔加,见前。然他当时认为钱渐庵无考,今补出之。

而何以终仕进为乎？"①

钱氏创建日新书院，开展讲学活动，影响也很大。有谓："里中士执经，户屦相错，与东林、虞山诸君子中分齐鲁矣。"②当时又有把紫阳、阳明、肇阳合称为"三阳"者。渐庵所著书《四书证义》最有名，明人黄居中、张鼐、邹元标等人都有序文。后来他把四书方面的著作合刻在一起，题为《四书证义笔记合编》。据诸序文，我们也可以简略地看出他学问的宗旨。黄居中谓："云间钱肇阳氏，少而沉酣四子，潜心钻研，著《证义》一编，一禀紫阳功令，而间折衷东越诸论著，补其所未备。……其言曰：'以书证书，以紫阳证紫阳，破执着之非，以明无意、必、固、我本旨。'呜呼！尊紫阳而不泥紫阳，斯其为善证紫阳者与？"③张鼐谓："肇阳先生之立教，宗阳明者也。"④其挚友何三畏亦言："（钱氏）每与学人士酬对，横说竖说，累累日千万言，总之以'致良知'为主。"⑤他的学问，是以朱子四书为本，但又以阳明的良知说贯通其中，故其时人皆以他为"宗阳明""以致良知为主"。我们也可以说，钱氏是以阳明宗旨来讲朱子学问。他是明代后期融合朱王思想趋势的典型代表，比泾阳还显突出。

渐庵创建日新书院，为了更直观地体现他的学问宗旨，他在讲堂之内，"中悬先圣像，左晦翁，右阳明"⑥，并尝请泾阳为之记。在记文中，泾阳对渐庵的讲学活动作了肯定，更着重发挥了钱氏所以并尊朱、王的用意，深表同情。⑦万历三十六年戊申（1608），泾阳时年五十九岁。其弟顾允成刚去世不久，泾阳悲不自胜，借出游论学以图排遣。二月，"游云间，赴正学诸会。钱渐庵出所著《性学（总）论》及《会语》请教，大约主佛氏之'空'与阳明之'无善无恶'"。泾阳对渐庵的意见记录在了戊申年的《东林商语》内。据顾氏《年谱》所载，"钱深服公教，尊之为天口圣铎，命其子龙锡执弟子

---

① 以上俱出何三畏：《钱蓬莱渐庵公传》，载于《云间志略》卷廿二，天启刻本，页七至页十一。
② 黄居中：《日新书院记》，载于《千顷斋初集》卷十五文部，明刻本。
③ 《钱肇阳四书证义序》，载于《千顷斋初集》卷十四文部。
④ 张鼐：《钱肇阳先生证义序》，载于《宝日堂初集》卷十二，明崇祯二年刻本。
⑤ 《云间志略》卷廿二《钱蓬莱渐庵公传》。
⑥ 《千顷斋初集》卷十五《日新书院记》。
⑦ 详见本书第二章三节。

礼。龙锡在词林中，为'东林三钱'之一"。① 这有可能，但并不意味着钱氏服从了顾氏的观点。此时为渐庵讲学之初，而泾阳则名声早播，为一时之盟主，故容易令人心折。在明代后期，泾阳和渐庵的思想历程和思想方向极具相似性。二人都以濂洛关闽之学为爱好，为触发其思想变动的转机；二人在仕途上都半途中折，以讲学为职志，慨然以人心世道为任，百折不回；都参与书院的创建、主持活动，且在地方乃至全国俱发生了很大的影响。

## 一 空、实一物两名

本节不专作渐庵思想的剖析，只主要围绕戊申年二人之会所展开的观点上的交锋进行，以探讨泾阳对渐庵心体当空看法的批评。

渐庵与泾阳意见的交锋，在先已经发生，丁未（1607）《札记》中记载了二人的一段讨论。渐庵质疑泾阳"于无善无恶亟摈之，何于无声无臭又信之"，他认为此两言为同一义，信后者自不当斥前者。泾阳则认为这两句话分别代表了"释宗"和"儒宗"，"两言亦自有辨"。但泾阳也曾讲过二说"毕竟是同"。他解释道，此中"尚有个因缘在"，"肇阳之言同，将以无声无臭伸无善无恶也。予之言同，将以无声无臭扫无善无恶也。此意稍有不同，会须道破"。② 可见，二人争论的焦点自始就在对待"无善无恶"的态度上。

渐庵、泾阳戊申之会是从"空说"涉入的。钱氏弟子有问"佛氏说空，宋儒辟之，得否"者，钱氏认为："夫子称颜子'屡空'，岂其有异？"他进一步声称，颜子尚且"屡空"，而未尽空，"若尽即是太空之空矣"，即是"空之至"。而人心之至空，最大的要求就是需能心中无着、无执，如果有着有执，这些所着所执，也就成了心体之中的障碍。"人心犹两目然，目中瓦砾屑固着不得，金玉屑亦着不得。倘以所为善者置胸中，便是金玉屑矣。"如此，则恶不可执，善亦不可执，内心之中不可有善，善应当也一概空之。世儒之执着一家之说以非难另一家的做法也并不正确，"执着一说，不肯圆融，终是其心体不空也"。这也是渐庵最初质疑泾阳"亟摈"无善无恶说的原因。就心体之虚实来说，他认为："惟空乃能实。性体所以不实者，只为私意横据于中，憧憧往来，而万理随之亡耳。若心如太虚，

---

① 以上见《顾端文公年谱》卷下戊申条，载于《全集》，第1814—1815页。
② 以上见《小心斋札记》卷十四第3条，第170—171页。

形形色色，何所不有？故曰'有主则虚'，又曰'有主则实'，虚与实一体也。"① 他虽然讲心体的虚实，但明显是以虚为本，走的"虚方能实"的路子。他可以说完全是沿袭了阳明论良知、论心体之"虚"的看法。阳明在《传习录》中说道：

> 良知之虚，便是天之太虚；良知之无，便是太虚之无形。日月风雷、山川民物，凡有貌象形色，皆在太虚无形中发用流行，未尝作得天的障碍。圣人只是顺其良知之发用，天地万物，俱在我良知的发用流行中，何尝又有一物超于良知之外，能作得障碍？②

在"天泉证道"中，阳明也提道：

> 本体只是太虚。太虚之中，日月星辰，风雨露雷，阴霾饐气，何物不有？而又何一物得为太虚之障？人心本体亦复如是。太虚无形，一过而化，亦何费纤毫气力？③

可见，"本体只是太虚"是阳明论心体的极重要的看法。渐庵之"太空""太虚"，都与此无异。而且，在虚实的统一上，渐庵也是本于阳明无物不备，而虚以统实的理念。不过，我们也应注意到，在言说上，阳明之境更圆融，虚实无碍，实不碍虚；渐庵之境则较滞，虚不碍实，实则碍虚。

泾阳对渐庵"虚与实一体"之见，也表示赞同。他说：

> 空是状吾性之不堕于有，实是状吾性之不堕于无。空与实，一物而两名者也。儒者以实自居，以空归佛，委非通论。④

泾阳之论空、实较渐庵更进一步，直接认为二者是"一物而两名"，空、实都是从不同角度来对性体加以描述。所以，儒家也不是没有"空"的观念，不能讳言。这里，我们也应加以区别，渐庵之实是指的"形形色色"，所谓"物"，而泾阳之实则意指性体之善。不过，儒家虽讲空，与释氏到底不同。"第当论其所谓空者，或同或异，何如耳。然而论至于此，又非须臾可了。今姑以两言剖之：果异耶？固应置之，不待执我之所谓空格彼之所谓空；

---

① 以上俱见《东林商语》卷下戊申，载于《全集》，第311页脚注。本处从康熙本。《东林商语》下卷戊申，首原有题作《读钱渐庵先生〈空说〉请正》，所录钱渐庵之说甚详，康熙本又节略载之，而要义则存。继此，为《再读钱渐庵先生会语》。本卷戊申所记，为顾、钱二子一时思想之交涉也。
② 《传习录下》，载于《王阳明全集》，第106页。
③ 《年谱三》，同上书，第1306页。
④ 《东林商语》下戊申，载于《全集》，第311页。

果同也,但明吾之所谓空,而彼之所谓空自不能外矣,亦不必借彼之所谓空,证我之所谓空也。"① 儒释之空的不同,泾阳觉得问题复杂,不易一下说明,但对于儒学者来说,他提出一个简易的门径来处理这个问题。如果二家同,单明儒家之空义即足,以其同也;如果二家异,则当守儒家的本位,不当走入于异端之空,弃之可也,以其异。②

阳明曾论及仙佛与圣人虚、无之异同,他说:"仙家说到虚,圣人岂能虚上加得一毫实? 佛氏说到无,圣人岂能无上加得一毫有?"③ 他认为在谈到本体的虚无上,儒家的圣人也不能改变说法,本体只是如此,三家不会有实质性的差异。泾阳对此回应道:"圣人诚不能虚上加实,亦不能离实为虚,老氏离实为虚者也。圣人诚不能无上加有,亦不能离有为无,佛氏离有为无者也。是故愈近愈远,愈似愈离。嫌于近似而重为之讳,此以妄废真也;惑于近似而轻为之拟,此以妄乱真也。皆非也。"④ 在虚无方面,泾阳认为,如果因为这两个概念与佛老近似,便避讳不谈,就会犯"以妄废真"之病;如果是草率地把儒家的概念与佛老相比附,也会犯"以妄废真"之病。他虽然讲虚实为一,但仍强调不能离实为虚、离有为无,强调实而能虚,这与渐庵之强调虚而能实是相反的路向,也可以看出两人思想重心的差异。

## 二 驳"金玉屑"不可着

泾阳认为渐庵之言空,其底里乃欲明"无善无恶","翁以'无善无恶'为空乎?"而其实质又不过欲明善为性体之障而"无善"。泾阳提出《中庸》以为言空之证,"愚窃惟言空莫辨于《中庸》矣"⑤。《中庸》曰"喜怒哀乐之未发,谓之中"⑥,又曰"'上天之载,无声无臭',至矣"⑦。泾阳认为,《中庸》"所空者,喜怒哀乐也,非善也","所空者,声臭也,非善也"。善和"喜怒哀乐"及"声臭"是有区别的,"喜怒哀乐"是情感之发,"声臭"

---

① 《东林商语》下戊申,载于《全集》,第311—312页。
② 泾阳论儒佛之空,参本章第三节。
③ 《传习录下》,载于《全集》,第106页。
④ 《还经录》,同上书,第421页。
⑤ 《东林商语》卷下戊申,同上书,第312页。
⑥ 《四书章句集注》,第18页。
⑦ 同上书,第40页。

是外来感觉,皆非性内在所本有。"夫善者,内之不落喜怒哀乐,外之不落声臭,本至实,亦本至空也。又欲从而空之,将无架屋上之屋、迭床下之床也?"善是"虚实一体"的,即实即虚,当体即虚,不是实而又有另一个虚来使之虚,不然虚实就为二了。善而"无善",正是多余之举,终究为不明善之虚实辩证的关系。渐庵主张不应以善置在胸中以生妨害,当并加排除,泾阳认为这是"惩噎而断喉,非但废食而已"①。

就渐庵的论点中,他把善比作"金玉屑",来说明善亦不可存着。"金玉屑"之喻,也来自阳明。阳明尝语学者曰:"心体上着不得一念留滞,就如眼着不得些子尘沙。……这一念不但是私念,便好的念头,亦着不得些子。如眼中放些金玉屑,眼亦开不得了。"②泾阳认为,把善比作"金玉屑",此论使用已久,而人信从亦久,都被这错误的论证所蒙蔽了。他说:

夫善者,指吾性之所本有而名之也;恶者,指吾性之所本无而名之也。金玉、瓦砾,就两物较之,诚若判然。若就眼上看,金玉、瓦砾均之为恶也,非善也,以其均之为眼之所本无也。取所本无,喻所本有,非其类矣。③

金玉诚为好的物事,然却仍与瓦砾一般非眼所本有,是外入的,故不可着,可称为"恶"。然善却是人性所本有,且以"吾性之所本有而名之"为善,善是状性所本有的,性所本有即是善。善即性,"金玉屑"则属性外之物,完全不是一类,不可作喻。如果试图"借眼喻性",以喜怒时的眼来比善恶也不可,正确的比喻为"性以善为体,犹眼以明为体","此体万象咸备曰实,此体纤尘不着曰空,所谓一物而两名者也。厌有崇无,妄生分别,总为性体之障耳"。④人有善性,犹眼有明性,耳有聪性。"能视色之谓明,明非色也;能听声之谓聪,聪非声也,如何觅他着处?"善与性的关系亦如此,"若认善做一件物,有色可视,有声可听,会须觅个着处。若知善非色非声,正应就不见不闻,默默体取,如何说性中无处着个善?"⑤实物有

---

① 以上俱见《东林商语》卷下戊申,载于《全集》,第312页。
② 《传习录下》,载于《王阳明全集》,第124页。
③ 《东林商语》下戊申,载于《全集》,第312—313页。
④ 同上书,第313页。
⑤ 《小心斋札记》卷十一,第142页。

处，故可有着。善并非一形下之物，而为虚性，故谈不上着与不着。明性无所不照，故"万物咸备曰实"，明体一物不带，故"纤尘不着曰空"。善即性，实即空，这才是人性空实的正确之论。刻意分别空实，以善为有着，否定人性之本有，如是才是真正的"性体之障"。

南宋学者胡宏曾提出："性也者，天地鬼神之奥也，善不足以名之，况恶乎？"①他认为性是宇宙的本体，为一气流行之主宰，其作用之伟大，非名言可称。钱渐庵也提出："性体虚明湛寂，善不得而名之。以善名性，浅之乎其视性矣。"二人都认为性是超越善恶的，以善恶论性，卑不足道。但渐庵主要是从性体之"虚明湛寂"的角度来讲，与胡宏之赞叹性体之伟大作用不同。泾阳对此批评道："善者，万德之总名，虚明湛寂，皆善之别名也。名曰'清虚湛一'则得，名曰'善'则不得，十与二五有以异乎？将无浅之乎其视善也？"②善，并不是一种德性，而是众多德性的总称，也包括"虚明湛寂"在内。言此不可，言彼则可，不免是庄子所讥"名实未亏而喜怒为用"，为言之过也。性于善，性非不尊；善非性，则善卑矣。渐庵竭力尊性抑善，抑扬之间，实乃视性太高，视善太浅也。

孟子为性善之宗，渐庵指出孟子之论性善也是有瑕疵的。孟子讲"乃若其情则可以为善矣，乃所谓善也"③，渐庵认为："孟子原未尝直指性善，只道情善耳。"泾阳则认为，据言求之是如此，但其中却是大有缘由，因为"性微而情显。微者难见，显者易见，为未知性人设方便耳"。孟子之论情善，不过为"方便"，即引导人通过显而易见之"情善"来推知微而难见之"性善"，亦即以情征性，或曰"因用以显体"。但对于"知性者"说来，就不必如此曲折。泾阳为此，下一转语："'乃所谓性，则无不善矣，乃所以善也。'盖因体以知用也。"④由用显体，犹非严格之论证，结论未必确切。必因体知用，则体必善，用必善矣。泾阳还指出，若一般论来，人都认为形"不免重滞"，然而在孟子看来，不但道性善、道情善，还要"道形善"，"所谓'形色，天性'是也"。他说："以肉眼观，通身皆肉；以道眼观，通

---

① 胡宏：《知言疑义》，载于《胡宏集》，吴仁华点校，北京：中华书局，1987年，第333页。
② 《东林商语》下戊申，载于《全集》，第314页。
③ 《四书章句集注》，第328页。
④ 以上见《东林商语》下戊申，载于《全集》，第313页。

身皆道也。"①渐庵苦苦以性为"虚明湛寂"而扫去善，实乃不"知性"、不透道。

上言，"善者，万德之总名"，就儒家通常的德性论来说，主要概括地讲仁义礼智四德。"善是仁、义、礼、智之统体，仁、义、礼、智是善之条件"，因而，泾阳指出善有统体之善和条件之善的区别。他退一步讲，如果说执着于条件之善还嫌支离，不及根本，"条件之善不可执，统体之善又何嫌于执也？"再返回来讲，善性与仁义礼智之关系，又非统分的关系，"会得时，言仁即性之全体在仁，言义即性之全体在义，言礼即性之全体在礼，言智即性之全体在智，有何剩欠？"②仁义礼智并没有分裂善性，而是善性之具体实现了的德性形式。全体即在条目之中，不是说条目就非全体，也不是说全体就比条目有更多的内涵。因此，言仁义礼智也并非即为"一偏之物"。执中之害犹执一，求全之害犹一偏。

合而论之，"以四端言性，犹云是用非体；即以四德言性，犹云是条件非统体。纵谆谆然遍人而榜示之曰'善'，还在可疑可信之间。"孟子之四端为情，故"以四端言性"，则为情而非性，是用而非体，非的论。如果以四德言性，又恐怕四德尚属条件而非统体，犹且未及根本之性。如此，虽执性善之说，亦不足以取信。"以无言性，直无到善，其无也荒；以有言性，直有到恶，其有也杂。纵为之妙其形容曰'虚明湛寂'，还在若离若合之间。"善恶等观，无则俱无，有则俱有，俱无则"荒"，俱有则"杂"，虽以性为"虚明湛寂"，性犹难明，莫知所是。根而论之，"惟知'帝衷''物则'之为性，不言善而其为善也昭昭矣"，"不言'虚明湛寂'而其为'虚明湛寂'也昭昭矣"。③如果希望直接从体用、善恶上来判明性善，这不容易做到，最终应当回归到"理"上，认识到性为理，则对于人性的善恶问题就不会有任何的含糊不清了，人性善将自明了。

泾阳对渐庵"无善无恶"的批判，主要集中在这几个方面：一是，性体本虚，善恶皆性体之障，泾阳认为性是当体即善，善非外在；二是，仁义礼智诸德为条目，而非统体，泾阳认为统体全在条目，非有"剩欠"；三是，

---

① 以上见《东林商语》下戊申，载于《全集》，第314页。
② 同上书，第317页。
③ 同上书，第319页。

孟子之论证性善是以情征性，泾阳则以为此仅"方便"说，如知性，便能因体显用，性为理，故必善，此为根论也。

## 第五节　与管东溟之辩[①]

管志道（1536—1608），字登之，号东溟，世为松江昆山人，后改隶太仓。中隆庆辛未（1571）进士，除南京兵部职方司主事。甲戌（1574）丁父忧去职，服除，补刑部贵州司主事。万历戊寅（1578），条陈九事，欲上揽政，忤张居正意，出为广东按察司佥事，未几御史龚懋贤以枝词劾之，谪盐课司提举。庚辰（1580）大计，以老病察免。乙酉（1585）以佥事旧衔致仕。辛卯（1591）特起湖广佥事，分治辰沅，管公以母老疏请休致，又遇阻之者，遂不复出。嘉靖甲子（1564）耿定向督学南畿，在南京设明道书院，颇器重之，召举管氏与焦竑、李士登同入书院研学，遂依耿天台为师。又问学于罗近溪、王襞，为泰州派之正传，《明儒学案》归之"泰州学案"。管氏好性理之学，"参稽儒释"，"本儒宗以课业，资禅理以治心"，[②]不专主于儒家。著作甚富，据钱谦益《行状》所载，合计有九十卷左右，参互他书著录，总计当超过百卷。然其书或多失传，或流归日本，吾土转多不易觏，其中著名者有：《周易六龙解》一卷、《中庸测义》一卷、《论语测义》十卷、《孟子订测》七卷、《从先维俗议》五卷、《问辨牍》四卷、《续问辨牍》四卷、《觉迷蠡测》六卷等。

管东溟师承有源，兼深造独得，学问规模庞大，宗旨明确，信为明代后期岿然自立之一大师。其思想之丰富奥赜，有待于专门研究，其社会之影响或稍逊于顾泾阳，然其学术上之成就足以相垺或有过之。本文非以管氏思想之研究为中心，故于其思想皆不作专门论述，仅就其与顾泾阳书牍往复之内容，略道其宗旨，根本处仍在顾氏对"无善无恶"问题之批评，且亦特就顾氏着力之方面言之，不一一缕悉。

---

[①] 这是一场为人所重视的辩论，如步近智、方尔加、陈百兴等都曾言及。然都似未将泾阳辩论之妙处发挥出来。
[②] 钱谦益：《湖广提刑按察司佥事晋阶朝列大夫管公行状》，载于《牧斋初学集》卷四十九，钱仲联标校，上海古籍出版社，1996年，第1257—1258页。

据顾氏《年谱》所载，泾阳有志于沟通吴地士气，"联属"道脉，于万历二十六年（1598）八月，会集南浙诸同人讲学于无锡惠泉（地在惠山，又名龙山）。"时太仓管东溟志道以绝学自居，一贯三教，而实专宗佛氏。公与之反复辨难，积累成帙。管名其帙曰《问辨》，公亦名其编曰《质疑》，于'无善无恶'四字驳之甚力。"①泾阳首先对管东溟的"无善无恶"学说发难，并博得众多友人的支持，于是激起了东林士群与管氏之间更广泛的辩论，详见管氏《问辨牍》和《问辨续牍》。万历二十七年（1599）八月，复会宜兴阳羡山中，泾阳作《质疑续编》，"论益亹亹，至十八往返．东溟亦谓无善无恶不可为训，至于三教异同，则尚各持其说"②。钱谦益记载管、顾二子之辩论曰："迨公（管东溟）之晚年，梁溪顾端文公讲学于东林，力阐性善而辞辟无善无恶之旨。公与之往复辨折，先后数万言。梁溪虽未能心服，度终不能夺公而止。"③大意亦同。这次辩论以文字交流为主，内容集中在"无善无恶"以及三教异同这两个焦点。其结果，管氏对顾泾阳在"无善无恶"方面的指责有所妥协，因为管氏根本上并不否认儒家德性善之价值；但在三教问题上，东溟坚持己见，"一贯三教"，因为此乃其更宏大而基本的思想论调，或曰此乃其一切思想之背景思想。总体来看，顾氏之批评确有精密之处，然二人并无胜负，辩论适可而止。管、顾二子的辩论是很重要的一次学术观点的交锋，一方面，这是明代思想内部所孕育分化出的不同思想路向间的对抗；一方面，两家势力之屈伸，也代表了明代思想在晚期之走向，以管氏为代表的阳明学已经趋于下坠，以顾氏为代表的儒学人士欲重新风气而超越阳明学术。这场辩论在明代后期的思想史上，有其鲜明的象征意义和重要的思想史地位。

## 一　许、周之辩

在此次以顾泾阳为首领的管、顾辩论之前，已经发生了一场关于"无善无恶"的辩论，即许孚远《九谛》与周汝登《九解》之辩。许孚远，字孟中，号敬庵，谥恭简，浙江德清人，嘉靖四十一年（1562）进士，仕至南京兵部右侍郎，赠工部尚书。周汝登，字继元，号海门，浙江嵊县人，万历

---

① 《年谱》卷下戊申，载于《全集》，第1783页。
② 同上书，第1787页。
③ 《管公行状》，载于《牧斋初学集》，第1265页。

五年（1577）进士，仕至尚宝卿。当时南都有讲会，万历二十年前后，许、周二人都在南都做官，许孚远和杨起元①分主讲席，海门亦参与其间，一时"名公毕集，会讲尤盛"。辩论的始末，据周氏记载："一日（周氏）偶拈举《天泉证道》一篇，重宣其秘。而座上敬庵许先生未之首肯。明日，出《九谛》以示。不肖僭为《九解》复之。"②敬庵从师丁湛甘泉的弟子唐枢（号一庵）。湛门偏有理学的不少特色，与王门心学本自有异。就"格物"问题，王、湛二人就有过争论，如今在"无善无恶心之体"问题上，两派的不合又显发出来，一主"无善无恶心之体"，一反对"无善无恶"之立论。王门内部早期也有不少辩论，但是问题集中在良知的体用问题上，在"四句教"之首句论心本体的看法上，没有什么争议。因此，许敬庵之发难，可谓这一问题的导火索，这对于引发后来"无善无恶"问题的更大规模的争辩是有直接影响的。顾泾阳尝收到学生史孟麟③的书信，告之"许敬老及周海门相与论正无善无恶之说，都在丈（高攀龙）处"，于是去信高氏索览，并感叹"此向者学者腹心之疾，而于今尤极其横流者也"。④顾、高之力辨"无善无恶"当同有兴发于此。

这场辩论，许氏作《九谛》，周氏作《九解》，针锋相对，从九个方面展开。单就敬庵对"无善无恶"的批判来看，其角度是很多面的。如谛一，援引经传为证；谛二，有正有偏，善恶之分为正理；谛三，善当立以为人心之主；谛四，善恶非等伦，善本有，恶为蔽于气质而后起；谛五，善为秉彝之良、世道之柄，不可无之；谛六，期于圣贤，不能少却修为；谛七，无善则将不为善；谛八，无善无恶乃阳明就未发廓然之体言；谛九，以"四无""四有"，分别根器、法门，使得上下人不通，"四无"之说，实出龙溪鼓弄。其中，有反经者，有论体者，有及工夫者，有虑世道者，基本上涵盖了对"无善无恶"批判的全部角度。但总的来看，敬庵对"无善无恶"的批评，着墨不多，与管顾之长篇大论相比，还未深入和精细。许、周之辩只一往复，论证主要是点到为止，并且就《九谛》和《九解》二文看，许氏也不占上风。

---

① 杨起元，字贞复，号复所，广东归善人，万历丁丑（1577）进士。
② 周汝登：《九解引》，《周海门先生文录》卷一，载于《周汝登集》，张梦新、张卫中点校，杭州：浙江古籍出版社，2015年，第21页。
③ 史孟麟，字际明，号玉池。
④ 《柬高景逸》，载于《泾皋藏稿》卷五，第161页。

无论如何，这场辩论是不可忽视的，正是此辩把"无善无恶"的问题上升为学术界的一个显性论题，引起举世瞩目，也揭开了大范围、长时段思想论战的序幕。

## 二 管氏之三教合一

管、顾之辩，成为明代后期继许、周之辩后，"无善无恶"辩论的一次高潮。管东溟无善无恶之见，与他的三教观相联系。张纳陛是管、顾辩论的参与者之一，己酉（1609）他去世，泾阳为之作墓志铭，其中提到"东溟管公倡道东南，标三教合一之宗，君相与质难数百言，管公心屈"①。"三教合一"是明代整个思想界（包括儒、释、道）中比较有势力的一种思想流向。在世俗学者中，管东溟明确以"三教合一"为宗旨，在当时即被认为是提倡此说的一个重要代表。他的"三教合一"，有自己的特色，并不是笼统主张三教之混一，其原理简单地讲，就是八个字——"理则互融，教必不滥"，再简化就是四个字——"圆宗""方矩"。他三十三岁参加会试北上，在北京西山碧云寺读《华严经》，"至《世主妙严品》顿悟乾元统天、用九无首之旨"，意在说明"古往今来一切圣贤出世经世，乘愿乘力与时变化之妙用"。②壬辰（1592）得湖广命，疏辞，待罪蠡口，作《周易六龙解》，更专门发挥此意，囊括儒释，讲圣人用世，因时乘变，权实相济之道。管氏承认这一思想乃受到老师耿天台的影响。总之，这是管氏最基本的思想之一。

这在管东溟与顾泾阳的论辩中也有体现。管氏认为，在文明社会的发展中，圣人居于核心地位，"乘龙御天"，王于天下。然圣人的出现会受到时位的影响，表现为德和位两种因素的分合，位即君位，有位则为君，德即天德，有德则可以为师。自古以来，社会经历了"两大变局"：上古君师道合，而后位、道渐分，至仲尼，无位行道，统移于下，此一变局；秦汉以后，三教迭盛，程朱理学兴而专宗于儒，至明太祖出，以天子掌握三教，

---

① 《文石张君墓志铭》，载于《藏稿》卷十七，第398页。顾泾阳曾与高景逸论管东溟。景逸答书识管氏三教合一之旨甚明，其言曰："盖此翁一生命脉只在统合三教，其种种开阖不过欲成就此局。"（《答泾阳论管东溟》，《高子遗书》卷之八上，载于《高攀龙全集》，第401页。）

② 以上见《管公行状》，载于《牧斋初学集》卷四十九，第1258页。

统复合于上，这又是一变局。三教本源于一，教理无二，圆而不滞，会三归一，即所谓"圆宗"；三教各行其是，一可为三，并行不悖，持儒家的纲常来维世，这即"方矩"。因此，管氏认为到了明太祖的时代，不应当再片面地以辟佛老为务，而应当以"祖述仲尼，宪章圣祖"①为"教体"。这表明，他一方面欲突出儒家之立场，有意尊孔；一方面坚持原则上对三教宽容合并的态度。管氏于儒家之中，特尊孔子和周敦颐，认为"孔子学无常师，而发明乾元、坤元之义，直漏尽千古秘诀。……若濂溪之学，则实旁通二氏，而销归于圣学者也"②。管氏之尊孔与周，和泾阳同而有异，周、孔皆能浑一道统、不流一偏，此其同；然管氏之尊二子，要以其能为三教合一设地步，其统为三教合一之统，顾氏之尊二子，以其能合朱王，其统为儒家之统，此其异。

管东溟认为，就儒家来说，应以位行道，德位并崇，因而主张尊君，"礼乐征伐自天子出"，反对臣下侵夺君权。管氏认为，孔子虽为有德，然无位，故不当蒙"素王"之称。他对于王泰州（艮）之张皇为天下师的举动，特别反感，认为王氏僭越太甚，如是，道统将自庶民出了。就儒、释比较，管东溟认为，儒家以人道为极，孔子虽"德配天地，而未必极天地之覆载"，"道赞化育，而未必穷尽神化"。③能穷极覆载、宰知化育者，唯有大觉佛氏。儒家圣王但极人道，王九垓，以位为限，而佛祖可为人天师，"乘飞龙以王三界"，不以位为限，佛若说法，圣主亦当屈弟子行。故佛可称法王，而孔子不可称素王。管氏还统合三教提出一判教主张，认为学有四阶：仙学，禅学，孔子之学，佛地之果。"仙阶易陟，而禅宗难透；禅宗易透，而孔矩难成；孔矩易成，而佛果难证。"其中佛果最高，孔学次之，东溟比之菩萨道，认为孔子已经超越禅宗，"疾趋佛地"了。

综上可见，东溟三教思想有如下几个特征：包摄三教，出入三界，其根底在于三教之合一；尊孔子，以为孔学在禅宗之上，不可轻议，然锢之以位，限之以人道；崇佛，圣人皆龙德应世，然唯有佛氏"满其乘龙御天之分

---

① 《证性编》卷五，载于《全集》，第487页。
② 同上书，第499页。
③ 同上。

量"①，达到最高阶位。如是，我们可得一结论，在语、义两面，东溟之三教合一，实际是摄三教归于佛，尊儒而又以佛统儒、以儒合佛。他尝言在三教关系上，应"主孔子而宾二氏"②，应"祖述仲尼，宪章圣祖"。然泾阳对其说一一驳之，认为其"标宗在此，赞叹在彼"③，"往往轻孔轩释"④，"有如不欲小吾道，而适不免滥吾道；不屑落程、朱窠臼中，而反不免落天觉诸人窠臼中"⑤。其论诚然。

管东溟既主三教合一，则必以"圆宗"包容之，于教必主虚，且其宗本在佛，故于阳明"无善无恶"之说大力赞同，事属必然。泾阳对管氏"无善无恶"之驳斥，亦从多方面着手，然他处或已详之者，义或涉于琐碎者，本节不复及之。下专就泾阳对管东溟之辩论中所突出之两方面为论述：第一，管、顾在善恶对待问题上的辩论；第二，管、顾在"四句教"前后句关系上的辩论。

### 三　善恶对待之辩论

管东溟认为，在性命之论上，儒释有相合之处，且以"不可思议者为命，不可移易者为性"，为儒、释之通训。但在性的实践问题上，他则就《中庸》"率性"之说，针对老师耿定向的说法，提出不同的解释。耿定向认为，"率"当作"统率之率"，因为若任性而行，没有统率，则便容易流入情识，如溃兵乱卒，害不可言。这与顾泾阳以性统心的主张，是契合的，反映了他们对心学流弊从根源上加以警惕。管氏认为，"率"义当以"循"字释之为妥，"性"当从"天命之性"来看。因为，如果必提出"统率"以论性，意味着有统率者为是，无统率者为非，根本的是有善恶之分，这不是性之"本来面目"。就本性来说，循之无不是道。他引用佛教"不断性恶而证菩提"之说为证，指出："恶业可断，恶性不可断，若恶性可断，则善性亦可断也。"善恶相对而有，不能离性，二者都是性之具体，因此，善性不可

---

① 以上见《证性编》卷五，载于《全集》，第497页。
② 同上书，第509页。
③ 同上书，第517页。
④ 同上书，第516页。
⑤ 同上书，第517—518页。

断,即恶性不可断。管氏提出"性是善恶之统宗处"[①],性同时统摄着善恶两端。但善恶又非性,性即心之本体,是超越善恶而无善无恶的,对本体来说,"循"之便足够了,用不到另加"统率"。显见,管东溟的立场,是心学中的现成派,甚至他吸收佛教的成分,肯定恶性之存在有其必要性。

在孟子性善和阳明"无善无恶"说之间,管东溟也提出自己的诠释之见。他说:"君子见性之后而言性,直下拈出本体,本不必尽合于前人之言,而意自不相悖。"这显然是有意为阳明而发。他认为,孔子言"性相近",孟子"复从'相近'之中拈出'善'字来",阳明"复从善处拈出'无善无恶'之体来",皆不相悖,皆能发所未发。但他实际认为,阳明之言性方达到了性之本体,孔孟都还没有,即使性善之说也不是就本体来论本体。孔子只是就"人生而静时说,未尝说到人生而静以上",孟子"则说到人生而静以上","然其所谓善者,但以已发验未发,不以未发言未发",只有阳明是"就'人生而静以上'说出未发之中本色也"。[②] 因而,他主张,要参合三家之说,论性方尽,实际则谓阳明论性才是极本穷源之论,故论性必有取于阳明。从上,我们也可以看出管氏论性有着阳明"论亦无定"的色彩。泾阳批评"只'无善无恶'四字,毕竟欠稳在",管东溟则反唇相讥,认为"兄谓'无善无恶四字,毕竟欠稳',然使不究极于继善之原,则'性善'二字亦是欠稳"。[③]

那么性善之原或论性之原为何呢?管东溟认为,这个"原"见之于《易》之"太极"和周子《太极图说》之"无极而太极"。他说:

> 性,太极也;善恶,阴阳也。阴必与阳对,善必与恶对。谓性有善而无恶,则亦可谓太极有阳而无阴矣。言太极必在阴阳未判之先,言真性必在善恶未分之始。以善名性,特强名尔。……至善无善,善且难名,何况于恶?当于未发之中验之。[④]

这一段比较典型地反映了管氏的人性论思想。他认为论性必归宗到"太极",人性之于善恶,就如同太极与阴阳的关系,而且固执此见。他论性有两个

---

① 以上见《证性编》卷五,载于《全集》,第488—489页。
② 同上书,第522页。
③ 同上书,第524页。
④ 同上书,第489页。

层次：一者，就相对而言，性有善有恶，如有阴阳之理，"善恶从阴阳而分"，有善不可无恶，而且，这种有善有恶论，也不需要如理学必通过气禀来解释；就绝对而言，"真性"为"善恶未分之始"，较善恶的产生要在先，即尚无善恶，是性之原始状态。此无善恶之真性，可谓"至善"，不过也是强名为善，因"真性"无名得称。管氏还从"一本万殊"的角度来作说明："太极，一本而万殊也。以其万殊，故对恶而称善；万殊原于一本，则何对之有？故性善之善，不与恶对也。"①就人有恶性、恶性与善性并存来说，我们可以看出管氏比中国以往论性恶的思想家都要极端，也突破了阳明的思想。

在讨论人性必须上溯到太极作为最终根源的思路上，在认为"太极无对""性无对"的观点上，以及人性论可与太极论对应上，管氏与泾阳完全相同，而且二人同样都因此而尊周（濂溪）。如果以此四点论，二人反可作难得的同调。但究其内里，管氏从对待之角度来认识阴阳，欲以太极阴阳的关系来说明善恶之不可一无，善与恶相缚难解；顾氏则从理气之角度来看待太极和阴阳，欲说明论性必以太极为主，不从阴阳立脚，故他不依阴阳论善恶。二人之论性，又如是之径庭。

泾阳批评管氏"大指似只在'无善无恶'四字"②。他认为，管氏言有，则不但有善而且有恶，以见本体之无之包众有，故目性为"善恶之统宗处"；其言无，则不但无恶亦且无善，以见本体之无之超有，从而强谓性为"至善"。如是，一来，把善恶作平等的看待，善恶都具有合理性，也都具有非本源性；一来，把历来论性之说都融合在了一起，"搅异为同"，大费"劳攘"。就管东溟论性之善恶的核心根据，即其所附会之太极阴阳理论，泾阳发挥出"平对"和"反对"的思想方法来加以驳难，这是他与管氏辩论的精彩之处。这一论证，在对阳明的直接批评中和与他人的辩论中也曾使用。

管氏认为，如以阴阳论，有善则应有恶，相对之理如此。泾阳认为，此乃过于拘泥阴阳之义，"若就阴阳言，其义甚活"③。首先，就言阴阳的原始文献《周易》来说，"阴阳有二：有两相为用、不容偏废之阴阳，有两相贞

---

① 《证性编》卷六，载于《全集》，第523—524页。
② 同上书，第501页。
③ 同上书，第531页。

胜、不容并立之阴阳。二义各有攸当"①。此即说，有相需之阴阳，有相斥之阴阳。相需之阴阳，故不容缺一，有此则有彼；然相斥之阴阳，则不可并立，此长则彼消。其次，就朱子对阴阳的看法来论，朱子亦从多面来看待阴阳的关系：就阴阳之气为生物之本来说，独阳不生，独阴不成，阴阳不能相无，故不可偏主；以动静而言阴阳，则动静无端，阴阳无始，阴阳并立而无先后之序；就阳主生、阴主杀而言，阴阳有"淑慝之分"，故圣人有"扶阳抑阴之意"；"若以善恶之象而言，则人之性本独有善而无恶，其为学亦欲去恶而全善，不复得以不能相无者而为言矣"。②泾阳自己论来，他认为："谓太极生阳生阴，有阳无阴，不足以为太极，信矣。"③并且，以善恶论阴阳，也不是不可，但应"活看"。如果认为天下未有有阳而无阴者，便以为有善而必有恶，就太执着而不能变通了。如谓善恶之并生，如阴阳之互根，循环不已；如谓太极生善生恶，有善无恶，不足以为太极，这于常情常理都有所违。且就《易》之阴阳两义按之，如管氏以相需之阴阳论，泾阳认为"阴阳即太极"，太极本体有善无恶，阴阳亦然，故阴阳皆善，不得以善恶分配阴阳；如管氏以相斥之阴阳论，则阳善阴恶，扶阳抑阴，正欲有善无恶，恶非不可无。总之，以阴阳论善恶，必以善与恶并立为言，是片面的，是机械的。管氏之论善恶确实犯有此病，泾阳之分疏更显精密，但二人的人性论基础不同，其认知取向不同，故最终仍无法和衷言服。

泾阳把他对《易》之论阴阳的二义，进一步提炼，抽象出"平对"和"反对"的方法之见④。这是他论"对"最成熟的说法，也是他在面对人性论之善恶问题，特别是面对"有善必有恶"和"无善无恶"问题，在不断的辩论和思考经验中凝练出来的辩证说理技巧，也因而成为他驳斥"有善必有恶"和"无善无恶"论的有力武器。

泾阳论"对"之思想，具体的内容为：第一，"对之为义不同，有平对，有反对"。论对，有两种基本类型，不能固执一是，否则便会在认识上出现盲目比附或一概而论的错误。第二，"平者，均敌之辞；反者，悬绝之辞。"

---

① 《证性编》卷五，载于《全集》，第502页。
② 同上书，第503页。
③ 同上书，第531页。
④ 参同上书，第534页，以下论"对"之辞，无别注者，皆出此。

就对的类型而言，"平对"是指两方之地位相当的对子，此对待的双方不容偏废；"反对"是指两方之性质相反的对子，此对待的双方可以有偏主。第三，"论反对，凡善皆与恶对；论平对，凡善皆不与恶对"。具体就善恶之为对而言，善恶属于性质相反者，为反对，故以此论善恶之对可以，以平对论善恶则不可。泾阳认为，管氏之论善恶，就是"主平对而言"。以平对论善恶，其结果就把善和恶作为平等者来看待，如是，仁与不仁，义与不义，尧舜与桀纣等对立关系，就都一律平等，这显然违背一般人的道德价值观念。因此，以管东溟为代表的持"有善必有恶"或"无善无恶"论者，其错误便在于，误以"反对"作"平对"看了。

得此入手，我们对泾阳的不少说法，就比较容易理解了。如他说："谓恻隐、羞恶、辞让、是非，总总是这个性，则可；谓恻隐之与残刻，羞恶之与顽钝，辞让之与争夺，是非之与颠倒，总总是这个性，则不可。"①"四端"之间可以说是平对，能够并存，而羞恶与顽钝等就是反对，不能并存。而且就"反对"的意义来说，"反对"可以不必论对，这是泾阳数加强调的看法。朱子在《答胡广仲》一书中记述了杨时（龟山）闻于佛屠常总的一个说法"性善之善，不与恶对"，朱子对之加以了批评，认为虽言无对，两两较量，终属有对。泾阳对此说也申以己见。他认为，性为太极，太极无对，性也无对，性为纯善，本无恶可对，亦无善与恶对，因为"谓之善，即非恶之所得与较；谓之恶，即非善之所屑与较，对不对，可无论也"。"性善之善，不与恶对"，本欲以尊性，却适以卑性，故泾阳言："若但曰不与恶对，窃恐村了'无对'二字也。"②如果论"无对"只是与负面无对，这种无对并没有什么价值。他的批评和朱子的批评立意是完全一样的。

表面看来，此处是泾阳对管东溟"有善必有恶"观点的批评，但实质并不局限在此。因为"有善必有恶"和"无善无恶"两种观点，对善恶的看法并无不同，都是把善和恶作为对等之物来看待，因此有则俱有，无则俱无。这种对善的看法，与泾阳以善为本性的看法是冲突的，所以成为他批判的重心，实际是不以"有善有恶""无善无恶"为不同的。

---

① 《证性编》卷四，载于《全集》，第484页。
② 以上同上书，第480页。

## 四 "四句教"的辩论

管、顾关于阳明的辩论，主要集中在阳明的"四句教"上。管东溟认为，"阳明王先生觉世大旨，在所标《大学》四语"①，而他坚定地认为"四句教"作为宗旨来说"甚确"。其中，阳明拈出"无善无恶心之体"，从心性方面道出了太极本体的特征，有"重新周子之太极"之功，而阳明所言"为善去恶之功，自初学至圣人究竟无尽"，欲人工夫无间断，立说也"尤为精密"。不过，管东溟和顾泾阳一样，对周子心悦诚服，对阳明也并非没有非议。他认为阳明在"天泉证道"中，提出"分接上中下根之说，则非究竟语"。就"四句教"来说，本体至到，工夫完备，"彻上彻下，本自无弊"。因而，管氏更同情钱德洪的"四有"说，而认为王畿的"四无"说为"宗门之见"。阳明虽然肯定二说，然认为"四无"为接上根之人，"四有"为接中下根人，"低昂判矣"。以根器分教法，容易导致学者不甘以中下庸劣之根自处，而竞执"四无"之说。并且，管东溟认为"四无"也不是纯接上根人，"四有"也不是纯接中下根人。他认为，就儒释来说，本体无异，只是教法有别，儒门重修尚实，宗门重悟尚空，立说不同而已，所谓"孔门之学，其入处与宗门同，而其垂训与宗门别"。②因此，两处都能彻上彻下，都能一贯，非偏在一边。如果以为各有所接，在教法上就存在"二本"之过。"天泉证道"，阴阳应当只是裁判钱、王二子的意见，作根器之论，不是要分定"教体"。

钱、王之争，已经显示出了"四句教"的内在问题，四句之间，前后似不协调贯通。管东溟一贯主张"圆宗"和"方矩"相结合，他对阳明的"四句教"是认可的，但他也承认这一教法在社会上确实造成了不良的影响。"近有一种浮根出儒入释，托上一语以资狂荡，其瞽世尤甚。"③阳明的"无善无恶心之体"说，为一些"浮根"之人所假托，成为他们自我放纵的口实。他认为，问题不在于阳明"四句教"的首句，更不在"四句教"，而在于世人对阳明"四句教"的接受不完全，往往"执上一语而忽下二语"。管氏对其中的原因作了细致的分析。他认为，社会的这种弊端也不纯粹是一时

---

① 《证性编》卷五，载于《全集》，第489页。
② 以上同上书，第490页。
③ 同上书，第489—490页。

的风气使然，阳明在立教上，也有欠收敛和欠远虑的地方。"稽其弊端"，有四个方面：一者，"滥于授徒，轻于语上，此殆以神器授匪人也"；二者，"张皇千古之绝学，引人心高气浮，辄拟与作者争衡，此殆以虚标掩道本也"；三者，"立功立言，又树道标于天下，人必执方矩而议其圆矣，此殆以多取撄物忌也"；四者，"勇于矫宋儒之拘，而疏于防后学之荡，尚融通，尚洒脱，而掩战兢之脉……此殆以狂风拂圣轨也"。① 而且还有重要的一点，管氏指责阴阳，虽然提出"无善无恶心之体"，"证儒佛之无二心"，"卓然道眼"，但最终又以为"佛氏倚于无善无恶，不可以治天下国家"，这种说法，有向世俗儒家迁就妥协之嫌。因此，东溟讥之为"子莫之中庸"，这一点，他概括为："不知天命，而以迁就之中庸移孔的。"② 总的来说，由于阳明在立教上，"防微虑渐"之心不足，较程朱逊色，容易导致学者忽实修而务圆融，且阳明对于世俗儒说也不免调和迁就，所以"不再传而弊端丛起"。

管东溟认为，阳明的"四句教"在宗旨上没有问题，但在宗旨的宣传和接受上出现了不小的偏差，加之小人假托，推波助澜，习伪日甚。此即是说，流弊的根源不在"四句教"本身或内部。顾泾阳则矛头直指"四句教"，他认为，问题的根源正在阳明"四句教"之"无善无恶心之体"一句，此语"原属险语，咎不专在于托之者"。③ 泾阳对"假托"和"流弊"二语的语义进行了甄别。他说，就"无善无恶"之本意来说，是要彰显本性之崇高，欲人扫却情见，做个圣人，而不是要使人"狂荡"，如此说，则狂荡者倚于无善无恶，可称为"假托"。但此说影响之后果，却自然要引导人摆落善恶，打破规矩，流于"狂荡"，如此说，"狂荡"便成为"无善无恶"之"流弊"。"假者对真而名，似是而非之辞也；流者对源而名，相沿而来之辞也。"④ 一学说不怕其遭"假托"，"假托则真者自在"，不可因有"假托"，即认此说为有过。然"无善无恶"之说确有"狂荡"之"流弊"，"曰流弊，须并发源处一查"，如此，则此说之原理或不免有过，要接受检查。所以，泾阳在与管氏的辩论中，始终把握，要"体阳明之心而拯其弊，须于提宗处一照可也，

---

① 《证性编》卷五，载于《全集》，第492页。
② 以上同上书，第493页。
③ 同上书，第540页。
④ 同上书，第507页。

所以救时也"。① 时弊是与阳明的宗旨有直接关系的，所以既识流弊，必当复核原理，如此才能真正消除流弊而得"救时"之效。

从"无善无恶"之源头到"狂荡"之流弊，其间不得不然的关联如何呢？泾阳论道，阳明所言之"善""恶"，与儒家圣贤不同，他以无为善，以有为恶，从而以"无善无恶"提宗，与释氏无异。如是，则：

> 侈谈玄虚，而学者竞崇悬解，即欲不厌有而趋无不可得也；既已厌有而趋无，即欲不尚洒落、尚圆通，不可得也；既已尚洒落圆通，即欲不掩战兢之脉，不可得也；既已掩战兢之脉，即欲不成无忌惮之中庸，不可得也。②

"无善无恶"其初为说，固为玄为妙，不见贻害处，及其流行，则层层退转，违背初衷，酿成恶果，其所以、其不得不然，昭昭可睹。如是，欲辞其咎，亦无遁所。即管氏所责阳明"分接上下根"之说，及龙溪"四无"之说为"宗门之见"，溯其所来，亦无不一一本于"无善无恶"。

泾阳对阳明宗旨的批判，还详细针对管东溟所谓"执上一语而忽下二语"之现象进行了分析，层层拨转，愈入愈深，十分精妙。"上一语"是指"四句教"中"无善无恶心之体"一语，"下二语"当指"有善有恶意之动"和"为善去恶是格物"。因为持"无善无恶心之体"之见，故于"有善有恶"和"为善去恶"之说，多轻慢不以为然。至于"知善知恶是良知"一语，心学者本皆注重良知，且仅道良知之能，言善恶非言良知有善恶，语意趋中，故不为所论。泾阳认为，就此现象来说，并不是学者有意要忽视"下二语"，"惟其执上一语为心体，虽欲不忽下二语不可得也"③，最终还是被阳明的"无善无恶"之说促成。

泾阳的具体论证如下：首先，他提出，"学者学以求尽乎其心"，心体如何，则尽心工夫即相应如何，本体和工夫，理当一致。就儒家之正论来说，心体本有善，故当为善，本来无恶，故当去恶，圣贤所教的尽心工夫便是"为善去恶"。现在，就阳明的"四句教"之前后句的关系来论，以心体为"无善无恶"，以工夫为"为善去恶"，心体和尽心工夫岐而为二；若以"意"

---

① 《证性编》卷六，载于《全集》，第539页。
② 同上书，第509页。
③ 同上书，第535页。

有善有恶，故言为善去恶，然"意"非本源，亦非所重，不足为据；若暂以"有"为入手，而渐达于"无"，然"有""无"不能相生，从"有"不可得"无"。总之，有无之间存在断裂，即使勉强加以弥缝，终也难通。因此，"执上一语，虽欲不忽下二语不可得"，这是泾阳论证的第一个大层次。

他进而论道，如果说心体"无善无恶"，那么善、恶都不是心体之本有，都是后天所起，皆是人为分别，也即"情识之作用"。如是，善恶都成为"本体之障"，也就都无可取；由此而转念，善恶既都非人所本有，即非人"所得有"，故皆为"感遇之应迹"而已，所以随感应之生而有，亦随感应之去而去，不足为"本体之障"，也都无可去；再转而思之，心体既无善无恶，如有所择而为之，便不免于有善，如有所择而去之，便不免于有恶，有善有恶，则心体非无而失其本体的地位了。总之，善恶都不是心体之本有，既无可为与所可去，又不能有可为与可去，不然，心体之论就和工夫之论出现矛盾。这是泾阳论证的第二个大层次。此是就"四句教"之前后句的内在关系作了逐层的分析之后，来证明"执上一语，虽欲不忽下二语不可得"。

上二层犹就原理本身之问题来论其流弊，持此"四句教"不拘何人，则注定了会有如是之流弊。第三个大层次，泾阳则转入事实之证明。他先援引阳明教下公认的心学大师在"四句教"问题上的取向来印证他的论断。他选取了两个代表，一个是阳明弟子中被认为"有超悟"的王龙溪（畿），另一个是被认为既"有超悟而又有笃行"的王心斋（艮）。他选择这两个代表人物，实际也是在逐层推进或加强他的事实论证。龙溪学主超悟，认为"四句教"非"究竟话头"，最早揭出"四无"之说，以本体为工夫，取消了"为善去恶"之工夫。所以在与钱德洪的争辩中，钱氏指责他"若原无善恶，功夫亦不消说矣"①。故而，泾阳认为，"龙溪以无善无恶扫却为善去恶"。因龙溪本主超悟，以悟为工夫，所以轻视"为善去恶"也很自然。泾阳因而又举心斋为证。心斋有所谓"淮南格物"，对"为善去恶"应有更多的同情。然他乐天率性，主现成良知，常"以日用现在指点良知"。弟子问"为善去恶功夫"，他即教看"现在心地"。"现在心地"无恶可得，即无恶可去；"现在心地"无善可得，即无善可为。因此，在泾阳看来，心斋此意也是"以无

---

① 《传习录下》，载于《王阳明全集》，第117页。

善无恶扫却为善去恶"。如上,从阳明最具影响和最具代表性的两大弟子来验证,都不免"执上一语而忽下二语"之弊。

那么,就"四句教"的祖师阳明来看,情况如何?这是他论证的最后一步。在"天泉证道"中,阳明虽告诫钱、王二子要相取为用,但他认为"四无"之说为上根人立教,"四有"之说为中下根人立教,甚至以"四无"之说为"传心秘密藏"。①他在"四有"和"四无"二说间,隐然有高低之判。因此,泾阳认为,阳明自己也不免"以无善无恶扫却为善去恶"。尽管阴阳一直强调"为善去恶"的工夫,但已经不能收束人心了,因为,"欣上而厌下,乐易而苦难",这是人情所好。一者,人以"无善无恶"为实教,以"为善去恶"为权教,好高而不屑,乐易而避难;一者,人们以上根自处,以中下根处人,虚浮而不甘。考之道理,验之人情,则虽阳明立教,亦"惟其执上一语,虽欲不忽下二语而不可得"。"至于忽下二语,其上一语虽欲不弊而不可得也。"②

总的来说,泾阳对阳明"四句教"的批判,是着眼于本体和工夫应当合一来立论。儒家以性善为宗,所以讲究"为善去恶"之工夫以复其纯善无恶之本体。而阳明"四句教",必以无善无恶为本体,却以"为善去恶"为工夫,于是不能不陷入如下的理论和实践困境:"夫既无善无恶矣,且得为善去恶乎?夫既为善去恶矣,且得无善无恶乎?然则本体功夫一乎?二乎?将无自相矛盾耶?是故无善无恶之说伸,则为善去恶之说必屈;为善去恶之说屈,则其以亲、义、序、别、信为土苴,以学、问、思、辨、行为桎梏,一切藐而不事者必伸。虽圣人复起,亦无如之何矣,尚可得而救正耶?"③

---

① 《天泉证道记》,载于《王畿集》卷一,第2页。
② 以上见《证性编》卷六,载于《全集》,第537—538页。
③ 同上书,第382—383页。从康熙本。

# 第六章　论本体与工夫

本章专门讨论顾泾阳对本体和工夫的看法，然而所论并不是本体如何，工夫如何，而是主要讨论本体和工夫的辩证关系。首先从本体和工夫的直接关系入手，来作一些说明，然后从修悟、下学上达、庸奇等几个具体的层面，来多视角地考察一下泾阳的观念。

## 第一节　本体与工夫

上文已经引述，泾阳一生思想的总结为："语本体，只是'性善'二字；语工夫，只是'小心'二字。"① 本体和工夫是他思想纲领的两个方面，贯穿于他的全部学说当中。就本体之为性善而言，泾阳考之经典，穷至太极，与"无善无恶"之说作了无休的辩论，可谓言之夥矣。就工夫而言，他由论心之"极活"，容易走作，流入情欲，而发明"小心"一义，言亦谆谆矣。他对本体和工夫的问题，有分言之者，有合论之者。就其分言来说，他之强调工夫之"为善去恶"，必要上寻本体的根据；他之证明本体之为性善，终究是为工夫之"为善去恶"作铺垫。故本体、工夫问题，乃一体之两面，虽言之在此，而彼亦摄焉，有不可分绝处。泾阳对本体、工夫的看法，既十分辩证，又见所重，显示出他在本体工夫论上的特色。

本体、工夫问题在阳明以后便直接成为明代思潮的一个总问题，一切之原理、流弊，以及一切之争论都脱不了这个总问题。阳明思想之最后定案——"四句教"，便是典型的本体与工夫合一的纲领。不仅如此，阳明曾热切宣扬的"知行合一""致良知"这些教旨，也都体现了他自觉容纳本体

---

① 《小心斋札记》卷十八，第216页。

与工夫为一体的意图。这说明，阳明自始至终对本体、工夫之关系的看法，都是辩证的、不偏废的。而且，阳明对"四句教"之所以为确定的教法而不可变易，也有他清楚的认识。他虽然心许王龙溪的"四无"之说为透悟，但是他并不赞同以"四无"为教法，仍然坚持他的"四句教"，并且认为这一教法是"彻上彻下"的，而非权教。阳明对学者容易沉溺本体之空虚，是十分警觉的。他认为，"利根之人，世亦难遇"，纵遇也不是一切现成，轻易承当的。因此，世间之人，心体难免有蔽，"人有习心，不教他在良知上实用为善去恶功夫，只去悬空想个本体，一切事为俱不着实，不过养成一个虚寂。此个病痛不是小小，不可不早说破"①。阳明对脱离工夫、玄想本体之"病痛"是早已预计，而立"四句教"也是早为预防的。并且，我们还可以说，阳明之所以要竭力讲明本体之"无善无恶"，也正是为了格物工夫之"为善去恶"。本体之中不可有障蔽，凡习心私欲都是本体之障，故必不可少却工夫。如此，阳明之论证本体之"无善无恶"和泾阳之论证本体之善，完全是同一意图，都是为阐明工夫而张本。阳明学本体、工夫之偏失，至少在阳明的教理中是不存在的。

## 一　现成圣人与孔曾工夫

然而，正如泾阳在与管志道的辩论中，对"无善无恶"的精细批判所显示，就"四句教"的前后句关系而言，"惟其执上一语为心体，虽欲不忽下二语不可得也"。由于阳明后学，缺乏阳明圆融智慧之观照和艰险经历之磨炼，所以对阳明"四句教"的深心，也缺少理会，一味好高务玄，追求第一义，流于熟滑，导致时代风气浮薄虚伪，放纵失修。罗念庵早已经指出，学者"终日谈本体，不说工夫，才拈工夫，便以为外道。此等处使阳明复生，亦当攒眉"②。泾阳甚韪之。他指陈时弊曰："世人往往喜承本体，语及工夫，辄视为第二义。"③ 又曰："学者之侈虚驰而忽真修也，久矣。"④ 由此可见，他对那个时代学者风气之深切的感触和沉痛的心情。因此，泾阳思想

---

① 《传习录下》，载于《王阳明全集》，第117页。
② 《寄王龙溪》，载于《罗洪先集》卷六，第213页。
③ 《小心斋札记》卷十五，第179页。
④ 《东林商语》卷上乙巳，载于《全集》，第284页。

之主张，有特别针对当时学者重本体而轻工夫之病而发者，欲通过工夫之挽回，以救正日下日伪的世风。

阳明学者喜言"见满街人都是圣人"①，认为人人皆具有现成良知，因而人人都是现成圣人，"圣人之不勉而中，即孩提之不学而能；圣人之不思而得，即孩提之不虑而知"②。泾阳指出，孩提之不学不虑，乃日用而不知，圣人之不思不勉，乃顺物之极则，两下境界并不相同。圣凡之同，固为本体，圣凡之异，尤在工夫。

世既以圣人为现成，当下承当圣人之体，泾阳便以儒家之圣人孔子为证，来说明圣人也并不容易承当，圣人也不能无工夫。孔子有言："若圣与仁，则吾岂敢？抑为之不厌，诲人不倦，则可谓云尔已矣。"③泾阳觉得此章甚对时症，意味深长。圣与仁是儒家德性修养的大成，孔子也谢不敢当，可见，成为圣人并非如后世簧鼓之易易。然孔子确也指出了一条成圣成仁的实际道路，即"为之不厌，诲人不倦"，这便是工夫。泾阳认为，这即是孔子所以为大圣的写照，"其间，正可想见圣人一段孜孜亹亹、缱绻不能已的真精神"④。如此，则表明，孔子不但注重工夫，而且"孔子当时只任功夫"。如果不讲工夫，只讲仁和圣之本体或境界，那么，一方面就本体里面可以做许多发挥，误入歧途，以其本虚有光景，无不可有；一方面则仁和圣只不过是徒有名目，贪假为真，以其缺乏充实的内涵。

圣与仁的境界貌似"地位峻绝，高而难攀"，但孔子"为之不厌，诲人不倦"八字，便要将人引入平实工夫以致之。泾阳认为，并不是在工夫之外，尚有所谓圣与仁，"诚能为不厌、诲不倦，更有甚圣与仁？如其不能，更说甚圣与仁？"如果不为工夫，那么也就谈不上圣与仁。他进一步指出："孔子之所谓工夫，恰是本体；而世人之所谓本体，高者只一段光景，次者只一副意见，下者只一场议论而已矣。"孔子所言仅是工夫，但"究竟为何以不厌，诲何以不倦，个中消息最为微细"⑤，这"消息"便是工夫中寓本体的消

---

① 《传习录下》，载于《王阳明全集》，第116页。
② 《小心斋札记》卷十一，第145页。
③ 《四书章句集注》，第101页。
④ 《小心斋札记》卷十五，第180页。
⑤ 以上俱见《小心斋札记》卷十五，第179页。

息。如上，切实为工夫，可以称得上即本体，然空谈本体，却称不上即工夫，此间之序不可稍紊，而工夫为本体之实体可知矣。故工夫必实而有，不然本体便只会落空，或本体只为假体而已。

丙午（1606），泾阳于东林讲学，座中尝有问《孟子》"孔子登东山而小鲁"章大指者，先生曰："此只是八个字：眼界欲空，脚跟欲实。"①与本处本体、工夫之论正可照应互发。眼界欲空，识见高明而洞彻究竟，达于本体也；脚跟欲实，笃于践性而身体实修，致力工夫也。②二者之间，相互依托，不能断截，然论其轻重，本体不至工夫则本体不充，唯不舍工夫，方成就得本体。泾阳讲学立论，时时着眼于本体、工夫之际，借此尤可知。

与论孔子绝同之另一例，为泾阳之论曾子。《论语》中记载曾子临终，召门弟子语曰："启予足！启予手！诗云'战战兢兢，如临深渊，如履薄冰。'而今而后，吾知免夫！小子！"③朱子、阳明临终，弟子请示，也各有遗言，朱子嘱曰"须要坚苦"，阳明自白"此心光明，亦复何言"。泾阳认为，朱子所言，"是说功夫"，阳明所言，"是说本体"，而曾子所言，则"即本体、功夫和盘托出矣"。④泾阳此论，是针对曾子"启予手，启予足"六字。他认为此六字，"言在意中，意在言外，最妙是不说破"，"两边不堕，可谓超然"，"正是悬手离足的真消息"。⑤这里的"真消息"，当与孔子处的"消息"意同，乃指即工夫即本体，本体、工夫浑然为一。他认为，曾子的话，虽然表面浅近粗平，不过言在形体，却反更见深细有旨，达乎天理。曾子之言的妙处，与孔子最同。于曾子，我们也可以看出，泾阳所强调的是，即形体之保全工夫（或曰践形工夫）而见天理本体之在。此虽不能说工夫较本体为优先，然本体乃依止于工夫，于工夫方能见本体。另外，朱子之言工夫，与曾子之言工夫有别，朱子所言其实是工夫的态度，而非工夫之着落，

---

① 《东林商语》卷上丙午，载于《全集》，第292页。康熙本有"此"字，从之。
② 关于"眼界欲空，脚跟欲实"八字的解释，孙奇逢《日谱》有载，其文曰："从来做圣贤，做豪杰，眼界欲空，脚跟欲实。眼界不空，则识趣卑陋，开手便差；脚跟不实，则操修影响，到头迷惑。孔子登太山小天下，眼界之所以空也；君子之志于道也，不成章不达，脚跟之所以实也。"（《日谱》顺治十七年庚子十月二十五日，《孙奇逢集》下册，第581页）此可参考，而孙氏此文正对顾泾阳本文所发。本月二十一日日记及后日日记，皆见顾泾阳名字并他说，可证。
③ 《四书章句集注》，第103页。
④ 以上见《小心斋札记》卷六，第75—76页。
⑤ 《小心斋札记》卷九，第118页。

必如曾子之即形体方见工夫。

通过以孔、曾二位圣贤作说明，我们可以看出，泾阳对于本体、工夫之间的关系大体有如下的观念：一者，他反对不作工夫而虚谈本体；一者，他不主张片面地讲工夫和本体的为学态度；一者，他最赞同即工夫即本体的浑融教法；一者，在本体和工夫的相即关系上，他更偏向即工夫即本体，而不是即本体即工夫，以工夫为本。

## 二 本体工夫之相即

就本体和工夫的相即来说，泾阳也有从两面讲释的地方。《中庸》言："道也者，不可须臾离也，可离非道也。"① 有人解释其意为，"道是不该离的，人定要不离他方可"，有人认为，"道原不离人，人即欲离之不可得也"。泾阳认为，"由前一说，岂不鞭着功夫？但觉多了一个转念，恐未能贴得本体；由后一说，岂不点着本体？但觉说得太见成了，恐未免松却功夫"。② 这还是表明，他反对割裂本体和工夫，单执一面行去。前一说的问题在于，虽讲工夫，却是硬作，有把捉之意，不够自然，所谓"多了一个转念"。后一说的问题在于，视本体过于现成，若可不用犯手，即得本体自在，滋人轻易之心。泾阳虽然注重工夫，他并不是要无头脑地用工夫，工夫应以本体为原则，而所谓本体，也并不是悬空标立一物，必以工夫为基础。不但本体靠着工夫，工夫也当依着本体才是。

泾阳还指出，识取本体和工夫，在乎一机，就是人心之安与不安。人心若与道合即安，不合即不安。寻此一念之来处，即可识本体，究此一念之去处，即可识工夫。专言工夫则流而拘，专言本体则流而狂，"惟从这念头发根，自不愁你不戒慎、不恐惧，有何安排？既无安排，有何作辍？既无作辍，有何睹不睹、闻不闻？既无睹不睹、闻不闻，有何走漏？如此，然后两下病痛都不犯着；如此，然后本体即功夫，功夫即本体，乃天命之真消息，率性之真机缄，修道之真法程也"③。其意，倘人之念虑、行为果然是从本体发来，便自然走向工夫，就念虑来说，自然戒慎兢惕，就行为来说，自然

---

① 《四书章句集注》，第17页。
② 《虞山商语》卷上，载于《全集》，第231—232页。
③ 同上书，第232页。《全集》底本与康熙本微有异文，从康熙本。

真诚为之、为之不已。工夫无间，便本体无间。此即"本体即工夫，工夫即本体"。这与阳明的知行合一说有相合之处。阳明谓："知之真切笃实处，即是行；行之明觉精察处，即是知。"① 可见，"真知"包含行为的必然性，知并不是单纯的知解之知，更有实践之力。伊川也有近似的说法："学者须是真知，才知得是，便泰然行将去也。"② 然阳明之"真知"与程朱派之"真知"，意义迥别。阳明转理学知解之知为本体之知，"真知"即良知，此知是本体而不是对本体的正确认知。故理学之知行问题，在阳明学实际是体用问题或本体和工夫的问题。很明显，泾阳所论从本体之念头发根，而自然有工夫，本体工夫相即，是自处于阳明学之语境中的。

综上，我们可以看出，泾阳本体工夫相即之论，并不单单针对阳明学末流之重本体、轻工夫而发，也针对理学末流之泥工夫、失本体而发。因此，他的观点是为了补偏救弊，带有调和性。当然，在本体工夫相即上，就应以双向之相即为周全，他之强调某一面，是有各自的针对性的。

对于工夫即本体，泾阳的认识还稍有深入。阳明的良知说，遇到了不少的批评，其中有一种批评认为，良知为灵明，所求亦为灵明之体或灵明之境，便犯有以灵明求灵明、二之之病。泾阳对于良知是维护的，他反驳此种批评意见，认为："即本体为功夫，何能非所？即功夫为本体，何所非能？果若云云，孔子之言操心也，孰为操之？孟子之言存心也，孰为存之？俱不可得而解矣。"③ "即"字表关系，有二义：一是不离，一是不二，不离尚且可二。"何能非所""何所非能"，说明泾阳本体工夫之相即，所取为第二义。又针对仅认工夫为工夫，以为说得工夫、尚未及本体的看法，泾阳反诘道："愤是谁愤？乐是谁乐？勿是谁勿？必是谁必？本体、功夫有何定名，总总凭君唤取。"④ 如是，本体和工夫的相对规定性也可以取消，本体工夫其指一也，谓之而然。其相即，便显然是名异实同之相即，是不二之相即。相即之义就更明确了。

泾阳在谈论本体和工夫时，对本体多作含蓄语，欲人自参消息。他言

---

① 《传习录中》，载于《王阳明全集》，第 42 页。
② 《程氏遗书》卷十八，载于《二程集》，第 188 页。
③ 《小心斋札记》卷十一，第 141 页。
④ 《小心斋札记》卷九，第 112 页。

"孰为操之"，言"愤是谁愤"，一者，意在质问别寻本体之失，一者也是要表明本体自生工夫，他的本体也即主体。阳明言知行合一，他同时对知、行都作了精确的界定。本体和工夫虽然相即，泾阳并没有试图对二者名义之不同作直接的说明，他所关注的主要是二者的相即关系。

在泾阳看来，本体和工夫可以单见，但不能分开，本体之中必有工夫，工夫之中必蕴本体。这是就本体和工夫关系之原理来说，二者不可相无。如果不着眼于二者的关系，分看本体和工夫，则又有不同。"论本体，纵做到幽、厉、蹻、跖，依然无改于初，故曰'惟狂克念作圣'。论功夫，纵做到尧、舜、周、孔，一毫放松不得，故曰'惟圣罔念作狂'。"①泾阳的这一讲法，把本体和工夫的意义都推阐到了极端，富有代表性。就本体而言，重要的是认识到本体之同一，人人都具此本体，不以人之善恶论，甚至可不以工夫之有无论。人之性体是无差别的、自在的。但就工夫论，则为差别之所在。我们可以说，论到工夫，人人不同，时时不同，一人有一人的工夫，一时有一时的工夫，无不有工夫之可言。就本体和工夫比较看，本体全为天命之本然，而工夫则为人事之应然。本然即非工夫之所施用，应然亦非本体之可保任，两下又若无所关系，全然相异。此亦与上所论本体工夫之相即关系冲突。泾阳对人人同具本体的理解，大体与孟子一致。孟子曰"人皆可以为尧舜"②，人人同禀仁义之性，然人之为尧舜却不过为一种可能。

这又回到了一开始讨论的圣人之不勉而中、不思而得，与孩提之不学而能、不虑而知的关系问题，这个话头为罗近溪所好言。泾阳以有工夫、无工夫别之。我们可以说，有有工夫之本体，有无工夫之本体，或曰，有自然之本体，有境界之本体。当然作为本体，原来无二。不过自然本体，对于人类而言，并不具有德性意义，境界本体才是人所应当追求的价值目标。在阳明学的原始意义中，虽然极力强调良知本体之完全、之自然，但所重和所达仍是在对良知本体的克复，即是以境界之本体为追求的。自然本体，不是自觉实现的本体，它与工夫无必然的联系。只有境界本体才是实现着的本体，所言本体工夫之相即，主要是指境界本体与工夫之相即。境界本体，即有工夫之本体，即实现中之本体。当然，不可忽视的一点，境界本体，同时即自然

---

① 《小心斋札记》卷三，第34页。
② 《四书章句集注》，第339页。

本体。

泾阳谓:"论本体,纵做到幽、厉、蹻、跖,依然无改于初……论功夫,纵做到尧、舜、周、孔,一毫放松不得"。此处的本体显然是自然本体,不具有道德价值之引导作用,但这是人人不失的,是人人"作圣"的胚胎。泾阳又曰:"直指本体,当下即了","究竟功用,到底不了","此最易简最广大,圣门第一义谛也"。① 此处言本体则稍异,尽管可以指自然本体,但此处所论已经是对本体的领悟,涉及工夫。两处论工夫则同,极意强调工夫是无间断的,无穷尽的,即便到了圣人之地步,同样如此。泾阳所谓"圣门第一义谛",则指圣门为学,必从本体和工夫两下着手,既了本体,又用工夫,如此最为无弊。所谓"简易",不是只了本体便足,因本体而用工夫,方是真简易、真广大,故泾阳以此为"第一义谛"。他的"第一义谛"非如多数阳明学者纯以领悟本体为能事,而是自觉纳入工夫意义的。

## 三 "本体的影子"与"工夫的样子"

最后,通过一对有趣的观念,来进一步了解泾阳对本体和工夫的看法。

万历三十五年(1607)十月,张鼐② 参加了虞山书院的会讲。十五日晚,钱用章(未详)大宴会讲同仁于书院的弦歌楼。张鼐对来众发表了重要演讲,并作《弦歌楼纪会》③。虞山会后,张氏复过东林,出此《弦歌楼纪会》求证于顾泾阳。泾阳遂发表了他"本体的影子"和"工夫的样子"一番有趣有理、有声有色的议论。

张鼐认为,学者讲学,欲"传圣人之精神者也"。然如专务讲说,或不得圣人精神之传,"不如觞咏游燕之间可传也",故应于"此时""认取"。若此时也,倘人"知之,则满楼皆圣,此非诳言也"。不但在座之众客,即奔走服事之仆役,都"有圣人之体也,不待操存而自静,不待克而自廓然其大同。觞咏燕游,皆真静也,皆万物一体之初也。此时假令着一操存克己之想,举手皆恣睢,满目皆胡越矣。故曰'圣人之体,只此在也'"。一切自自然然,工夫不生,本体自在,无滞无碍,所谓"先天一画,总是水流物生;

---

① 《小心斋札记》卷三,第34页。
② 字世调,号侗初,松江人。
③ 见《宝日堂初集》卷十四。泾阳所引作《弦歌楼记》。

当下工夫，只在吟风弄月。见得便见，知得便知"。①何等脱洒！何等轻快！详张氏之意，要在以当下指点心体，欲人识取本来面目，反躬自认，一切不失，即工夫不用，直任本心，率性而行，无不自足。此道不过泰州派下之故技而已。

泾阳对张鼐的讲法，有所肯定。指点当下，见性之自具自足，令人一时耸动，这本来就是心学派教法的优势。泾阳认为这种方式无疑有其亲切性。而且，张氏特提"认取"二字，欲人着实自核，切己反省，本体为存为亡，有个"分晓"；又提"处处自见，刻刻常新"二语，教人不轻易放过。二处显示了他的周密性。

但是，泾阳对张鼐的基本思想持批评态度。他认为，张氏所言，"觞咏游燕之间"当下认取本体，本体无待于操存、不用克己，且连"操存、克己之想"也不应着，这所谈并不是真正的本体和工夫，似而非真，不过是"本体的影子"和"工夫的样子"而已。就本体而言，本体是无待的，无待于兹楼，无待于兹会。历兹会，在兹楼，故能因本体之触发而有得于"至精至微"之意。兹楼有起有未起，兹会有未会之先，有既会之后，感触所得之"至精至微"之意则有时而不在。因此，泾阳认为："借是认取本体可矣，若执是认取本体，其与击盘为日，捻指为月者，亦何以异？故曰：这只是本体的影子。"②本体无处不在，故借"觞咏游燕"之机以"认取本体"自无不可，但如执瞬间之所得、所悟、所见便以为是本体，则所认取的不过"本体的影子"罢了。

孟子有言："必有事焉而勿正，心勿忘，勿助长也。"③泾阳解释道："夫忘者，弛之而怠惰，蔑用其心者也；助者，张之而亢厉，过用其心者也。"④兹楼之会，人人既无怠惰，又无亢厉，正所谓"勿忘勿助之间"，而孟子所谓"必有事"者存焉。泾阳认为，此与孔子之操存，颜子之克己，以及张氏所谓"处处自见，刻刻常新"，所指相同。张氏以本体无待于操存与克己，以操存、克己为有待，此则区分工夫之有待、无待，于相同之处横生

---

① 以上俱见《东林商语》卷上，载于《全集》，第295—296页脚注所录康熙本文字。
② 同上书，第297页。
③ 《四书章句集注》，第232页。
④ 《东林商语》卷上，载于《全集》，第297页。

分别之相。故张氏所言"不待操存""不待克",皆所谓"工夫的样子"。

"'样子'之云,专据见在而言也;'影子'之云,通照过去未来而言也。"① 就现在而言,甚见自得之意,故有"样子"。然霎时所见,容易消散,"与前后不相应",故仅是"影子"。顾泾阳与高攀龙论此话题,高氏曰:"'影子'一语,点破不做工夫的假本体;'样子'一语,提醒不识本体的差功夫。"② 此更是一语破的。若工夫而透本体,则自是"勿忘勿助",虽操存、克己,而无所谓操存、克己,不然,只是当下具足的"样子"。若本体而有工夫,则本体常常流行发用,自然不至恍然乍现,不然,只是刹那生灭的"影子"。阳明在严滩答王龙溪"实相幻相"之问,有言曰:"有心俱是实,无心俱是幻;无心俱是实,有心俱是幻。"③ 阳明又有一说,曰"不睹不闻是本体,戒慎恐惧是功夫",又曰"戒慎恐惧是本体,不睹不闻是功夫"。④ 泾阳引此两案,与学者印证"影子""样子"之说,其间虚实转移,一间未透,便恐误认,鼓荡为言,难以准凭。

总之,泾阳通过"影子""样子"之说,欲明言本体容易落空,言工夫容易滞有,故本体必通工夫,工夫必透本体。而本体即工夫,本体可以非无;工夫即本体,工夫可以非有。操存与"静",克己与"廓然其大同",本自无碍,一得而两得矣。以本体而斥操存与克己,一失而两失矣。此亦可作泾阳本体工夫论的总结论。

## 第二节　修与悟

本体和工夫问题,是基本问题。本体是天命之性,工夫围绕着本体而进行。如果以本体为生而完足,当其受到后天的障蔽,得不到体现或不能发挥正当的作用时,就需要工夫来消除为碍之物,以恢复其本体之用;如果以本体为善性之端倪,便须扩充以全尽其性,那么也需要工夫之努力来"成性"。这些工夫,都是人为的工夫,有自觉的用力在。这些工夫也是有目的性的,

---

① 《东林商语》卷上,载于《全集》,第 300 页。
② 同上书,第 298 页。
③ 《传习录下》,载于《王阳明全集》,第 124 页。
④ 《东林商语》卷上,载于《全集》,第 299 页。又见邹元标《重修阳明先生祠记》,载于《王阳明全集》,第 1526 页;又参《传习录下》,载于《王阳明全集》,第 105 页。

指向本体之恢复或完成。因而，此种工夫可以理解为是外在于本体的，是在本体出现某种不足或缺陷时，才施用得到。本体和工夫还有一种关系，即二者之相即为一，本体自发为工夫，工夫为本体之实践。工夫不是外在于本体的，不是以本体为目的，它即本体本身。因此，在这种情况下，本体和工夫不能分离。这种工夫可以被称为本体性的工夫或原发性的工夫。那么，如果从本体之有某种不足来讲，无论是后天的障蔽，还是自然的局限，工夫的存在都有其必要性。但是如果从本体与工夫的相即关系来说，本体自发为工夫，本体即工夫，工夫之自在犹如本体之自在，那么人为之工夫，就不具有必要性。这是学问分途的重要原因。因此，就当世之学者来观照，有以工夫致本体者，有合本体以为工夫者。不过，无论哪种情况，其实都未否认工夫，只是所言的工夫之意义不同。

如此，我们可以说，工夫有广义和狭义之分。狭义的工夫，主要指人为的有目的性的工夫，旨在实现本体之完全；广义的工夫，同时还包括本体性的工夫，这种工夫排斥人为的辅助性的手段。一般所论之本体和工夫，以狭义的工夫居多。然而，如上节所论，从本体和工夫的相即关系着眼，则工夫又是广义的工夫。

本节所讨论的不是本体和工夫的某种具体的对应，而是两种工夫的对应。修和悟都是工夫，修悟的对应也与本体和工夫的对应有关，寻常认为重本体之一路，其工夫主要为悟，而重工夫之一路则主要是指修的工夫。纯从本体出发者，主张对本体的"悟"或"知"，阳明所谓"利根之人一悟本体，即是功夫"①。这一派可以说单是以悟为工夫，既悟之后，便无工夫（人为之辅助性的工夫）。然而，悟其实还不是本体性的工夫，但经此一悟，便可转入本体性的工夫。

## 一 由知行到修悟

中国哲学普遍重视道德问题，但"道德"二字与今天一般的意义不同。就儒家而言，孔子讲"志于道，据于德"（《论语·述而》）。"道"是所志，是行动所应认识和遵从的基本原理或原则，"德"是所据，是对道的实

---

① 《传习录下》，载于《王阳明全集》，第117页。

际履行和成就。可以说，德无道不立，道无德不成。道德不是单纯认识意义或单纯行动意义上的问题，需要兼备认知和实践两方面的很多努力才能据有。修悟问题便是从对道德的追求中衍化出来，最终成为儒家学者讨论道德实践工夫的两种基本形式。

修悟问题，在魏晋佛教传播时期既已出现，但在儒家哲学中正式出现则很晚，大概要到明代中后期才甚为显耀。此前与修悟问题近似的问题为知行问题。知行问题渊源极久，为本土哲学所自生。因为知行与道德的实践关联密切，所以二者几乎自始就不可避免地结合在一起。《论语》里早就提出了所谓"生而知之""学而知之"和"困而学之"等三种认知"道"的类型（见《季氏》）。可见，对道的掌握开启于对道的"知"。但同时，《论语》又极为强调"行"的重要性，如说"君子欲讷于言而敏于行"（《里仁》），又如"今吾于人也，听其言而观其行"（《公冶长》），又如"君子名之必可言也，言之必可行也"（《子路》）等。又可见，能言之知必要归于言之能行，能行、实行是衡量人的德行优劣的最后标准，言而不行，甚至是十分可耻的事。

此后在儒学内部很长时间里，修悟问题一直未显现为一个重要论题，即使在受佛、禅影响比较大的两宋理学中，也并未占有理论上的地位。在工夫论方面，宋代理学依然延续传统的知行之论，并加以丰富的发挥。与此相应，格物致知、涵养用敬成为理学实践的根本方法，并贯彻整个宋明时期。以宋代心学而言，也不过强调发明本心和树立主宰的重要性，与程朱理学在为学之方上，表现为"道问学"与"尊德性"两种工夫入径的差异，较少虚矫言悟。

修、悟二词当中，修的观念可谓古已有之。如《论语》讲"德之不修"（《述而》），"修己以敬"（《宪问》），《大学》中"修身"一说尤为大家所熟知，为儒家言修之渊源。"悟"的工夫则不太为儒家所言，是一种比较具有宗教色彩的体验。不过在儒学中与"悟"相近的含义不是没有。如《论语》中说"闻一以知二""闻一以知十"（《公冶长》），又如《系辞传上》说"百姓日用而不知"。由不知而知，由少知多，由一知全（"一以贯之"），这种短时内发生的心智跳跃或义理通彻即为悟。可见，"知"本可包有悟的意义。在《孟子·万章上》中引述伊尹之言，提出"使先知觉后知，使先觉觉后觉"的说法,"觉"于是在儒家心性学说中具有了重要意义。孟子还重视心之"思"的功能,认为"心之官则思,思则得之,不思则不得也"(《告子上》)。这里的"思"绝不是一般的思维活动,而是对心性本然的认知或觉悟,是主体自我内反的自证体验。"觉"和"思",与后来所常讲的悟的意义也约略相当。

修悟问题尽管自始就蕴藏于我国传统儒学的内部,但它直接出现并成为时代性的论题,毕竟要到阳明学出现之后。阳明学以"良知"提宗,而良知学最本质的问题,则为本体与工夫间的分属与通合关系。良知到底是属于心的本体,还是心体的作用;如果良知是本体,那么工夫从何而施;如果良知是心体已发的作用,那么工夫又当如何。这几个问题成为明代阳明学聚讼的关键。而王阳明晚年所提倡的"四句教",虽本意欲融合本体与工夫,使不落一偏,结果却在其学生与后学当中加深了本体与工夫的对立。阳明区分利根之人与中下根人,认为"利根之人一悟本体,即是功夫",而"其次不免有习心在,本体受蔽,故且教在意念上实落为善去恶。功夫熟后,渣滓去得尽时,本体亦明净了"。[①]利根人的主要工夫就是悟,"其次"者"为善去恶"的工夫便是修。是从本体出发作顿的工夫,还是从发用着手作钝的工夫,决定了为学的正确与否。所以,修、悟的优劣或关系究竟如何,便不得不成为紧迫的时代问题,而为学者普遍讨论。

由于"良知"的本性是自然、完全的灵明,"致良知"的要义在致良知的自然、本然之知,所以阳明后学往往偏于强调良知的本体性而排斥工夫的人为性,以致言悟者多,修悟的正当关系被扭曲了。同时,这也在思想上和社会上产生了很大的负面影响。

对于阳明学的修正和批评自始不断,顾泾阳是其中比较卓越的、有领袖地位的一个。

## 二 修悟相即

泾阳极为反对玄谈无根之学,重视一般意义之工夫,其倾向已经很显然,观前文可知。因此,他的思想和讲学内容是重修的,此可以不再作论

---

[①] 《传习录下》,载于《王阳明全集》,第117页。

述。但是，泾阳也不是仅仅在救弊的意义上来看待工夫，他既讲修，也反对不讲悟。此点，恰似他重视儒门之"实"，又反对专以"空"归诸佛门，而大谈儒门之"空"一样。东林讲学的参与者于孔兼（字元时，号景素）认为："近世率好言悟，'悟'之一字，出自禅门，吾儒所不道也。"① 其说意在把"悟"归诸禅宗，排除在儒家工夫论之外。泾阳不以为然。他举经典为证，《易传》有"神而明之"，《论语》有"默而识之"，此皆言"悟"处，"特未及直拈出悟字耳"。至于朱子，在解释《孟子》"梓匠轮舆能与人规矩，不能使人巧"时，则曰："盖下学可以言传，上达必由心悟。"② 又在解释"先知先觉"处时，则曰："知，谓识其事之所当然。觉，谓悟其理之所以然。"③ 泾阳认为，这是朱子"明明道破""悟"字之证。朱子虽平生不喜欢人张皇言悟，躐等虚矫，但其实也并不以"悟"为讳。因此，"悟"字"未可专归诸禅门也，又不可以好言悟为世病"④。

泾阳认为修和悟之间并不存在矛盾，相反，二者是相须为有，不可或离的关系。他之强调修，也并不是遗脱了悟，或者以为悟不如修之重要。在他看来，修和悟是辩证统一的。泾阳说，他不但不反对世人"好言悟"，"据吾意，还病其好之未真耳"，因为，"天下未有不修而悟，亦未有悟而不修。悟者，与修相表里者也"。⑤ 因此，泾阳之提揭修，与世俗之言修而恶悟者不同，他并没有执一废一，而是把修和悟贯通在一起。在重修和重悟之间，泾阳不以一端自居，他说：

> 学不重悟则已，如重悟，未有可以修为轻者也，何也？舍修无由悟也。学不重修则已，如重修，未有可以悟为轻者，何也？舍悟无由修也。⑥

如此，在修悟之间，单纯之重修或重悟，不仅是片面的，而且是错误的。

---

① 《南岳商语》，载于《全集》，第359页。
② 《四书章句集注》，第365页。
③ 同上书，第310页。
④ 《南岳商语》，载于《全集》，第359页。对于悟的态度，有可关联之一说。泾阳评陆树声（号平泉）之为学，有"旁通二氏，用以解脱尘莽，淘洗渣滓，不为溺，亦不为讳也"。"不为溺，亦不为讳"，似可表示泾阳对二氏学虽终不认同，然亦略能存恕，而尤可移以论其于悟之态度。
⑤ 以上见《南岳商语》，同上书，第359页。
⑥ 《小心斋札记》卷十八，第207页。

修和悟互为前提，必修而能悟，必悟而能修，失去了彼此为前提，二者都无法实现。那么这是否意味着是"修悟双提"呢？泾阳对此答曰："悟而不落于无，谓之修；修而不落于有，谓之悟。"① 如此，则悟即修也，不落于无之悟便是修；修即悟也，不落于有之修便是悟。修悟是对同一所指作出的不同衡量，二者是一体之两面。显然，修悟是融合在一起的，较之"修悟双提"的说法，要更进一层。因为，"双提"有并重之意，或犹保留着修悟之对立，泾阳之说，已经是合一之并重，修悟已经不存在对立。也正是如此，"即修即悟，无所不检摄而非矜持；即悟即修，无所不超脱而非放旷"②。以为修就必然意味着会过于矜持把捉，悟就必然会流于放纵超脱的见解，都是执一的，片面的，没有理解修悟本身的辩证关系。

就朱子和阳明的教法来说，泾阳认为，朱、王二子的教法与二人的性格有关系，朱子平易而精实，阳明高明而阔大，所以朱子是"即修即悟"，而阳明则是"即悟即修"③。朱子之"即修即悟"实指"由修入悟"，阳明之"即悟即修"实指"由悟入修"，这代表了修悟之间可能存在的两条路向。泾阳在《日新书院记》中，对两种教法的关系进行了详细的阐发。他认为，两种教法是"同而异""异而同"的关系。这两种教法，一者"善用实"，一者"善用虚"，最终都是儒家的圣人之学，归趣无二。并且这两种教法的并存，还有其必要性。"同而异，一者有两者，递为操纵，其法可以使人入而鼓焉舞焉，欣然欲罢而不能；异而同，两者有一者，密为融摄，其法可以使人入而安焉适焉，浑然默顺而不知。"④ 两种教法既可以相互补充，使人人都可得一门而入，又可以相互救正，使一法之弊得到挽回。

## 三 修悟之时序

泾阳之修悟，并不只是浑然一体，讲究修中有悟，悟中有修之圆融；也不是调和折中，以为无入不可，其间他也强调了一定的次序。《论语·公冶长》中，孔子问子贡与颜回孰贤，子贡以"回也闻一以知十，赐也闻一以知

---

① 《小心斋札记》卷十八，第 207 页。
② 《奉寿安节吴先生七十序》，载于《藏稿》卷九，第 255 页。
③ 《小心斋札记》卷七，第 92 页。
④ 《日新书院记》，载于《藏稿》卷十一，第 297 页。

二"①答之。泾阳认为，此中一、二、十字都应活看，它们不是简单地表示数量多少或程度大小，"乃假借数目形容见地圆缺之辞"。他说："闻一知十，无对之知也，了悟也，所谓'一以贯之'者也；闻一知二，有对之知也，影悟也，所谓'亿则屡中'者也。"②阳明谓："子贡多学而识，在闻见上用功；颜子在心地上用功。"③"了悟"即指心地上透彻，"影悟"即指闻见上知解。此时孔子不直接说破"一以贯之"之旨，而必待于后，泾阳认为，"孔子要接引子贡的心肠，恨不立地成圣，却亦忙不得"，其间有个"时据"。④这说明悟应以一定的工夫积累为前提，如果工夫未做到相应的程度，悟是不宜讲起的。

近似的还有另一个事例。孔子曾直接对曾子讲："参乎！吾道一以贯之。"⑤阳明认为："一贯是夫子见曾子未得用功之要，故告之。"并且，他还认为，"一"是根本，是体，"一"方能"贯"，不然，"体未立，用安从生？"⑥因此，阳明指出朱子《集注》所谓"曾子于其用处盖已随事精察而力行之，但未知其体之一"⑦，还不准确。泾阳不同意此见。他认为，曾子平日潜心忠恕，不能说"未得用功之要"，于孔子则"随呼随唯"⑧，也不能说"未知体之一"。《集注》中说"夫子知其真积力久，将有所得"⑨，泾阳认为这才是恰到好处的解释。孔子之所以直接点化曾子，正是因为曾子已经"真积力久"，工夫积累到适宜的程度，将悟未悟，故下语启发之。工夫至到，便可以言悟了。

通过以上二例，我们可知，在泾阳看来，言悟必有"时据"，这个"时据"具体就是指工夫之积累，即修。从修到悟之间，是不断加修的过程。这种观点，其实也是朱子的基本主张。朱子在补《格物致知传》中说："《大学》始教，必使学者即凡天下之物，莫不因其已知之理而益穷之，以求至乎

---

① 《四书章句集注》，第77页。
② 《小心斋札记》卷十二，第154页。
③ 《传习录上》，载于《王阳明全集》，第32页。
④ 《小心斋札记》卷十二，第155页。
⑤ 《四书章句集注》，第72页。
⑥ 以上见《传习录上》，载于《王阳明全集》，第32页。
⑦ 《四书章句集注》，第72页。
⑧ 《小心斋札记》卷九，第114页。
⑨ 《四书章句集注》，第72页。

其极。至于用力之久，而一旦豁然贯通焉，则众物之表里精粗无不到，而吾心之全体大用无不明矣。此谓物格，此谓知之至也。"① 这里的"豁然贯通"即"一以贯之"，意味着得悟。朱子认为"豁然贯通"之境的实现，必以"用力之久"为基础，而"用力之久"就自然会有"豁然贯通"之时，即他是主张以修致悟的。当然，朱子的工夫主要是指格物致知，偏在"知"或明理一边，而阳明学及泾阳所言的工夫主要指内心体验的修证。

我们还可以从泾阳与友人讨论程子《识仁篇》中，更清晰更完整地获得他对修悟层次关系的说明。明道言"识仁"，孔子言"为仁"，泾阳认为："第'为'以修言，'识'以悟言。为则功夫便在眼前，行住坐卧，无一刻可违；悟则须是这功夫积累到久，忽然透出。"这里的意思，与上所言一致。他同时认为："及其得之，又须密密保任，方有受用。"既悟之后也还要"密密保任"，即谓，悟后同样是不能丢弃工夫，不能就此"歇手"，工夫还是不应间断的。如此，"'一日克己复礼，天下归仁'，悟境也。自一日之前，至一日之后，却只是一个修，更无别法"。既悟之前和既悟之后，都需要工夫。这即是说，有悟前之修，有悟后之修。悟前之修，因本体未透，故乃着力之修，须自强不息，"此在初入门，便应着紧，无容些子含糊"。② 悟后之修，因已透本体，从本体出工夫，一方面会自觉工夫"无可歇手处"③，一方面又不必着意为工夫，然而此种"得力""有非初入门可躐希者"④。因而，泾阳对程子《识仁篇》补充了两意，未悟（识仁）之前，要"欲罢不能"，既悟（识仁）之后，要"欲从末由"。

总的来说，"未悟，则不可不修；既悟，自不能不修"⑤。"有修无悟，必落方所，非真修也；未修求悟，只掠光景，非真悟也。"⑥ 悟必有修，修必求悟；悟前必修，悟后必修。悟前之修，修悟乃相须而非相即；悟后之修，修悟乃相须而可相即。如是，就修悟的关系来说，我们在相即不离的基础上，就有了进一步更踏实的认识。泾阳虽然强调修悟之相即，肯定朱王二子教法

---

① 《四书章句集注》，第7页。
② 以上俱见《虞山商语》卷上，载于《全集》，第238页。
③ 《小心斋札记》卷十一，第136页。
④ 《虞山商语》卷上，载于《全集》，第238页。
⑤ 《南岳商语》，同上书，第359页。
⑥ 《虞山商语》卷上，同上书，第238页。

之有必要并行，其实，他的说法更突出的是修的先在性、修的累积性以及修的一贯性，而反对未修言悟，悟后放手不修。因此，他的修悟观，就基础来说，与他所认为的朱子之"由修入悟"一路更加符合。当然，如果说朱子的教法是"由修入悟"，阳明的教法是"由悟入修"，而泾阳悟前"由修入悟"，悟后"由悟入修"，也可以说是朱、王教法的一种接合。

  阳明学内部，比较平实的学者，对于本体和工夫、修与悟的关系，自始可以说比较注意全面把握，作了不少辨析。其中，以阳明的同乡张元忭最为突出。张元忭，字子荩，别号阳和，"从龙溪得其绪论，故笃信阳明四有教法"①。然而王龙溪谈本体而讳言工夫，因此他对龙溪之学进行了批判。当然，张阳和的批判并不只针对龙溪，如他还明确批评罗汝芳的弟子杨起元，认为他也是"谈本体，而讳言功夫，以为识得本体便是功夫"②。他认为，这是当时阳明学传播中存在的一种比较严重的问题，"近时之弊，徒言良知而不言致，徒言悟而不言修。仆独持议，不但曰良知，而必曰致良知；不但曰理以顿悟，而必曰事以渐修，盖谓救时之意"③。他与当时的著名学者如罗汝芳、许孚远、周汝登等都提出这个问题来讨论，忧时、救时的心肠十分迫切。就修、悟的关系，他说道："悟与修安可偏废哉？世固有悟而不修者，是徒骋虚见、窥影响焉耳，非真悟也。亦有修而不悟者，是徒守途辙、依名相焉耳，非真修也。故得悟而修，乃为真修；因修而悟，乃为真悟。古之圣贤所以乾乾惕若，无一息之懈者，悟与修并进也。"④

  这种讲法，已经与泾阳的某些表达基本相同。张氏的意见，就是上边所提到的"修悟双提"，认为修悟当并重，两样应结合。我们可以看出，张氏之说，较泾阳在修悟上的整体观点，还是少了曲折、细腻和圆融之处。泾阳三十多岁，在吏部供职时，曾与张阳和有往来，并尝从之得受邓定宇⑤的《秋游记》来习读。他对张氏的评价很高，十分希望他能得志用世，并且自谓"见张阳和，便自觉偏处多"⑥。张阳和对阳明学的流弊作了十分有力的

---

① 《明儒学案》卷十五，第323页。
② 同上书，第326页。
③ 同上书，第327页。
④ 张元忭：《寄罗近溪》，载于《张元忭集》卷五，钱明编校，上海：上海古籍出版社，2015年，第122页。
⑤ 邓以赞，字汝德，号定宇。
⑥ 《小心斋札记》卷十一，第143页。

批评,他的修悟之说,不入"偏处",于阳明学中是很有特色的。泾阳在修悟的看法上,很可能受到他的影响。

## 四 修悟证之三境说

但是,泾阳的修悟说,并不以修悟二项为全义,他还有第三境,即证境。孔子有言:"默而识之,学而不厌,诲人不倦,何有于我哉?"①泾阳认为:"'默而识之',言悟也;'学而不厌',言修也;'诲人不倦',言证也。"②他以悟、修、证三境对言,并不是偶尔提及。《论语》"十有五"章,泾阳分析道:"曰'志'、曰'立'、曰'不惑',修境也;曰'知天命',悟境也;曰'耳顺'、曰'从心',证境也。即入道次第,又纤不容躐已。"③由修而悟,由悟而证,这是入道的三节次序。证境是最高的境界,悟境并非最高境界。就孔子之证境来说,主要是指孔子之"耳顺"和"从心所欲不逾矩"。"据常情看,'知天命'是神化上事,'耳顺''从心'是自家身子上事。两者较之,'知天命'似深,'耳顺''从心'似浅。"一般认为,人生的意义主要是领悟最高的原理,或曰悟道,通过不断的修行,一旦领悟到终极的原理,超越人自身的限制而得到心灵的解脱,就算是圆满了,目的达到了。因此,"知天命"可以说已经获得最高认识或真理,步入了最高境界。但孔子不以"知天命"为止足,还要"六十而耳顺","七十而从心所欲不逾矩",从天命之知回归身心之顺适。泾阳认为,"知天命"仅仅是对"天命"的一种感悟,或者是一种思想上的透彻,很可能只停留在观念层面,还谈不上真正的天人合一。"说个天命,似涉眇茫,吾夫子定要一一从自家身子上打透,方肯作准。盖眇茫处可假,自家身子上不可假。"④在泾阳看来,"知天命"不仅只是知解上的知,更是身心上的实体⑤,从知解到实体,还有一个深化的过程。可见,他所谓的"证",就是证上身来。证已经是悟后的境界,不再是求悟,不再重知解,而是重实体,重行为与知解的自然合一,要

---

① 《四书章句集注》,第 93 页。
② 《小心斋札记》卷五,第 63 页。
③ 《虞山商语》卷中,载于《全集》,第 241 页。
④ 以上同上书,第 243 页。
⑤ 本处论工夫之"实体"一语,乃实际体得之义,泾阳所谓"勘到自家身子上"。

第六章 论本体与工夫 | 279

"即形即天命","即心即天命"①。总之,到悟的境界,尚属玄虚,只有证境,才真正着实。

泾阳在分析程明道的《识仁篇》时,又提出一"化境"观念。他说:"大都程子此篇,专要与人点出悟境,又要与人点出化境。故说得如此直截,更不拈动第二义,防检、穷索,尽与破除。若为求识仁者言,恐应自有说也。"②泾阳认为,大程的《识仁篇》是承接着张载的《西铭》而来,所以起首便从很高的境界讲起,"识得此理,以诚敬存之而已,不须防检,不须穷索"③。"识得此理",即泾阳所谓"要与人点出悟境",而"不须防检,不须穷索"则为"化境"。在化境之中,可以不必再强调工夫,而本体自然实现,"更不拈动第二义",即一切言筌、教条都失去效用。与证境相比,证境尚且还要强调身体的实行、实得,强调身心与天命天理的继续磨合,而在化境中这些都已经完成,天人合一已经实现。因此,化境要比证境更高,是一种境界的完成状态,或者也可以说,化境是证境的证得状态。证境之证,有二义:一是求证,一是证得,尚有工夫的是求证之证境,不用提起工夫的为证得境界。这样证境、化境就能够相统一,我们可以把化境也归入证境,作为证境的一种特殊形态来看待。

其实,泾阳在修境、悟境基础上,又提出证境一说,也十分易于理解。上文,我们对他修悟二境的层次关系已经很明了,即修—悟—修,他认为有悟前之修,有悟后之修,修是不间断的。但由我们的分析可知,悟前之修,修悟为相须而非相即,悟后之修,修悟相须且可相即。那么,对悟前之修来说,很显然即为用力作工夫,要特别提撕,而且以求悟为目的,这可以说是一种纯粹的修;对悟后之修来说,虽然用功,却已经是解悟了本体后的用功,高度自觉,其工夫也不再指向本体之知,而是指向本体之合,这种求合本体的工夫,即可以说是证。如此,泾阳之修悟,不但有层次,不同的层次也都还有相应的境界称谓。

顾泾阳的友人邹元标④也明确标举修、悟、证三种工夫境地。邹氏师从

---

① 《虞山商语》卷中,载于《全集》,第244页。
② 《东林商语》卷下,同上书,第332页。
③ 《程氏遗书》卷二上,载于《二程集》,第16—17页。
④ 邹元标,字尔瞻,号南皋。

胡直<sup>①</sup>，为阳明的三传弟子。他在给老师遗稿所作的序中，对修悟的关系作了阐发。他说："学以悟为入门，以修为实际。悟而不修是为虚见，修而不悟是为罔修。先生已洞然圣学之大，而复与困学同功，兹所以全而归也。"<sup>②</sup>他认为老师"已洞然圣学之大"，即悟也，"而复与困学同功"，即能修也。邹氏也是强调修悟的相须关系的。邹元标罢官家居，请于当道，建仁文书院，为讲学所。他在所为《仁文会约语》中，标举教法：一则曰"先悟"，一则曰"重修"，一则曰"贵证"。他认为，修和悟并不是两回事，"悟者即悟其所谓修者也，以悟而证修，则不沮于他岐之惑；修者修其所谓悟者也，以修而证悟，则不涉于玄虚之弊，而实合内外之道，二之则不是矣"。对于证，他则说："证者，证吾所谓悟而修者也。"他的证是在于悟和修之间的，所表示的是修和悟之间的一种约束关系，具体的，证就是要以悟来证修，以修来证悟。证是对修悟的检验和印合，即修要以悟为原则，悟要以修为归宿，如是，修才不会误入歧途，而悟也不会留于玄虚。

邹元标的修悟观与顾泾阳有明显的差别，我们可以归纳为以下几点：首先，工夫的起点不同，泾阳强调要以修为起点，悟前有修，悟后有修，南皋则明确主张要"先悟"，"学以悟为入门"，"学必先悟"；其次，泾阳之证是在悟后，与修和悟相比，可以作为一个独立的阶段，而南皋的证并不特指独立的工夫阶段，而是对修悟关系的一种规定；再次，泾阳证是逐步深入的修，其具体内涵就是实体，这种实体包括人的身（形体）心之全部，身心都要符合事理的规范，并不单以心言，而邹氏之证完全是指心证，他说："夫吾所谓悟而修者非他，即吾之心也，所谓修者非他，亦吾之心也。"<sup>③</sup> 相比之下，邹元标是很鲜明的心学立场，而泾阳与他的距离比较远。

## 五 躬行

泾阳之"证"，尚有一义待发。泾阳在吏部时的同僚邹观光<sup>④</sup>，里居讲学，建尚行书院，其弟子请记于泾阳。他在记文中，对"尚行"之义发表了

---

① 胡直，字正甫，号庐山，著《胡子衡齐》。
② 邹元标：《胡庐山先生全归稿序》，载于《愿学集》卷四。
③ 以上俱见《仁文会约语》，载于《愿学集》卷八。
④ 字孚如，德安府云梦（今湖北云梦县）人，万历八年（1580）进士。

一大通看法。他认为:"邹子之标尚行,正悟后语也。"① 因为,当人未悟之时,对于实行缺少动力,或诱之而行,或迫之而行,皆属勉强,或作或辍。只有在人既悟之后,人才能从内心当中生发动力,认识到行的必要和迫切,而自觉去行,以行为尚。对于世之以悟为尚者,泾阳指出应当"归而证之于行",所言一定要"一一实有之"方才无憾,方能跻于圣贤的行列。如果没有做到,那么,其所谓的悟就不过是"揣摩亿度而已"②。"尚行"之说,既可以适用于"未悟者",也可适用于"已悟者"。"未悟者尊而用之",可以渐渐致悟,"已悟者尊而用之",可以一一实有诸身,所谓"沦肌肤而浃骨髓"。他最终提出:"然则悟于何始?因行而始,悟于何终?因行而终。"③这与上边他所说"未悟则不可不修,既悟自不能不修",意思是完全一样的。我们同样还可以看到,泾阳强调悟后之行,依然是指"一一实有之",这也是上边所说的"证"义。

"证"和"行"的意义有所不同,"证"的意义比较含蓄,也含有分歧,"证"可以专指心证,如邹南皋所谓。而"行"就比较平实和明确,如果用"躬行"则更加明确。泾阳所谓证,我们上文以"实体(实际体得)"解之,实际就是"躬行"二字,行之于身,即体之于身(含心在内)。而这里泾阳所指的"行"也确实就是"躬行"。邹孚如著有《衡言》一作,泾阳在记文中首引其言:"今教化翔洽,家性命而人尧舜,而议论愈精,世趋愈下。维世君子,惟以躬行立教,斯救时第一义乎!"④泾阳对"躬行"二字佩服不已,谓先得同心,"为之徘徊三复,不能已已"⑤。顾泾阳与邹孚如早年为官同处,皆大有抱负,"生平之交,相期于德义,不相期于事功"⑥。二人的情谊是比较长远且深入的。因此,泾阳在"躬行"上,肯定受了邹孚如的影响。泾阳之"躬行"并不是"专属诸修",特别不是仅仅指"事为之检饬,念虑之矜持",他认为,这样就"不免堕落方所而修弊"⑦。如此之修,必然

---

① 《尚行精舍记》,载于《藏稿》卷十,第273页。
② 同上书,第273页。
③ 以上同上书,第274页。
④ 《尚行精舍记》,载于《全集》,第272页。
⑤ 《简邹孚如吏部》,载于《藏稿》卷五,第109页。
⑥ 《与邹孚如铨部》,同上书,第66页。
⑦ 《南岳商语》,载于《全集》,第365页。标点有异。

引起高明者的轻薄厌弃而重悟，走向相反的极端。因此，他的躬行不是拘检的，不是落方所的，而是偏指悟后之行，也即"证"。

影响泾阳"躬行"观念的另一人物为共同讲学的于孔兼（号景素）。在戊申（1608）年春的南岳会讲中，于景素告诫泾阳："兄主盟东林，只宜守定'下学上达，躬行君子'八字"，泾阳为之"点头"。① 归后，吴安节、于景素各作《春游记》一篇，于景素于文中大抵发明"躬行"之义。二人之文，泾阳读后颇多感会，而自道："私衷尤有味于'躬行'一语。"此处他对"躬行"有新的体会。他认为，为学的"入门要指，入室微言"，"经孔、孟发挥一番，已而又经周、程诸大儒发挥一番，已而又经阳明诸先正发挥一番，业已说到九分九厘九毫，向上几无复开口处，算来算去，还是躬行难也"。② 其意，道理在先圣贤那里已经差不多说得明白而周全了，后人已没有多少可发挥的余地，故可以不必再在上面纠缠不休，只要照着去本分实际地做就好了，而"躬行"对后人来说才是真正困难的。

这种观点，也早有渊源。明代早期的理学家薛瑄，就曾说过："自考亭以还，斯道已大明，无烦著作，直须躬行耳。"③ 如又说："将圣贤言语作一场话说，学者之通患。"④ 可见，他也是认为道理已明，不用再专事发挥，而且特别反对将学问仅停留在谈说上，主张一定要切实躬行。这种学风，实际就代表了明代以后的思想动向，心学、理学的发展都从此出。

容肇祖先生在他的《明代思想史》一书中，对这种变化已经揭示得比较清楚了。他认为明代初期的思想有承接宋元儒而来的"致知派"，这一派继承了朱子格物致知的理念，学问规模广博，义理精深，与朱子为一条血脉。而由于明初尊崇朱学，把朱子等宋儒的经解定为考试的标准，而永乐皇帝又敕令胡广等人纂修《五经大全》《四书大全》《性理大全》，亦主要采辑因袭宋元理学家的学说。因此，在明代初期对朱子学的推崇可以说达到了极端，而学理的探讨和分析也可以说已经"大全"了，并且这种情况一直持续到明代结束。从宋濂到方孝孺，沿袭了"致知派"的风格，然而这派之后迅速衰

---

① 《南岳商语》，载于《全集》，第359页。
② 同上书，第364页。
③ 《明史》卷二百八十二《薛瑄传》，第7229页。
④ 《明儒学案》卷七，第117页。

落,朱子学中的"躬行派"(或称"涵养派")逐渐崛起。容肇祖先生认为,这一派与"致知派"的学者"大不同了,就是简陋了,腐化了,依托于复性与躬行,而不事著作不做学问了"①。此固然道出了"躬行派"的特征,与朱子学的主流风格不同,但对于明代思想来说却无疑是新的可爱的生机,也是明代思想的独特灵魂,不可看低。这一躬行的特征,逐渐流衍,发展成以注重自我和内心体验为特征的心学大宗,完成了宋学到明学的蜕变,是一股很大的历史性的思想运动。

而朱子学的"躬行派"也自有流传,主要为薛瑄所流传的河东之学,其中以吕泾野②为代表。吕泾野认为,学"若徒取辩于口,而不躬行也无用"。意即,不实行的学问,人无所受用。因此,"学要讲明做去"③,"君子以朋友讲习,不徒讲之,而又习之也。习即是行"④。他的学问可以说不出程朱知行的范围,知了去行,犹是程朱知行的本色,只是于躬行特别着力。黄宗羲谓:"关学世有渊源,皆以躬行礼教为本,而泾野先生实集其大成。"⑤明代关学是以躬行著称的。其实甘泉学派,也是注重实际体认的。如甘泉的宗旨为"随处体认天理",其再传许孚远,明确提出"学不贵谈说,而贵躬行;不尚知解,而尚体验","学者之学,重实修而已"⑥。甘泉学派本不如阳明学之欲脱尽朱子的影响,而为朱子学和心学的一种折中。因此我们还可以说这是朱子学中的"躬行派",只是比明初儒者走得更深远,是明代思想的主流之一。当然,明代的这些学派之间也都存在着交流。

因此,泾阳之认可"躬行",有着深厚的时代背景。有趣的是,明代自生的学术起于躬行,却在躬行、体认中又遭迷失,到了后期乃重新起来号召躬行。宋代的理学开辟了一个崇高的理的世界,而明代的学者则又开辟了一个丰富的内心体验的世界,这个世界既现实又神秘。理学在宋代的晚期才成熟起来,而心学则在明代的晚期即露出了极大的幻象,因而,引起有识者向躬行的回归。明代思想的起承转合,已经到了合的地步,也预示着要走向尾

---

① 容肇祖:《明代思想史》,上海:开明书店,1941年,第13页。
② 吕柟,字仲木,号泾野。
③ 吕柟:《泾野子内篇》卷十三,赵瑞民点校,西安:西北大学出版社,2014年,第101页。
④ 《泾野子内篇》卷十一,第91页。
⑤ 《师说》,载于《明儒学案》,第11页。
⑥ 《明儒学案》卷四十一,第975页。

声了。

　　总的来看,在修悟观上,顾泾阳针对当时学风的虚浮状况,继承学者如张元忭等比较平正的观念,又吸收同时讲学者如邹观光、于孔谦等人有益的意见,形成了自己比较完善的观点。他一方面没有抛弃阳明学中重悟的传统,注意发掘传统儒学中关于悟的资源,另一方面他也没有忽视修的必要性,提高了修的地位。通过这两方面的努力,他的修悟观,更加具有辩证、圆融的特性,丰富了修悟问题的内涵。顾氏的修悟观,带有集成的性质,同时也充分体现了儒学本身不脱离身体实践的特色,使儒学在修悟观念的吸收和修悟矛盾的解决方面,达到了很高的水平。甚至,由于清初儒学逐渐向实学和经学方向转变,修悟问题在此后随之又沉寂下去,就修悟问题所具有的强烈时代性而言,顾氏的修悟观未尝不可以说代表了修悟问题在儒学内部发展的最高阶段。其贡献是不可忽视的。

## 第三节　下学而上达

　　本章主要讨论本体和工夫的关系,但是本体和工夫二者的意义并不单一。本体可以作为静态的对象来看,由工夫来实现者,工夫即可以称为"修",这是广义的修。本体的实现,一方面是知解上的领会,一方面是本体上的克复。对本体的瞬时的领会,就是悟的工夫,而持续的克复,就是修的工夫,这是狭义的修。本体也可以作为动态的自我实现的主体来看,此时,本体同时为工夫,这种工夫不是目的性或手段性的工夫,因而无修,只有悟,悟也可以作为广义的"修"来理解。因此,两种意义的本体和工夫交织在一起,容易导致在言说上的复杂和混乱。就修悟来说,修可以作为悟的先前工夫和后续工夫,修以致悟,悟以主修。修也可以和悟相即,作为相即之修悟来说,其实就是动态之本体和工夫的关系,也即本体之自主实现的过程。这些在上节已经有所呈现。这是讨论本体和工夫关系的一个最重要的视角。本节则从另外一个重要的视角来继续展开顾泾阳的本体与工夫的关系之论,其中还容纳了几个相类的角度。

## 一　下学而上达

泾阳在东林论学特别强调修，然他之强调修，并不意味着会轻视悟，他说："重修所以重悟也，夫悟未有不由修而入者也。"①孔子曾曰："不怨天，不尤人。下学而上达。知我者其天乎！"②泾阳认为："下学，修也；上达，悟也。舍下学而言上达，无有是处。"他把修、悟分别和孔子所谓的下学和上达对应起来，认为由修到悟，就是"下学而上达"，并且认为，上达不应离开下学，否则上达就会失真。顾泾阳说："下学而上达，此吾夫子家法也。"③可见，下学上达，也是他对孔门宗旨的一种重要的诠释形式。

下学上达，在二程的思想当中已经是一种比较明确的为学方式的说教。如《遗书》"二先生语"中，卷一有言："圣贤千言万语，只是欲人将已放之心，约之使反复入身来，自能寻向上去，下学而上达也。"④卷二上："伯淳言：'学者须守下学上达之语，乃学之要。'"⑤卷三有言："须是合内外之道，一天人，齐上下，下学而上达，极高明而道中庸。"⑥而"明道先生语"中复有两条，其一曰："'君子上达，小人下达。'下学而上达，意在言表也。"⑦其二曰："释氏本怖死生，为利岂是公道？唯务上达而无下学，然则其上达处，岂有是也？元不相连属，但有间断，非道也。"⑧其中，"二先生语"中，明确为明道语者有两条。而"圣贤"条，以孟子"收放心"为学，谓"约之使反复入身来"，有亲身实践、体验之意，所重并不是知解之学。这与明道重视体验的特色相符合，为明道语的可能性也极大。故可知"下学上达"话头，是明道所喜言的。综其意，明道认为，下学上达是为学的要领，要由下学来寻求上达。下学上达，是以人合天的上下合一之道。而且下学上达，是儒释之间区别的一个重要标准，如释氏之学，即离下学而言上达，故其上达亦不能正确。

---

① 《虎林书院记》，载于《藏稿》卷十一，第 289—290 页。
② 《四书章句集注》，第 157 页。
③ 以上见《虎林书院记》，第 290 页。
④ 《二程集》，第 5 页。
⑤ 同上书，第 23 页。
⑥ 作明道语，载于《二程集》，第 59 页。
⑦ 《程氏遗书》卷十一，同上书，第 128 页。
⑧ 《程氏遗书》卷十三，同上书，第 139 页。

就明道来说，下学上达，作为合一之道，其关系已是分明，然其下学为何，其上达为何，讲得还不算清楚。到了朱子，就把这两层分析得清楚了。他说："下学者，事也；上达者，理也。理只在事中。若真能尽得下学之事，则上达之理便在此。""下学者，下学此事；上达者，上达此理。"下学，就是洒扫应对等这些日常行事、一般礼仪及道德行为的实践和锻炼，而上学，就是对诸事之理及总原理的领会。所谓下学上达，就是由事而及其理。朱子的下学上达观，强调了几个方面的意思。第一，"每学必自下学去"，"未到上达，只有下学"。下学是上达的基础，无下学即无上达，虽圣人亦不能无下学。这与明道无异。第二，"圣人只是理会下学，而自然上达"。①从下学到上达，是一个自然升进的过程，因此，只要做好下学的工夫，上达可以不必另外刻意追求。这层意思，他写进了《论语集注》中。但是，朱子也顾虑到了特殊情况，"然人亦有下学而不能上达者，只缘下学得不是当。若下学得是当，未有不能上达"。第三，"理只在事中"，"下学上达，只要于事物上见理"，②"若下学得透，上达便在这里"。上达不是外下学而别有所在，只是于下学中见之，二者虽非一事，却不可分离。在朱子，他其实把下学和上达的关系，阐发为事理的关系，这实际又不过为他格物致知论的一种反映。因此，朱子的上达，主要是指对事物之理的认知，或曰"致知"，他说"上达是见识自然超诣"③，便可看出。又如，他言"豁然贯通"，也可以理解为上达。就此，朱子与明道，在上达的观念上，应当是有差距的。明道之上达，应指一种与天合一之体验境界，在这种境界之中，不必作事理之区分，而讲求浑然的超越感受，并不仅是见识上的提高。这大概也是明道何以不对下学上达作进一步解析的原因。

阳明对下学上达也有自己既深入又独特的认识。他批评专言下学，讳言上达的做法，认为这是分下学、上达为二事。他说："凡可用功可告语者皆下学，上达只在下学里。凡圣人所说，虽极精微，俱是下学。"于朱子而言，上达是对事物之理的洞彻，理虽属于形上之物，然其可以为人所识所言，是肯定的。阳明的上达，并没有明确指朱子之理。依他所言，下学如对树木之

---

① 以上俱见《朱子语类》卷四十四，第 1139 页。
② 以上同上书，1140 页。
③ 以上同上书，1139 页。

培灌，上达如树木之得到自然生息，上达是时时发生的，与下学相即，不是指一种终极的认识。阳明之上达，也强调了朱子之自然上达的意味，他说："学者只从下学里用功，自然上达去，不必别寻个上达的工夫。"但二者的自然绝不相同。朱子之自然，指下学必然最终导向上达之果，而阳明之自然，则指任何下学即同时发生上达之效。且阳明对下学和上达的理解更有独特之处。寻常以为涉及精微者，特别是对上达之语言论述，都可作为上达的部分。上达是对义理的领悟，也包括对义理的言说。然阳明不以为然。他认为，实在的工夫固然属于下学，即使圣人之精微的言说，对义理的阐发，这些可言说可告语者，无非下学，反面言之，皆非上达。总之，上达是不可言说的，"人安能预其力哉？"① 上达是一种实际的发生或流行状态，是人力所不及的本体的自我实现，与言说无关，不能作为客观对象来看待。阳明也认为，上达在下学之中，但这里的含义当然也与朱子不同。朱子之上达在下学中，意即等同于理在事中；而阳明之上达在下学中，意则为本体在工夫中或事中、行中。朱子之下学上达是就事中见理，而阳明之下学上达，与其说为见理，不如说是见体。朱子之理可以是分殊的，而阳明之本体则是统体的、唯一的。这与阳明后来之良知思想是一致的。阳明之良知学，强调良知之即事，良知之即行，良知之即已发。下学上达之分析，可以说是阳明之新思想在旧形式上的初步体现。

明代之湛甘泉，认为"下学上达，不容以发"。他指出，如禅宗直以搬运为性，不可，然外搬运而求性，也不可。"般运，气也；有般运之理存焉，是故谓之性。犹洒扫应对之上达也，下学上达，不容以发。"② 可见，湛氏是分别气、性的。因此，他也认为下学上达有别，但二者之关系不可分离，十分紧密。其"随处体认天理"的宗旨，犹然是"下学而上达"之意。关中之吕泾野，惩于时下讲学务求高远之弊，极重下学上达，其与诸生言学，则"相约从下学做起，要随处见道理"③。此尤朴实。湛、吕同为明代讲学之大宗，然于下学上达之旨，皆朱子之流衍而已。

今复细察泾阳之下学上达。如上，泾阳认为，"舍下学而言上达，无有

---

① 以上俱见《传习录上》，载于《王阳明全集》，第13页。
② 湛若水：《新论》，载于《湛若水全集》第12册，第50页。
③ 《泾野子内篇》卷之九，第83页。

是处"。程明道发"识仁"之说,泾阳合以孔子"为仁"之说,认为"能为仁,方能识仁,何者? 下学乃所以上达也"。① 此则从正面说明,下学不是与上达相背,下学正是上达的根据。那么,下学和上达的具体关系在泾阳看来是如何呢? 《仁文商语》载:

> 问"下学而上达"。曰:"总只是这个。下学学此,上达达此。以用力言,谓之学;以得力言,谓之达耳。乃圣人既不谓舍下学别有上达,亦不谓下学即上达,而曰'下学而上达',何也? 此须各人自去体贴始得。"②

这一段,把下学和上达的关系揭示得最清楚。首先,泾阳认为,下学和上达并无二致。"总只是这个","这个"为何,他并未言清,而这段是个完整的问答,与上下条相关而非直接相贯,暂不必作推论。对于泾阳来说,他此处的用意也不是要揭示"这个"为何,而是要表明下学和上达的统一,故说"下学学此,上达达此"。学和达的对象是一致的。这与朱子之"下学此事""上达此理",以事、理分属上、下是有区别的。其二,下学和上达的不同在于,下学以"用力言",上达以"得力言",二者为同一过程之不同层次。下学欲达未达,上达,达其欲达。其三,泾阳对孔子的"下学而上达"的语气十分注意。其实,这也是他阅读和解释四书的一般态度,因此,他往往能因对圣人语气的精细入微的体贴,而在不少地方对四书作出令人耳目一新的阐发。这里,他认为,孔子之所以说"下学而上达",是有深意的。一个"而"字,就透露了下学和上达的重要关系,这也可以说是他所理解的孔子之"微言大义"。"而"字即表连接,又表层进。泾阳认为,如此说法,即暗示上达须由下学而来,下学将以致上达,非"舍下学别有上达",然而也不是说"下学即上达"。

《论语》"十有五"章,孔子谓"五十而知天命",泾阳认为,"吾夫子用了四十余年功夫,方才知得","这是吾夫子下学而上达的地头。生平许多积累,功夫至此,不觉一透"。可见,泾阳认为"知天命"就是上达。而"知天命"之具体的意义,就是指"至此,知我其天,知天其我,俯仰上下,两

---

① 《虞山商语》卷上,载于《全集》,第239页。
② 同上书,第355页。

称莫逆矣"。而在此之前,则"犹见天自天、我自我"①。因此,他所指的上达,就是明道所说的"一天人",不过这种天人合一,尚属于理解,并不是实体。泾阳的思想十分重视"天命",《中庸》谓"天命之谓性",这是他的一个重要的理论来源。对于他来说,"知天命"就是知在人而合于天命者,即知性。与性相应的,还有泾阳的另一个重要观念,就是"矩"。"学"和"矩",也是泾阳通过"十有五"章所阐发的一对重要观念。他认为,"学"和"矩","实乃吾夫子当年本色语"。又曰:"味这'学'字,可见吾夫子一生只做学生子,未尝敢做老先生;再味这'矩'字,又可见吾夫子直做了古今来第一老先生,便收尽了古今来无数学生子。只此二字,吾夫子全体精神和盘托出。"②泾阳谓"学"和"矩"为孔子之"全体精神",谓"下学而上达"为"夫子家法",其所意指都是相同的。下学,虽圣人亦不敢不勉,上达,虽万世亦不能有违。上达者,就是要达于矩,达于性,达于天命。

当然,泾阳并没有把"知天命"作为上达之终结,他认为孔子所言之"耳顺""从心"二境似浅实深,似下实高。他说:

> 离下学而上达,则认天命在耳目心思之外;即下学而上达,则认天命在耳目心思之内。认天命在耳目心思之外,则求之愈远而愈超特,亦以其超特也,反得以施其播弄;认天命在耳目心思之内,则求之愈近而愈平常,亦以其平常也,更无所容其矫饰。③

由此段可见,泾阳所主张的下学上达,是即下学而言上达。这里他突出的不再是由下学而上达,而是上达之即下学,上达之后,仍然应以下学为本分。故他说:"吾夫子下学而上达,及其上达,依旧在下学里磨砻锻炼。"④然他的"下学",此处所指又有特殊之处。朱子所言之下学是就事为而言,泾阳所言则是"耳目心思"之学。在《性善》一节中,我们已经分析了,泾阳的"学"是有特殊性的,他解"学"为"效","学"就是要"效性"或"率性"。此处,我们可以说,泾阳所效之性,并不是指一般事物之性,而主要指人的形体之性,也即"耳目心思"之性。他所谓的"学",具体而言,就

---

① 以上见《虞山商语》卷中,载于《全集》,第242页。标点有异。
② 以上同上书,第251页。
③ 同上书,第243—244页。
④ 同上书,第244页。

是率耳目心思之性。因此，他的下学与人身的修养有绝大关系，他所谓的下学之下，接近于形下的意思，此亦非偶然。他赞叹曾子之"启予足，启予手"，一则曰"信口道来，形色天性，全盘擎出"①，一则曰"此等话愈浅愈深，愈粗愈细，愈近愈远，愈平愈有旨，须索理会始得"②。其所谓"愈浅愈深"之类，就有下学上达之意。他所重视的还是就人之手足形色而尽性。这一点，他比朱子之就事为而言下学，要更切近人身。虽然践形尽性，仍不离事为，然不言事为而言人身，不言事为之理，而言形体之性，这突出体现了泾阳之考察角度的逆转。这也可以算是窥测泾阳思想带有充分的明代特性之一端。同时，泾阳似乎也不同于朱子和阳明强调下学而上达的自然性，而是常言工夫和"时据"。

上节已言，与顾泾阳论道讲学，过从密切的于景素，曾提议东林应以"下学上达，躬行君子"八字为宗旨，得到顾泾阳的首肯。然而邹南皋对于景素的八字宗旨有疑议。他认为："'下学'二字足矣，但辟阳明学术之弊，想上达别有理会。"③南皋对此宗旨的理解，主要从救弊的角度来考虑，认为此不过权说，所谓"末世津梁"。并且，"后来学者尽脱寒酸，以享用为本等"，弊在后学之不善，与阳明本身无关，欲救后学之失，但补出"下学"一段工夫即可。其意，阳明之学本无流弊，因弊论弊可也，不必更提起"上达"。泾阳对此，答复道："'下学而上达'，是究竟话，万圣千贤都走不出这样子，恐不啻末世津梁。"④吕坤与泾阳论学书中，亦建议曰："且抛却上达，只说下学。到一地步，自见一步光景。"⑤他认为言"下学"自足，"上达"无必要。正如阳明不以"四无"易"四句"，而把"四句教"看作"彻上彻下工夫"，泾阳并不认为"下学而上达"乃仅仅为救时之旨，亦非属于不必要的累赘，而是"究竟话"。"究竟话"，即非方便语，下学上达，乃道理本来如此，人人皆应循守的途辙，不可缺一。可见，在泾阳看来，下学上达是根本的为学途径。

---

① 《小心斋札记》卷九，第 118 页。
② 同上书，第 119 页。
③ 《南岳商语》，载于《全集》，第 365 页。
④ 同上书，第 366 页。
⑤ 《答顾泾阳》，载于《去伪斋文集》卷五，第 211 页。

《孟子·尽心上》有"孔子登东山而小鲁"一章,泾阳概括此章大旨为八字"眼界欲空,脚跟欲实"①。下欲实而上欲空,此即下学、上达欲并存之意。泾阳在为萧思似(字伯谷)所作《题娄庳政略》中,鉴于萧为人之超卓而为政之以礼,他借用《周易·系辞传》中"智崇礼卑"一说,发表一番看法,以示慰勉。他认为,"舍礼卑而觅知崇,便堕无忌惮行径",同时,"舍知崇而觅礼卑,便堕硁硁行径"。②智崇礼卑之关系与下学上达则又最类。这些都可以作为下学上达说的变体。

当然,我们也不能忘记,修悟之说,也是泾阳下学上达思想的一种体现形式而且是最重要的体现形式。此节之所以要把下学上达作专门的论述,有几个方面的原因:第一,修悟虽然是泾阳工夫论的一个主要的论说形式,但救弊的作用为大,在弥补工夫的偏失上和说明工夫的互救互助上,能够使人有所了解,但如果作为立教的宗旨或指点学者的简易门径来说,就显得不太适宜。下学上达,作为一个宗旨来说,是完整适宜的。第二,修悟作为并列的两种工夫,还不足以更直观地体现出二者间的特种关系,从而也无法显现出泾阳为学宗旨的根本精神。"下学而上达",泾阳认为这是孔子的"家法",这也是他自己的"家法"。就下学上达而言,在立说上,比言修悟要更为基本,更能统摄。因此,修悟之教,还有待于进一步向下学上达提升,如此,我们才可以说真正穷到了他为学的宗旨。第三,言修悟,就两者的关系内涵来说已经充分,然就为说之意义而言,还不充分。下和上、崇和卑,这些对立鲜明的用词,其所体现的意义,是修悟所不能具有的。学之要下,达之要上,这既可以体现二者关系之紧张,又可以体现二者关系之融洽,直接呈现了下学和上达的辩证统一,同时也不妨碍对下学和上达的分别强调。因此,尽管泾阳认为修悟可以和下学上达相对应,但从下学上达的角度来述说一下他的看法,也是有必要和有意义的。

## 二 博文约礼

在此基础上,我们还可以作两点补充:一是考察一下顾泾阳的博文约礼说,一是考察一下他的庸说。这两点也都不外下学上达,但也可以体现出下

---

① 《东林商语》卷上丙午,载于《全集》,第292页。
② 《题娄庳政略》,载于《藏稿》卷十三,第332—333页。

学上达不同的具体意义。

《东林商语》丙午（1606）的记载，就以讨论《论语·子罕》中"博我以文，约我以礼"为主题。程子谓："博我以文，约我以礼"，"此是颜子称圣人最切当处。圣人教人，只是如此"。① 可见，程子是把自己的思想主张与孔子之教相扣合，认为圣人之学，就是教人博文约礼两样工夫。朱子在《论语集注》此条下，主要采用了程门的观点，但底里有所不同。到了阳明，对博文约礼的谈说甚多，特见于《传习录（上）》徐爱所录及阳明晚年为解释南元真② 疑问所作之《博约说》。

博文约礼，在宋明理学中成为一个重要的话题，但并不是重复它的原始意义，而成为论学的一种依托形式，不同的学者可以赋予这个形式不同的内容。就程子而言，伊川谓："博与约相对。圣人教人，只此两字。博是博学多识，多闻多见之谓。约只是使之知要也。"又曰："言多闻见而约束以礼。"③ 朱子门人便认为程子释"约"有"知要"和"约束"二义，朱子则谓"约与要同"。④ 很显然，伊川所谓的博学就是闻见之学，隐然有轻视之意，约礼就是以礼为约束、为规范。关于博文约礼，《论语·雍也》中尚有一处及之，其言曰："君子博学于文，约之以礼，亦可以弗畔矣夫！"⑤ 伊川认为《子罕》处与此处浅深不同，此处为"浅近"。明道亦持此见，他说："博学于文而不约之以礼，必至于汗漫。所谓约之以礼者，能守礼而由于规矩者也。未及知之也，止可以不畔而已。"⑥ 对于二程来说，约礼之浅深，主要的区分在于是否"知要"，浅者不知要而能守而已，故"知要"为可贵。然核二程于博文约礼的态度，博文既以为多闻多见而有轻视之意，约礼亦非从博文而来，相反乃博文之要。

因此，我们可以看出，二程视博文约礼为孔子教人唯有之二事，却不见有甚殊特。考之程氏著作，其所谓博文约礼，实际上特别与格物致知和克己复礼之义相当。在《程氏遗书》中，明道和韩维（字持国）、伊川与唐棣（字

---

① 《程氏遗书》卷十八，载于《二程集》，第209页。
② 南逢吉，字元真，南大吉弟。
③ 以上见《程氏遗书》卷十八，载于《二程集》，第209页。
④ 《朱子语类》卷三十六，第969页。
⑤ 《四书章句集注》，第91页。
⑥ （《二程外书》卷六，载于《二程集》，第382页。《四书章句集注》中引此，有异。

彦思）都有一段关于"克己复礼"的讨论。"克己复礼"，我们可以理解为程氏所重之"约礼"。"约礼"在程门已经成为一个相对"博文"而独立的工夫，博文和约礼不具有直接的关联。因此，明道说："克己则私心去，自然能复礼，虽不学文，而礼意已得。"① 这里，明道俨然以"学文"和"克己"相对，这说明程氏之约礼确有向"克己复礼"转变之处。与外向之广泛的"博文"相比，"约礼"成为内心之克除私心的工夫，而且"约礼"与仁有相当的关系。伊川曾将自己的为学宗旨概况为"涵养须用敬，进学则在致知"②。程门弟子候师圣，即解《子罕》处的博文约礼文字曰："博我以文，致知格物也。约我以礼，克己复礼也。"③ 伊川和侯氏之说，正点明了程门之博文约礼的实义。

朱子在《四书章句集注》中虽承袭程门的博文约礼之说，然他最大的不同是将博文约礼打通了，"博文"与"约礼"紧密连贯。朱子认为博文约礼，是"古之学者常事"，孔子也依此教人，让学者从博学做起，循序渐进。"博文工夫虽头项多，然于其中寻将去，自然有个约处。圣人教人有序，未有不先于博者。"④ 这也是朱子在《论语集注》中表达出的意思。朱子虽然认为博文约礼有序，但"二者皆不可无，偏举则不可"⑤，他指出"须是互相发明"⑥。朱子是重视博文约礼的相互关系的。"博文""约礼"是否偏颇，成为他考量学者为学是否偏离"道"的重要标准。他说："若博学而不约之以礼，安知不畔于道？徒知要约而不博学，则所谓约者，未知是与不是，亦或不能不畔于道也。"⑦ 博学和约礼在保障合道上形成一种制衡。朱子的"博学"主要指"考究""讲论问辨"、验诸往事等，注重对每一事理的研明，比程子所谓多闻多见，意义要更深入更广泛。他说："如讲明义理，礼乐射御书数之类，一一着去理会。学须博，求尽这个道理。"至于"约礼"，朱子则认为"若是约，则不用得许多说话，只守这一个礼"，朱子强调"礼是

---

① 《程氏遗书》卷二上，载于《二程集》，第18页。
② 《程氏遗书》卷十八，第188页。
③ 《四书章句集注》，第111页。
④ 以上见《朱子语类》卷三十三，第834页。
⑤ 同上书，第837页。
⑥ 同上书，第963页。
⑦ 同上书，第832—833页。

归宿处"。博文之各项头绪，不能任其散漫无纪，应当有个归宿处。与博文之各有头绪相对，"礼却只是一个道理"，众事所皆循。但是朱子的"约礼"之归宿并不是简单的道理的统合，而是要引归自身。他说："'博文约礼'，圣门之要法。博文所以验诸事，约礼所以体诸身。"又曰："若只去许多条目上做工夫，自家身己都无归着，便是离畔于道也。"①可以证之。也正如此，朱子的博文是与其格物致知相应的，其约礼也有"克己复礼"之意，所以他才认为侯师圣的说法"极分晓"，于《集注》中引用之。这说明，朱子也依然没有出离程门之见。他所谓的"圣门教人，只此两事"②，实际则为，"圣人教人，要紧只在格物致知，克己复礼"③。此朱子透露底里的话。这是程朱理学的总精神。

然朱子与程子相比，已经有所变化。其一，他认为《子罕》《雍也》两处言博文约礼没有大的不同，"而程子却作两样说，便是某有时晓他老先生说话不得"④。其二，朱子门人在总结和比较博文约礼诸说时，注意到了二程所发，有割裂博文和约礼之嫌。其言曰："'约'字恐不宜作'守'字训，若作'守礼'，则与博学成二事。非博文则无以为约礼，不约礼则博文为无用。约礼云者，但前之博而今约之使就于礼耳。伊川之说，文自文，礼自礼，更无一贯说。"这领会得很细腻，也说明程子之言博文约礼确实存在不连贯的问题。朱子谓"大概多得之"⑤，可见，他是大体认同此说的。朱子自己对博约之分裂是有警惕的，他说："博之与约，初学且只须作两途理会。一面博学，又自一面持敬守约，莫令两下相靠。……若如此两下用工，成甚次第！"不过，朱子也有补充，他强调，"约"字都应作"约束"解，然此约束"但指其人而言，非指所学之文而言也"⑥。约于人，非约于文，与朱子之认为"约礼所以体诸身"、归于"身己"，是相合的，这是朱子的一个重要意思。因此，朱子在二程的基础上，发挥了博文约礼的相互关系，尽管博文和约礼的意涵是程门之旧物，然他却把博文和约礼密切贯通起来，博文和约礼

---

① 以上俱见《朱子语类》卷三十三，第833页。
② 同上书，第963页。
③ 同上书，第962页。
④ 同上书，第969页。
⑤ 同上书，第837页。
⑥ 同上书，第834页。

有一种相互制衡的关系。这是他对理学中博文约礼问题的一个推进。

博文约礼对于阳明来说，也是一个相对重要的问题。正德七年壬申（1512）冬，阳明升任南京太仆寺少卿，便道归越省亲，与徐爱论学舟中，其中便颇涉及博文约礼。阳明对"礼"和"文"作了哲学性的阐发，他说："礼字即是理字。理之发见，可见者谓之文；文之隐微，不可见者谓之理：只是一物。"① 如是，"礼"和"文"的关系就成了理和理之发见、微和显的关系，成为"一物"。这一阐发，直接就把博文约礼问题一下子归并到了阳明的根本宗旨上，与体用或未发、已发的关系同一了。以"约礼"之礼为理，这是程朱所未明言的，程朱所谓的礼犹然是规范之礼，具有实践意义，而非抽象之理，转具本体意义。可以说，阳明在"文""礼"的界说上作了一步跨越。因此，阳明认为"约礼只是要此心纯是一个天理"②，"约礼"已经不是以礼自范，而是要使心完全归约于理，无任何私杂。且因为阳明以礼为本体，所以本体之上不容用功，而博文则成为约礼之必然工夫。故而，"要此心纯是天理，须就理之发现处用功"，"随他发现处，即就那上面学个存天理。这便是博学之于文，便是约礼的功夫"。③ "博文是约礼的功夫"，便和"惟精是惟一的功夫"等成为阳明学说早期的表达形式之一。

阳明的学说从早期至后期发生了不少变化，然而在博文约礼说上，表现出的变化却不大。《博约说》作于嘉靖乙酉（1525），阳明晚年居越之第四年，因南逢吉有疑惑于"博约先后之训"而作。在"礼"和"文"的界定上，阳明仍持礼为理，而文为理之发见说。他只是在礼之为理上有所细化，谓"天理之条理谓之礼"，在文礼关系的言说上更周详而圆熟。不过此处也有可以注意之处。问题的起源在于南逢吉对"博约先后之训"的疑惑。此疑惑具体是指朱子《集注》中"先博我以文""后约我以礼"，言先博文、后约礼而"有序"；阳明之教则曰"致良知以格物，格物以致其良知也"，言格物和致良知互为先后或无先后，两说似乎冲突。如是，南逢吉乃把"致良知"与约礼对应，把"格物"与博文对应。阳明首先从"理一""心一"来证明"圣人无二教，而学者无二学。博文以约礼，格物以致其良知，一也"。

---

① 《传习录上》，载于《王阳明全集》，第6页。
② 同上。
③ 以上同上书，第7页。

他并没有反对"博文以约礼"和"格物以致其良知"的对应。对他来说，其实也一直作了此种对应，博文约礼自始不过为一形式。阳明认为："约礼必在于博文，而博文乃所以约礼。二之而分先后焉者，是圣学之不明，而功利异端之说乱之也。"阳明甚至直接指斥朱子《集注》所言"先后之说，后儒支缪之见也"①。如此，朱子认为当先博文循序以约礼，阳明反对博约先后之说，阳明在博约上的看法，无论是否出于有意，与朱子的观点是对立了。其实，朱子较二程在博约说上的主要变化就是把二者的地位看平了，把二者的关系贯通了，然仍然引起阳明的不满。阳明把博约的关系又进一步做了彻底地贯通。"礼"和"文"成为体用关系，"博文"和"约礼"成为工夫和致本体的关系。《博约说》中阳明把"格物以致其良知"与"博文以约礼"相对应，此说与其先前"博文是约礼的工夫"并无不同，然最可以见出阳明博文约礼说的实质。从博文约礼，我们也足以看到阳明的总精神。

综合程朱和阳明的博文约礼说，我们可以一一按得其实际的意义，于其学理皆得呈现，甚是方便。今即泾阳之博文约礼说，而一考察之，其意义亦自有之。

泾阳说："博文是开拓功夫，约礼是收敛功夫。只此两言，括尽入道窍门。"这仍然体现了他双向用功的为学特色，与他对下学上达的认识无二。不过，对于博约来说，其所直接呈现出来的是博和约的紧张对立，是工夫之开拓和收敛的统一关系。就下学上达来说，其所直接呈现出来的则是下和上的紧张对立，是工夫之着实与高明的统一关系。下学和上达，其不无为学鹄的之导向在，而博约则一收一放，形式上更容易形成辩证的认识。泾阳即对博约有一点特殊的体会，他说："'博''约'二字，凭人如何看。看得活时，千经万典都在这里。予偶读《易》而悟耳。"他的下学上达的理论来源主要是孔子，而博约说尚与学《周易》有关。原因在于，他把博约和《周易》里面的"乾坤一阖一辟也"，"坎离一虚一实也"等对应起来了。博约之说与此同理，而此理为六十四卦所皆具，又可施用于"千经万典"。那么博约说，就不是一个简单的为学路径的问题，而是一种辩证的方法。博约之对立统一，是为学之方所本应具有的。

---

① 《博约说》，载于《王阳明全集》，第266页。

顾泾阳对博约之间的关系作了三类划分，他说："即博而约，即约而博，顿宗也；由博而约，由约而博，渐宗也；博自我博，约自我约，时而出之，了无方所，圆宗也。"这与他对修悟的说法，没有不同。他主张，对于博约之关系，不应"以博格约，以约格博"①。博约分言、合言，都有其理，不应执一。此中也有可注意者。渐宗、顿宗很有针对性，是通常之两种讲法，而圆宗，所谓"博自我博，约自我约"，是一种比较独特的说法，超越了博约之对待。我们可以找到圆宗之意的解释，他说："'博我以文'，即文即我也，虽欲不为之博不得；'约我以礼'，即礼即我也，虽欲不为之约不得。"②圆宗显然是指博约的"化境"或自如之境，"化"之意就是身亲得之，与身为一。此时作为方法意义之博约已经失效，因而也能摆脱其间的对待。可见，就博约来说，泾阳同样是重视实体的，这与朱子强调"体诸身"相合。

虽然泾阳认为博约三宗之说，不应执一，但他明显是亲近圆宗，以圆宗为极。他认为，一博一约，如乾坤之一阖一辟，而就太极本体来说，"太极浑然，何博何约？"本体上，博约之分是不存在的。然太极动而生阳，静而生阴，动静反复，错出不齐。太极为全体，阴阳生变化，变化则不能尽全体，而各有所偏。在人则"惟圣人全体太极，由此而下，皆在纷然不齐之中，或偏于阳，或偏于阴"。阳性健动而辟或言"放"，阴性凝聚而阖或曰"收"，故"偏于阳者，能放而不能收；偏于阴者，能收而不能放"，如是，就需要"博文约礼"的工夫。泾阳说："博文约礼，所以燮理阴阳，还归太极也。千病万病，总之只此两病；千方万方，总之只此两方。至于斟酌先后，调剂重轻，存乎人之自审而已。"③博文使收者能放，约礼使放者能收，博文约礼，从而去除偏弊，达到收放之平衡，即"还归太极"，最终是要超越博约之偏失的。泾阳把圣学与博文约礼，同太极与阴阳对照来说，也就使得博文约礼的一般意义更增强了。

由上，我们可以得出几点结论：第一，顾泾阳之论博文约礼，希望二者相互平衡，"燮理阴阳"，以"两方"救"两病"，他主要还是从救弊的角度

---

① 以上俱见《东林商语》卷上丙午，载于《全集》，第290页。
② 同上书，第289页。
③ 以上俱同上书，第290—291页。

来认识博文约礼。第二，顾泾阳以圆宗为尚，注重"太极"之"浑然"，因此，博约最终还要回归"太极"，博约之间的对待最终还是要取消。上文我们已知，阳明极力反对朱子之以博约有先后之序，而认为"二之而分先后焉者，是圣学之不明，而功利异端之说乱之也"。可见，他也有认博约为浑然之意。泾阳对阳明的《博约说》有商讨。阳明平日言学，每教人"心外无理"，而博约说则主张，"约礼必在于博文，而博文乃所以约礼"，以博文为约礼的工夫。议者疑乃枝叶上用功，遂欲修改阳明之语为"博文必在于约礼，而约礼乃所以博文也"，将阴阳所言之关系进行倒置，征求泾阳意见。泾阳肯定，阳明之博约说较平日宗旨为可疑，①然他亦不以倒说为是。其言曰："'博我以文，约我以礼'二语浑成，原自明白，更不须代为安排布置，翻入支离去也。"②这里同时包含了对阳明的批评。这与泾阳对阳明知行合一说的批评一致。阳明虽然言知行合一，言博约不分先后，他的言说却分析得很精明。因此，泾阳在《还经录》中对阳明常以"好持异论""窒碍""劳攘"等讥之。阳明之浑然，在泾阳来看，还是不相应的。阳明之浑然可以从本体和工夫的关系来理解，而泾阳之浑然则与此有别。他认为圆宗是"博自我博，约自我约，时而出之，了无方所"，是就工夫之发动上之浑然讲，当博则出博，当约则出约，皆主体自我不得不如此，其"浑然"此之谓也。第三，我们也可以就三宗说看出，他所理解的渐宗是朱子一路，顿宗是阳明一路，一方面自己主张不执一宗，对朱王的路径都予以肯定；一方面，他又在自己所理解的朱王路径之外，提出重视浑然的圆宗。可以说，他并不是拘于朱王而以朱王为满足的，他有自己的理论构想。因此，就博约看，顾泾阳有对历史之包容，又有开拓，调和折中是不足以说明他的贡献的。

## 三　中庸与奇险

下面，我们再从庸说来看泾阳思想的特色。顾泾阳复兴东林书院，建依庸堂，为讲堂，这已经可以看出泾阳命意之所在。他对"庸"的重视不是一

---

① 又参《还经录》18 条，载于《全集》第 423 页。
② 以上见《东林商语》卷上丙午，同上书，第 291 页。

般的发挥，而是深刻的。①依庸堂内有两联，一则曰"庸德之行；庸言之谨"，一则曰"坐间谈论人，可贤可圣；日用寻常事，即性即天"。②两联与"依庸"相辅相应。泾阳请记于邹元标，邹氏作《依庸堂记》，对"庸"义作了一番阐发。他认为："庸义有二：庸，恒也，有久而不变之义；又平也，有适中之义。惟中斯平，惟平斯常，惟常斯不变。"总之，他的庸义归结到常不变。进一步，他指出庸就是人之性。性为常为不变，故即庸。因此，邹氏认为，人对庸也谈不上"依"，因为，性是人所本来具有，一生都如此，是常"无异"的。无论是"人依庸"还是"庸依人"，"有庸可依，是二之也"。他说："圣人者顺性而行者也，贤人者守此性不失者也，众人者则迷此性而牿亡之者也。"圣人不见庸之可依，贤人有庸可依，众人则失依，然庸体（性）自在。对于众人和贤人来说，才有"依庸"的必要。同时邹氏对庸之"平"义也有应用，他提到工夫是不能离庸的，"夫子发愤忘食，归本下学上达，下学，庸之谓也"，"守约而施博者，皆庸也"。③这里的"庸"就都是指平义言。他把下学上达和博文约礼，用"庸"意贯穿了。

然而，我们考察顾泾阳之庸的观念，会看到，他并没有局限于邹元标的立义，二人的观点有合有异。泾阳所理解的"庸"义主要就体现在两副对联当中。他强调：一者要谨言谨行，不要好奇，奇主要是指论说之务玄务高；一者圣贤性天，并不绝人而难成，即日常之事就可以实现。行不离日常，言不务高玄，这就是泾阳庸之两义。他的庸主要与奇相对。

泾阳指出，"世间有两种人"，一种是"庸下的"，即邹元标所谓之"众人"，一种是"贤智的"，然这种人"自谓能著能察，却往往于此生出一般意见，将来播弄，擎拳舞掌，大惊小怪，便有无限不稳。须知，这个道理，亘古旦今，只是如此，没些子奇特"。④这种说法，主要是针对阳明学的一批学人而发。这批人，张皇本体，渲染悟境，鼓动人的情绪，把平常之理反说得

---

① 高攀龙对于中庸之义，亦渐至深刻的体认，自述其学问之一变曰："壬子，方实信中庸之旨。此道绝非名言可形。程子名之曰天理，阳明名之曰良知，总不若中庸二字为尽。中者停停当当，庸者平平常常，有一毫走作，便不停当，有一毫造作，便非平常，本体如是，工夫如是，天地圣人不能究竟，况于吾人，岂有涯际？勤物敦伦，谨言敏行，兢兢业业，毙而后已云尔。"（《明儒学案》，第1401页）可见，中庸之义，也为东林学者共同归心之义。
② 《东林书院志》整理委员会整理：《东林书院志》卷之一，北京：中华书局，2004年，第3页。
③ 以上俱见《依庸堂记》，载于《愿学集》卷五下。
④ 《经正堂商语》，载于《全集》，第338页。

极不平常,给为学增添了不少神秘的体验和气氛。这是泾阳所反感的,他一直强调无论道理还是工夫,都应该朴实才好。"吾圣人随时顺应,做得平,也无可喜,也无可惊。"①因此,面对"学者之侈虚驰而忽真修也久矣"的局面,他提倡:"宁卑无高,宁浅无深,宁近无远,宁庸无奇,庶几其知返乎?"也正因如此,他才在朱子学之易"拘"与阳明学之易"荡"之间,选择"宁拘勿荡"。但是,他还有进一层的理解,认为"宁庸无奇"之说,"是犹有高卑浅深、远近庸奇之见也。究竟即卑即高,离卑无高……即庸即奇,离庸无奇。即之者,一之也,取之日用而有余;离之者,二之也,求之渺茫而不足"。②庸和奇是辩证统一的。他"即庸即奇,离庸无奇"之论,与修悟、下学上达、博约之关系论都一致无二。圣人之学,不离庸言庸行,正如联语所言:"坐间谈论人,可贤可圣;日用寻常事,即性即天。"成圣成贤,人人都可能,圣人之行,也人人都常行,只是一般人往往不立志,不切实去做,"初非甚高难行之事",更不是"绝德"。③总之,泾阳认为:"圣人之所谓语上,即庸言而在庸言,即庸行而在庸行,其悟与否,则存乎人。非庸言庸行之外,另有一种奇特也。"④

就"中庸"这一观念来说,泾阳更注重"庸"之义。他认为:"孔子赞《周易》,删《诗》《书》,定《礼》《乐》,修《春秋》,俱是述而不作,只'中庸'二字,是特地拈出。毕竟'中'字还述,惟添个'庸'字乃是作耳。"他认为,孔子的删订六经,都算不得独创,只有"中庸"之义可当于"作"。然"中庸"二字,"中"尚属"述",只有一个"庸"才是真发明。他把"庸"义看作是孔子最紧要的贡献,⑤可见,泾阳对"庸"的重视。他还认为,孔子提出这个"庸"来,"真是照见天下后世学术之弊,预为点破"。⑥后世好奇之弊,孔子之庸恰是对治之方。因此,泾阳言"中庸",有谓"中而系诸庸"。中庸之义,中是要受到庸的约束的,不能偏离庸。以往之言中庸,义偏于中,而泾阳言中庸,其义明显偏向庸。他说:"中而系诸庸,言

---

① 《小心斋札记》卷八,第97页。
② 以上见《东林商语》卷上,载于《全集》,第284—285页。
③ 《经正堂商语》,同上书,第339页。
④ 《证性编》卷五,同上书,第509—510页。
⑤ 当然,"庸"义还可以有不同的言说形式。
⑥ 以上见《小心斋札记》卷七,第80页。

平也。平无奇，非可以意见播弄也；平无辟，非可以意念把持也；平无险，非可以意气驰骋也。"①"平无奇""平无辟""平无险"，这是"中庸"的本色。

泾阳对中庸义还有一种理解，他说："夫道者，中而已矣；中者，庸而已矣；庸者，率性而已矣。"他把道归于中，把中归于庸，则庸即道了，而庸的实义为"率性"。如是，庸的具体内涵，就不是简单地为庸言庸行、日常之行事。因此，他说："为众人之所能为而谓之庸，为众人之所不能为而谓之卓异。是也，恐犹不免就迹上较量耳，孰若反而证之于性？诚反而证之于性，凡出自率性，无往而非庸也。"②仅就行迹上判断是否为庸，还不够准确，只有以是否率性为标准，才能得到庸的真义。如此，泾阳又把庸义作了最后的提升，这种认定，也就能够超越行迹之局限，而无庸无奇，大凡率性者皆是了。"其为众人之所能为而非徇也，其为众人之所不能为而非矫也。徇则媚世，矫则惊世，凡皆庸之贼也。"③徇以媚世，矫以惊世，都违背"庸"的精神，这也可以看作泾阳对反庸情况的总结。

孔子尝有"罕言""雅言""不语"之说，泾阳认为："由洙泗以来，凡几千百年，玄谈奥论，汗牛充栋，求其善继吾夫子法门者，舍两先生（二程），夫谁与归？"④明代中后期，朱子遭遇冷落、攻击，泾阳认为其实不过因为朱子既平且方，不便于高明者之播弄与狂放者之假借，故厌且惮之。因此，泾阳认为："论血脉，朱子依然孔子也。"⑤这个"血脉"无疑就是指孔子之发明"庸"义。因此就为学之平常、谨言的态度上，泾阳已经是完全倾心于程朱理学了。

---

① 《陆文定公特祠记》，载于《藏稿》卷十，第297页。
② 《庸说》，同上书，第315页。
③ 同上书，第316—317页。
④ 《东林商语》卷上乙巳，载于《全集》，第285—286页。
⑤ 《朱子节要序》，载于《藏稿》卷六，第172页。

# 第七章　论《大学》及"格物"

《大学》是四书之一，是宋明理学最重要的经典根据，甚至可以不用"之一"。因为，无论程朱理学还是阳明心学之核心理论，很大程度上都是依据《大学》而架构出来的，"格物""致知""诚意""正心"等，这些用作宗旨的词语都源自《大学》。陈来先生谓："整个阳明哲学的概念和结构都与《大学》有更为密切的关联，这也是阳明受到宋学和朱子影响的表现之一。"[①]《大学》在宋明理学中，始终都是极重要的经典，并且也是一直处于热议中的经典。而《大学》提供的诸观念当中，"格物"一义无疑又是最重要的。通过《大学》之"格物"观，最易见出程朱学与阳明学的根本精神，当然也可以说最容易把握宋明理学不同时期、不同人物的根本精神。而《大学》及"格物"义，也是顾泾阳所勤奋用力而其他研究者尚未及之的课题。在作了前数章纯粹关于义理的论述之后，我们再从经典根据处来把握顾泾阳之思想内容和特征。这个研究，虽然以经典为中心，其内容却是综合的，《大学》与"格物"义两个也是交融在一起的。通过宋明理学当中这个重要的公共主题来把握顾氏与此前主流理学思想之关系，无疑是一个极佳的切入口。

本章所讨论，主要是顾泾阳对《大学》的研究。首述他关于一般经典的研究及治学态度，次述其对《大学》文本之研究，最后论述其对《大学》中"格物"要义的认识。

---

[①]　《有无之境：王阳明哲学的精神》，第133页。

## 第一节 "经"学

一般而言，经学主要是指五经之学，为儒家理论的渊薮，地位最为崇高。然而宋代对经典起了比较广泛的怀疑，理学兴，经学的地位便尤其受到实质的冲击。特别是到了朱子时代，为理学之一大结穴，他把前期理学家所推崇的经典及重要理学家的著作，进行了系统的注释和编辑工作，形成了"四书学"和以《近思录》为代表的北宋"五子学"。经学之实质，不再主要表现为对传统的恪守，而为对义理的发明。朱子而后至泾阳，其间理学经历朱子学和阳明学两大重镇先后继辉，最终共同笼罩整个思想界。因此，宋代以后之经学较之前已经大为不同，其表面的体现即经学之经典发生了转移，其内在之体现即由关乎政治教化之经世学术而转为人人可能之德性修养。经学逐渐由烦琐而转入简约，由文字而归本心性，由治外而偏向修内。因此，本节所言顾泾阳的经学是广义的经学，这部分既包括他对传统经学的钻研，又包括他对经典之新认识。

## 一 《五经余》和《易》《春秋》之研究

据泾阳弟子丁元荐言："先生尝欲作《五经余》，未就。又命荐集《孔氏渊源录》，未及更定。"[①]

又据《年谱》"二十九年辛丑五十二岁"条载，是年泾阳"集《五经余》"，其详情如下：

> 以《太极图说》《经世》《启蒙》等为《易余》，以三代下诏、诰、奏、疏等为《书余》，以骚、赋、古诗等为《诗余》，以《纲目》诸史为《春秋余》，以历代典章之合宜者为《礼余》。高存之称其"迹类河汾而规模迥别"。因卷帙浩繁，未就。孙闻斯、慎行每叹服曰："先辈晚年作大工夫如此！"书目载《丁长孺文集》。[②]

孔子订定五经[③]，大要取材于三代之文物典章，泾阳所欲成就之《五经余》，

---

① 《明南京光禄少卿泾阳顾传》，载于《尊拙堂文集》卷六。
② 《顾端文公年谱》卷下，载于《全集》，第1789页。
③ 《乐经》有无明文存疑，不论。

其取材则要以三代以下为范围。孔子之删述名"五经",泾阳之编集故名"五经余",其继续孔子之志甚显然。孔子之后,敢于拟六经而有著作的,当属隋代大儒王通,所以高攀龙对顾泾阳也以王通比之,又隐然有驾泾阳于王通之上之意。于此,可知泾阳还保留着强烈的传统经学意识,而且对经学的抱负很大。

据文,《五经余》应为泾阳亲自尝试的工作,非如《孔氏渊源录》为命弟子着手者,弟子辈如丁元荐可能也有参与。因是书取材太广,规模较大,所以最终没有完成,其大体的规划由此一段记载可略窥一斑。总的来看,泾阳之《五经余》并不是后代五经注疏精华的汇编,而是按照他所理解的五经体裁来选编的相应的时代性独立著作。除了《易余》以外,其他都不与原经具有直接的关联性,而与原经为同类关系。其中可注意者,在《五经余》中,《易余》首周敦颐之《太极图说》,《春秋余》首朱子之《通鉴纲目》,这与泾阳对周子和朱子著作的一贯评价是符合的。①

泾阳一生对传统经学的研究,主要集中在《易经》和《春秋》。

万历十一年癸未(1583)秋,泾阳由吏部文选司任给假归,至十四年七月假满北上,其间三年他基本以读书讲学为事,为其专力学问的一个重要时期。据《年谱》载,甲申(1584),泾阳时三十五岁,"家居读《易》"。乙酉(1585),"家居读《春秋》"。这一方面说明,泾阳有可能存在对五经进行专门研究的计划;一方面说明,泾阳对《易》和《春秋》的重视非同一般。《年谱》谓:

> 公生平读书,多研求大旨,不屑为训诂之学,即于《五经》章句,未数数然也。惟《易大全》一书,批阅再四,蝇头细字,录诸说于其上方。大约详于义理,略于象数,首推周子之"太极"而以"无欲"为宗,此则公生平《易》学也。②

《年谱》的这一段材料,比较全面地反映了泾阳对《易》的研究情况。首先,泾阳之治《易》的态度,并不是沉溺于文字训诂,也并不着意于《易》之象数一路,而是一本于义理。

予读《易》,一喜玩六十四卦卦象,一喜玩六十四卦卦名,一喜玩

---

① 参《小心斋札记》卷八,第106页。
② 《顾端文公年谱》卷上,载于《全集》,第1744页。

六十四卦卦序。个中意义，隐映流转，层累无穷。平旦清明，燕居调适，诸缘尽遣，冥心独会，俄而神情偕来，悠然投合，诚不知手之舞之、足之蹈之也。①

可见，泾阳读《易》的方式也确实不是索解于一字一句，考证文义，而是比较重视其整体的结构和自然的秩序。他把《易》完全不当作人为的著作，而是道理之自然呈现，故处处可通，处处有趣，纯粹以玩味的心态，而时时感悟于其中，乐此不疲。

泾阳研究《易》，所用文本为明代永乐年间胡广等人奉敕编撰的《周易大全》。此书，《四库提要》谓有明"二百余年以此取士，一代之令甲在焉。录存其书，见有明儒者之经学，其初之不敢放轶者由于此，其后之不免固陋者亦由于此"。②《提要》对此书作了比较公允的评价。《周易大全》行，而其他注疏遂荒废不用，此书几乎是整个明代易学的通行教本，也是治学的一般根据。泾阳反复进行批阅，集录诸家优长之说，工夫至勤。然而，他研究《周易》也并不是仅固陋于此书。万历三十四年丙午（1606），泾阳五十七岁，《年谱》记载："时公博求《易》解，属华元禔购之于周藩宗正西亭公子竹居，所得钞本，多未经见。"③这已经属于泾阳的晚年，他对《易》之相关文献的搜求仍然怀着极大的热情。

《易》文献的搜求和研究，属于泾阳治《易》的主要工作，不过他也并未止此。他还通过频繁的讲学讨论以及向名家切磋，来获得进步。万历三十三年乙巳（1605）四月，泾阳讲学东林，会中讨论到《易》，座中有来自蕲州的姜汝一，"言其乡人刘筠桥④深明易道，公书属丁元甫往招之"⑤。次年五月刘至，"予见之不胜踊跃，相与语，连日夜不休，种种生平所未闻也"⑥。这些都表现出泾阳谦虚好学的品格，也可以说是出于他对易道之热

---

① 《小心斋札记》卷四，第50页。
② 四库全书研究所整理：《钦定四库全书总目（整理本·上）》，北京：中华书局，1997年，第44页。
③ 《顾端文公年谱》卷下，载于《全集》，第1806页。华元禔，字本素，泾阳邑中门人。周藩宗正西亭公，指朱睦㮮，明镇国中尉，字灌甫，周镇平王诸孙。竹居，其子。西亭公好经学，遍与名家游，广置图书，逾万卷，尤长于《易》《春秋》。参清吴伟业《绥寇纪略》卷八，明何乔远《名山藏》卷四十《分藩记五》。
④ 刘名应元，武昌人，时年七十。
⑤ 同上书，第1800页。
⑥ 《赠刘筠桥还楚序》，载于《藏稿》卷九，第242页。

衷。刘将返,泾阳作序赠别,中间记录了他们的一段讨论:

> 一日,问于先生曰:"卦者挂也,象者像也,爻者效也,其义云何?"先生曰:"卦不以才,离作为也;象不以亻,离形骸也;爻不以攵,离言语也。盖浑然一太极焉。卦加才,象加亻,爻加攵,明学也。由挂忘挂,由像忘像,由效忘效,下学而上达矣。"予起而拜曰:"微哉,先生之易乎!是实启我,是实发我,是实引我翼我,敬谢先生之教!"①

刘氏之解释,主要发挥"太极"与"明学"之义。太极本体,浑然无迹,而作为和语言皆人所以复于太极本体的工夫,即所谓"学"。而学的最终境界是要超越作为、言语和形骸之迹象,达到本体之浑然。这与王弼易学所主张之"得意忘象"的思想比较接近。泾阳对刘氏的解答十分服膺感佩。他们之间的会面讨论,对泾阳有相当的影响。他在是年(丙午)的《札记》中,首先记录了六条解释《易》义的心得,大体也是围绕太极及体用、本体与工夫的关系而论。

泾阳尝论:"唐荆川先生曰:'易六十四卦,卦有吉凶。孔子作《大象》,俱就吉一边说,盖示人直入圣道也。'李见罗先生曰:'孔子赞《易》,只在'易有太极'一句。'予窃以为知言。"②唐、李二子对《易》的看法为泾阳推许,这也可以代表他的意见。《年谱》论泾阳之易学为:"首推周子之'太极'而以'无欲'为宗,此则公生平易学也。"综合来看,他论易的见解确实是以"太极"为主。"太极"作为先天本体,为流行之主宰,通过后天的工夫来树立先天本体的主宰地位,这是泾阳的基本易学思想。不仅其论易如此,他的整个哲学思想也是以此为基础的,无论是讨论先天后天问题,还是本体与工夫的问题,都离不开"太极"思想。他对周子之尊崇,也与其"太极"密切相关。③

泾阳在三年假期内,还专研了《春秋》。五经之中,他对《春秋》的重视仅次于《易经》,但他对《春秋》关注的热情显然无法和《易经》相比。不过,泾阳对《春秋》的"大旨"有很明确的认识,而他对《春秋》的理解

---

① 《藏稿》卷九,第242—243页。
② 《小心斋札记》卷四,第49页。
③ 参本书第二章第二节,第三章第二节。

又通过《论语》孔子之言来发明。他说:

> 读"礼乐征伐"一章①,便识得《春秋》一经全局。读"谁毁谁誉"一章②,便识得《春秋》一经断案。③

所谓"识得《春秋》一经断案",乃指孔子之作《春秋》,其褒贬皆非出于故毁故誉,而是善善恶恶,一无所苟,未尝容私,尽得是非之正。所谓"识得《春秋》一经全局",此乃泾阳对《春秋》理解的中心。

> 或问《春秋》大旨。曰"春王正月",已而又曰"天王使宰咺来归惠公仲子之赗",曰:"何言乎'春王正月'也?"曰:"这里要看一'王'字。孔子尝言之矣,'天下有道,礼乐征伐自天子出;天下无道,礼乐征伐自诸侯出'。及作《春秋》,却表出一'王'字来,意岂不曰:'礼乐征伐自天子出即为有道,自诸侯出即为无道乎?'……这便是孔子撑乾拄坤,变无道为有道的大规模。"曰:"何言乎'天王使宰咺来归惠公仲子之赗'也?"曰:"这里要看一'天'字。盖天下有道,非天下自为有道也,惟王帅之以有道则有道矣。天下无道,非天下自为无道也,惟王帅之以无道则无道矣。故《春秋》特揆所出,提出一'天'字来,意岂不曰:'天下受命于王,王受命于天,能奉天即是帅之以有道,不能即是帅之以无道乎?'"④

这里,泾阳用《春秋》里的两句话来指示"《春秋》大旨",而且何以谓由"礼乐征伐"章能识《春秋》全局,其立意也有清楚地体现。在泾阳的体会,《春秋》一经的"大旨"或"全局",即"天下受命于王,王受命于天",天下之大源在于"王","王"之大源在于"天"。诸侯乱政,天子失御,君臣关系紊乱,天下为无道。然天下之有道、无道,天子能否帅承天命,这更为根本。

> 故看得一"王"字明白,则知《春秋》正名定分之书也,所以告

---

① 在《论语·季氏》中,其文作:"孔子曰:天下有道,则礼乐征伐自天子出;天下无道,则礼乐征伐自诸侯出。自诸侯出,盖十世希不失矣;自大夫出,五世希不失矣;陪臣执国命,三世希不失矣。天下有道,则政不在大夫。天下有道,则庶人不议。"
② 在《论语·卫灵公》中,其文作:"子曰:吾之于人也,谁毁谁誉?如有所誉者,其有所试矣。斯民也,三代之所以直道而行也。"
③ 《小心斋札记》卷四,第50页。
④ 同上书,第122—123页。

天下万世之为人臣子者也；看得一"天"字明白，则知《春秋》端本澄源之书也，所以告天下万世之为人君父者也。①

泾阳对《春秋》的认识，在传统之"正名定分"的基础上，更提出"端本澄源"。他一方面强调君臣之分，君对臣的主导地位，一方面也对君提出要求，而且将之作为世道治乱的根源来看待。这是他研究《春秋》的特殊心得。因此，对于一般认为《春秋》只是震慑乱臣贼子，"以君父匡臣子，非以臣子匡君父"的观点，泾阳指出必"'君君臣臣，父父子子'，方成一部《春秋》"，主张《春秋》实际是对君臣"兼而责之"的，否则谈不上"拨乱反正"，也不成其为《春秋》。②

泾阳对于前辈唐顺之所作《春秋论》，赞赏之余，也本其"责君"的思想提出意见，指出唐氏"却似只道得一半"，其理由为："所谓自诸侯出，自大夫出，自陪臣出，凡以责其下也。探本寻源，毕竟又自上之无道始。……凡以讽其上也。"③臣子之篡弑僭政，为无道之象，算不得根源，因此论《春秋》必须寻及君王之本。对天子的道义（"天"）规讽，才更体现了《春秋》之"大旨"，由臣子而天子而天命，才是《春秋》之"全局"。

## 二 经典系统之建构和"新四书"

以上小节是泾阳对传统经学研习之主要活动和所得。但他对经学的理解是广义的，确切地说，他所认为的经学，一方面为经典之经学，一方面又为常道之经学。就常道来讲，经学显然是不会拘泥于传统之五经范围，更不会腐化于相因之经典注疏。他在《东林会约》的"四要"部分，开宗明义，第一要就是"尊经"。他说：

> 尊经云何？经，常道也。孔子表章《六经》，程朱表章《四书》，凡以昭往示来，维世教，觉人心，为天下留此常道也。譬诸日月焉，照耀万古恒于斯；譬诸雨露焉，润泽万古恒于斯。④

明代学者习惯把五经和四书合称为"五经四子"，虽然实质上对四书的重视

---

① 《小心斋札记》卷十，第 123 页。
② 参同上书，第 185 页。
③ 同上书，第 50 页。
④ 《东林会约》，载于《全集》，第 385 页。

在五经之上，然而名义上还保留了经和子的区别。泾阳也有"六经四子"之说①，这里，他把"经"解释为"常道"②，而且，显然是把传统之六经和理学表彰之四书从"常道"的角度，都作为"经"来看待。可以说，他把四书的地位明确提升到了经。

泾阳对经典的认识也不尽囿于常见，他还有自己完善的经典系统构想。他认为："《河图》《洛书》是造化两篇大文字；《八卦》《九畴》《大学》《中庸》首篇、《太极图说》《西铭》，是千古来圣贤六篇大文字。"③这八篇文字，前两篇为天文之妙，后六篇为人文之华。此八篇文字，分开看，互相独立，各言其理。然它们合在一起又并非散漫的集合，而有缜密的结构。泾阳把它们视作一个拚合的整体，这八篇文字在此整体中各任其用。此整个系统之大，穷尽了宇宙人世之一切内容，无有超出。具体的相互关系如下："《河图》《洛书》是为造化传神的，《八卦》《九畴》是为《河图》《洛书》传神的；《大学》是就人生以后说起的，《中庸》是就人生以上说起的；《西铭》是就既有天地说起的，《太极图说》是就未有天地说起的。"④这八篇文字"有起头，有结局，有次第；有本体，有作用；有纲领，有条目；有工夫，有效验，才提起，种种色色都在面前"⑤，"广大而精微"，"恰好完却天地间一个公共的大勾当也"。⑥程朱理学讲学问的规模和次第，首推《大学》，与泾阳之"八文"的系统构想来比，就未免稍显逊色。泾阳的经典体系是合天人的。他列举经典都是两两合言，如《西铭》为"既有天地"，《太极图说》为"未有天地"，《大学》为"人生以后"，《中庸》为"人生以上"，又有天文和人文之分。他的思想好似总是分为"两截"，人一定要本于天，后天一定要本于先天，体现出强烈的归根意识或终极意识。这是他思想的最大特色。

泾阳之"八文"体现了他的理论构想的宏大规模，反映了他要树立学问的完整性和终极性的经典载体的内在渴望。如果说，这与传统的主流见解还

---

① 见《藏稿》卷六《心学宗序》。
② 这在明代也属于一般之见，如王守仁、邹元标、陶望龄等都有此说。
③ 《小心斋札记》卷八，第97页。
④ 同上书，第98页。
⑤ 同上书，第97页。
⑥ 同上书，第98页。

未构成正面的冲突，那么泾阳之"新四书"的组织便显然具有了对传统的突破意味。

泾阳"新四书"之想，发于壬寅（1602），源自梦境，与对《礼记》的积疑有关。①一夜，泾阳梦见谒见杨时于崇正书院，请教《礼记》问题。孔子删述的五经，历经秦火，幸存了下来，但泾阳认为"独《礼记》一经，纯驳几半，似非原经"②，于是向龟山先生请教，何以二程有再兴儒学之才能，却未尝"代为厘正，补此阙典"③。龟山在梦中指点泾阳，二程对《礼记》已经"厘正"且传世了，其表彰之《大学》《中庸》即是。泾阳于是在此感悟之下，进而大胆地提出了他的"新四书"说④：

> 《大学》《中庸》还为《礼经》，五经备矣。周子之《太极图说》《通书》，朱子之《小学》，窃以为可羽翼《论》《孟》，配为四书。⑤

既然二程子对《礼记》中的《大学》《中庸》特别提出来加以表彰，而泾阳又信《大学》《中庸》为《礼经》之正，更助以梦兆，所以他认为《大学》《中庸》两篇可以代表纯粹的《礼经》。这样，五经在他眼里也就完备了。相应地，原来结构在四书当中的《大学》《中庸》二篇因为被重置于五经之内，原四书也就阙二。泾阳用周子之《太极图说》《通书》和朱子之《小学》来弥补此阙，二书合《论语》《孟子》配成"新四书"⑥。泾阳的这些想法都得到其弟顾允成的极力响应。

泾阳之重置五经四书的思想成因是十分复杂的，应由其经学思想、四书学思想、对经典的独特领会以及其本身之重视"下学上达"的思想错综而成。一方面，他对五经中的传统《礼经》也延续了程朱以来的不满，希望寻求一种弥补，龟山之梦正使他豁然开朗；另一方面，泾阳对朱子之《四书章

---

① 泾阳对《礼记》的积疑，与他长久对《大学》的研究有关，主要是要解答阳明所力复之《礼记》本《大学》是否为真古本的问题。泾阳对所谓"古本"不以为然。
② 《小心斋札记》卷九，第108页。
③ 伊川对《礼记》也持怀疑的态度，认为其乃"删定未了"之书，混有"俗儒乖谬之说"，即纯驳互见之意。泾阳之问有本此者。详参《程氏遗书》卷十八。
④ 这里，自然也同时包含了他对五经的一点新认识，集中在《礼经》上。
⑤ 《小心斋札记》卷九，第108页。
⑥ 周子之《太极图说》《通书》为一部还是两部有争议，但泾阳显然是把周子的著作当作一"书"来看待的，争议在此处可以无论。

句集注》也大不满意①,虽然不是直接针对四书的具体内容,但这种对流行四书的不满,也可能是促使他蜕旧出新的一点动因;一方面,如上,泾阳有自己经典体系的设想,他对周敦颐特别推崇,对周子的《太极图说》赞誉备至,甚至当作他心目中最高的经典,因此,他不能不有跻周子之著作于经典系统中的努力;另一方面,由于泾阳强调实际的下学工夫,他对朱子之《小学》也很推重,这对于他之强调实修来说,是不可或缺的,所以泾阳也必然要为之寻求经典地位的保障。如下这两段话,很清楚地说明他迫切要把周子之《太极图说》和朱子之《小学》纳入到"新四书"中的原因:

> 周子有之,"《易》何止五经之源,其天地鬼神之奥乎?"愚以为,《太极图说》正天地鬼神之奥也。朱子有之,"《四子》,《六经》之阶梯;《近思录》,《四子》之阶梯"。愚以为,《小学》,又《近思录》之阶梯也。②

> 《易》不云乎"知崇礼卑",通乎周子之"太极",可与言知矣……通乎朱子之《小学》,可与言礼矣……秦汉以下,谁能识得这个消息?③

周子之《太极图说》代表最深奥的原理,朱子之《小学》则代表最切实的工夫。四书之体系乃学问之完整格局,学问必由最切实之工夫而至于最高妙之本体,所以泾阳认为四书中必应当有此二书的地位。这样,泾阳势必要突破传统之四书构成,且必须为一种理由充分的处理。我们可以肯定,泾阳之还原《大学》《中庸》,并不是出于对二书的轻视,他对二书是极其重视的。他把二书还原于《礼经》,一方面仍保留了二书的经典地位,另一方面还为周朱二子之书填入四书提供了机会,可谓一举两得。因此,我们说泾阳的五经之见和"新四书"密切相关,出于同一条思路。他的这一想法很是大胆,意味着要打破政教上已具数百年神圣性的"旧四书",故积郁于内而发于梦,假龟山之证以取信,方坦然形诸言论。总而言之,泾阳之"新四书",是他"下学上达""修悟合一"思想在经典上的最确切的投现。这一格局确实更包容、更完整,与思想本身能更具吻合性。

---

① 参本书第二章第三节。
② 《小心斋札记》卷九,第109页。
③ 同上书,第108—109页。

泾阳之"新四书"与朱子之结集四书，其意义具有很大的可比性。钱穆先生对朱子这方面的贡献，已有很精要的提示，认为"他（朱子）在古代学术传统上之更大贡献，则在其退《五经》而进《四子书》"①，"他一部《近思录》，一部《论孟集注》与《学庸章句》，算把儒家道统，在他手里重新整顿，重新奠定，那真是万古莫俦的大事业。孔子修《六经》，未必有此事，但他却真修了《四子书》与《近思录》，成为他手里的'六经'"②。朱子之殚精竭虑编集、注解四书与编定《近思录》，其最终之意义就在于以新的经典来取代旧的经典，我们用现代科学的语言来说，即促成经学"范式"的转移。朱子之举是划时代的，其意义之重大无论如何称扬也不过分。泾阳之"新四书"也有"范式"转移的意义，不过其变化还在朱子的"范式"之内，并且也未形成影响，只具有个体的意义，不具有时代的意义。由此，也可以看出，泾阳并非沿袭朱子，他敢于突破朱子的成局，与朱子在某些方面还是有着比较大的分歧。

## 三 治经态度及经与人心之关系

《年谱》已言："公生平读书，多研求大旨，不屑为训诂之学，即于《五经》章句，未数数然也。"③这可谓泾阳治经态度之真实写照。常熟知县耿橘作《大学读》，泾阳给予意见，认为：

> 吾辈于此事，或静中有得，或动中有证，随时拈出，密自参考，未为不可。如将古人经典枝分节解，恐未免有无事生事处，非所望于门下也。二千年来训诂家，只推得朱夫子一人，说者犹嫌其多了些子，况吾辈可效之乎？④

这种"随时拈出，密自参考"，与其治《易》之"冥心独会，俄而神情偕来，悠然投合"，与其《东林会约》中"尊经"一要中所谓"心与之神明，身与之印证，日就月将，循循不已"，都是一致的方式和态度。他之读书乃要求细心玩味，注重随时的感悟，注重浑然之心得，反对从文字上寻求理解，反

---

① 钱穆：《宋明理学概述》，第117页。
② 同上书，第118页。
③ 泾阳论其弟泾凡公之学风时，亦言："弟读书不局章句，惟时时将本文吟讽，仿佛意象氤氲而止。"（见《先弟季时述》，载于《藏稿》卷二十二，第491页）其学风切近，此亦不啻泾阳之自道也。
④ 《复耿庭怀明府》，载于《藏稿》卷四，第79页。

对因文字而生之"支离""穿凿""矫诬""玩物""执方"等弊端。[①]并且可见,泾阳还反对对经文作过多的解释,这一点他认为朱之治经子也是有遗憾的,"说者犹嫌其多了些子"。泾阳对五经除了《周易》做过集解的工作外[②],无一有注解,早期对四书有过"说""意",不过已经逐渐偏于"大旨"。他逝世前一年课二孙,做《语孟说略》,"取宋大儒诸集,手批口授,并採近人所发《语》《孟》大义,节略示之。多取薛畏斋、徐儆弦之说,意主超辟,非屑屑为制艺津梁者"[③]。是书完全是撮集诸家之说,自己未下一字的解释,其风格也毫未违背自己一贯的原则。泾阳一生倾力于《大学》的考订,其对《大学》的研究态度尤其严格。他认为"今何从更赞一辞",反对有任何的注解,不然则未免"执己而自遂"。[④]泾阳读书、治经注重含蓄、"不说破",提倡学者自己玩味领会,既与他主张切己用功有关,也不无受到禅宗的影响。如他引用香岩、沩山间的一则公案,香岩问沩山如何是西来意,沩山不作应答,前者一日因击竹有悟,感激沩山昔日不曾"说破",得令自悟。泾阳极为称许此法,而批评"儒家却大段卤莽在"[⑤]。他之所以强调"最妙是不说破",在于"言在意中,意在言外"[⑥],通过内在体味可以逐渐把握到超越性的精神旨趣,这才是为学所追求的最高目的。

从泾阳治经之态度,我们已经可以察觉"用心"与治经关系之密切。江右学者邓元锡[⑦]著有《五经绎》十五卷,门人将刻于浙,请泾阳为序。他认为潜谷先生之《五经绎》"是先生之所为绎,非其所以绎",其所以绎乃"身亲体之"之绎。然是又为"先生之所以自为绎也,非吾侪之所以为先生绎",其所以为先生绎,则为"而今而往,览者果能由公以达于先生,由先生以达于五经,又能一引而十,十引而百,百引而千,相渐相磨,人人身亲体之,

---

① 参《东林会约》"尊经"条。
② 《周易集解》为未传或未定之稿,其体例当与《论孟说略》同。
③ 《顾端文公年谱》卷下辛亥,载于《全集》,第1834页。
④ 《大学质言题辞》,同上书,第629—630页。
⑤ 《小心斋札记》卷十二,第155页。
⑥ 《小心斋札记》卷九,第118页。相对于称许沩山不说破而批评儒家大段鲁莽的态度,泾阳于此处除了批评俗儒说破外,也指责禅门说破,转而肯定曾子"启予手,启予足"为最不落偏是儒门的最正当做法。
⑦ 邓元锡(1529—1593),字汝极,号潜谷,见《明儒学案·江右王门之九》。

不仅作训诂观，是吾侪之所以为先生绎也"。①"人人身亲体之"才是泾阳治经之最终目的。最后他提出：

> 嗟乎！五经，一心也。其在古先圣贤者，犹之乎其在先生也；其在先生者，犹之乎其在公也；其在公者，犹之乎其在各人也，无毫发余也。反而求之，其在各人者，犹之乎其在公也；其在公者，犹之乎其在先生也；其在先生者，犹之乎其在古先圣贤也，无毫发欠也。②

"经，常道也"，泾阳首先把经学理学化。此其又谓"五经，一心也"，他又最终把经学心学化。五经乃人人自心所本有之常道，在圣无增，在凡非减，古今如一，皆同一心。因此，如果仅仅把五经看作往代之经书文字，就与人心发生隔膜，就不能取得对五经之正确认识，也不能获得对人心的正当开发。也因此，一切之"作训诂观"的治经方式都是不可取的，必须"心与之神明，身与之印证""身亲体之"，才是对五经之真正演绎。

总的来说，泾阳之经学既包括传统之五经学，又包括其"新四书"思想。五经之中，他对《易经》和《春秋》研究颇力，于《礼经》有所心得。他的著作主要是关于四书方面的成果，其中又以《大学》为最全面。他提出"新四书"的设想，希望建立起自己的经典支撑。他对待经学的态度，既与朱子不同，也与阳明有异。他反对训诂式的解经路子，反对"章句"的支离做法，在四书的观念上和朱子的差距很大。他把经学最终归结到心学，他的心学立场在此处表现得很突出。但泾阳不反对读经，主张经典的研习，在这一点上他没有阳明学者的激烈。

## 第二节　论《大学》

泾阳之经学如此。他虽用功于五经，尤其是《易》和《春秋》，然皆无最终的成果，其经学之实际部分乃在四书学。四书之中，泾阳所最尽心用力之处，又在《大学》。他自七岁开始就塾师读《大学》，一生关于《大学》的著作有《大学说》《大学意》《大学重定》《大学通考》和《大学质言》。

据《年谱》的记载，泾阳于二十五岁作《学庸说》，即《大学说》《中

---

① 《五经绎序》，载于《藏稿》卷六，第186页。
② 同上。

庸说》之合称。《大学意》,《年谱》失载。泾阳名其著作为"说""意",其解书之风格已望文可知,皆不泥训诂,而力求疏通大意,亦可为其学风之一证。据比较,《大学说》《中庸说》为一类,体例相同,《大学意》《中庸意》为一类,体例相同。前类分章解说,不引原文,逐章通论;后类则先为《章旨》,论一章大意,次逐句引原文,次为对应之解释。前类工夫较疏,后类较细。《大学说》《中庸说》之作,据《年谱》文,乃"公于制举业,意殊不屑,塾间求示者众,恒以笔墨代口语,作《学庸说》存箧中,戒生徒勿为流传"。此当为实情。泾阳善制义之文,自为诸生时便以文章名世,求教者众多。其父又特戒其"必无受"官方所给予的"膏火资"(公家给予的生活资助),希望他通过自己的文笔来谋生。所以他"自是连岁授经,或家居,或应聘,弟子日众"①。《大学》《中庸》等解说之书,应该是他针对教学的需要而作。泾阳早期所学主要是应举文,而今其所教、所作也主要用来适应学生应举的需要。由于他逐渐信向理学而超越了举业,因此,他自己对这些文字并不甚爱重,且诫"无为流传",可见自己不以传世之著作期之。后世文献提及此数种书者很少见,如高攀龙、丁元荐在泾阳友生之间最密,然高之《行状》、丁之《传》所列著述皆不及此。

泾阳作《大学说》和《大学意》,所依据的《大学》文本,是朱子《大学章句》所定之本。然二者又有不同。《大学意》完全按照《章句》之文来进行解释,并对朱子所补《格物致知传》也依次进行了解释。就本书思想而言,虽揣摩《大学》本文的语气脉络,皆有心得,然思想多是化用朱子的思想,虽有加详加明之处而并无超出。《大学说》则不然,虽遵用朱子《章句》之次序,然对朱子已显然有所突破。最突出的一点是,他不再认同朱子《大学》"格物致知传"有阙文,主张"原未曾有缺亡"。就该书的思想而论,也明显逸出了朱子的范围,而特别发挥"修身为本"之意,其格物说也与朱子不复相同。泾阳提出:"大人通天下为身,故其学通天下为学。明德者,天下共明之身也,而明之自大人身始,所以'大学之道,在明明德'。"②又说:"本末一物,本自该末。而事之终,终此;事之始,始此。

---

① 参本书第一章第二节。
② 《大学说》,载于《全集》,第817页。罗汝芳曾谓:"盖学大人者,只患不晓得通天下为一身,而其本之重大如此。"(《明道录》卷一"问古本《大学》"条)

本末终始，一以贯之之道，修身为本是也。"①"本末一物，本自该末"，所以要"知本"，"修身为本"也；"大人通天下为身"，则无往非修身事，"心、意、知为内身，家、国、天下为外身，修则无内外之可分"，所以"修身为本"也。他甚至说："修身""是在条目中揭个本体"。②可见，泾阳对《大学》有了自己独立的思考。因此，就二书比较来看，《大学意》应当在《大学说》之前成书，为泾阳承袭朱子思想的时期，与一般世子的态度没有太大差别。《大学说》则为泾阳对《大学》初期探索的体现，他的重要思想已经浮现。不过，他对《大学》的专门研究，要延续到十数年后才最终定型。

《年谱》载泾阳三十九岁"复位《大学》"，即作《大学重定》，又于四十三岁作《大学通考》和《大学质言》。《大学重定》为其结晶，《大学通考》为其根据，《大学质言》为其疏解，他的《大学》研究可算完备了。依理讲，他至少应该在作完《大学通考》之后，才有比较充分的根据来"复位《大学》"，《年谱》却记载在前，可疑。然据其弟顾允成所作《大学质言题辞》："余兄叔时既编定《大学》为一卷，又集《戴记》诸本及诸家所尝论说者为一卷，同异得失，大要具是矣。"③可知，《大学重定》确在《大学通考》之前。所传《大学重定》无《自序》，据《年谱》则有之。其中言及泾阳重定《大学》的缘故。他说：

> 世之说《大学》者多矣，其指亦无以相远，而独格物一义，几成讼府，何也？始于传之不明也。于是人各就其见窥之，此以此之说为格物，彼以彼之说为格物，而《大学》之格物转就湮晦，不可得而寻矣。予窃惧焉，因取《戴记》以下诸本，暨董、蔡诸家之说，互相参较，沉潜反复，绅绎异同，如是者久之。乃知格物之传昭然具在，或习焉而不察，或语焉而不详，或择焉而不精，则虽谓之亡也亦宜。窃不自揆，僭加铨次，私以讲于同志。而今而后，庶几《大学》获为全书，而纷纷之论可息矣。④

由此，我们一以知，泾阳之重定《大学》的理由在于，历来对"格物"义

---

① 《大学说》，载于《全集》，第820页。
② 同上。
③ 《大学质言题辞》，同上书，第629页。
④ 《顾端文公年谱》卷上戊子，同上书，第1756—1757页。

的纷争不定，而"格物"之纷争，他认为起于"传之不明"，因此希望通过自己的考察来解决这个问题；一以知，泾阳之作《大学重定》，绝非出于臆定，而是已下过考证的切实工夫，只是未即成《大学通考》之书而已，其后四年所作之《大学通考》也应是在此时所下工夫的基础之上完成。再则，我们也可以看出泾阳对于他所重定本《大学》的自信，敢于下"庶几《大学》犹为全书，而纷纷之论可息矣"的断语。

《大学通考》传本文末有泾阳《大学题辞》，《年谱》亦有存录，作《自序》，大意谓《大学》之是非，非一家私议，学者于诸家之论，应"虚心平气，要其至当而已"。《大学通考》所考录的《大学》版本及议论有二十八家之多，始于戴记本，终于唐曙台（伯元）之论。其所首列为戴记本，次石经本，大体依时代先后为序。其中所列，最详者为朱子之论、阳明之论、李见罗之论、唐曙台之论等五家。《大学质言》为泾阳与弟泾凡商讨《大学》的内容，多为对前辈时人论《大学》意见的批评。《大学质言》之作尚有一段缘起。泾阳既作《大学重定》和《大学通考》，有人建议泾凡为《大学》略作义疏。他把这个建议转告泾阳，泾阳不以为然，其讨论如下：

> 或谓余（顾允成）曰："何不略疏其义？"余以告叔时（顾宪成字），叔时曰："《大学》正文首尾不过一百二十余字，而规模广大，条理精密，自来圣贤论学，未有若是之明且尽者也。即诸释文，亦惟援古昔，称先民，稍加抽绎而已，不能别为之说也。今何从更赘一辞？"曰："诸家之说何如？"曰："求诸《大学》可也。求诸大学而合焉，不问而知其是矣；求诸大学而离焉，不问而知其非矣，亦何从更赘一辞？"予曰："善。"已，谓予曰："程、朱命世大儒，其论《大学》也，犹然在离合之间，不足以尽厌于天下后世，况吾侪乎？顾执己而自遂也。"①

泾阳谓"《大学》正文首尾不过一百二十余字"，其所据为《大学重定》本，是本"正文"为一百二十四字，朱子《章句》本则二百零五字。可见，泾阳已经自行其本，不再倚傍于他者门下。最重要之点，是泾阳对为《大学》作注解的反对。首先，他认为《大学》已经很完备，"规模广大，条理精

---

① 《大学质言题辞》，载于《全集》，第 629—630 页。

密,自来圣贤论学,未有若是之明且尽者也",这里他特指"正文"。"正文"与"释文"相对,泾阳视《大学重定》起首一百二十余字为"正文",其他为"释文"。其次,就《大学》本身来说,用来解释"正文"的"释文",也只是引用经传来印证,稍加阐发,"不能别为之说"。其次,后世解说《大学》的学者很多,各有不同,是非互见,最终还是要以《大学》本文来对其作出是非的判断,即《大学》之是非为清晰的,诸家之说反有待于《大学》而后方明其是非。最后,他认为学者对《大学》之"独具匠心"的解说,都难免为"执己而自遂",程、朱大儒也一样难免此失。总的看来,泾阳认为,《大学》的思想是很清楚、很完整的,毫无疑义,即是本身自明的,不须另作解释,因此也不必画蛇添足,为之别作注疏,窜乱其义。凡以为《大学》有不明,强为之作注疏,而别明一义,都将背离《大学》,都只是在表达其个人的意见,非《大学》之本旨。言下之意,只有《大学重定》才是《大学》的真貌。《大学意》其实就是一部《大学》的注释,就此,也可证它是泾阳早期的作品。

《大学》一书,由于历来解释者对其中思想之偏重不同,因此对文本的认定也就存在差异。文本和思想相互倚赖,解释者往往通过确定或改定乃至不惜伪造文本来加强思想的证明。泾阳本是不满于此种纷争,所以要重定《大学》,而最终又身预于此纷争。泾阳对《大学》包括文本和思想的意见,集中总结在《大学质言》一书中。今主要借此来阐发他对《大学》的整体看法。

其中所宜讨论者有:《大学》分经传否,如分经传,其经传为何;"格物致知"阙传否,如不阙传,其为传如何;《大学》有无错简,如有,其回复原位如何。

## 一 《大学》分经传与否

经、传的关系,传是用来解经的,经的地位高,传的地位低。《大学》之分经传,意味着《大学》并不全是经,其中的文字性质存在差异,更直接地说,《大学》为经传复合之文,非出于同一人。朱子认为,《大学》的经文部分"盖孔子之言,而曾子述之","其传十章,则曾子之意而门人记之也"。① 《大学》分经传的问题，应当说是朱子首先明确主张的，并且也进行了实践，作《大学章句》，使之成为四书之一，而广为流传于后世。朱子之研究《大学》受二程的影响很大。《大学》是否分经传，可以从二程考察起。

众所周知，最早把《大学》纳入理学的经典体系里的是二程夫子。二程认为，学者初学"入德之门，无如《大学》，今之学者赖有此一篇书存，其他莫如《论》《孟》"②。《大学》之所以对初学者来说如此重要，而地位在《论语》《孟子》之先，就在于《大学》里有很井然条理的学习次序或说学问步骤，学者可以依照《大学》之序来进行完整系统的德业修养，《大学》指示了初学者的问学门径。所以，二程说"修身当学《大学》之序"。可以肯定，二程认识到《大学》是极为有序的一部书，他们推崇《大学》正以其极有章法条理。但这并不意味着，二程对《大学》有经传的分别。

《程氏经说》里保留了《明道先生改正大学》和《伊川先生改正大学》两文本。就此而观，明道所改正《大学》其要在于，把"《康诰》曰克明德"至"止于信"数条移至"则近道矣"下，"古之欲明明德于天下者"前。又把"《诗》云瞻彼淇澳"至"大畏民志，此谓知本"移至"则为天下僇矣"之下，"《诗》云殷之未丧师"之前。其他如故（《礼记》本《大学》）。考明道意，"《康诰》曰克明德"四条引文言"明"，"汤之盘铭"四条言"新"，"《诗》云邦畿千里"五条言"止"，则分别对应"明明德""亲民""止至善"所谓三纲领者，所以明道把此作为相连接的一部分。明道把这部分提前，也相应即把"古之欲明明德"以下至"此谓知之至"四段文字置后，而与"所谓诚其意者"紧接。这一部分乃合论所谓八条目者。自"古之欲明明德于天下"至文末，皆为论八条目。明道把论八条目的文字又连接贯通为一部分，其用意十分明显。此外，明道移动"《诗》云瞻彼淇澳"一处，实际是把这部分文字放在了"所谓平天下在治其国者"中。因为这部分文字，如"盛德至善，民之不能忘"，如"前王不忘"，如"大畏民志"，意皆论盛德至善，民不能忘。言民，乃君国之事，治天下之事，明道所以归诸此。明道对《大学》文字的顺序只是作了两下调整，动作并不算大，然而其

---

① 《四书章句集注》，第 4 页。
② 《程氏遗书》卷二十二上伊川语，载于《二程集》，第 277 页。

意义的改变却很大，其间明道之用意也十分明显。总的来说，明道之改正《大学》，是自觉要把《大学》的三纲领、八条目分别开来，三纲领作一处，八条目作一处，前为三纲领之论，后为八条目之论，纲、目文字不互见。就此，我们不能说三纲领和八条目之间，前者为经，后者为传，或者说三纲领、八条目分别为经，一段经文跟着一段传文。明道之意，《大学》为一篇文字，先总提起，后逐层敷衍，谓之有总有分可以，谓之有经有传，传对应着来解释经则不可。而且，之所以说明道对《大学》的改变很大，即在如果承认《礼记》中的《大学》其前部分为经，如朱子所定，明道显然割裂了此经文。所以，对明道来说，我们可以认为他没有《大学》分经传的意识，但有总分的意识。

伊川所改正的《大学》，也作了两下调整，而且其调整继承了明道之意，又与明道不同。明道把"《诗》云瞻彼淇澳"至"大畏民志，此谓知本"移至"则为天下僇矣"之下，"《诗》云殷之未丧师"之前。伊川也取此意。但伊川与明道有一点不同，他认为"子曰听讼"与"此谓知本"一条为错简，而且痕迹很分明。《大学》文中有两处"此谓知本"，所以他认为这两处本应衔接，在文末之"此谓知本"当为上条，在文首之"此谓知本"当为下条。故他将"子曰听讼"一条移到"此谓知本，此谓知之至也"之上，并认为"此谓知之至"上之"此谓知本"四字为衍文。伊川之另一处调整的内容也完全同于明道，即把"《康诰》曰克明德"至"止于信"数条作了移动。但此处与明道所调整后的位置不同，伊川把这段文字放在了"此谓知之至也"之下，"所谓诚其意者"之上。如果抛除伊川认为明显应属技术性判断的错简外，伊川所认为应当调整的内容实际上与明道完全相同，其所不同只有一处，即"《康诰》曰克明德"至"止于信"数条所应移至的位置前后不同。伊川基本保留了《礼记》原本《大学》"此谓知之至也"以前的内容不变。此种做法，一方面可以认为伊川是想尽量减少对《大学》原本文字顺序的变动，一方面他也是想把《大学》合论三纲领、八条目处统一放在前面，把相应文字放在后面。二程改正《大学》，都力图使得《大学》的纲目顺序更有条理次序，其最根本的差异在于，《大学》的文字如何作总分的处理。明道之意，三纲领为一总，其对应言三纲者为一分，八条目为一总，其依次解释者为一分；伊川之意，三纲领、八条目先合为一总，其下依次为分，三纲领与八条目皆合言，不分言。就实质来说，二程基本上是一意，其所次文字位置之不同，只是就《大学》文章的结构所作的处理，不是二程对《大学》研究之思想上的分化。但伊川之改本尤其容易引起经传之分的取向。

伊川论《春秋》常以经传之分为言，然未明确地讲《大学》有经传之分。但他特别强调《大学》之次序，一方面，可以认为伊川之强调次序，乃认为《大学》为一完整之体，前后贯通，逐层开展，并不是意在表明有经传之分；一方面，伊川之强调次序，而对《大学》总论文字之保留和完善，使得《大学》总分结构尤加明显，确实已经容易引起后世向经传方向分析《大学》的深入。朱子之分析《大学》为经一传十，就其格局来说，是大体继承了伊川的成绩，所不同者：二程将"《诗》云瞻彼淇澳"等移到了"所谓平天下在治其国"处，而朱子则将其作为"止至善"之传文的一部分；伊川将"子曰听讼"一条和"此谓知本"一条合并作一处，而朱子将其后移，作为《本末章》之传文。如此，伊川认为《大学》总论性的文字比朱子之经文要多。另外，我们也可以明显地发觉，二程是严格按照三纲领八条目的次序来认识和组织《大学》的，朱子尚多出《本末章》。

就程朱来说，二程论《大学》重以次第论，以《大学》为一整体结构之书，而朱子既以次序论而尤以经传分。故严格地说，《大学》之分经传无论是主意还是实践都应当自朱子始。

朱子而后《大学》之有经有传，若天经地义。后儒虽议论不息，然所争不在《大学》是否分经分传，而别有所在。至阳明出，表彰《古本大学》，湛甘泉同时宣扬之，而研读《大学》始有破除分别经传之机，发数百年延续之蒙。阳明谓："旧本析而圣人之意亡矣。……吾惧学之日远于至善也，去分章而复旧本，傍为之什，以引其义，庶几复见圣人之心，而求之者有其要。"① 明代永乐年间修《五经大全》，其中《礼记大全》直接把《大学》《中庸》两篇文字删掉了。二文本出于《礼记》，由于人们耳闻目见，自幼习熟者便是朱子本，所以几乎人人认为《大学》就是朱子《章句》本。阳明特意表彰《古本大学》，虽为《大学》之本然，其遇到的阻力之巨，很大程度由于此。有人竟以阳明《古本大学》为倒置经文，也可见一斑。② 阳

---

① 《大学古本序》戊寅本，载于《王阳明全集》卷七，第243页。
② 参朱彝尊《经义考》卷一百五十九。

明学者罗汝芳也明确认为:"《大学》原只是一章书,无所谓经,无所谓传也,亦无所从缺,无所从补也。盖其书从头至尾,只是反复详明,以显大人之学。"① 明代心学之二派,都崇尚《古本大学》,故心学者一般都认为《大学》不存在经传之分,朱子学之分析章句,乃为割裂之俗儒之学。

泾阳对于《大学》分不分经传的意见,既非完全同于朱子,也非倾向阳明,他说:

> 《大学》原不分经、传。然说个"明明德",便有"克明德"几条;说个"新民",便有"日新"几条;说个"止至善",便有"惟民所止"几条。又如"诚意"而下,皆以"所谓"二字发端,明有正文、释文之别,正文似经,释文似传。正文揭"明明德""亲民""止至善"为纲,列"格物""致知""诚意""正心""修身""齐家""治国""平天下"为目,次第昭然,即释文次第可知。二程据此改定戴本,良是。②

如此,泾阳认为《大学》本来不存在经传之分,经传之分为朱子所创始。但《大学》文本却有若经传的关系存在,前后内容呼应,泾阳谓之为"正文"和"释文"。他说"正文似经,释文似传","似"则非是,但有相近处。泾阳这里的"正文"和"释文",其实即上文所说的总、分或合、分,乃一篇文章写作中的结构技法问题,非犹经传之间为复合而成。因此,泾阳之说实际接近二程的意思。但说"正文",似乎"释文"非正文,于文字则犹有轻重,偏向朱子经传之说一边。

就泾阳所认为的"正文"部分来说,包括"大学之道"条、"古之欲明明德"条和"物格而后知至"三条,即三纲领、八条目之总论数条。较朱子之经文,则少却"知止"条、"物有本末"条和"自天子以至于庶人"条,因此泾阳之"正文"与朱子之经文是不相当的。就泾阳之"释文"而言,较朱子则少却《本末章》,同有"格物致知"一章,但一为调整后之本文,一为补文。

---

① 《罗汝芳集》,第9页;旧在《明道录》卷一。泾阳《大学通考》引此条,然略去"无所谓"以下文字。
② 《大学质言》,载于《全集》,第631页。

## 二 《大学》有无阙传

《大学》有无阙传问题,即为流传的《大学》文本是否完整的问题。伊川认为"《大学》,圣人之完书也,其间失序者,已正之矣"①。《大学》内容完整无缺,这也可以说是二程共同的意见。当然,伊川发此论,并不是与后世之讨论同一意义,而是在认定《大学》有错简的情况下,对《大学》内容之完整所作的肯定。内容完整,所以错乱之序可以调整,而《大学》也即可重新恢复。明道对《大学》的文字全部保留,伊川则认为《大学》不是有阙文而是有衍文,然而这一判断也基本不关乎义理。后世也没有像讨论《大学》之阙文问题一样来讨论其衍文问题。朱子吸取了伊川衍文的意见,对《大学》之阙文作了补充,并且其认可衍文之说,也是为了便利其阙文之补。衍文之说也悄然地与朱子《大学章句》一同为人接受,没有引起明显的争议。

后世讨论《大学》有无阙传的问题,是在朱子补《格物致知传》后展开的。所谓之"阙传"问题,也完全是指《大学》"格物致知"是否阙传。关于这个问题,程子一方面认为《大学》是"完书",次第紧密,不存在缺陷,一方面也注意到了"格物致知"作为八条目的对应问题。"《大学》论'诚意'已下,皆穷其意而明之,独'格物'则曰'物格而后知至'。盖可以意得而不可以言传也。"②"可以意得而不可以言传",程子认为"格物致知"一条目,是要意会,而不能用文字传达的。其意也即谓《大学》并不是阙了"格物致知"的条目工夫,只是不能见诸文字形容而已。朱子所谓"间尝窃取程子之意而补之",其所窃取于程子者,实际不是程子也认为《大学》缺"格物"传,而是由于一者程子认为"此谓知之至"上有"此谓知本"四字为衍文,既有衍文,便意味着文字有误、文意不完,便意味着有"阙文",朱子遂敢于以意补传;一者程子认为格物为穷理,朱子遂取此意以作传。

朱子之补传有其必要性,因为格物穷理之义,在《大学》中是没有文字可以明确相合或者附会的,然而这又是程朱理学的精义。所以,为了把此理论上升到更高的地位,朱子冒天下之大不韪而补作之,为格物理论建构经典的依托。而伊川对大学衍文之提示,又为朱子之补传提供了可能性,遂终于

---

① 《程氏遗书》卷二十四,载于《二程集》,第311页。
② 《程氏遗书》卷二十五,同上书,第316页。

实践出来。从这一角度来说，朱子之分析经传，也是为了显示《大学》经传的对应，从而突出"格物致知"之有缺憾，为其补传增强说服力。因此，可以说朱子《大学章句》之精神和特色集中体现在其所补之《格物致知传》。而此传，也成为后世讨论《大学》争议之焦点。

朱子既作补传，其再传董槐①已经从理学内部对朱子之补传提出疑问。他指出《大学》本不阙《格物致知传》，其传文首为"知止"条，次为"物有本末"条，下接"此谓知本"四字，次为"听讼"条，结为"此谓知之至也"六字。他把"听讼"条，插入"此谓知本，此谓知之至"一条中间，一者信赖了程子此处有错简的看法，进行了回复，一者不认同程子《大学》有衍文的判断，通过一个精妙的处理，消除了衍文问题。董氏的处理，看起来真是十分自然，比程子更进一步。董槐改文，据《黄氏日抄》所言，董槐《行实》中有载。黄震稍晚于董槐，对朱子《大学》有阙文的说法，一直怀憾，辛酉岁（1261）看到了董槐的说法而采取之。黄氏研读《大学》谨遵朱子之教，但在"格物致知"章处，也未能不采纳董槐之说。其引《行实》董氏改文与自己遵董氏所定《大学》文，两处相同，亦与泾阳《大学通考》所引同。

又据明初大儒方孝孺的《题〈大学篆书〉正文后》一文记载：

《大学》出于孔氏，至程子而其道始明，至朱子而其义始备。然致知格物传之阙，朱子虽尝补之，读者犹以不见古人全书为憾。董文清公槐、叶丞相梦鼎、王文宪公柏皆谓传未尝缺，特编简错乱而考定者失其序。遂归经文"知止"以下至"则近道矣"以上四十二字于"听讼吾犹人也"之右，为传第四章，以释致知格物。由是《大学》复为全书②。车先生清臣尝为书以辨其说之可信。太史金华宋公欲取朱子之意补第四章句，以授学者，而未果③。浦阳郑君济仲辨受学太史公，预闻其说，而雅善篆书。某因请以更定次序书之，将刻以示后世。……旧说以"听讼"释本末，律以前后之例为不类，合为一章而观之，与孟子"尧舜之

---

① 董槐初"学于永嘉叶师雍。闻辅广者，朱熹之门人，复往从广，广叹其善学"。参《宋史》卷四百一十四《董槐传》。
② 泾阳《大学通考》抄录略此句，其意不以为然乎？
③ 又《逊志斋集》作"太史金华宋公欲取朱子之意补第四章句，以授学者而未果"，泾阳引作"太史金华宋公欲取朱子之意补第四章章句而未果"。

智不遍物"之言正相发明。其为致知格物之传，何惑焉。①

董、叶、王、车（若水）数人皆同时，且皆为政治学术上有影响力之人，可见董氏之说一出，随即流行。董说之流行，亦有其故：一者，不增减《大学》本文，有若守旧；一者，移动一处，既解决了衍文问题，又解决了错简问题，又解决了《格物致知传》的问题，诸种疑难获厘然之释，所以有很强的说服力。至明初方孝孺一代大儒兼政要，也质疑朱子旧说《本末章》为不类，而欣然信受董说，并为之刻写传布。然方氏此处所引释"格物致知"之传文，与黄震所引有异。方氏所言"则近道矣"下，"子曰听讼"上，无"此谓知本"四字，而"听讼"条末之"此谓知本"与"此谓知本"条首之"此谓知本"，只保留一处，当为沿袭程朱衍文说。方氏所述应非引文省略之故。

对于方孝孺所引董、叶、车相同之见，即《大学》本不阙传，及其传文之构成，蔡清②也表示认同。他所引先儒修正后的《格物致知传》即如方孝孺所述。如果明初所传董氏所发"格物致知"之传义信如蔡清所引，则董氏之精义丧失殆半矣。然所谓之董蔡本，遂广流传，"几几与朱子《章句》相伯仲"③。顾泾阳研究《大学》，其所最重视的问题，实际即此《格物致知传》的问题。如其序《大学重定》所说："世之说《大学》者多矣，其指亦无以相远，而独格物一义几成讼府，何也？始于传之不明也。于是人各就其见窥之，此以此之说为格物，彼以彼之说为格物，而《大学》之格物转就湮晦，不可得而寻矣。"《大学》及其版本的纷争，根源即在于《格物致知传》的问题。于《大学》诸本当中，泾阳最重视董（槐）、蔡（清）诸人改本，他说："董、蔡诸君子表彰'格物'传，最为有见。"④泾阳之重定《大学》基本的思想就来源于此，但他重定的内容又与之稍有不同。

在明代最有影响力的《大学》版本即是朱子《章句》本、董蔡改本、阳明古本以及后来丰坊伪造的石经本。

对于石经本来说，泾阳是信以为真的。因为信以为真，对于作为原始文

---

① 方孝孺：《逊志斋集》卷十八，徐光大校点，宁波：宁波出版社，2000年，第589—590页。
② 蔡清（1453—1508），字介夫，别号虚斋，明晋江人。
③ 参郑珍：《古本大学说序》，载于《巢经巢诗文集》文集卷四，王锳等点校，贵阳：贵州人民出版社，第74页。
④ 《大学质言》，载于《全集》，第631页。

献的石经本,他并未提出过批评。但是因为石经本又与他的思想有一定的差距,所以他虽留意并未加以表彰。泾阳所主要关心的是其他三个主要版本。对于董蔡本,泾阳之意如上。

对于朱子《章句》本之补《格物致知传》来说,泾阳论道:

> 但"格物"一义,二程既未经拈出,朱子又从而补之,却似悬断。此纷纷之议所由起也。①
> 
> 朱子之更定戴本,是也,其补格物传,吾不敢知也。阳明之疑补格物传,是也,其以戴本为孔门古本,吾不敢知也。②

泾阳不否认《格物致知传》,而且他认为应有这部分文字。但他还认为《格物致知传》原本不缺,是《大学》自身固有,篇有明文的,不需要后人来弥补。朱子"补格物传"的是非,泾阳含蓄地说为"不敢知",但他又明言"阳明之疑补格物传,是也",则指朱子为非显然矣。更直言不讳地讲,泾阳认为朱子之补传简直是"悬断""臆说",凭空杜撰,给后世正确理解《大学》制造了严重的障碍。

在理学内部,朱子去世后五六十年,就有董、叶诸人别行《大学》本不缺《格物致知传》之说,以修正朱子。理学内部的这个修正,从明初的方孝孺,到明中期的蔡清,再到明后期的顾泾阳,一直都在接续着寻求更合理的修正,这个活动可谓在整个明代一直都延续着。除了理学内部对朱子包容性的修正外,阳明力复《大学》古本,则可视为对朱子之颠覆。

阳明既以古本为是,《大学》为完书亦属应有之结论。阳明抨击朱子之补传谓"合之以敬而益缀,补之以传而益离"③,则于补传最不尊信。《大学》成了朱、王思想之根本分歧的集中体现。从之也可见二人思想与《大学》关系之密切,有必如此而必不如彼之势,可谓生死之机在此。

阳明谓:"《大学》古本乃孔门相传旧本耳。"④对于此说,泾阳认为,阳明所谓之古本,只是"《戴记》本尔,非必孔门古本"⑤。《戴记》即《礼

---

① 《大学质言》,载于《全集》,第631页。
② 同上书,第635页。
③ 《大学古本序》,载于《王阳明全集》,第243页。
④ 《答罗整庵少宰书》,载于《王阳明全集》卷二,第75页。
⑤ 《大学质言》,载于《全集》,第632页。

记》,泾阳认为,《戴记》中的不少篇章也是"驳乱不醇"的,因此,并不能对《戴记》概加尊崇。其意也即,《戴记》只是《戴记》,不无后儒附会的内容,并不一定就是早先孔门相传之真,孔门相传者方是真古本。泾阳之要澄清阳明之古本未必是真古本,其有深意也。如果承认了《大学》存在古本,古本作为最早的文献来说,必然更可信。如此,古本也就意味着定本,凡一切对《大学》之补充或调整都将不合法,持不同思想而又欲以《大学》为经典依托的学者,也就无计可施。所以泾阳必为自己的重定《大学》争取余地。

泾阳对阳明意图通过恢复《大学》古本来突破朱子《章句》,持肯定态度。但由于泾阳持三纲领、八条目之见,因此他对阳明于《大学》古本所作的解释,则深致不满。他把阳明之说和《大学》之文对照,以见阳明之说与《大学》相异甚至相反。他认为,依照阳明的解释,则应为"格物在致知,知致而后物格矣","如是,《大学》之言,不几于颠倒乎?"又,阳明"以格物为正心","以格物为诚意","以诚意为致知","以正心为致知","《大学》之言,不几于重复乎?"阳明之解释《大学》确实容易引起这一问题。阳明同时之罗钦顺当时便如此质问阳明。① 阳明如此解释《大学》,则格致诚正诸条目便无序了。这与理学之重视《大学》之讲工夫次第的思想俨然相违。因此,"阳明之说《大学》如此,谓之阳明之《大学》可也,何以为古本?"②他认为阳明之对《大学》的认识简直是脱离了《大学》文本了,更不要说古本。

阳明作《大学古本傍释》,其对《大学》古本的解释,于《大学》之结构多不甚措意,未见其有所强调,尤其是对八条目犹少解释。其所特别发明者只是诚意,诚意之功在乎格物,逐句随文而归到诚意格物上来。因为他不甚重视《大学》的条理结构,故经传问题,经传之间的对应问题,皆不成为问题。程朱以格物为本者,而阳明转之为诚意亦无不通。阳明之随文发明诚意之义,较之程朱移易经文或补充传文之举,反似尤有可通之处。阳明学之工夫要领不多,亦无许多等级步骤,故对于阳明来说,只要能明格物诚意足矣,《大学》之条理顺序,并不重要,故他以为《大学》无缺文亦无错简。且《大学》之条目工夫直接从诚意讲起,一者既抛弃了朱子格物说的干扰,

---

① 参《困知记附录》之《与王阳明书》两书。
② 以上俱见《大学质言》,载于《全集》,第633页。

也可增加《大学》以诚意为本的解释力,所以阳明故乐宣扬古本。"《大学》之要,诚意而已矣。诚意之功,格物而已矣。诚意之极,止至善而已矣。止至善之则,致知而已矣。"① 这最足以体现《大学》对阳明思想的重要,阳明思想的框架是搭构在《大学》之上的。朱子于《大学》最重格物,敢于补之,对他来说只有切实地即物穷理,《大学》之次第方能展开。而阳明于《大学》特重诚意,唯诚意,所以工夫方能止于内,格物而所以正心、所以止于至善,皆本于其"至善者心之本体"之原理,反对离心而向外穷索于事物之理。由是,也可以看出,理学与心学之间,心学尚简易,理学重分析,其不同如是。就此方面,泾阳是明显偏向朱子一边的,重视分析。

比泾阳长一辈的李材(号见罗)对《大学》的研究也极有得,作《大学古义》。他提出"经者传之案也",治《大学》应遵循"以传释经,以经印传"的原则。他也沿袭《大学》分经传的传统说法,但在朱子和阳明之间持调和之说。他对《大学》"格物致知"有无阙传的问题提出一种比较独特的说法:

> 致知格物,孔为之经,曾不传者,非缺也。盖就物而言,实实落落有个物,除却家、国、天下、身、心、意、知,无别有物也;就知而言,实实落落有个知,除却格、致、诚、正、修、齐、治、平,无别有知也。故传诚正,传修齐,传治平,而格致即在其中也,悬空传格致不得也。晦庵先生补之矣,其是其非,未论也。只所云即凡天下之物者,不知舍身、心、意、知、家、国、天下,他复何物乎?故格致无传也,曾不为传,非缺也,今仍其旧。②

见罗认为,《大学》并无专门之《格物致知传》,更且"格物致知"不能"悬空"立传。《大学》条目所言之"家、国、天下、身、心、意、知"就是所谓格物之物,除却这些也"无别有物";条目所言之"格、致、诚、正、修、齐、治、平"就是致知之知,除却这些也"无别有知"。此意即认"格物致知"本身是虚的,但其所指又是"实实落落"存在的,《大学》之其他六条目都摄在"格物致知"当中,其他六条目之传文,即格致之传文,"格致无传,一部之全书即所以传格致也"。因此"格物致知"无独立的传文,

---

① 《大学古本序》,载于《王阳明全集》,第242页。
② 李材:《大学考次序义》,载于《见罗先生书》卷一,明万历刻本。是书首载顾泾阳序文。

却非阙文。

泾阳对于见罗之说,也很见重视。"盖朱子之,说既臆决而无凭;阳明之说,又笼统而无辨。故委曲推求,别立此议,可谓苦心矣。"①泾阳肯定见罗也是对朱、王二家"格物致知"之不满而作出的努力,就此他们是同调,并且也时常把朱、王、李三家作为前后救正者而合言。但泾阳对见罗之结论则同样不甚满意。他认为,格物致知之义是《大学》"入门第一义,诚正修齐治平命脉全在于此",不能其他皆有传,此而无传,不作专门的说明。泾阳肯定,《大学》"格物致知"必定有明文。就见罗之"物""知"的见解,泾阳反驳道:"则除却诚意正心修身,亦无别有明明德也,除却齐家治国平天下,亦无别有亲民也,又何以各为之传乎?"格致与诚正修齐治平之关系虽然如此,并不意味着可以取消格致之传。

见罗之《大学》原无"格物致知"传文之见,似乎与二程意见相近,其然同,其所以然绝不同也。

### 三 《大学》有无错简

《大学》有无错简与有无阙传,是紧密相关的两问题。因为,如果认为"格物致知"无阙传,要么以为其本无传,要么以为其传错简。而明代之一般学者是认同朱子之《大学》有《格物致知传》,但并不认同阙传而需补传,如此,格致传之存在,必然要通过错简一说来实现。不过,也应认识到,在明代中后期程朱之格物理论并不通行,甚至在尊信程朱派的学者内,其格物致知也已经失去了程朱的原意。因此,许多明代后期的学者,并不是都出于《格物致知传》的情况如何来关注《大学》的错简问题,有一部分更倾向于"知本"问题。

《大学》错简之说,二程已肇端。他们认为《大学》为"完书",但有错简失序之处,各自作了改正本,认为"其间失序者,已正之矣"。伊川之改正本还成为朱子《章句》本的雏形。但朱子本与伊川本仍有数处不同。伊川把错简"听讼"条与"此谓知本"条合并,位置在相当于总论的部分内,而朱子把这两条放了在传文部分,作为传第四、五章的内容。伊川把"淇

---

① 《大学质言》,载于《全集》,第634页。

澳"条和"前王不忘"条放在了八条目之"所谓平天下在治其国者"一部分内，而朱子则放在了三纲领之"止至善"传文部分内。"淇澳"条和"前王不忘"本在《大学》论条目的部分内，故伊川依其文意置于"所谓平天下"内，朱子则以为乃为引《诗》赞叹"明明德者之止于至善"之"盛德至善"，故置于"止至善"之终。此其分也。至于朱子之增《本末章》，出乎八条目之外，恐伊川亦所不允，补《格物致知传》亦非伊川意。

董槐认为《大学》"经本无阙文，此特错简之厘正未尽者矣"①。他对经文严格按照三纲领、八条目作了处理，认为《大学》经文只有"大学之道"条、"古之欲明明德"条、"物格而后知致"条和"自天子以至于庶人"条四条，而剔除了《章句》中"知止"条和"物有本末"条。他把剔除的两条经文和朱子之作为第四、第五章的原有传文合为一章，即作为《格物致知传》，其顺序已见上。他的这种见解很高明，但无疑极大地削弱了朱子强调格物致知的本意。

董氏的看法被继承下来，到方孝孺时，其所引述董氏传下来的更定本《格物致知传》文字，已经有了变化，非董氏之旧。蔡清所谓"前辈更定《大学》经传"②，即指董（槐）、叶（梦鼎）、王（柏）、车（若水）等人之更定，然亦实指方氏传本矣。蔡氏没有因仍"前辈更定"本，他提出了自己的不同意见。他的看法是，当先以"物有本末"条，次以"知止而后有定"条，次以"子曰听讼"条，终以"此谓知之至也"，③同并于是章首，类下文例增"所谓致知在格物者"八字。他的理由是，这一章之内，也应按照为学次第，当"由粗以及精，先自治而后治人"。为学之初，以"知所先后"为本，知而行之，又当以自治为先，"知止"至"能得"是也，最后方及于"治人""听讼"是也。这才是他所认为合理的顺序。

于诸家之中，泾阳最亲近董蔡一派，但泾阳与先辈之意见也有不同。他的《大学重定》对《大学》文字既无增，更无减，只是作了顺序的调整和节次的归划，其改本具体情况如下：其一，《大学》首章也即"正文"部分，

---

① 见黄震：《黄氏日抄》卷二十八，载于《黄震全集》第四册，张伟、何忠礼主编，杭州：浙江大学出版，2013年，第1123页。
② 蔡清：《四书蒙引》卷一，文渊阁《四库全书》本。
③ 其间采纳了程子衍文说。

完全是三纲领、八条目总论性的三条文字；其二，"格物致知"传，先之以"物有本末"条，次"自天子"条，次"此谓知本"条，次"听讼"条；其三，泾阳把"知止"条归入"止至善"章，剩下的文字与朱子《章句》本也即所谓"今本"相同。

可见，泾阳完全是在董蔡本的基础上进行重定的。蔡清与先辈的不同，在于传内的文句顺序，泾阳所不同主要在于文句的性质。对于董蔡之说，他指出：

> 董、蔡诸君子表彰"格物"传，最为有见。但"自天子"以下二条，正发"物有本末"之义，不合遗却。至于"知止"一条，明系"止至善"传，又不合混入。且其所谓格物云者，犹仍朱子穷理之说尔。①

这里，泾阳提出了三点意见。第一，他认为"自天子以下两条"，与"物有本末"以义相关，而董、蔡本没有把这两条纳入"格物致知"传中。泾阳认为蔡氏改本较董氏最初所定是有改善的，即把"物有本末"放在传首是正确的。"自天子以下"两条正是来说明"物有本末"之义，因此应当接续在一起。这里"自天子以下二条"应当作些说明，董、蔡本《格物致知传》所未收的实际是"自天子以至于庶人"至"未之有也"这一部分，其下"此谓知本"一条是收入了的，但不与"未之至也"相邻。泾阳则把这两条放在了"听讼"条之前，如果就"听讼"条前所增而言为这两条，如果就整章来说，所指之"二条"，应是把未收部分作两条看的。第二，"知止"条，泾阳认为不是《格物致知传》的内容，而是《止至善传》的内容，因此应当作调整。"知止"条，董、蔡本承袭朱子本，都尊作经文看待，泾阳则把它看作传文，之所以如此，大概是泾阳认为"止至善"的传文引《诗》文，"子曰于止"以上有"知止"意，"诗曰缗蛮"以下有"能得"意，"知止"一条正可以从中间为承启。第三，泾阳认为董、蔡所谓的"格物"所采仍是朱子的"穷理"说，言下之意，泾阳似不主以"穷理"来解释"格物"。蔡清释"格"字、"物"字，皆取朱注，"格，至也，谓必到之也"，"物犹事也"，"凡物理皆有所当然而不容已与其所以然而不可易者，要得此二意俱到方是"。②他之释格物，强调"至到""物理"，诚然为朱子之说。湛若水释

---

① 《大学质言》，载于《全集》，第631页。
② 蔡清：《四书蒙引》卷一。

格物为"造道",与之有接近之处,亦可参明代格物论微妙的转机。

《大学》石经本,与泾阳重定本,其不同多于同,上已言泾阳对它的态度。《大学质言》中也为石经本着了仅有的一笔。他说:"石经本于致知格物之下,随系以'物有本末'一条,即'格物'二字,意义了然,省却多少闲议论。"① "致知格物之下",即指"致知在格物"下。泾阳虽然称赞石经本"古之欲明明德"条与"物有本末"条的顺序,但他的重定本的顺序,并不与之相同。泾阳之称赞石经本,乃许其把"致知在格物"与"物有本末"直接联系在了一起。泾阳虽然没有采取石经本的顺序,但他实际上仍然把这两处作对应处理,"格物致知"传的首句即"物有本末"条。董蔡本皆已把"物有本末"条收入"格物致知"传中,且蔡清已经把它调整在传首。石经本虽然不为泾阳所取,但这一点能增强把"物有本末"条作为"格物致知"传首条的可信度,所以泾阳不惜称扬之。

与泾阳关系密切的两位学者李材和高攀龙,对于《大学》的错简问题,也各下了很大的功夫,也各自以为有得,在《大学》次序问题的解决上也很有代表性,略与之作一比较。

李见罗作《大学古义》一卷,作为文集的首卷。其中附《大学考次》并《序》,《大学考次》也即重定的《大学》文本,其用意多在《序》中作了说明。整体而观,见罗在程朱改本和阳明古本间取折中态度。他对《格物致知传》的情况也似不甚关心,并未营求如何恢复《格物致知传》,取而代之者为对《大学》中"知本"义的考究。他认为《大学》"所幸经文具在",无缺无滥,因此只存在错简问题。如果按照"传者,所以传经也。经之序,传之序也""以传释经,以经印传"的原则来重组《大学》,是完全可以恢复的。这与程子意相同。但伊川认为"此谓知之至也"上"此谓知本"为衍文,朱子更认为其上有阙文,即"断简",见罗极不同意,认为此说误导后学,"此经文之所以缺也"。就此,他同情阳明之复古本,古本虽然可能失序,但至少是完整之本。见罗在"明明德、亲民、止至善"传文顺序的调整上,"淇澳"和"前王不忘"两条顺序的调整上,认为"昭然简之错",改定从朱子。这些见罗和泾阳基本没有什么分歧,因为在他们的义理中,这些都不是重点。

---

① 《大学质言》,载于《全集》,第631页。

前已知，见罗主张《大学》无专文之《格物致知传》，但并不属阙传。此虽不能即说他对"格物致知"义为轻视，然《格物致知传》对他已然不成问题，此与泾阳视《格物致知传》为命脉是截然有别的。一旦见罗取消了《格致传》的必要性，那么相应的文字就要面临重组或定位，这才是见罗与泾阳的根本分歧所在。"知止"条、"物有本末"条、"自天子"条、"此谓知本"条四条，见罗皆遵循古本原序。就这一部分而言，诸改本中见罗作了最大程度的保留，而泾阳则对五条皆作了迁移，四条入《格致传》中，一条入《止至善传》中。而泾阳《格致传》中很关键的一条"听讼"条，见罗也仍原序，次"止于信"句下。与朱子比较，见罗经文部分与朱子最相近，而泾阳结构与朱子最相近。然见罗与朱子之经文相近，对经文的认识却大不相同。朱子之经文三纲八目而已，见罗之经文却要在"知止""知本"，所以他仍"听讼"条原序，意即把此条作为照应经文中"知本"之义的传文，次于"止至善"传后。因此，见罗与朱子和泾阳在结构上已经发生了变异，这也正符合他"传者所以传经也，经之序传之序也"的说法。因此，见罗和泾阳在《大学》经文内容及文本结构的认识上都是不同的。

高景逸也对《大学》做过很多工夫，有《古本大学题辞》《大学首章约义》《大学首章广义》，还附有《先儒复大学古本及论格致未尝缺传》一考。《大学首章约义》即可视作他的《大学》改定本。景逸认为，对《大学》文本争议的传统问题有两个：一个是"错简"，一个是"阙传"。

"阙传"问题，他指出主要是朱子所谓"此谓知本"条有阙文，不过，他认为阙文实际是不存在的。《大学》上言"自天子以至于庶人，一是皆以修身为本"，揭出"修身为本"，而下结以"此谓知本"，乃是本然连贯的。"此谓知之至也"，作为一个结论语气，而且说言"知至"，景逸认为，"自天子"以下至"此谓知之至也"，就是"格物致知之释，文理不辨而明也"。[①]对于此"格物致知"释文中不见"格物"字样，他解释道："格即知也，'格'训至，'致'训推极，格即致也。《大学》格物即是致知，故释'知至'不必释'物格'。《大学》'知至'即是'知本'，故释'知本'不必释'知至'也。"[②]对于此"格物致知"释文与下文释其他条目体例不同，他也作

---

① 高攀龙：《古本〈大学〉题辞》，《高子遗书》卷三，又见《就正录》，载于《高攀龙全集》，第207页。
② 《〈大学〉首章广义》，载于《高攀龙全集》，第211页。

了解释。他认为《大学》的解释本不一其例,"原无定文",其中就条目的解释而言,有三种情况,他概括为:第一,"双关释",其例为"所谓……在……",释正心以下是也;第二,"单提释","所谓……",释"诚意"是也;第三,"总括释",无明文,释"格致"是也。这个"总括释",有些类似李见罗对"格物致知"的看法。景逸认为,"格物致知"不是单纯地与"诚意"相邻,"不曰'所谓诚意在致知'者,以知本括始终,诚正修齐治平无不贯也"。高、李不同之处在于,高还是认为"格物致知"有对应文字,李则认为无有其文。

景逸之特见还不止此,他认为:"'物有本末',则'修身为本'之发端;'此谓知本'则'修身为本'之结语;历引诗书,再以'此谓知本'结之,文理本自显然。"①则《大学》文中,尚存此一大"修身为本"章。他把《大学》这偌大一部分文字②连贯成章法谨严的一章书,真闻所未闻。在景逸眼中,《大学》八条目的意义,都消融在了此一部分中,成为"知所先后"的诠释,从而为"知本"义所掩。

高景逸认为《大学》的阙文问题,本是自明的,只是为人所未识。他认为最有意义的文句调整在于"淇澳"条和"前王不忘"条。他把这两条移到了"此谓知本"条后。这一改动彻底消除了他积年的疑惑。这两条,古本原在"所谓诚其意者"部分下,自二程改之于"治国平天下"章,又经朱子改之于"止至善"章,各有看法,不能确定。景逸认为都"曲解不可得而通"。他的积惑的融释,乃是受崔铣(号后渠)的启发。崔氏谓《大学》"挈古本引'淇澳'以下置之'诚意'章之前,格物致知之义涣然矣"③。得此之说,高氏自形容曰"始沛然如江河之决,不觉手舞足蹈而不能已也"④,可见其兴奋。又曰:"两简互易,残经遂完,千古尘埋,一朝光复,崔先生之见及此,天启之矣。"⑤可见其心悦诚服。景逸也提出了自己的判断,他认为可以"决之于'此谓知本''此谓知至'之二语"。这两句话,是总结语,

---

① 以上俱同上书,第 211 页。
② 在朱子《章句》中则有经有传。
③ 《附录〈洹词〉》,《高子遗书》卷三,载于《高攀龙全集》,第 215 页。
④ 《古本〈大学〉题词》,同上书,第 207 页。
⑤ 《附录先儒复〈大学〉古本及论格致未尝缺传》后按语,同上书,第 214 页。

在《大学》中，如果不是解释"格致"，其上"自天子"以下两条，就失去着落。如果作为"格致"的释文，而"'自天子'以下两条似未明备"，即意犹未尽。对于"淇澳"诸条相邻引《诗》《书》之文来说，如果不是解释"知本"，则不宜在"听讼"条后结以"知本"；如果诸条是用来解释"知本"的，"则不宜别附他章，固知其前后起结，必随于'此谓知至'之后也"。①

这两条为什么对高景逸如此重要呢？此处还是要着眼于他对《大学》通篇章法（或"文理"）的认识。上文我们已经通过高氏的叙述看出，在他看来，《大学》有"修身为本"这么一大章文字。这段文字以"物有本末"为发端，以"此谓知本"条为一结语，下边"历引《诗》《书》"，到最后"听讼"条再结以"此谓知本"。我们说，景逸认为"自天子"以下至"此谓知之至也"为"格物致知"章的释文。"淇澳"和"前王不忘"两条，就正好接在"此谓知之至也"句下，作为"历引诗书"的一部分。景逸认为"淇澳"以下引文都是用来解释"知本"的。这与朱子等多数学者的看法迥异。朱子之三纲八目之为次第是有先后的，之为传是并列的。景逸则把明明德、亲民、止至善之传文都作为"知本"之释文，可见，他不仅以"知本"消融了八目之意义，而且也消融了三纲之意义。他认为，"三纲非三事，一明明德而已"，"本末不过明（明德）、新（民）"，"'明明德'者，明吾之明德也；'新民'者，明民之明德也；'止至善'者，明德之极至处也。然不知止……明德、新民总无是处，故要在知止也"，"人心所以不止，只缘不知本"。②因此，他把三纲也最终归结为"知本"问题。相应地，三纲领之释文也就成为"知本"之释文。就引《诗》《书》诸文来说，其各自的地位就在于："《淇澳》之诗，是合言明、新、止以释知本，见民之不忘，本于盛德至善也。《烈文》之诗，又申言民之所以不能忘者如此。《康诰》以下，是分言明、新、止以释知本。"③"淇澳"章是作为"合言"之释文承前启后的，其地位重要在此。

如此，景逸把三纲领之释文都作为"知本"的释文，释文和相应的正文合而成为"知本"一大章，其中也包括了三纲、八目和"格物致知"的释文在内。这里又可以通过景逸对《大学》文本的结构分析来进一步说明。他认

---

① 《古本〈大学〉题词》，同上书，第207—208页。
② 《〈大学〉首章广义》，载于《高攀龙全集》，第210页。
③ 同上书，第211页。

为"《大学》一篇，本六段文字"，"首段三纲八目之下，即释格致，而格物即在格知本末，本末即是明德、新民，知本即是知至，知至即是知止，原与三纲通为一义，故通为一段。其次，即历释诚意以下。初无传经之别也"。① 这里，景逸认为《大学》是不分经传的，只是六段文字，"所谓诚其意者"以上为第一段，并不是所谓的"经"，后边之五段自然也并非"传"，但有这些层次是分明的。

综上，泾阳与景逸在《大学》的认识上差异是很大的。泾阳基本保留了朱子关于《大学》的重要论断，如作"正文"和"释文"的对应，有"格物致知"一章释文，按三纲领、八条目来组织《大学》的结构等。景逸则不作经传之分，打破三纲八目之格局，以"知本"义来作分析《大学》的依据等。又如，泾阳主要是从董蔡诸人的见解而来，景逸则主要是受崔铣的启发。然二人皆受李见罗的影响，解释《大学》向"知本"归重，则其同趣也。

## 第三节　论格物

泾阳认为《大学》之纷争起于"格物"义之不明，"格物"义之不明缘于《大学》传文之不明，故繁为之《通考》，更为之《重定》。泾阳之研究《大学》意在明"格物"之义，"格物"义于泾阳要矣。上节多讨论泾阳对《大学》文本之研究，本节特讨论其对"格物"义之认识。

### 一　程朱、阳明之格物论的取向

格物之重视，始于《大学》之发扬，而其意义之确定，又在乎天理之发明。故理学中，二程子始有理学之实，且始专有格物之说。"天下物皆可以理照，有物必有则，一物须有一理。"②"凡一物上有一理，须是穷致其理"③，"穷致其（物）理"，即是格物的实义。理者，万物之所以然也。"穷物理者，穷其所以然也。"④ 伊川解释格物为："格，至也，物，事也，

---

① 《〈大学〉首章广义》，载于《高攀龙全集》，第211页。
② 《程氏遗书》卷十八，载于《二程集》，第193页。
③ 《程氏遗书》卷十七，同上书，第188页。
④ 《程氏粹言》卷二，同上书，第1272页。

事皆有理，至其理乃格物也。"① 这里，"格"训作"至"，至有即义，格物为即物。然也应注意，程子之"至"亦包括两层意思，一层是至物（即物），一层是至理（"至其理"），即物只是就表面说，至理才是"格"的实指。其训"物"为"事"，然"事"之实指则为"事之则""物之理"。程子之"物"虽不纯作"事"观，然主要所指则是"事"，如"格物穷理，非是要尽穷天下之物，但于一事上穷尽，其他可以类推。至如言孝"②等文可证。二程格物说的根据，乃为"物我一理，才明彼即晓此，合内外之道也"③。二程于学重理，也即重事物之所以然，因此也即重格物致知。而在知行关系上，他也持知先行后之说，此皆一种精神之贯注。

朱子的格物致知说，主要得自二程，特别是伊川，只是阐发上更加详密，精神仍是一贯。在《大学章句》的注释中，朱子对"格物"的训释，完全采用伊川的说法，他说："格，至也。物，犹事也。穷至事物之理，欲其极处无不到也。"④其所补《格物致知传》则曰："所谓致知在格物者，言欲致吾之知，在即物而穷其理也。……是以大学始教，必使学者即凡天下之物，莫不因其已知之理而益穷之，以求至乎其极。"⑤朱子格物说的要义，仍不过是"即物而穷其理"。从北宋二程到南宋的朱子，都在贯彻着和精致化着"即物穷理"的思想，将此思想谓之宋代之真精神而中国古代之新精神，可也。

由于程朱之格物穷理是一个一般理论，其适用的"物"的对象必然能够普遍化。这里就引发了格物是否应指向"格""一草一木"这些琐细之"物"的问题。伊川说："至如一物一事虽小，皆有是理。"⑥又曰："语其大至天地之高厚，语其小至一物之所以然，学者皆当理会。……求之性情固是切于身，然一草一木皆有理，须察。"⑦程子认为无物不有理，理无不可通，故"一草一木皆有理"，乃是其理本论之应有结论，而"一草一木"皆"须察"，乃是其理一论之自然要求。至朱子，亦主张之，他说："上而无极太

---

① 《程氏外书》卷第二，同上书，第365页。
② 《程氏遗书》卷十五，同上书，第157页。
③ 《程氏遗书》卷十八，载于《二程集》，第193页。
④ 《四书章句集注》，第4页。
⑤ 同上书，第6—7页。
⑥ 《程氏遗书》卷十五，载于《二程集》，第157页。
⑦ 《程氏遗书》卷十八，同上书，第193页。

极，下而至于一草一木一昆虫之微，亦各有理。一书不读则阙了一书道理，一事不穷则阙了一事道理，一物不格，则阙了一物道理，须着逐一件与他理会过。"①但程朱虽言"一草一木"之理也不可不理会，其并非欲引导人们去向各样的事物去作客观的物理的研究。如程子之强调"物，事也"，朱子之"物，犹事也"，他们主要还是希望人们通过日常行事，特别是伦理之事来作格物的工夫。程子在格物的讨论中，也并不以穷尽事物之理为格物的要求，更认为人们如果一味向物穷索，还有"如大军之游骑出太远而无所归"。朱子对程子两边来说明"格物"之义，也独有领会，他认为程子是"因人之资质耳"②，"便是此等语说得好，平正不向一边去"③。程子认为格物"察之于身其得尤切"④，朱子也认为应以向内用功为多方是。⑤可见，程朱虽然从理论上认为"一草一木"亦须要格，不能斥为不当格，然其理论之重心还是在人的身心之内。

就程朱而言，其作为一般理论之格物说，本应向自然科学方向发展，可是，虽然他们在研究自然物理上有一些粗糙的实践和论断，其主要的格物实践却转向了读书，特别是在朱子之后。钱穆认为："二程贡献在指导身心修养，则朱熹的贡献在开示读书方法。"⑥读书方法开示之详，正以见读书之于为学工夫之要。朱子对于读书有许多专门的讨论，他认为："读书已是第二义。盖人生道理合下完具，所以要读书者，盖是未曾经历见，许多圣人是经历见得许多，所以写在册上与人看。而今读书只是要见得许多道理，及理会得了，又皆是自家合下元有底，不是外面旋添得来。"⑦朱子对读书的作用认识很清楚，读书并不是根本，而是间接地寻求对道理的理解。此"间接"便是"第二义"，直接的道理本身才是第一义。而这些道理，是人人所"合下元有底"，即是本具的，人通过读书只是重新来获得对这些道理之自觉的全面的认识，用朱子的话说，即"读书以观圣贤之意，因圣贤之意以观自

---

① 《朱子语类》卷十五，第295页。
② 《朱子语类》卷十八，第406页。
③ 同上书，第400页。
④ 《程氏遗书》卷十七，载于《二程集》，第175页。
⑤ 参《朱子语类》卷十八"致知一章"条。
⑥ 《宋明理学概述》，第118页。
⑦ 《朱子语类》卷十，第161页。

然之理"①。尽管朱子的认识如此,读书却显然成为朱子和朱子学学者格物之主要途径或主要工夫。格物,程朱界定为即物穷理,然格物之精义主要是在穷理,只要能穷理,不必为直接之即物实践,圣人在书册中的经验总结,同样可以作为甚至是最主要的穷理来源。因此,朱子学之格物,很大程度上转变为"读书以观圣贤之意",即体会圣贤所总结的道理为何如,以间接通达于真实之道理。朱子之广泛地注释经典,即是此意。而后人之读书明理,则更难以越出朱子著述之范围。

朱子学的发展,特别是在其与科举功名相结合后,主流的学问更是向读朱子的《四书章句集注》陷溺,成为纯粹的记诵之学,较朱子之言读书尤远不相若了。因此,朱子学的现实流弊,不是学者多向"一草一木"求格真理,这在朱子学中很罕见,而是把读书作为主要的学问工夫,沉沦为记诵口耳之学。朱子学之流传,其弊如此,与人之身心修养几乎脱节,在明代中期逐渐引起有识之士的厌恶。故心学转而萌芽兴盛,以相抗衡。然阳明之反对朱子学,固然以为朱子学者为口耳记诵、陈陈相因、无切于心,然其所批评朱子学者实际却不在此,而为朱子学理上之弊端,即格物而向"一草一木"去了。阳明着意于此,乃因如此能对朱子进行更大程度的打击。

阳明是实践派的人物,对朱子学说的接受,确实也是从朱子之格物理论入手,且向朱子格物之实践一路去而求试验。就此来说,阳明更得朱子之真。他与友人同约格竹子,乃果真机械地秉承了朱子之"一草一木皆有理"、皆要格的教法,向"一草一木"中用功。然其固得朱子方法之真,却又失朱子格物之实。程朱之格物乃因物理之明而有以致人本有之知,其格物皆"合内外之道",皆以万物一理为基础,其格物皆通向人,非止在物。阳明格"一草一木"的实践行不通,反倒逼出了自己一番真切的"格物"主张。然其格竹之始,恐已与朱子意思暗相扞格,不待既悟之后也。

阳明说:"先儒解格物为格天下之物,天下之物如何格得?且谓一草一木亦皆有理,今如何去格?纵格得草木来,如何反来诚得自家意?我解格作正字义,物作事字义。"②对阳明来说,他对朱子格物说的理解为"格天下之物",一者"物"为广泛之物,"一草一木"不过是代指,一者"物"又为

---

① 《朱子语类》卷十,第162页。
② 《传习录下》,载于《王阳明全集》,第119页。

在外之物，或说为独立于人之物。这些都与阳明的心学思想不合，所以阳明认为，就格天下之物来说，是没法格尽的，就格"一草一木"之理来说，也无从格起，如其格竹的实践所证明。

阳明对朱子之格物论大有误解，此诚然。阳明对朱子亦非尽出于误解，其与朱子之立场相去迥然，也诚然。程朱之学理基础为万物皆有理，一草一木之微，亦无不然，故格物之说概适用之。阳明的学理基础则为心外无理，天地之高厚、花树之存没，尚且不外于心之灵明，而况乎其他？故无心外之理。理者，物之理，无心外之理，亦无心外之物。

阳明之解"物"作"事"，此其格物说之枢纽。然程朱亦皆言"物，事也"，其何以异？虽皆为"事"，程朱之"事"实又如"物"，乃存在之现实者，与人相关而又可以自存独立于人，事物之有理，理为实，即事物亦为实。阳明之"事"，则"意之所在便是物，如意在于事亲，即事亲便是一物"①，皆就"事"上言"物"，而又就"意"中言"物"。其事物皆嵌于人之意中，不能离意而有，故阳明谓无心外之物，实离心无物也。心外无物与心外无理，两相证成。阳明所以谓："《大学》之要，诚意而已矣。诚意之功，格物而已矣。"②又曰："格者，正也。正其不正，以归于正也。"③此皆阳明之宗旨。阳明虽以格物为诚意之功，又以正心释格物，而诚意亦未始不可以言工夫，格物亦未始不可以为正心诚意，其间虽有主意、工夫之别，主意、工夫又未始非一，言其一，主意工夫皆在。

如此，程朱必不以格外物之理为非，阳明必以程朱之格物为非。程朱以为先从格一一之物做起，为工夫之始，积累义理既多，而后豁然贯通，心体大明。阳明则以为："朱子错训'格物'，只为倒看了此意，以'尽心知性'为'物格知至'，要初学便去做生知安行事，如何做得？"④则阳明以格一一之物为末后工夫，诚意为先，意既诚，本领立，而后可以专向于物。二者若水火之不容，有以也。

---

① 《传习录上》，载于《王阳明全集》，第6页。
② 《大学古本序》，同上书，第242页。
③ 《传习录上》，同上书，第25页。
④ 《传习录上》，载于《王阳明全集》，第5页。

## 二 批评"一草一木"之格物取向

泾阳对于朱子之格物格向"一草一木"亦殊不以为然。阳明谓格外物之理,"纵格得草木来,如何反来诚得自家意"。泾阳亦谓:"于此(梅、花)格之,何以便正得心、诚得意?于此不格,何以便于正心、诚意有妨?"①口气相似,皆认为格草木之物,不切于身心之德。这种意见,在泾阳的《大学质言》中也有体现。他认为郑玄之释格物为来物,为不可解,阳明之释格物与诚意正心相重复,为"叠床架屋",董、蔡诸人之以"物有本末"之物非"明德新民"之物,为"骑驴觅驴"。对于朱子之格物论,他则谓:"以一草一木言者,又与诚、正、修、齐、治、平不相蒙也,是为画蛇添足。"②这一方面表明,他认为朱子之格物理论,是《大学》所本无的,《大学》所言皆人之身心家国之事;另一方面也可以暗示,这种向"一草一木"格物的理论也非泾阳所首肯,终与人之身心"不相蒙",难以发生干涉。在这点上,泾阳对阳明之格物说是有同情的。

关于格"一草一木"的问题,泾阳还与高景逸有专门的书信讨论,往复有四。③泾阳的去信于《泾皋藏稿》中未存,其看法保留在了高景逸的复信中。其书题作《论格物》,然实际是着眼在格"一草一木"上,格物而必

---

① 《答顾泾阳先生论格物四》,《高子遗书》卷八上,载于《高攀龙全集》,第398页。
② 《大学质言》,载于《全集》,第632页。
③ 顾、高讨论格"一草一木"的往复书信,二子《年谱》皆未著录,《遗书》亦不载年月。按书信的内容,所论为高子著作中关于阳明的评价和"一草一木"的问题,故知泾阳所读高子之"尊稿"当主要指《三时记》。《三时记》所录为高子甲午(万历二十二年,1594)赴广东揭阳县谪所前后至返家三时(秋冬春)的行历,约作于乙未年(万历二十三年,1595)或稍后。景逸在揭阳为任文教,编辑《朱子要语》,教示生徒。八年后又编辑《朱子节要》一书成,此二书应有相当的关系。《节要序》曰:"由孟子而后,闻而知之者为周程张朱。然当朱子之时,邪说并作,而仁义充塞,不有朱子,孔子之竟不著也。"(《高子遗书》卷九上《朱子节要序》)"邪说并作"则"邪说"非一,而象山之说必为"邪说"之一。景逸又以阳明与"象山旷世而相感"(《王文成公年谱序》语),则可推阳明之学于景逸眼中亦为"邪说",其以陆王近禅可证。高子在揭阳,地方官恰又请他为《王文成公年谱》作序,同年稍后他又作《阳明说辨》四章。因为《年谱序》为应人请托而作,所以对阳明的评价作了很多保留,其存而未发的意见则在《三时记》中作了倾吐,如他谓:"特以文成不甘处于二氏,必欲篡位于儒宗,故据其所得拍合致知,又装上格物,极费工力,所以左笼右罩,颠倒重复,定眼一觑,破绽百出也。"真是对阳明极尽贬斥。《三时记》中与李见罗弟子具体讨论了格"一草一木"的问题。总之,高子对阳明的评论,由为《王文成公年谱》作序引发,通过研读《王文成公年谱》而加深了对阳明之学的认识,所以也加强了其伸朱抑王的意识,并形诸文字。且泾阳甲午五月因为会推阁臣忤旨,革职为民。景逸闻讯意欲一会泾阳而后发揭阳之程,然以泾阳归期尚远(九月始抵家),未遂,七月即发。故顾、高二子之相会当在乙未年,此时二人才有书信往来之便。景逸《三时记》适成,求证于顾氏兄弟(顾允成有奉还《三时记》一稿之信,参《小辨斋偶存》卷六《简高景逸大行》第十五简),遂有此讨论。故依《三时记》的完成,可知顾、高二子格"一草一木"问题的讨论当在乙未,时泾阳四十六岁。

转为"一草一木"问题，与阳明之用意同然，皆以此最能代表程朱格物之趋向。

顾、高之往复，乃始于对高氏文稿中所引"格物说"的异见。泾阳认为高氏所引格物说，有当订正之处。泾阳谓："'一草一木'二语，丈看得甚有原委，但子细磨勘，似说得稍阔。"其意为，"一草一木"之说，固理有其然，却非工夫所切，故觉于"一草一木"上用功，乃失之迂远，所谓"稍阔"。景逸认为："天下之理，无内外，无巨细，自吾之性情以及一草一木，通贯只是一理。见有彼此，便不可谓尽心知性。"①"理无内外"，则所在有理，通贯一理，则所入皆宜，此为性理之本然。格物乃依于性理之然，所以不能于理上作分别观，也不能于物上作分别观。格物虽于"一草一木"入，亦无不自得。景逸此论，也将泾阳之疑明白揭出。

顾氏进而有所退步，认为"一草一木之说，善会之，亦自不妨"。他又提出新的证据，"但《六经》《语》《孟》中并未见说着此等功夫，其故安在？"泾阳寻出原始经典做证，尤可见他对程朱格物说之深拒，内心之中认为程朱之格物，非儒门故物。他又说："鸢飞鱼跃，傍花随柳，乃是自家一团生机活泼泼地，随其所见，无非是物，与所谓'一草一木亦不可不理会'者，根趣自殊。"此所列虽可理解为大程与朱子之对照，然实亦可作心学与理学之对照。理学者研究物理，硁硁矻矻，极尽思虑，见出劳苦之象，其有格物之劳，而少心之自得。心学者不事穷索，主张顺任感通，自然而应，何思何虑，悠然自得，好言乐处。在泾阳，他对两种工夫和气象的不同有很鲜明的感触，这种区别是深层的区别，所以他用"根趣"一词。景逸则回应道："一草一木之说……此正孔门一贯之学也"，并举《易传》"近取诸身，远取诸物"为证。他认为："只为从来源头是一个，故明此即通彼，通彼亦明此耳。……若不是一物，何以'随其所见，无非是物'？既是此物，则格诸身，格诸物，何以见根趣之殊耶？"②景逸反复言说之意，无出万物理一之见。此说本是泾阳所竭力主持者，非所不知。然同为一说，用之不同，则其效果可至相反。景逸以为理一，故格物"格诸身""格诸何"，并无根本的差别，都将行得去。泾阳以为理一，则人之理即物之理，格人之理，物之

---

① 以上见《答顾泾阳先生论格物一》，《高子遗书》卷八上，载于《高攀龙全集》，第396页。
② 同上书，第397页。

理无外矣。且人之于身为最近,故"格诸身"而通,则何事于"一草一木",去人而求诸草木,是舍本而逐末。故泾阳说:

> 既"无别体"(按,高氏引朱子诗中语),我之体即物之体矣,岂必逐草逐木,一一而为之格?即欲逐草逐木一一而格之,辨其如何而为一草,如何而为一木,此所谓尧舜犹病者也。①

这里,泾阳指出,既然物我一体,所以逐物之格可以不必;另一方面,逐物而格,"尧舜犹病",如何格得?泾阳还举例来质问朱子格物说之不可行,他以梅花为例,依照朱子的格草木之义,所格当为"花何以白,实何以酸"等,这些问题实际上是难以通过外在的直接经验观察以求解决的,即无法去格。②并且顾氏认为,即使这些并非不可格,但已经属于"多闻而知",乃偏向知识一边,用理学的语言说,即为"闻见之知"③,非"德性之知",虽多亦奚贵?故圣贤于此常略之。这些纯粹以解释自然物理为目的的格物,就是以知识为取向的格物,即自然科学意义上的格物。可见,吾国传统本非无接近自然科学意义之研究学说,特别是明代,因反对朱子之格物,而特把朱子之格物推向自然科学的研究一边,其说明是清晰的。此取向为普遍之士夫所不取,阳明其大宗,泾阳其次也。

吾国一般士夫所坚持者,始终是圣贤之德性修养学问,并以远此者为乖道。泾阳即认为,格物之如此的知识取向,与人自身之正心诚意工夫,舛驰异趋,乃至毫不相关,无所得,亦无所妨。他还认为,程朱之倡为此说,自己也并不是依此去做格物的工夫。景逸虽与泾阳意见相左,然他究亦不能不言,"若必欲逐草逐木,辨其如何,岂成学问","多学而识是玩物,此是格物。玩物是放其心,格物是求放心"。④高氏之维护格"一草一木"说,也不以"多学而识"、求取知识之增长为旨趣。可见,顾、高二人,在格物必与身心相关,必以德性为本的认识上,终无二致。如是,则格物工夫,必将要亲切于身心,不可茫然用功于外物,则有不容已之所在,非但身、物为远近之差而已。

---

① 《答顾泾阳先生论格物四》,《高子遗书》卷八上,载于《高攀龙全集》,第398页。
② 泾阳知依照朱子格物法应格之内容,较阳明之无头脑,似有进步。
③ "闻见之知"并非仅指泛泛耳闻目见之事故,乃代指感官之知或感性认识,科学即发端于此。
④ 《答顾泾阳先生论格物四》,《高子遗书》卷八上,载于《高攀龙全集》,第399页。又参《高子遗书》卷十《三时记》。

因此，泾阳之真正立场为，"莫非理也，有何巨细，有何精粗，但就学者功夫论，自有当务之急耳"。景逸坚持所见，然其立论乃从原理论工夫，虽信"一草一木"无不可格，其未必即取此为实际下手处。泾阳则从工夫论工夫，原理虽同，工夫有异，格草木为末，格身心方为本，工夫不可苟施也。

在这几封书信中，顾、高二子尚涉及（程）朱、王学术的评价问题。泾阳认为：

> 阳明之学与圣门之学，端绪虽殊，要其说之所以得行，亦有其故。程朱两先生大本大原，灼然无可疑者，而条理节目间，未尽归一。①

此见当针对景逸对阳明的评价而来。景逸尝作《王文成公年谱序》②及《阳明说辨》四章③，认为阳明之诋诃朱子，以其格物为"求孝之理"于"亲之身"而"析心与理为二"，乃"未尝反而求之朱子之说"。其大抵不平于朱、王之是非，而为伸朱抑王之说。在格物问题上，泾阳本不倾心于朱子，如上与高氏的争论，他认为格草木，既无法格尽，亦无从格起，更与诚意正心之身家无关，都与阳明之批评朱子之格物如出一吻。故泾阳对阳明抱极大之同情，对高氏在格物问题上之伸朱抑王，自不投合。所以此处，泾阳认为阳明之学所以能凌越朱子学而盛行，也是有其必然原因在。景逸则认为：

> 孔门之学，以求仁为宗，颜、曾、思、孟之后，惟周、程、张、朱之传为的。陆氏之学，从是非之心透入性地，不可谓不是，然而与佛氏以觉为性者相近。阳明良知之学，亦是如此。<u>一边是仁体，一边是知体</u>，……<u>源头处杪忽差殊耳</u>。④

高氏是洞见于朱、王之异，恪守其分，并把陆王心学推向禅宗一路去的。就格物一论，比较顾、高二子，高氏以朱子为是，阳明为非，而严尊朱子，顾氏则不然。顾氏于格物反对朱子，而接近阳明。顾、高二子之看法，竟然相反。

泾阳早岁作《大学意》，出于授业的需要，取通行之说，以朱子之见注

---

① 《答顾泾阳先生论格物一》，《高子遗书》卷八上，载于《高攀龙全集》，第396页。
② 见《高子遗书》卷九上，同上书。
③ 见《高子遗书》卷三，同上书。
④ 《答顾泾阳先生论格物一》，《高子遗书》卷八上，同上书，第396页。

释《大学》，如谓："盖天下之物，莫不有理，人心、物理，相为流通。欲致知者，又在乎即物穷理，究其所当然与其所以然，本之身心性情之微，推之天下国家之大，而莫不有以考之也。"①此处解释格物，即作"即物穷理"，而理为"所当然与其所以然"，尊信程朱之正说。然其所谓"物"，却仍不出乎"身心性情之微"至乎"天下国家之大"，已经不取程朱之不遗"一草一木"而格之说。其二十五岁作《大学说》则显然已经抛弃了朱子之格物论，而形成自己"修身为本"的格物见解。其四十三岁作《大学质言》持之愈有理据，愈无倚傍。四十六岁，其与高景逸讨论，仍对朱子之格物解，反对甚力。可见，泾阳之格物论，主要来源于对《大学》的理解，而非对朱子的继承，乃至自始即把朱子的格物论作为对立面来看待。

然泾阳对朱子之格"一草一木"的格物取向，数年之后也渐起同情。这一过程乃是他愈趋于平实的一种表现。其意味正与泾阳对明道《识仁篇》的理解相仿。泾阳四十五岁的《札记》中记载，他初认为明道"仁者浑然与物同体"一语已尽，而疑"义礼智信皆仁"一语为赘，后方体会到其深意。②泾阳对朱子之格物，也可作此观。他说：

> 议者独执"一草一木，亦不可不理会"两言，病其支离。窃恐，以语末流之弊，诚然有之，以语朱子，过矣。予往见孔子论学《诗》，自兴观群怨、事父事君，说到多识鸟兽草木之名，意颇疑之，以为琐屑尔尔，何能不见薄于老庄诸人。今乃哑然自笑也。并记之，以志予妄。③

此条札记作于万历二十八年庚子（1600），时泾阳五十一岁。可见，泾阳对知识取向、多学多识之学问的隔阂，虽孔子犹且疑之，对于朱子格草木之说之抵触亦属自然。他指出，世人（包括泾阳在内）对朱子格物说的主要疑难在于，朱子的格物承认格"一草一木"的正当性，格"一草一木"之格物与其他格物为同一性质的格物，这种格物有向外、逐物、"支离"以及求"闻见之知"的取向。这一点，泾阳的体会可谓根心入骨，他与朱子的违忤最早最根本的就在此处。然而，此时泾阳也由于对朱子理解的加深，更确切地说，由于他的思想面对士风之虚浮，不得不作出这种调整，自悔自责，甘居

---

① 《大学意》，载于《全集》，第650页。
② 见本书第二章第三节引
③ 《小心斋札记》卷七，第90—91页。

以"妄"。

其实，泾阳对朱子格"一草一木"的同情，尚在更早。万历十五年丁亥（1587）三月初十日，泾阳上奏《睹事激衷恭陈当今第一切务事疏》，忤旨，降三级调外任用，补湖广桂阳州判官添注。至桂阳五日后，又往永州，途经道州，游历周敦颐故地，作《游月岩记》。泾阳因闻传说，周子居月岩而获悟，画成《太极图》，故生物我交融之感，而于朱子之格物遂得启发，谓：

> 昔者朱子疏《大学》格物之义，谓"一草一木，亦不可不理会"，王文成非之曰"奈何舍内而徇外"。由今观之，何内何外？河之马可以画卦，洛之龟可以叙畴，天高地下，万物散殊，新腐陈奇，总归神理，人自为间隔耳。文成殆激于世之舍内而徇外者发欤？①

由此，一以见泾阳对朱子之格物说始终不能释怀，一以见泾阳对朱子格物义成见之突破。泾阳所悟，为"何内何外"，认为"万物散殊"、"总归神理"，要打破内外之见。此较能接近朱子"理一分殊"、物无不有理的看法。然综观全文，则泾阳所论乃在"内外两忘，濂溪先生之所谓静也，昭昭乎进于太极矣"。其意在于发明濂溪之主静，要与明道《定性书》所谓"与其非外而是内，不若内外之两忘"②而后心定同旨，非在说明朱子之格"一草一木"为可行。因此，之后的十年内，他对于朱子之格草木说，还是极不融洽。

以上，泾阳态度之转变，容肇祖先生已经觉察，于数则主要材料也已注意，③今更引而申之，使其曲折尤见也。

## 三 对朱子格物观念之转变

不过对于泾阳的这种转变，也应善看。谓泾阳有转变诚然，但他的这种转变是有限度的，甚至不如说，他的这种转变乃是对朱子格物说理解角度的转变。

泾阳对朱子格物的讨论，比较突出在《札记》卷七，即庚子岁所作，他对朱子格草木说的转变即包括在内。下引一则典型的材料，作进一步的

---

① 《游月岩记》，载于《藏稿》卷十，第271页。
② 《答横渠张子厚先生书》，载于《二程集》，第361页。
③ 参《明代思想史》第七章"东林学派"，第295页。又，王赓唐先生亦注意顾、高关于格物说中的格"一草一木"的争论，见其《高攀龙哲学思想拾零》第三目，收在《知半斋续集》。

分析：

> 朱子之释格物，特未必是《大学》本指耳，其义却甚精。语"物"，则本诸"帝降之衷""民秉之彝"，夫子之所谓"性与天道"，子思之所谓"天命"，孟子之所谓"仁义"，程子之所谓"天然自有之中"，张子之所谓"万物之一原"。语"格"，则备举程子九条之说，会而通之，至于吕、谢诸家之说，亦一一为之折衷焉。总而约之以四言，曰："或考之事为之著，或察之念虑之微，或求之文字之中，或索之讲论之际"。盖谓内外精粗，无非是物，不容妄有拣择于其间。又谓："人之入门，各各不同，须如此，方收得尽耳。故惟大圣大贤不得拘以是法，其次未有不由之而入者也"。①

在这条材料中，泾阳全面地呈现了他对朱子"格物"义的理解。这里需要进一步分析的有三个方面：第一，对朱子格物之"物"字的理解；第二，对朱子格物之"格"的理解；第三，对朱子格物说的综合评价。

**（1）对朱子格物之"物"字的理解**

> 《洪范》曰："貌曰恭，言曰从，视曰明，听曰聪，思曰睿。"《孟子》曰："父子有亲，君臣有义，夫妇有别，长幼有序，朋友有信。"朱子所谓"事事物物皆有定理"者也。②

泾阳对朱子"事事物物皆有定理"是能比较充分地理解的，能够认识到事物与理的对应，且事物各有其理，为理不同。这是能够正确理解朱子格物论的基本前提。

> 或问："朱子于格物添一'理'字，阳明于致知添一'良'字，将无蛇足？"曰："知原是良，物原是理，两先生特与拈出耳，奚其添？"③

这里，泾阳直接把朱子格物之物当作"理"来看待，用以消除不少学者认为朱子乃添入"理"字来解格物的疑难。泾阳之解"物"字，为"帝降之衷""民秉之彝""天命""仁义""中"等，很明显也是把"物"直接当作"理"来看待。朱子之格物，实质为"格物之理"，此无误。然格物和穷

---

① 《小心斋札记》卷七，第90页。
② 《还经录》，载于《全集》，第431页。
③ 《小心斋札记》卷十四，第171页。

理，在朱子是作区别的，格物犹能显出"即物"之意。物和理之间更是存在区别，形上形下是也。"物原是理"，泾阳此说虽直截道破朱子穷理之本质，然非朱子之本意。

**（2）对朱子格物之"格"字的理解**

依文义，如"备举程子九条之说"，则泾阳所理解的朱子之"格"，实即为"格物"或曰格物之形式。他认为朱子的格物是具有综合性的，包容了程子、东莱、上蔡诸家之说而会通折中之。朱子的格物从形式上讲，有四方面："或考之事为之著，或察之念虑之微，或求之文字之中，或索之讲论之际。"① 这即是说，朱子之格物，既包括了外化显现之事为，也包括了内在深微的念虑，也有读书研究圣贤之训，还有朋友间的讲学讨论。这些格物工夫本来是不大可能为一家所共容的，而朱子则兼容并包。此格物途径的多样化，本不始于朱子，伊川早就提出："凡一物上有一理，须是穷致其理。穷理亦多端：或读书，讲明义理；或论古今人物，别其是非；或应接事物而处其当，皆穷理也。"② 伊川之穷理，就相对于朱子之"格物"。也可见，泾阳之以"穷理"之"理"字对应"格物"之"物"字，也不是毫无根据的，虽不中亦不远。程子列举了三端，朱子之四端应是在程子基础上的完善。

泾阳认为，朱子之约举"四言"，就内外精粗来说，都已然包括在内，合"内外精粗"之相反对者即为全部，所以他说"无非是物"。既"无非是物"，也就"不容妄有拣择于其间"，这是泾阳对朱子格物论发生同情的关键。泾阳之前对朱子之不契合，就在于认为朱子之格物，向"一草一木"之外物去，从而脱离乃至违背了"格物"之内在化或主体性的精神。现在，他才算真正把《游月岩记》中"何内何外"之领悟贯穿到"格物"的思想中去，不再以为格物有内外之分。

泾阳理解朱子之"四言"还有另一层意思，概而言之，朱子之此"四言"，就格物的切入工夫来说，每一人都有适用之一途，即人人不外此四种形式。这一点，就现实来讲，对泾阳更具有意义。泾阳之讲学，乃见出人人资性之差异，而又欲期人人皆得进于圣贤之域，故必有广大之法门，以善对

---

① 语见朱子《大学或问下》，载于《朱子全书》（陆），第 527 页；又见《晦庵集》卷十五《经筵讲义》，载于《朱子全书》（贰拾），第 709 页。两处文相袭用，为经典之表达也。

② 《程氏遗书》卷十八，载于《二程集》，第 188 页。

时机,利接众人,使之皆得门入而后已。

至此,我们可见,泾阳实际是把朱子之"四言"类型化了。在朱子虽也是类举,然恐不以之为穷尽,泾阳谓"内外精粗,无非是物","须如此方收得尽",则直接认为朱子此说有穷尽之效了。就朱子之"四言",每一言都代表着一种格物形式,或内或外,或精或粗,或直接或间接,谓之为四种形式,实际则可以概括所有的格物活动,适用于任何人之择门而入。泾阳谓:

> 惟危惟微,惟精惟一,是从念虑、事为上格;"无稽之言弗听,弗询之谋勿庸",是就文字、讲论上格。如此看来,即圣人亦不能外是四者,朱子所云,固彻上彻下语也。①

他引出先圣王之训诰,与朱子之"四言"印合,得出朱子"四言""固彻上彻下语"。可见,他确实是把朱子"四言"作为穷尽了各种"格物"活动之四种形式。

不仅如此,或者正因如此,泾阳把阳明之学也统摄在了朱子"四言"之内。就阳明之宗旨来说,"阳明特揭良知,可谓超然自信,独往独来,了无依傍矣"②。然而,通过对《阳明年谱》的考察,泾阳认为阳明之成学,也不出朱子四言之范围。阳明谪龙场,澄居默坐,忽中夜大悟格物之说,为"从念虑入";经历宸濠之变等平叛事件,于致良知尤自信,为"从事为入";默记五经之言以自证,得致知于《大学》,得良知于《孟子》,为"从文字入";与湛甘泉、徐爱、陆澄等友生之间切磋讨论,学术益明,为"从讲论入"。③因此,通过比较,阳明之致知,也不外朱子格物之"四言",乃得"四言"之锤炼而熟化。阳明致知的过程,即朱子格物的过程。所以泾阳最后得出:

> 夫阳明之所谓知,即朱子之所谓物;朱子之所以格物者,即阳明之所以致知者也。总只一般,有何同异,可以忘言矣。④

上引"知原是良,物原是理",也隐示"知""物"之对应。泾阳通过"四言"最后把朱子和阳明绾合在了一起。他试图通过扩张朱子来包纳阳明:一

---

① 《小心斋札记》卷七,第91页。
② 同上。
③ 详参《小心斋札记》卷七第24条,第91—92页。
④ 同上书,第92页。

者欲把阳明收摄在朱子学内；一者欲突出朱子学本不缺乏王学之因素，即包括了王学最显著的工夫——"从念虑入"之格物，这恰是朱子超出程子"三端"之一端。

但是泾阳也不是没有认识到朱、王之间有根本的差异。阳明格物说出，旋即遭到罗钦顺的批评，阳明回复曰谓："凡某之所谓格物，其于朱子九条之说，皆包罗统括于其中，但为之要，作用不同，正所谓毫厘之差耳。然毫厘之差而千里之谬实起于此，不可不辨。"① 阳明承认其与朱子的差异并不在格物之形式，而在为之是否"有要"，并因此而认为，正是在这点上，他跟朱子是"毫厘之差而千里之谬"。泾阳对此评论道：

> 窃惟，朱子平，阳明高；朱子精实，阳明开大；朱子即修即悟，阳明即悟即修。以此言之，两先生所以"考之事为之著，察之念虑之微，求之文字之中，索之讲论之际"者，委有不同处；要其至于道，则均焉，固不害其为同耳。若曰是起千里之谬，至推而比诸杨墨，试揆诸此心之良知，其果然乎否也？②

这里泾阳也承认朱、王在"四言"之运用上是"委有不同处"。这种不同，如果仅从上所言，朱、王风格、路径之差异来理解，还不容易分明。泾阳对朱、王格物说的不同，还有明确的表达，他说：

> 朱子"即物穷理"之说，与阳明所谓"事亲时，便于事亲上学存此天理；事君时，便于事君上学存此天理"之意相同。但一以察识言，一以践履言耳，非谓求孝之理于其亲，求忠之理于其君也。③
>
> 朱子以"穷理"释格物，就知而言也；阳明以"为善去恶"释格物，就行而言也。故如朱子之释格物，则必兼举致知、诚意、正心，而后其功始备而密；如阳明之释格物，即致知、诚意、正心皆在其中。④

这两段材料作于丁酉年（1597），在泾阳有悟于朱子"四言"说前三年。这里，泾阳对朱、王有求合之意，然尚以分为主。他认为，朱子之格物偏在"察识"或"知"，而阳明之格则就"践履"或"行"而言。更且，他认为，

---

① 《传习录中》，载于《王阳明全集》，第 77 页。
② 《小心斋札记》卷七，第 92 页。
③ 《还经录》，载于《全集》，第 430 页。
④ 同上书，第 436 页。

阳明之格物是专言，朱子之格物乃偏言，把朱子之格物包括在阳明之格物内，与其后以朱子之"四言"包阳明之致知教者相反。由此，也可见泾阳格物说之从阳明过渡到朱子的痕迹。

但泾阳认为阳明危言"千里之谬"，以至于把朱子类比杨墨，这些都过分了。因此，尽管认为朱、王有不同，但泾阳其实还是坚持了"要其至于道，则均焉"的立场，即朱、王是殊途同归，不是谬差千里。这与他在道统观中，认为朱、王为两大局的观点一致，朱、王同归于孔子。这里也很鲜明地体现了泾阳之调和朱、王的态度，无论是以朱包王，还是入王于朱，最终希望朱、王之说能够合归一致。

极力表彰朱子"四言"之说，可谓泾阳一番欲合并朱、王的苦心。正是朱子"四言"之说，让泾阳发现了此合并的机会，这也是他在格物说上对朱子生发亲近感的真实原因。他不再纠结于朱子格物之格"一草一木"的问题，在此方面，朱、王是无法合并的，连泾阳自己也是无法接受的。然而当他注意到朱子"四言"说后，则格物问题即转化为格物形式之包容性和适用性问题。泾阳之关注不再是如何在学理上认可一种格物说，而变为如何通过架构而使不同之格物说同时容纳进一种理论。朱子之"四言"最是恰当不过了。上所谓泾阳对朱子格物的态度的转变，"乃是对朱子格物说理解角度的转变"，即指此言。

然而依据泾阳的理解，"四言"之说，其用在于，任何人都能有一种适合的形式来格物，其要在于能入，不在于究竟是取哪种形式而入。对于朱子来说，他的"四言"是互相补充的。一人之格物可能入门偏在某种形式，但诸形式都要顾及，而且格物应当十分注意依循次序，他的"四言"毋宁是一个整体的有序的格物理论。朱子特别主张于事物上格物，主张广泛的格物，但他认为："要知学者用功，六分内面，四分外面便好。"① 然而朱子也"坚决反对以格物为格心"，"坚决反对把格物归结为反省内求"。② 可见朱子之格物，是必须内外结合的，因此，其"四言"之任何一言都不是充足的格物。在这点上，泾阳对朱子格物说之广大周全的理解是正确的，但欲以此为笼罩之说未必符合朱子之本意。朱、王之异，犹如阳明所言，虽形式无不有，然

---

① 《朱子语类》卷十八，第406页。

② 陈来：《朱子哲学研究》，上海：华东师范大学出版社，2000年，第295—296页。

"为之有要"，朱王之"要"各有在，非勉强可求混一。

### （3）对朱子格物说的综合评价

泾阳虽然对朱子之格物说发生了同情，认为其义甚精，然而他毕竟还是上来就说"朱子之释格物，特未必是《大学》本指耳"。我们则可以看出，泾阳自始至终对朱子之格物不能心受，朱子格物说之真义对泾阳并未发生过效力。泾阳之不认同朱子之格物说，也并非即信受阳明之格物说，而是认为朱、王之格物说都不是《大学》"原旨"，毋宁朱子之格物为朱子者，阳明之格物为阳明者。此证不一，如：

> 圣人之言，彻上彻下，无所不通，顾人认取何如耳。朱子之言穷理，自是朱子之意；阳明之言穷理，自是阳明之意。即质诸《系辞》原旨，故并行而不悖也。执此病彼，正是意见作祟耳。①
>
> 朱子之格物，阳明之致知，俱可别立宗。若论《大学》本指，尚未尽合。要之，亦正不必其尽合也。②

泾阳虽否定朱、王之格物说为《大学》"格物"之本义，然而他并未否定朱、王格物说之意义：一者以为"甚精"；一者以为"认取"之不同，而可以并行；一者以为"俱可别立宗"，且不必与《大学》尽合。

## 四　泾阳之格物观念

那么泾阳本人对《大学》格物的理解究竟为何呢？

泾阳早在作《大学说》时，就已经奠定了他的格物观。他说：

> 大人通天下为身，故其学通天下为学。明德者，天下共明之身也。而明之自大人身始，所以"大学之道，在明明德"。

他认为，大学为大人之学，大人之学为大人身之学，"通天下为身"而后为大身。此意即，大学从最初之个人修养，必最终及于天下而后已。而其学的内容即"明明德"，"大人身"实即"明明德"。"自明明德之谓修，明明德于家、于国、于天下之谓齐、治、平。本本末末，终终始始，共修一大身而已。是以《大学》'自天子至于庶人，一是修身为本'。"他把修身作为个体之"自明明德"，即"本"，把齐、治、平作为明天下人之明德，即"末"，

---

① 《还经录》，载于《全集》，第 436 页。
② 《小心斋札记》卷十四，第 176 页。

"本本末末"，如是而成就一"大身"之修。因此，他把大学全部理解为或归结为"修身"之学，"修身"即"明明德"。"明明德于身，即明明德于天下矣"，所以"修身为本"。"格物者，格透此本，每有个至善所在也。"① 格物也就是使自身能够时时止于至善，即修身，即要把"工夫亦归并到身上来"，即"自明明德"。

泾阳在其接近二十年后所作的《大学质言》基本与《大学说》同意，也是从本末来讲格物。不过，这时他的学说更有渊源，受到了董、蔡诸家说的影响。他说："窃谓，格物只是辨个本末，要学者认得人分、己分清楚。此是学问大关头，一是百是，一错百错。"② "己分"也即"自明明德"之事，这是本。他虽然仍持"修身为本"之见，但也可以看出变化。早期他尚强调"大身"说，现在他却又分别人、己，把本末先后合一关系向人己对立关系转变，意在把格物说向"反己"引导。其持"修身为本"可谓尤固。泾阳于处世，每以"反己"为说，其根源本此。

泾阳之从本末来解释格物，其后期也是未变的，如对于杨朱、墨子、子莫，他评论道：

> 墨子悲丝，杨子泣岐，子莫踌躇二子之间，这一腔精神十分恳切。渠何尝不要诚意、正心、修身？亦何尝不要齐家、治国、平天下？只缘本末上未曾参透，其流便至无父无君，孟子且推而等诸洪水夷狄。差之毫厘，谬以千里，岂不信哉！此《大学》之格物，所以为入门第一义也。③

论三子之意则或无不同，然墨子失本，杨朱绝末，子莫失于本末之间，则皆不达于治。泾阳认为"只缘本末上未曾参透"。参透本末，这一层工夫，也即"格物"。泾阳认为格物是《大学》入门第一义。④

> 或问："格物之说纷如聚讼，孰为定论？"曰："'致知在格物'，'物格而后知至'，'此谓知本，此谓知之至也'，此四个'知'字，是同是异？"曰："安得有异？"曰："如此，格物之说昭然明矣。故王心斋

---

① 以上见《大学说》，载于《全集》，第 818 页。
② 《大学质言》，载于《全集》，第 632 页。
③ 《小心斋札记》卷十三，又参本卷第 29 条，俱见第 168 页。
④ 其在《大学质言》中已明作此说。

曰：'自天子以下三条，是释致知格物之义。'"①
这里泾阳提出了他所谓的格物"定论"。他认为《大学》"致知""知至""知本""知之至"中的四个"知"字都是同一"知"字，即这里反复强调的只是一个意思，格物而致知，致知即知本，知本即知至。

> 据《戴记》《大学》有结语曰："此谓知本，此谓知之至也。"可见，格物只是知本，知本只是修身，致知者只是知修身为本，三言一义也。②

这里泾阳对格物的说明更加明确，《大学》格物、致知、知本、知至为一义也更可肯定。格物与致知并无差别，只是要知修身为本。这种理解也是泾阳为什么能够把朱子之格物和阳明之致知比作同一义。由此，我们也可以判断，泾阳对朱子之格物和阳明之致知的理解都不是朱子和阳明的本义。

总而言之，泾阳之格物，应格知之内容为"物有本末"和"修身为本"，而尤以"修身为本"为重要，其格物始终不离"修身"，而最终以"明明德于天下"为极致。③他的格物观完全从《大学》出发，"家、国、天下无非是物，身、心、意亦无非是物"④，然其"物"亦终不出此数者之范围。程朱之格物，乃一般理论之格物，并不局限于《大学》，而是依托于其独立之宇宙论。泾阳之格物为狭义的，故始终不能与朱子之广义的格物相契合。

知"修身为本"一义，在明代以李见罗最为代表。见罗之学说，乃承江右而直突破阳明致知之说所转出者，他甚重视体用、本末的区别。他认为"从古立教，未有以知为体者"，良知是用而非体，认用为体，此弊害之源。他说："盖在致知，则以知为体，在知本则以知为用。以致知为宗，则所吃

---

① 《小心斋札记》卷十四，第177页。泾阳于《大学质言》中论乎《大学》致知格物前后文序时有言："石经本于致知格物之下，随系以'物有本末'一条，即'格物'二字意义了然，省却多少闲议论。"（《全集》第631页）泾阳于《大学》文本之研究与其格物思想为一体也。

② 《小心斋札记》卷十四，第176页。

③ 高攀龙自述青年时为学："以为心不专在方寸，浑身是心也。顿自轻松快活。适江右罗止庵（名懋忠）来讲李见罗修身为本之学，正合于余所持循者，益大喜不疑。是时，只作知本工夫，使身心相得，言动无谬。"（《明儒学案》，第1400页）又曰："才知反求诸身，是真能格物者也。"（同上书，第1402页）东林另一元老学者孙慎行，论《大学》亦主修身为本，其说曰："《大学》一书，无非格物也，岂必另言所谓致知？只是知修身为本，更无别有处。"（《明儒学案》，第1458页）可见，修身为本，亦为东林之共同精神。

④ 《大学说》，载于《全集》，第820页。

第七章　论《大学》及"格物"　｜　355

紧者要在求知，以知本为宗，则所吃紧者又当明本矣。"①可见，见罗是不本良知，而别有"本"的。他作《知本义》上下两篇、《知止说》和《格致义》等文字来阐发他对《大学》"修身为本"的理解。其大意在：

  天下、国、家非他也，即身之所体备者也；心、意、知、物非他也，即身之所运用者也。

  断知身外无有家、国、天下，修外无有格、致、诚、正。均平、齐、治，但一事而不本诸身者，即是五伯功利之学；格、致、诚、正，但一念而不本诸身者，即是佛老虚玄之学。故身即本也，即始也，即所当先者也。知"修身为本"，即"知本"也，"知止"也，"知所先后"者也。②

见罗对《大学》一书所最发挥的是"修身"一目。他认为，"心、意、知、物"都从属于身，而"天下、国、家"也都是"物"，这些物"体备于身"，即无身外之物。格、致、诚、正、齐、治、均平这些都是事，也都属于"修身"，即无修外之事。如此《大学》之八目其实都可以归为"修身"一目。他还认为格致不缺传，"一部之全书，即所以传格致也"。因此，对见罗来说，修身、格物、致知三义是能够统贯《大学》的。格物其入手，致知所以知本、知止，本者修身也，所以三义实际又归结为修身为本一义。他认为，如果离开修身讲齐治平，则走入功利，如果离开修身而为格致诚正，则蹈于玄虚。可见他对空谈本体或不重根本的做法都不满意。见罗之学以"止修"名，其学也即包括"止"和"修"两方面，既要知止，也要能修，不然皆无着落。"修身为本"，止、修在是矣。

  泾阳对李见罗很是推崇，丙戌（1587）曾应见罗学生之请为之编校文集并作序，《序》中说："夫先生之揭修身，有见之言也，万世为学之常经也。其所以揭修身，有激之言也，一时救弊之急务也。"③他对见罗修身之说是肯定的，但认为其针对阳明学之弊而揭此说，属于救弊，还具权宜性质。

  李见罗"表章《大学》，特揭出'知止''知本'两言，可谓洞彻孔、

---

① 《明儒学案》三十一，第676页。
② 以上俱见《见罗先生书》卷一。
③ 《李见罗先生书序》，载于《见罗先生书》卷首。

曾之蕴"。① "孔曾之蕴"即《大学》之蕴。泾阳在《札记》中前后对李两发是言,可见他是称许见罗领会了《大学》本义的,这与对朱、王的评价有别。但泾阳对于见罗仍然是有所保留,他特别对其过分强调体用、本末之划持有意见。②

泾阳的格物说,实际是未越出朱、王、李三家之说,他希求在三家之间为一种融合。他一方面着意说明三家之格物皆因激而发,各为一时期之代表学说,非《大学》本义,也并不能因此而推翻在前之格物说:

> 朱子揭"格物",阳明疑其错看了"物"字,则驳之曰:"物,内也,非外也。"阳明揭"致知",见罗疑其错看了"知"字,则驳之曰:"知用也,非体也。"大都是有激之言,非究竟义。③

他一方面又从三家之立场上皆给予肯定,使之并本于《大学》,各为一偏,相辅而行,不可偏废:

> 朱子揭格物,不善用者,流而拘矣,阳明以良知破之,所以虚其实也;阳明揭致知,不善用者,流而荡矣,见罗以修身收之,所以实其虚也。皆大有功于世教。然而,三言原并列于《大学》一篇之中也。是故以之相发明则可,以之相弁髦则不可;以之相补救则可,以之相排摈则不可。④

---

① 《小心斋札记》卷三,第 33 页。又见卷十四第 22 条,第 177 页。
② 参《小心斋札记》卷十四 22、23 条,第 177 页。
③ 《大学质言》,载于《全集》,第 635 页。
④ 《小心斋札记》卷十一,第 144—145 页。高攀龙亦谓三家各有所长,主于会通,不专一是,其文曰:"窃谓古今说《大学》者,格致之义,程朱为最精;致知之义,阳明为最醒;止修之义,见罗为最完。三家相會通,而不以一说排斥,斯可耳。"(《与泾阳论知本》,载于《高攀龙全集》,第 404 页)然高氏虽肯定三家之长,亦各揭其短,融合三家,终以朱子格物为归也。故言:"程朱格物之说,更不可动。"

# 第八章 结论

顾宪成作为明代后期的一位重要思想家和讲学者，主持兴复东林书院，对明末的思想运动和变革有很大的影响，在明清思想史上有相当的地位。本书的研究主要做到了：一方面，比较全面地梳理顾宪成哲学方面的思想，呈现了具有一定结构层次的思想系统。以前学界对他哲学方面的研究比较零散、片段，其中有不少题目未尝触及，如他的先天后天思想、性命理论及《大学》研究等部分，其中不少论题的既有研究也远不充分。另一方面，在材料的利用和梳理的细密上，本书比以往要充分许多，而在观点的提炼和分析上，也比以前更加深入，基本对顾宪成的思想和精神作了全面而又以材料为根据的呈现。这些成果，或许能使人们对于顾宪成的一般看法得到显著的更新。再一方面，在整个宋明理学的传统特别是指程朱理学和阳明心学中考察了顾宪成的思想特征，对他如何于朱子学和阳明学的资源进行历史性的继承和处理，进行了比较充分的观照，从而使读者更容易对顾宪成在中国哲学史中的地位作出评定。

为了便于读者对本书主体内容的把握，本章第一节，将简单地概括前述各章关于顾宪成的主要思想与他的哲学观点。这些是本书的基本成果，也是本书结论之所自出，同时，还是对顾宪成在中国哲学史上的贡献的表彰。本章第二节，是本书的主要结论部分。首先，进一步提炼顾宪成思想的几个显著特征，这些特征的总结是在全面研究的基础之上才得到的，若但论其一两点，便不容易察觉。之后，主要回应两个问题：一是顾宪成之思想是否单薄、缺乏广度和深度，以及他的意义是否主要为救时弊的问题，这个问题其实已经不言而喻，但有必要进一步稍作申说；一是综合评断顾宪成的思想在朱王之间的立场，以及是否局限于朱王的格局之内，其实也是其学术之历史定位问题，这是研究顾宪成的一般归结点。最后，对书的重要遗留问题作一些说明。

## 第一节 研究概要

本书第一章前论部分,对顾氏之著作和成学之渊源作基本的交代,而主要是通过对顾宪成生平之构成的分析,来呈现他一生之影响和精神所在。研究者唯注意到他气节之卓越和讲学影响之广泛,而对他制义方面的成绩和影响则颇为忽略;论讲学又仅注意他东林讲学之显赫时期,而未察及其早年讲学之盛大。故论顾宪成必须从制义、气节、讲学三个方面方能完全无失。而其东林讲学之来历必从早年讲学论起,其早年讲学又必从其制义论起,"做时文"与"做人"为顾氏讲学始终合并在一起的两项基本教育功能;又,其从政之精神必从讲学论起,其讲学之精神又必合其历政之精神论起,顾氏之出仕与讲学非有两段精神,他终生所一以贯之的"精神"是忧世和"救世"之精神,是要"联属"人己而成"公共之己",是要"联属"道脉而通乎上下千万世的宇宙之大精神。这几点认识的提出对研究顾宪成是十分重要的,直接能改变人们对顾宪成的寻常感受。这部分为前论的主要内容。本章末节对自顾宪成同时期以来对他思想的讨论和研究情况进行梳理和评论,在此基础上综合提出本书的选题意义和写作计划。

本书第二章,论述了顾宪成的道统论和对道学诸子的学术评价,这一部分相当于清理顾宪成的道学史,以道统论为主线,以对道学诸子的评价为内容。顾宪成十分重视道统,提出一统两宗的道统格局,实现了对道学思想最大程度的整合。在顾宪成的道统论中,尊周(周敦颐)的意识尤其强烈,他对周敦颐的著作及思想都特别尊崇,认为周敦颐为道统的近源,力推周敦颐为道学宗主。他比较重视且谈论最多的,周子而外,就是明道、朱子和阳明。

本书第三章,为对顾宪成根本原理的追溯。顾宪成的根本原理,用一句话说,就是"从先天出后天"。"先天""后天"的意义,一是表示根源所在,一是相当于形上、形下。"太极"是先天,不仅是先形气,更是"超形气"。"乾元"次于太极,已经带有形下的性质,而坤元则形下的成分更多,二者都属于"后天"概念。他主张,不应误认先天而混淆本体,要保证后天之实现完全是先天之作用。顾宪成讨论"先天"和"后天",虽然有意要区别二者,但并不是要对立二者。他对先天、后天的关系、乾元以及乾元坤元的关系都有比较独特的看法。他还把先后天的关系,延伸到对孔子学说的认识上,论证"孔门有仁圣两宗"。理气问题是他先天后天问题的进一步具体化或内涵揭示。他的理(性)气论,主要是阐述理、气的同异问题,理气同异对他来说具有很重要的理论用途。"理同而气异"之说,是他理气观最凝练的概括。在性和气质之间,一定要把握性主宰气质的原则。性命论,是先天后天与理(性)气关系的延续,更切近于人。泾阳讨论性命,在他的著作中很突出。他重视"天命",这一思路跟他重视"先天"的追溯同一实质,都是他重视根源的表现。顾宪成论命,以超乎形气者言"命",比性的地位高,朱子论命,以兼乎气质言之,孟子论命,则以命数言之,他们作为不同时代的学者对命的认识有极大的差异。

本书第四章,从理气过渡到心性。顾宪成认为"知学"要以"知性"为前提。他的坚定的人性论主张就是性善。顾宪成的全部著作和讲学活动可以说几乎全部都是围绕着性善论展开的,本书的写作也可以说始终以性善为核心。顾宪成认为自古言性本自有定,提出了论性之"两大变局"的说法。他论证善是唯一的性,恶不是性所本有,是从"躯壳欲"产生,不认为恶是气质禀赋的原因产生。他通过寻找经典根据,以及协调孔孟的不同人性论说法,来完善他的性善论。顾宪成论心,他认为"形而上下之间者谓之心"。总之,是欲阐明心不是性,而心有矩,所以当"小心"以"循矩"。"心,活物也","心有为也,性无为也",是他的代表说法。人心是"活物",以其所从的价值取向不同,则有道心和人心之分。"人心"易有,"道心"难得。人之所以有"人心",乃因人之欲望力强,使人心向躯壳念去,追逐名利,不了生死。因此,人应断除利根和名根,特别是以断除利根为先为要。名利心尽,死生便皆能得其正。关于良知,主要从良知是体是用的问题和良知需不需要工夫的问题两大方面来展开。他往往是把"良知"和"良能"对言,以孟子之说为率,这样,良知的地位明显是被削弱了。他提出知、能都是"才",良知良能为"体用之间"的观点,这一说法在良知学中是有其独特性的。最值得表彰的是,顾氏挖掘了良知、良能的内涵,既对良知、良能有精严的界定,防止情识的冒入,又扩大了良知、良能的内涵,把学虑、闻见等工夫成分尽量纳入到良知、良能的内部来。他的这些看法是十分有价值的见解，极大地更新了人们对良知、良能已经僵化固执的认识，使得良知学得到了很大程度的扩张。

　　本书第五章指出，提倡性善和批判无善无恶，是顾宪成一生两件重要的工夫。他对无善无恶说进行了穷源之搜讨和批评，与同时重要的无善无恶论者进行辩论，如钱大复和管志道。他的诸多努力，都是因为目击明代王学末流之时弊，而围绕着对阳明所倡之"无善无恶"说所作的批判展开。顾宪成批判告子，他认为告子是无善无恶论的源头，主要从告子仁义非性来展开。对阳明的批评主要是针对阳明"论性无定"之说，及无善无恶的严重危害来进行。儒释之辨，主要是讨论了顾宪成与禅学的接触、对禅学态度的变化、对儒释之异的分析，以及最终对待佛教的态度如何，特别是儒释之空义的判别，及对佛教因果观的批评。与钱渐庵的辩论，也是从"空说"入手，讨论善是否为有着的问题，及孟子以情征性的论证是否充分。与管志道的辩论，主要是在管志道三教观的基础上，对善恶对待问题和阳明"四句教"前后句关系问题展开辩论。顾宪成提出"平对"和"反对"之说，成为很有效力的批判武器。他着眼于本体和工夫应当合一，对阳明"四句教"容易导致"执上一语而忽下二语"的现象进行详细的分析。

　　本书第六章，专门讨论顾泾阳对本体和工夫关系的看法，而不是分别讨论本体和工夫之分别所指。顾氏之批判主要针对王学末流，然同时还针对朱子学的末流。此一部分，一以见顾氏对本体工夫之关系的看法，一以见其批判是面向道学之全体的。本章首先从本体和工夫的直接关系入手作一些说明，然后从修悟、下学上达、博文约礼、中庸等这几个具体的层面多方面考察顾宪成的观念。顾宪成的思想主张，有特别针对当时学者重本体而轻工夫之病而发者，他试图通过弥补工夫的缺失来挽回日下、日伪的世风。他反对不做工夫而虚谈本体，不主张片面地讲工夫和本体的为学态度，最赞同即工夫即本体的浑融教法。在本体和工夫的相即关系上，他更偏向即工夫即本体，而不是即本体即工夫，以工夫为本。在修悟观念上，他也同样表现出高度的辩证思维。他并不单言修而避谈悟，相反，他反对舍悟而言修，同时他还强调修悟之外的"证境"，悟尚非极致。"下学上达，躬行君子"是他，也是他所主教的东林学派为学上的基本态度。博文约礼，是下学上达的近似主题，同时也是宋明理学的重要论题，通过历史之考察，由之而见这一形式所赋予之不同内涵的变化，来说明泾阳学说相对程朱及王学的独立价值。中庸，是泾阳所特别强调的一个主旨，对时弊之好奇而来。由此，我们可以看出就为学之谨严、平实之态度来说，泾阳从内心是完全倾心于程朱的。

本书第七章，讨论的是顾宪成的经学观念，主要论述他对《大学》的研究成果及对《大学》所提出的"格物"思想的理解。这貌似是关于某一经典的研究，然其意义却是贯彻宋明理学之全体。顾宪成尝欲作《五经余》，未就。他一生对传统经学的研究，主要集中在《易经》和《春秋》。他把"经"解释为"常道"，把传统六经和理学表彰的四书从"常道"的角度，都作为"经"来看待。他有自己精细的经典系统的构想，特别是提出自己的"新四书"说，具有对传统的突破意味。顾宪成在传统经学方面并无最终的成果，他的经学实际部分乃在四书学，四书之中，泾阳所最尽心用力的又在《大学》。本处主要讨论了如下问题：《大学》分经传否，如分经传，其经传为何；"格物致知"阙传否，如不阙传，其为传如何；《大学》有无错简，如有，其回复原位如何。顾宪成认为《大学》的纷争究竟还是起于格物之义的不清楚。他对朱子格物向"一草一木"的导向不以为然，作了不少讨论，也有态度的变化。他对朱子的格物进行了全面的分析，认为"物原是理"，并把朱子的格物"四言"类型化，以此来合并阳明的学说。然而他并不认为朱子和阳明的格物说为《大学》格物的本义。顾宪成理解的格物，应格知的内容为"物有本末"和"修身为本"，而尤以"修身为本"为重要，其格物始终不离"修身"一念。总之，顾宪成在《大学》和格物的观念上与朱子表现出极大的分歧，对阳明较多同情。

## 第二节　研究结论

### 一　以"救世"论思想之得失

黄宗羲于《明儒学案》中衡论东林学术，其言曰："东林之学，泾阳导其源，景逸始入细，至先生（按，指孙慎行言）而集其成矣。"[①] 此说来源

---

① 《明儒学案》，第1450页。

最正,权威最大,影响及于中外,<sup>①</sup>而今日犹若北斗丽日,学者宗奉之如圭臬指南,而无敢有异辞。梨洲硕儒巨匠,诚有见而发,非妄议论,然其启发人处在此,其贻误于后亦在此。我们今日距时已远,积功加深,秉客观之规,祛门户之偏,于古之人自可尤得其情实,故于其说不可轻忽以为不然,亦不可遵信太过以为不易,在乎吾人善会。

梨洲之言,虽归美作始之功,却隐然有视泾阳学术为粗疏之意,且于三子之间又显然若构一演进之次第。推原梨洲所见,其所谓粗细之异,一方面固指理论之表现,而其实尤关切于心性论之精微以及工夫体证之深入。以论理辨析密察而言,三子各有独到,唯其所注意者因性情、时气不同,不可律求一致,如论性善、辨先后天、明工夫本体之关系、研讨《大学》,虽二子其于泾阳无所加也。三子为时甚近,学术经朱子、阳明二学之陶冶,已极臻成熟,不能如程朱之间,有所谓导源、集成地位之差异,师友之间而已。梨洲所论要自心学立场裁断,以高、孙二子心学之气味尤重,而多内在体验之语,所造有若精微过于泾阳。然此正学术风貌之特色、学术方向之不齐,吾人当因人具论,不足以据此以合同归一,亦不足据此以判别粗细。高、孙二子颇染佛教之习气,黄氏所以为集成之孙先生尤然,而顾宪成则于儒佛之际辨之不遗余力,而丝毫不假,故其法度谨严,立身有矩,所论往往若保守,非着意于玄微恍惚体验之言,而一本其下学上达之旨,犹是儒者醇色。然顾氏论理之切中、犀利、透彻,足以厌服人心,吾人当虚心体之,未可以前辈笼统之言为定论而轻忽弃之。

以历来学术界的偏见,加之历史之讹传,对于顾宪成的思想地位评价多有失允,而归重其政治社会之影响,于是又有一不恰当的观念起来,复有待于辨正。通常认为,顾宪成的思想,乃主要与世道相关,以救时为主,以挽正王学之末流为己任,于思想之丰富性、系统性及创造性,皆不足述或无可多述。如古清美认为:"其(顾宪成)于无善无恶之说专从世道人心之患上痛论并力矫之,但对于性体、心体之义只略涉藩篱,未能完整而系统的建立起来;由此见出泾阳终只是为利于世道和教化作用论学,作为一思想家终是有所欠缺。"<sup>②</sup>此论最为典型。古氏对顾宪成的研究是目前最深入而全面的,

---

① 如日本学者冈田武彦于《王阳明与明末儒学》书中持之。
② 古清美:《顾泾阳、高景逸之思想比较研究》,第317—318页。

然其持论亦仅如此，认为顾氏有欠为一思想家。

古氏之言，诚有是处。顾宪成之学术着眼在世道之弊，故不好为创论，斟酌朱王之间，取其救弊之效者多。其学术与世道、风俗密切相关，谓其全部用心，无不与世道有关，亦尽可。"世道"二字的意义，于理解顾宪成关系甚大。

顾宪成自青年时期就有志于世道，因其制义之成功而有名，而讲学，而为官，而复归于讲学。他在制义、气节和讲学上都对当时和后世产生了极大的影响。他一生都有救世之宏大的愿望和迫切的心情。他最终以讲学为自己的神圣使命、救世途径和归宿，而讲学又以"羽翼圣真，联属道脉"为精髓。救世和他的学术之间有密切的关系。因此，钱穆所谓顾氏"在现实的世道时风上求真理"是正确的。古清美突出顾氏思想之所体现的"时代精神和意义"及其"补偏救弊"之立意，也都无可非议。对顾宪成之理解必须首先要把握住其救世精神，方能于顾氏之内有入。此有入，非但学说奇正之理解，更是人格风采之领略。

然既知其一，须知其二。顾宪成对王学末流之反动，本身就具有独立而重大的思想史意义。然若遂以其思想但为应时之物，并进而批判顾氏缺乏有深度的思想，认为他皆零散片段之见，并无思想之丰富性、系统性及创造性，于中国哲学史为不足述或无可多述，则误矣。能认识到顾宪成思想乃尽从关心世道而来，已属难得之识见，诚不可谓之肤浅。然对于研究顾宪成来说，却又不免于片面而失衡。

首先，论说零散、著作不具结构、思想缺乏系统性，其实本是中国思想家的一般特征，或者说是通性。论一思想，特别是中国传统的哲学思想，应顾及其本有的特色。研究中国哲学，于思想家不能求其文字形式上的系统，即有形系统，而应求其文字之上的系统，即无形的系统。一思想家是否成其为思想家，应以其是否可由有形之文献而得无形之思想的系统为准。而一研究之成功为研究，亦以其能把思想家之无形的思想系统转现为形式上的系统。顾宪成之《札记》与宋明理学家的语录体文献相比，在思想之广度和深度上，丝毫不见有何逊色，如邹元标评之曰"沉潜粹密，与《读书录》相表里"①，孙慎行谓之为"语录中之隽也"。且其《札记》有十八卷之多，是他

---

① 邹元标：《泾阳顾公墓志铭》，载于《愿学集》卷六上。

闲居后潜心学问十八年之久的所得,其中"论学者十七",加之近十种的《商语》,他的论学著作在种类和数量上都占他全部著述的大多数。就《札记》而言,其性质又与讲学之《商语》有所不同,不单单是对人说法,更主要是自己读书、思索、体会的心得,也不必直接与救世相关,其中不乏精思独得之见。且每卷也都能见出一定的思想指向。如卷一,通卷便主要讨论孔孟、周程、张邵、朱子等的学术特色。其他各卷数条连类,或前后连类者更不可数。泾阳在《札记》中对王学人物的讨论亦不少,然只是其中的一部分内容,并不比对理学的讨论为多。

其次,思想之进展本就围绕着对前代思想之批判进行。本书特立"道统论"一章,就是因为《札记》里评论中国古代重要思想家,特别是宋明理学家的内容相当丰富,以至于有必要列专题讨论,而之前专论者唯有古清美。因此,不能把顾宪成对王学之批评看作他思想的重心或全部。如钱穆先生以顾高思想为主来论东林讲学,谓其大体约有二端:一是矫挽王学末流,一是抨弹时政。以此论东林讲学或无大失,然学者若以为可以移用于顾宪成则失矣。若以顾氏为专辟王学末流或反王阳明则陋矣。顾宪成重视道统,对道学史作了自觉全面的清理工作。他的思想就在此基础上展开。顾宪成除了对周濂溪无二言外,对其他道学诸子都有批评。朱子在他的道统中的地位算不得尊崇,其上有明道,明道之上是他最敬重的濂溪。他对王阳明的"无善无恶"之说意见最大,他也不以为《四书章句集注》是朱子的三大功之一。因此,如果从学术思想的继承关系来看待一个思想家是必要的,然仅仅从附属的意义来看待一个思想家,便属于贸然。我们可以肯定地说,顾宪成的学问之路,也和宋明理学家中的任何大家一样,是本着穷究身心性命之学而开启的,甚至他的热情丝毫不减于程朱这些大家,由本书"前论"可明。只是,其思想之显现部分为人所习闻熟道者,在对王学末流之批判而已。若无独立坚正之思想,任何批判都是无法进行的。顾氏之穷探力索的结果,多保留在他的《札记》中。就体用、显微、源流合而观之,方可公允地对顾宪成的思想进行研究。

再次,就中国思想的发展来说,儒家经历了宋代程朱理学与明代心学之发展,其界域大体已经穷尽了。后人之研究,若非转出思想之述说,而别寻学问之路径,如清代之考据学,则难有大成就。因此,清代理学,学者每不重视，正以其开拓之难，不免因循陈说，罕辟新境，令人启怠慢之心。且不仅清代，民国时期中国哲学有创造性之发展者，非新心学，则新理学，实亦难脱宋明理学之窠臼。若以儒家旧思想来论，学术经阳明学之百年风云幻化，已是"穷途"。何况，明初学者已经发出道理已说尽之叹了。故，王学衰敝之后，继之者非各固门户，则调和折中罢了。掩耳塞听，固执一说，相互攻讦，明智所不取，故唯有虚心折中，去短集长，庶为优途。然若不明所以，一味调和，又其中之劣术，非足以论顾宪成。

复次，中国思想的特征，本来就注重简约，虽然短短的一条札记，往往是长期体验、极尽斟酌方才写定。此又与语录有别。因此，对于顾宪成的思想，一方面不能因为其散见无统而轻视之，一方面也不应因其言简意赅，不数数见而忽视之。即使如此，这些《札记》也是有价值的，甚至就是其思想的"眼睛"。并且，其多数思想虽在论说上可能存在差异，但在精神上多是一以贯通的，可以取得旁证。如其先天、后天思想，乍视之，以为造作，且无论其多有明文，即其性命之论、理气之论、心性之论，无不有此思想之运用，证岂孤哉？

最后，尽管如钱穆先生所说："宪成眼光，只针对在现实的世道人心上求真理"，则亦不可即理解为，顾氏只从现实世道上求真理，而少或不从源头上求真理。顾宪成之求真理与世道有完全之关系，然这并不否认他之为世道而转求源头真理之努力。相反，他于现实之痛愈深，则其求源头之愿愈切。现世与学术之不可分离，并不意味着学术即受制于现世之境况，而是现世激发学术之钻研，促进学术之深入和端正。并且，我们还应特别理解，古所谓之世道主要是指人心之道德状态所形成的社会风气的好坏，而古所谓真理，更主要是指心性之道德原理。自古亦无脱离世道的学术，但有学者派的思想家和救世派的思想家之区别。这大体也可以对应理学和心学学者的风格差异。

因此，论顾宪成的思想，一个方面，应从"救世"着眼，顾氏之思想是与"救世"之观念合一的；另一个方面，又应抛除"救世"思想的干扰，而纯以思想论思想。这是思想研究的特殊之处。思想本身有时代属性，然思想之时代性又与历史事件的时代性不同，一思想可以不断绵延，而有其超时空的特性。宋明理学言理，理作为讨论的对象，在他们看来是万世不变的。

因此，他们本身并不认为自己的论说就是时代性的。思想之价值也往往与其纯粹性有关。以救世论思想，固为有得，然对于还原思想，其所受障蔽亦为甚。

通过本书的梳理，泾阳之哲学俨然也可以成立一个系统，并且本书所呈现之内容，皆提炼自顾氏著作中，非预为拟定，以求合辙。如道统论，顾氏《札记》中，论孔孟、周程、朱子、阳明之言几无卷无之。人多以为顾宪成辟阳明，尊朱子，然若不读其书，恐不免为此成见所误。若稍寓其书，其尊周远过于尊朱，其对举周、王而言功，以朱、王为孔门之两大格局，皆将出乎意外。究而言之，对顾宪成思想上的不重视，主要是对他的思想开发得不够。

## 二 顾氏哲学思想的显著特征

顾宪成哲学思想内容上的特征，所可重视之点已如上节所述。这里但就其思想之形式上的特点略为总结，以见其思想并非无所根底，而本有一贯之处。

第一点，顾氏思想特重根源。如他对道统之清理；对周子之过分的尊崇，对《太极图说》之推奉，必欲跻《太极图说》于他的"新四书"的构想中；他对太极、对人性善之追究；对王学末流弊端之批评，必曰《还经录》，必曰《证性编》，必于阳明不舍，必于阳明四句教提宗处不舍，必于告子、禅宗不舍，皆是他为说立论，必穷源头之观念的体现。

第二点，他好持二元对待之论。他认为有必要做这种对立的分析，以使得意义更加充分。如他于无极与二五、性与命、道心与人心关系的说明；他对孔门有必要有朱王两大局的看法；对仁圣两宗的区分，以仁宗之上尚有圣宗；他认为气质之说有助性善；他对阳明知行合一说的批判，认为不应固执一说，分说、合说、互说，方可全面地见出知行之义；如关于何思何虑问题，他认为既要寻其来脉，又要勘其落脉；他的平对、反对之论；等等，都是这种思路的体现。

第三点，顾氏好为两间之论。与二元对待不同，这种思想的特征是即可为某，又能为别某，一体而有两性。如乾元在先天为后天，在后天为先天；良知在体为用，在用为体；良知既现成，又不现成；才为体用之间；心为形而上下之间；其实性在他那里也是有这种居间性的；等等。这些概念具有双重的性质，当然性质的成立是有条件的。而且这些其实都可以统一于顾宪成关于先天、后天或太极与乾元的关系中来。这种观念也是他心性论的基础，是应重视的。在顾宪成的观念中，只有太极是真正先天的，而乾元、性、心、良知等，都已经具有了相对的后天属性，或者说已经是在后天中落实。因此，顾氏对这些概念的性质才进行如此细致的甄别，以表明它们的特殊性，从而给它们赋予了双重性的色彩。

第四点，顾氏好为融合随时之论。此与二元有些相似，与两间亦有关联。如论《河图》《洛书》《大学》《中庸》《太极图说》《西铭》等八部经典，各成一局，又相互阐明，共成一体；于阳明学内部之现成派和非现成派之间，主于"全提"；于格物之论，主朱子、阳明、李材三家之义，"以之相发明则可，以之相弁髦则不可；以之相补救则可，以之相排摈则不可"；① 于修养工夫，则认为主静，主敬，穷理，致良知，修身为本，看人如何体取；② 等等，不胜枚举。他认为学术有偏全，"论偏全，则偏者全之余也，势必相合而为用"③，又认为"自古圣贤论学，只是随时随处随意发明"④。这可以看作他讨论学术的一个基本观点。

第五点，他的学说往往具有高度的辩证性。以上诸点其实都可以作为本点的体现。顾氏有着强烈的辩证意识，他之论理既不会落于一偏，也不会不归于统一。这一思想的具体形式就是"一而二，二而一"。他分析问题几乎无一不是从两面、两端或多面来考虑的。如他论知行的关系，谓"知与行原是一而二，二而一"⑤；论仁与义礼智信的关系，认为仁统体与散殊既有别，而统体又全现于分殊；论心性，他认为阳明"心即性"有未尽，即欲表示心与性本"一而二，二而一"；又如他论理气、论心矩、论心知等，都明确用到此种言说形式；他在论本体和工夫的关系时，论修悟的关系时，他的辩证手段的运用可以说达到了极致。

---

① 《小心斋札记》卷十一，第 145 页。
② 参同上书，第 42 页。
③ 《还经录》，载于《全集》，第 427 页。
④ 同上书，第 423 页。
⑤ 同上书，第 426 页。

如上说明，顾宪成的思维水平是很高的。他有着包容的胸怀，也有着能包容的眼界。这不是一般思想家所能做到的。他的这种思想也并不是他所强烈批评的乡愿的中庸之道。这种高度的辩证思维，是他在世道之弊的沉痛经验的基础上培养成的。当然，他针对的时弊，也并不单指他所经历的时代的弊端，而同时指向历史中的重大流弊。单纯的思想之交替补救，循环无端，并不是高明之道。因此，顾氏于思想、于立教，必然追求更加完善、更加谨严，以产生最小的流弊。因此，也应注意，他在讲学的过程中，在传布思想的过程中，并不一定会把他的思想向极致去发挥，呈现他的完整看法，他要充分地考虑对世道的影响和引导。也就是说，他呈现的某些说法，可能只是出于矫弊而作出的片面之论。

### 三　朱王立场之判定

研究者对顾宪成于道学中的立场所作的判定中有不少的论断，如朱王调和说、王学修正说、朱子学的倾向、以朱子学为根本的学说、由王返朱说，这些学说本质上都不能不归结为朱王调和，因为谁都不能断言顾氏为朱子学，抑顾氏为阳明学。其实，谁也没敢断言，却又试图对其主体性质作出自己倾向性的判断。因此，诸说差异之所在，是顾氏思想中朱、王何者为主。

那么大家热心探究这个问题的意图何在呢？

一者，宋明以来，儒学内部主要体现为理学和心学的对立。到了明代，阳明成为心学的大宗，而朱子学和阳明学之间是严重对立、相互批判的。因此，儒学者可以说非朱即王。为朱为王，就代表了一学者的根本学术立场。由于二种立场是"生死"的差别，对一思想家的定性研究，特别是对有争议的学者，就成为很重大的事情，因而也成为研究的最重要的内容。如果确有所得，那么意义自然也很大。这也算是理学研究的一种思维惯性。当然，就理学和心学的内部来说，问题同样复杂，其派别也很多，对立也未尝不严重，其间之错综复杂的关系，使得此项研究成为必要，如王赓唐所说："身处林立的流派之中，和他们在思想上的关系如何，是研究东林学派说必然探究的重要课题，否则是难求全面认识的。"[①]

---

[①] 王赓唐：《知半斋续集》，北京：学苑出版社，2006年，第430页。

一者，顾宪成就是这样一位学术复杂的思想家，其思想属性的研判很棘手。在他的文献中，朱王的色彩都有很鲜明的体现，所以所持各种论调，无论是偏朱子还是偏阳明，都有比较充分的根据，同时也自然都遇到充足的反面的阻力。不过这并不意味着对顾宪成学术立场的判定无法推进，因为其中还有判定标准的高低。选择何种标准可以作为判定一思想家立场之最主要的根据，即成为一个焦点。就其学说的成分为标准，还是就其精神气质为标准？其学说是就其所赞同为标准，还是以其所取则为标准？都很难下定论。所以这也是令研究者困惑难解而又持之以恒的一个重要原因。

一者，研究者本身既往往抱一立场，故易于在朱王之间偏生同情。而于顾宪成之思想本有可疑的情况下，自然有探索其究竟为倾向于朱子还是倾向于阳明的兴趣。

通过对顾宪成的思想的考察，这种朱王立场的判定，大概是一个伪问题。因为，泾阳根本不是站在某种立场之上的。古清美所理解的，不应纠缠于顾氏于朱王之取舍若何，而应体其时代精神与意义，此见最为有得。原因有四：

第一，就顾宪成的论说来看，他在理气、心性的观念上都合乎朱子，而在（致）良知上又竭力维护阳明。理气观、心性论可以说是判定是否为朱子学立场的主要根据，而良知说又是判断为阳明学的核心根据。两说相持不下。顾氏维护阳明的良知说，却又同时竭力攻击他的无善无恶论；他认同程朱的"性即理"说，却又不认同程朱之格物，即一说亦无法自圆。且谓顾氏尊朱子，然他更尊周子和明道，他对朱子之《四书章句集注》也颇有微词；且谓顾氏由王返朱，他又谓朱子学之弊拘，阳明学之弊荡，当互救。因此，如果要判断顾宪成的学术立场，所有论断都成矛盾体。

第二，顾宪成并没有局限在朱王的范围之内。当然他也不能超越朱王的范围之外，因为他必然是在宋明理学的话语之内，这里所指是在某些问题上对朱王二子观点的超出，或者说提出了自己的观点，与朱王二子有所不同。上文已经提到一些，这里再详细说明几点。如在性善问题上，顾氏可以说是集性善论之大成，如本书第四、第五两章所示，他从各种角度对性善进行论证和维护。同时，他对无善无恶的理论批判，在中国传统思想史上也都是空前绝后的。他的本体工夫论的圆熟，特别是对修悟关系的说明，也是朱王的观点所不能比拟的，因为这都是时代性的理学论题，在顾氏之时因问题的出现，才受到刺激。关于理气，顾氏几乎只讲理一气异，万物一理，万物一性，这与朱子之强调理一分殊的思想、重视物理之万殊是不同的。顾氏显然没有继承朱子之"大体系"的志趣。在性、命之观念上，与朱子也是极大的不同。另外，在工夫上，顾宪成也未取则程朱之"主敬"，而特别宣扬"小心"；于格物则取"修身为本"义，而于朱子之格物观始终不能相洽；又如他欲重组"新四书"，要打破朱子"旧四书"之格局；在恶的来源问题上，是否归罪气质，或以气质是否有善恶，也与朱子大不同。这些都是极重要的不同之处。如对良知问题，阳明学讲良知"何思何虑"，顾氏认为不知而虑也是良知，不能而学也是良能，又认为概以不虑而知为良知，不学而能为良能亦不得，人的感官之欲亦如此。这把工夫容纳进良知、良能意涵之内，同时也对良知、良能的意涵进行了严格限制。这都是对良知学的推进。而且显然，他的良知观也有回到孟子者，不但讲良知，也并讲良能，等等不一。顾氏在某些问题的精细上，对前人而言时有加胜。以上都是顾宪成的独特之处，也是他对朱子学和阳明学一些问题的有益更新。同时，这些也都是在特殊的时代背景下产生的，充分体现了时代的精神。因此，我们甚至反倒应当认识到，由于他特别系心世道，所以他的理论也有特别的建树。

第三，从宋明理学史的发生和发展流变来看，历史的进步必然不能停留在单纯的朱子学或阳明学的领域之内。任何理论的发展都有从积极意义的发挥，到弊端逐渐暴露，或精蕴逐渐流失的过程。一学说的得失要经历长久的历史的检验，优存劣汰。就思想的发展史来说，学说之间的关系是继承基础上的发展，是批判性的更新。朱王学说之间，有对立，也有延续，而且延续同样很重要。况且朱子学为明代官方认定的标准学说，以之试士，并未间断。就顾宪成的思想来说，直接表现为对王学的延续，同时又有对朱子学的继承，这是历史所赋予他的。他既处在朱子学的哲学文本和义理当中，又濡染于阳明学的时代精神当中，他不能完全断绝与其一的联系，客观上是做不到的。并且面对其时思想中出现的矛盾和各自流露出来的问题，他自觉到要进行妥当解决的使命，而这一解决不能是以一扼一、举一废一，而必然是相互补救，即他所一直强调的"矫弊"。我们应当认识到，顾氏所谓的"矫弊"，并不单是对王学的末流而言的，同时也针对朱子学的末流。

第四，我们也应特别注意，无论是认为顾宪成以朱子学为根底还是有王学的本色，都应特别谨慎。因为无论是朱子学还是阳明学，都在不断地发生变异。大体上看，明代之朱子学非宋元之朱子学，宋元之朱子学重格物穷理，而明代的朱子学重躬行自得，较朱子学之博大已是简陋，而较博大之朱子学又自发其注重精神领略的一面。又明初之朱子学非明中叶以后之朱子学，明初之朱子学仍有宋元之遗规，而明中后期的朱子学则已经很大程度浸入阳明学的成分。阳明作《朱子晚年定论》，尽管受到了指摘，但其影响很大，不少人都认为朱子学与阳明学相合。因此，所谓朱子学，往往是合王学的朱子学。就阳明学而言，其本身就有过数次明显的变化，而就阳明后学来说，浙中王学和江右王学又是有很大分歧的两个样法。并且，龙溪、泰州的传人将王学发展到癫狂，公言三教合一，融入神秘经验，变怪百出。而江右传人，大体不断把王学引向平实，并逐渐转出，自求树立。因此，就朱子学和阳明学的不同时期来说，其意义的差别很大，对其认定很有困难，绝不能仅凭字句和几个标准便能得出结论。

因此，本书认为对顾宪成朱王立场的判断是一个伪问题，因为这个问题是无法解决的，也不必去解决。顾宪成明确自己的行为是"矫弊"，而"矫弊"的原则也很清楚："世之所有余，矫之以不足；世之所不足，矫之以有余。"我们不能仅强调他对"有余"之王学的救正，也要看到他对"不足"之朱子学的救正。尽管顾氏说过，宁拘勿荡，就立说上是偏朱子学，然就其本人之为学之方、精神、气质等来说，则无疑有阳明学的特征。

顾氏并非一味尊朱，亦非一味辟王，而于学术之弊深有惩惧，故转求学术之正之全，其中朱、王皆有之。其论道统，则有"一统两宗"之说可以证之。[①]且口孔孟而言五子，非但朱、王而已。他乃俨然以寻求学术之汇归为己任，持学术之衡，较量古今，存学术之正而裁其偏，昭公理，去私意，以为完密之融合，而自成一局。如是，朱王之调和，亦不足以尽顾氏矣。

我们统论明代学术，之所以能成明代蓬勃之新思想者，即在学者有弃外从内，剥尽虚华而崇尚实得之真精神和真勇力。知解辨析非其所好，这些都落在第二义。明代思想之大宗，无不根底于此，从日用中涵泳，从千死百难

---

① 参本书第二章第一节。

中历练，故每每学有自得，而不因循师说和旧说。如康斋与门人胡敬斋、陈白沙，白沙与门人湛甘泉，数子各有面貌而各成一宗。又如阳明自身，则屡变宗旨，其与门人后学之间，歧出尤多，几乎人各有说。关中学术，亦然。此无他，人人各尚自得而已。旧有论之者，其言曰：

> 明之儒者，纯粹正大，莫如薛文清公，而门人阎子与、白尧佐，不足大发明其学。曹月川著书立教，在文清之先，泾野、枫山、虚斋、整庵，虽与文清之学相近，要皆独有心得，非师弟相传授。其时，程朱之学大明于世，有志圣贤者，皆能寻绎得之，非如宋之濂、洛、龟山、延平、紫阳确有渊源也。白沙、敬斋同出康斋之门，而学术迥别。可见，学者贵自得，不专在师传也。①

此一段议论，真足以阐扬明代学术之真精神。阳明之所以辟二千年儒学之新运，特以其为一时之豪杰，而自得之深。然阳明学者非故与朱子学相敌对，但为求自得之透彻，又以良知为真我之主宰，故言学必切在本心，必关乎良知。外此则为文字口耳之学，而迥非自得。但阳明学力求切实，渐入另一极端，故反空疏颠顶，弊不可言。从此而论，顾宪成之学术亦不外是学求自得，本非为人。今论其于朱王之去取、尊辟，亦有主于衷，非但循流而已。故其说不必与朱王不合，亦不必与朱王纯合，求其自得而明之耳。②

就本书之完成情况来看，就明晰顾宪成一家思想而言，可谓已经比较充分。然其中亦有一些问题，本欲摄入，恐又滋大，所以割舍。如顾氏与东林人物特别是高攀龙之比较，此对合并顾高、概而论之所得出的观点，或能有所澄清，不然有些问题难免二人相滥；又如当下与关头之论，顾氏对已发未发的看法，顾氏性善论与同时期方学渐、冯从吾辈之性善论特色的比较等。这些问题未及展开。

当然还有一点，本书主要以积极的态度研究顾宪成，对其批判王学持肯定的一面。然而王学之扫荡善恶，未必无功，未必没有重大的进步意义。儒家传统之善恶，未必是真善恶。君臣、父子、夫妇之间的礼度，未必是万古如斯。不扫荡，无以为新伦理之确定。明代李贽之非圣，黄宗羲卑君、民主思想，未必不是从心学发根。因此，顾宪成的思想就朱王理学的发展来说是

---

① 《汤文正明史凡例议》，载于《明史例案》卷四。
② 王俊才所作《明清之际理学的特点及其流派》一文，《晋阳学刊》1989年第2期，持论甚佳，可以参阅。

历史的进步,但就更激进的思想解放和伦理道德观之革新来说,又不免有消极的作用。当然,我们不能以现代意义的思想、伦理解放来看待王学,也同样不能以现代的眼光来苛责顾宪成。对于顾宪成的历史地位和作用,我们应积极地给予肯定。这是最后附带申明的一点。

# 参考文献

**古籍（含今人整理本）：**

《东林书院志》，《东林书院志》整理委员会整理，北京：中华书局，2004年。

《钦定四库全书总目》，四库全书研究所整理，北京：中华书局，1997年。

蔡清：《四书蒙引》，文渊阁《四库全书》本。

蔡献臣：《清白堂稿》，厦门市图书馆校注，厦门：厦门大学出版社，2012年。

曹端：《曹端集》，王秉伦点校，北京：中华书局，2003年。

曾国藩：《曾国藩诗文集》，王澧华校点，上海：上海古籍出版社，2005年。

陈鼎：《东林列传》，《东林列传》整理委员会整理，扬州：广陵书社，2007年。

陈献章：《陈献章集》，孙通海点校，北京：中华书局，1987年。

程颢、程颐：《二程集》，王孝鱼点校，北京：中华书局，2004年。

刁包：《潜室札记》，上海：商务印书馆，1936年。

刁包：《用六集》，清康熙刻本。

丁元荐：《尊拙堂文集》，清顺治庚子刻本。

方苞：《四书文》，文渊阁《四库全书》本。

方孝孺：《逊志斋集》，徐光大校点，宁波：宁波出版社，2000年。

冯从吾：《冯从吾集》，刘学智、孙学功点校整理，西安：西北大学出版社，2015年。

高攀龙：《高攀龙全集》，尹学兵辑校，南京：凤凰出版社，2020年。

顾宪成：《顾宪成全集》，王学伟编校，上海：上海古籍出版社，2022年。

顾宪成：《泾皋藏稿》，李可心点校，北京：中国社会科学出版社，2021年。

顾宪成：《泾皋藏稿等四种——无锡文库第四辑》，南京：凤凰出版社，2011年，影印本。

顾宪成：《小心斋札记》，李可心点校，北京：中国社会科学出版社，2020年。

顾允成：《小辨斋偶存》，清光绪常州先哲遗书本。

管志道：《问辨牍·续问辨牍》，万历戊戌刻本。

管志道:《周易六龙解》,载于《无求备斋易经集成(114)》,严灵峰编辑,台北:成文出版社有限公司,1976年,影印本。

郭起元:《介石堂集》,清乾隆刻本。

何三畏:《云间志略》,明天启刻本。

胡宏:《胡宏集》,吴仁华点校,北京:中华书局,1987年。

胡居仁:《胡居仁文集》,冯会明点校,南昌:江西人民出版社,2013年。

胡居仁:《易像抄》,文渊阁《四库全书》本。

胡瑗:《周易口义》,白辉洪点校,北京:中国社会科学出版社,2021年。

黄居中:《千顷斋初集》,明刻本。

黄震:《黄震全集》,张伟、何忠礼主编,杭州:浙江大学出版社,2013年。

黄宗羲:《梨洲文集》,陈乃乾编,北京:中华书局,2009年。

黄宗羲:《明儒学案》,沈芝盈点校,北京:中华书局,2008年。

黄宗羲:《宋元学案》,全祖望修补,陈金生、梁运华点校,北京:中华书局,1986年。

蒋平阶编:《东林始末(及其他两种)》,北京:中华书局,1991年,影印本。

黎靖德编:《朱子语类》,王星贤点校,北京:中华书局,1986年。

李材:《见罗先生书》,明万历刻本。

李颙:《二曲集》,陈俊民点校,北京:中华书局,1996年。

李兆洛:《养一斋集》,清道光二十三年活字印四年增修本。

李贽:《焚书》,北京:中华书局,1975年。

李祖陶:《国朝文录》,清道光十九年瑞州府凤仪书院刻本。

刘承幹:《明史例案》,民国嘉业堂刻本。

刘宗周:《刘宗周全集(第三册)》,吴光主编,杭州:浙江古籍出版社,2007年。

陆九渊:《陆九渊集》,钟哲点校,北京:中华书局,1980年。

陆陇其:《三鱼堂文集》,王培友点校,北京:中国书籍出版社,2020年。

陆陇其:《学术辨》,上海:商务印书馆,1936年。

陆世仪:《思辨录辑要》,文渊阁《四库全书》本。

罗洪先:《罗洪先集》,徐儒宗编校整理,南京:凤凰出版社,2007年。

罗钦顺:《困知记》,阎韬点校,北京:中华书局,1990年。

罗汝芳:《罗汝芳集》,方祖猷、梁一群、李庆龙等编校整理,南京:凤凰出版社,2007年。

吕坤：《去伪斋文集》，载于《吕坤全集》，王国轩、王秀梅整理，北京：中华书局，2008年。

吕柟：《泾野子内篇》，赵瑞民点校，西安：西北大学出版社，2014年。

钱谦益：《牧斋初学集（中）》，钱曾笺注，钱仲联标校，上海：上海古籍出版社，1996年。

申时行：《赐闲堂集》，《四库全书存目丛书》本。

释普济：《五灯会元》，苏渊雷点校，北京：中华书局，1984年。

孙奇逢：《理学宗传》，载于《孙奇逢集（上）》，张显清主编，郑州：中州古籍出版社，2003年。

孙奇逢：《夏峰先生集》，朱茂汉点校，北京：中华书局，2004年。

孙慎行：《玄晏斋文抄》，明崇祯刻本。

脱脱等编：《宋史》，北京：中华书局，1985年。

王艮：《王艮全集》，陈寒鸣编校，上海：上海古籍出版社，2022年。

王畿：《王畿集》，吴震编校整理，南京：凤凰出版社，2007年。

王守仁：《王阳明全集》，吴光、钱明、董平等编校，上海：上海古籍出版社，1997年。

王廷相：《王氏家藏集》，载于《王廷相集》，王孝鱼点校，北京：中华书局，1989年。

王通：《中说校注》，张沛校注，北京：中华书局，2013年。

吴与弼：《康斋文集》，文渊阁《四库全书》本。

徐允禄：《思勉斋集》，清顺治刻本。

薛瑄：《薛瑄全集》，孙玄常等点校，太原：三晋出版社，2013年。

薛应旂：《方山先生文录》，明嘉靖东吴书林刻本。

薛应旂：《宋元通鉴》，台北：台湾商务印书馆，1973年。

薛应旂：《薛方山纪述》，北京：中华书局，1985年。

薛应旂：《薛子庸语》，明隆庆刻本。

颜钧：《颜钧集》，北京：中国社会科学出版社，1996年。

杨简：《杨简全集》，董平点校，杭州：浙江大学出版社，2016年。

杨时：《杨时集》，林海权校理，北京：中华书局，2018年。

姚希孟：《公槐集》，明清閟全集本。

袁黄编撰：《〈游艺塾文规〉正续编》，黄强、徐姗姗校订，武汉：武汉大学出版社，2015年。

湛若水：《湛若水全集》，黄明同主编，上海：上海古籍出版社，2020年。

张鼐：《宝日堂初集》，明崇祯二年刻本。

张廷玉等编：《明史》，北京：中华书局，1974年。

张元忭：《张元忭集》，上海：上海古籍出版社，2015年。

张载：《张载集》，章锡琛点校，北京：中华书局，1978年。

赵南星：《赵忠毅公诗文集》，明崇祯十一年范景文等刻本。

郑珍：《巢经巢诗文集》，王锳等点校，贵阳：贵州人民出版社，1994年。

周敦颐：《周敦颐集》，陈克明点校，北京：中华书局，2009年。

周汝登：《周汝登集》，张梦新、张卫中点校，杭州：浙江古籍出版社，2015年。

朱国祯：《朱国祯诗文集》，何立民点校，杭州：浙江古籍出版社，2015年。

朱舜水：《朱舜水集》，朱谦之整理，北京：中华书局，1981年。

朱熹：《晦庵先生朱文公别集》，载于《朱子全书（贰拾陆）》，朱杰人、严佐之、刘永翔主编，上海：上海古籍出版社，2002年。

朱熹：《晦庵先生朱文公文集》，载于《朱子全书（贰拾—贰拾陆）》，朱杰人、严佐之、刘永翔主编，上海：上海古籍出版社，2002年。

朱熹：《孟子或问》，载于《朱子全书（贰拾）》，朱杰人、严佐之、刘永翔主编，上海：上海古籍出版社，2002年。

朱熹：《周易本义》，载于《朱子全书（壹）》，朱杰人、严佐之、刘永翔主编，上海：上海古籍出版社，2002年。

朱彝尊：《经义考》，北京：中华书局，1998年。

庄昶：《庄定山集》，文渊阁《四库全书》本。

邹守益：《邹守益集》，董平编校整理，南京：凤凰出版社，2007年。

邹元标：《愿学集》，文渊阁《四库全书》补配文津阁《四库全书》本。

**近现代人著述：**

鲍世斌：《明代王学研究》，成都：巴蜀书社，2004年。

毕诚：《儒学的转折：阳明学派教育思想研究》，北京：教育科学出版社，1992年。

步近智、张安奇：《顾宪成、高攀龙评传》，南京：南京大学出版社，1998年。

步近智、张安奇：《好学集》，北京：中国社会科学出版社，2003年。

蔡仁厚：《王学流衍：江右王门思想研究》，北京：人民出版社，2006年。

陈鼓应、辛冠洁、葛荣晋主编：《明清实学思想简史》，北京：社会科学文献出版社，1994年。

陈鼓应、辛冠洁、葛荣晋主编：《明清实学思想史》，济南：齐鲁书社，1989年。

陈来：《诠释与重建：王船山的哲学精神》，北京：生活·读书·新知三联书店，2010年。

陈来：《宋明理学（第二版）》，上海：华东师范大学出版社，2008年。

陈来：《有无之境：王阳明哲学的精神》，北京：生活·读书·新知三联书店，2009年。

陈来：《中国近世思想史研究》，北京：商务印书馆，2004年。

陈来：《朱子哲学研究》，上海：华东师范大学出版社，2000年。

陈时龙：《明代中晚期讲学运动（1522—1626）》，上海：复旦大学出版社，2007年。

岛田虔次：《中国近代思维的挫折》，甘万萍译，南京：江苏人民出版社，2008年。

岛田虔次：《中国思想史研究》，邓红译，上海：上海古籍出版社，2009年。

邓洪波：《中国书院史》，上海：东方出版中心，2004年。

樊树志：《晚明史》，上海：复旦大学出版社，2003年。

冈田武彦：《王阳明和明末儒学》，吴光、钱明、屠承先译，上海：上海古籍出版社，2000年。

沟口雄三：《中国前近代思想的演变》，索介然、龚颖译，北京：中华书局，2005年。

古清美：《顾泾阳、高景逸思想之比较研究》，台北：大安出版社，2004年。

何俊：《西学与晚明思想的裂变》，上海：人民出版社，1998年。

侯外庐、邱汉生、张岂之主编：《宋明理学史（下卷二）》，北京：人民出版社，1987年。

侯外庐主编：《中国思想通史（四卷下）》，北京：人民出版社，1960年。

荒木见悟：《明末清初的思想与佛教》，廖肇亨译，台北：联经出版事业股份有限公司，2006年。

嵇文甫：《晚明思想史论》，北京：东方出版社，1996年。

季芳桐：《泰州学派新论》，成都：巴蜀书社，2005年。

李才栋：《中国书院研究》，南昌：江西高校出版社，2005年。

梁启超：《近三百年学术史》，载于《饮冰室合集（10）》，北京：中华书局，1989年。

梁启超：《清代学术概论》，上海：上海古籍出版社，1998年。

林子秋、马伯良、胡维定：《王艮与泰州学派》，成都：四川辞书出版社，2000年。

吕思勉：《理学纲要》，北京：东方出版社，1996年。

孟森：《明史讲义》，北京：中华书局，2006年。

彭国翔：《良知学的展开：王龙溪与中晚明的良知学》，北京：生活·读书·新知三联书店，2005年。

钱穆：《宋明理学概述》，北京：九州出版社，2010年。

钱穆：《阳明学述要》，北京：九州出版社，2010年。

钱穆：《中国近三百年学术史》，北京：商务印书馆，1997年。

钱穆：《中国思想史》，北京：九州出版社，2012年。

钱穆：《朱子学提纲》，北京：生活·读书·新知三联书店，2002年。

容肇祖：《明代思想史》，上海：开明书店，1941年。

容肇祖：《容肇祖集》，济南：齐鲁书社，1989年。

王汎森：《晚明清初思想十论》，上海：复旦大学出版社，2008年。

王赓唐：《知半斋文集》，北京：学苑出版社，2001年。

王赓唐：《知半斋续集》，北京：学苑出版社，2006年。

王建：《中国明代思想史》，载于《百卷本中国全史（第十五卷）》，史仲文、胡晓琳主编，北京：人民出版社，1994年。

王天有：《晚明东林党议》，上海：上海古籍出版社，1991年。

吴震：《明代知识界讲学活动系年（1522—1602）》，上海：学林出版社，2003年。

吴震：《泰州学派研究》，北京：中国人民大学出版社，2009年。

吴震：《阳明后学研究》，上海：上海人民出版社，2003年。

小野和子：《明季党社考》，李庆等译，上海：上海古籍出版社，2006年。

谢国桢：《明清之际党社运动考》，北京：中华书局，1982年。

徐儒宗：《江右王学通论》，北京：中国人民大学出版社，2009年。

许大龄：《明清史论集》，北京：北京大学出版社，2000年。

杨天石：《泰州学派》，北京：中华书局，1980年。

张卫红：《罗念庵的生命历程与思想世界》，北京：生活·读书·新知三联书店，2009年。

张学智：《明代哲学史》，北京：北京大学出版社，2000年。

张学智：《中国儒学史（明代卷）》，北京：北京大学出版社，2011年。

张永刚：《东林党议与晚明文学活动》，北京：中国社会科学出版社，2009年。

周炽成：《复性收摄：高攀龙思想研究》，北京：人民出版社，2007年。

左东岭：《王学与中晚明士人心态》，北京：人民出版社，2000年。

**研究论文：**

安媛：《东林议政的儒家文化背景》，《北京社会科学》1994 年第 1 期。

步近智：《顾宪成理学思想述论》，《学术月刊》1985 年第 3 期。

步近智：《论高攀龙的理学思想和务实致用学说》，《学术月刊》1986 年第 9 期。

步近智：《漫谈东林学派研究的体会》，载于《中华传统文化与新世纪：国际学术研讨会论文集》，韩理洲主编，西安：三秦出版社，2004 年。

步近智：《明末东林学派的思想特征》，《文史哲》1985 年第 5 期。

步近智：《明万历年间理学内部的一场论辩》，《孔子研究》1987 年第 1 期。

柴可辅、陈卫平：《纠偏与开新：思想史视域中的东林学派及其思想建构》，《学术月刊》2009 年第 4 期。

陈百兴：《顾宪成（1550—1612）之思想与讲学》，硕士学位论文，台湾"中大"（桃园）历史研究所，2009 年。

陈畅：《管志道三教一致论初探——以管志道、顾宪成"无善无恶之辨"为中心》，《思想与文化》2008 年第 1 期。

陈代湘：《朱熹推尊周敦颐考论》，《湘潭大学学报（哲学社会科学版）》2006 年第 6 期。

陈时龙：《晚明书院结群现象研究——东林书院网络的构成、宗旨与形成》，《安徽史学》2003 年第 5 期。

邓泽森：《试论东林党人在晚明政治生活中的作用》，《江汉大学学报（人文科学版）》1994 年第 1 期。

樊树志：《东林非党论》，《复旦学报（社会科学版）》2001 年第 1 期。

方冬：《徐霞客与东林人士交往考述》，《河南理工大学学报（社会科学版）》2021 年第 2 期。

方尔加：《试论顾宪成的理学思想》，《中国社会科学院研究生院学报》1989 年第 6 期。

冯天瑜：《明代理学流变考》，《社会科学战线》1984 年第 2 期。

甘祥满、贺拥军：《东林学派伦理思想简论》，《船山学刊》2003 年第 3 期。

葛荃：《"戒惧"心态与东林党人的政治悲剧析论》，《史学集刊》2003 年第 1 期。

葛荣晋：《东林学派和晚明朱学的复兴》，《船山学报》1988 年第 2 期。

郭震旦：《晚明空疏学风与实学思潮》，《枣庄师范专科学校学报》2004 年第 3 期。

何俊：《论东林对阳明学的纠弹》，《浙江大学学报（人文社会科学版）》2000 年第 4 期。

贺晏然：《晚明东林士人的宗教生活——以郭正域为例的研究》，《宝鸡文理学院学报

（社会科学版）》2022年第3期。

侯长生：《冯从吾与关中书院及东林党争》，《文博》2006年第6期。

黄成蔚：《晚明东林党对立集团成员文学研究》，博士学位论文，浙江大学文学院，2019年。

贾国文：《顾宪成教育思想研究》，硕士学位论文，山东大学历史文化学院，2007年。

贾庆军：《"实学"概念刍议——从顾宪成的"实学"概念说起》，《江汉大学学报（人文科学版）》2009年第4期。

金奋飞：《东林书院与东林讲会探析》，《江淮论坛》2006年第5期。

金奋飞：《明末东林书院多维透视（1604—1626）》，博士学位论文，复旦大学历史系，2006年。

金其桢：《略论东林学派的实学思想体系》，《江南大学学报（人文社会科学版）》2004年第4期。

李可心：《顾宪成的经学研究和"新四书"构想》，《国学论衡》2020年第1期。

李可心：《顾宪成之性命论》，《中国哲学史》2013年第2期。

李可心：《儒家传统中的彰善意识——以顾宪成为代表》，《黑龙江社会科学》2021年第5期。

李可心：《儒家修、悟、证三境界说——以顾宪成为主要考察点》，《武汉科技大学学报（社会科学版）》2018年第1期。

李庆：《"东林非党论"质疑》，《中国典籍与文化》2004年第3期。

林国际：《明清之际理学演变的脉络》，《中南大学学报（社会科学版）》2006年第4期。

刘宝村：《为学、议政与救世——晚明东林党人的议政之风及其治学精神》，《江淮论坛》2004年第1期。

刘军：《东林党与东林学派辨析——关于东林是否为党的另外一种思路》，《石河子大学学报（哲学社会科学版）》2010年第3期。

刘军：《顾宪成与晚明东林运动——传统士大夫政治研究》，博士学位论文，南开大学哲学院，2010年。

刘艳伟：《清代东林形象的塑造及其转变——以〈东林书院志〉为中心的考察》，《西华师范大学学报（哲学社会科学版）》2022年第2期。

罗检秋：《东林书院与清初理学》，《江海学刊》2022第2期。

马涛：《试论顾宪成融合朱陆两派及其意义》，《哲学研究》1988 年第 12 期。

牛建强：《明后期政界之纷争——兼论东林学派政争之非直接介入》，《东北师大学报》1995 年第 1 期。

钱诚：《从"求仁得仁"到"清勤报国"——明末清初无锡顾氏一门的选择》，《群文天地》2011 年第 18 期。

钱明：《王学流派的演变及其异同》，《孔子研究》1987 年第 4 期。

秦寿容：《东林书院和明末东林党》，《江苏教育》1982 年第 1 期。

芮雅进：《顾宪成经世致用伦理思想研究》，硕士学位论文，南京师范大学公共管理学院，2017 年。

苏迅：《顾宪成泾里讲学概述》，《江南论坛》2023 年第 2 期。

童岳敏：《明清时期无锡顾氏家族文化——兼论梁溪顾氏词人群》，《安庆师范学院学报（社会科学版）》，2009 年第 2 期。

王赓唐、赵承中：《顾宪成与东林党》，《江苏广播电视大学学报》2000 年第 1 期。

王锦民：《略释影响晚明思想发展的两段历史》，《河北师范大学学报（哲学社会科学版）》2004 年第 1 期。

王俊才：《论东林讲学议政与明末经世致用之学》，《燕山大学学报（哲学社会科学版）》2006 年第 2 期。

王俊才：《论明末清初的社会矛盾与理学三大流派》，《河北师院学报（社会科学版）》1995 年第 1 期。

王俊才：《明清之际理学的特点及其流派》，《晋阳学刊》1989 年第 2 期。

王立斌：《东林学派与东林书院》，《朱子文化》2021 年第 3 期。

王培华：《明中期以来江南学者的"是非"之论》，《苏州大学学报》1998 年第 2 期。

王善飞：《明代江南乡绅与政治运动》，《辽宁师范大学学报》2000 年第 6 期。

王天有：《东林党和张居正——兼论东林党的发端》，《学习与思考》1984 年第 2 期。

王艺：《复社视野下的"东林之学"》，《东南大学学报（哲学社会科学版）》2010 年 S1 期。

王志俊：《顾宪成论良知——以"无善无恶"之争为中心》，《江南大学学报（哲学社会科学版）》2018 年第 5 期。

吴震：《王艮与王畿合论》，《浙江学刊》1986 年第 4 期。

熊红：《试论东林书院与明末政治的密切关系》，《江西教育科研》1996 年第 2 期。

阎秀芝：《东林学派哲学思想研究》，博士学位论文，苏州大学政治与公共管理学院，2018 年。

姚才刚、孟妍：《道德理性精神的重建——论顾宪成对王学的修正》，《湖北师范学院学报（哲学社会科学版）》2008 年第 6 期。

袁一舒：《顾宪成〈大学意〉辨伪》，《延安职业技术学院学报》2021 年第 3 期。

张秉国：《"'东林非党论'质疑"的质疑》，《聊城大学学报（社会科学版）》2006 年第 5 期。

张天杰：《陆陇其的独尊朱子论——兼谈其对东林以及蕺山、夏峰等学派的评定》，《中国哲学史》2021 年第 3 期。

张宪博：《政治宿求与理学气节——东林党人讲学考》，载于《明史在中国史上的地位》，陈支平、万明主编，天津：天津古籍出版社，2011 年。

张亦辰：《顾宪成对阳明学良知当下论的改造——以〈当下绎〉为中心》，《中国哲学史》2021 年第 4 期。

张永刚：《"天下东林讲学书院"的实态性分析》，《延安教育学院学报》2007 年第 4 期。

张永刚：《东林党的实学思想及政治理念》，《江淮论坛》2006 年第 1 期。

张永刚：《东林党顾宪成、高攀龙创作考述》，《南阳师范学院学报》2008 年第 5 期。

张永刚：《东林党议视野下党社一体化的生成》，《北方论丛》2008 年第 3 期。

张永刚：《东林党议与江南社会的变迁》，《湖南民族职业学院学报》2008 年第 1 期。

张永刚：《东林书院讲经活动与道德救世理念》，《南通大学学报（社会科学版）》2007 年第 2 期。

张永刚：《东林书院中诗社活动考》，《阴山学刊》2009 年第 4 期。

张永刚：《东林学术与王学的斗法——明代中后期东林学派崛起之实》，《许昌学院学报》2008 年第 1 期。

张永刚：《论钱谦益对东林学与狂禅的学术观照》，《重庆三峡学院学报》2009 年第 2 期。

赵承中：《东林是党非党问题研究综述》，《南京晓庄学院学报》2009 年第 1 期。

朱文斌：《顾宪成实学思想研究》，硕士学位论文，湖南师范大学哲学系，2010 年。

朱文杰：《东林书院讲学性质转化考述》，《中国书院论坛》2002 年第 3 期。

朱文杰：《周敦颐思想对东林学派的影响》，《湖南大学社会科学学报》1992 年第 2 期。

# 后记

本书为我的博士论文改订而成，其成稿，早在 2013 年，距今已整整十年。十年之间，数以其篇节求发表，而屡逢摒落，大抵嫌其所论人物学无籍籍名，专门僻冷，理既朴实，辞亦无华，不足以眩动视听，有裨新学，愚安敢以固随辞也。又一动出版之议，事几成而垂败。人事错驰，朝夕翻覆，更不免有功利之迫，聊求塞责，遂为计不善，坐令进退失据，窘辱非常。世变之亟，日新月异，数年之间蓦然相顾，已不啻江河千里。陵夷谷堙，生气病耗，不胜俯仰沧桑之变。机会既失，绝力莫追，物变稠叠，独志难遣，私心为之浩叹而已。目下出版，易者诚易，难者诚难，难易不在成书之迟敏，而在经费之充绌。时地不同，器量有异，未必可以相喻，然亦无足深怨。一切艰难，吾久不存心侥幸，而欲束于高阁，付诸冷灰。不意去岁冬间，吾师陈来先生着弟子询问是书出版情况，而于东林会议发言片隙，犹降尊为治顾（宪成）、高（攀龙）学二弟子垂情延誉，后乃更命弟子确告以拟由清华国学院资助出版之讯。此皆望出分外，宠假非常，樗木蒲柳之质，过蒙沾润，既感且愧，不知何以报塞师恩于万一也！

## 一

追溯本书写作的原始，实亦蒙受吾师的指引。今日东林学术之发掘研究似稍显活跃，尤于文献整理工作，近年来作品陆续推出，根基渐植，堂庑略构，彬彬向盛。而十年以前，对于东林为相应之哲学研究者极少，乃至觅一点校本而不可得。吾师久洞察此一段研究上的价值与缺憾，数数欲弟子辈身领其任。吾师于学术之发展不取足目前，必端本清流，振弱扶衰，而有古今通盘之规划，无论为个人之研究，抑或深虑弟子之成业，皆如此。故师门之学，散之能各当一面，合之则贯为一体，久而弥彰，如桢干之布濩枝叶，蔼然苍然，嘉荫郁然。虽群弟子各竭才力，实皆关乎吾师学通识达、提衡运筹之效，未尝非深心而兼寓苦心也。且又不止于此，吾师于儒学之发展，不但存心学院，同时注目社会，参准西理，奔走赞襄，不辞劳苦，高屋建瓴，轨式上乘，时时有内外全体之考察。又于人才也，不但苦心孤诣，开辟风气，建树典范，昭示多途，以领袖群伦，流教后生，且提携眷注，为青年之学术成长保留余地、酝酿机会以敦助凝合之，如维护《中国哲学史》期刊之宗旨及清华国学院历年所办宋明理学会议是也。吾师虽年高德劭，而于后进晚辈，常见知于怀，默谙其况，见一人才之兴起，爽然喜慰形于色。尝忆某会后晚宴致辞，陈师言数可喜，特以与会增一二朱子学方面之女学者为言，师留心理学进展、多施奖掖如此。吾师不但学精业深，度越前人，且惨淡经营，综理殷务，汲汲为朱王广学传，为孔孟伸正理。地方兴文，明扬前儒，各有崇立，拓基草创，常以借师一言取重，顾师一临为盛。弟子或心酬应烦苦，心欲师节劳搏养。然师若以为责无旁贷，捐时日，忘得失，数数往还不辞，而渥然无倦容，周旋有余裕，可谓精力过人，老而弥勤也。陈师学为身重，身为学重，为一世望又如此。其间有为人知，有不为人知者，有易为人解，有不易为人解者。吾仅道吾所闻知，不及一二，略以窥陈师德业之修，固有其素，其成就之众，吾但区区梢末，于师之度量未有增损也。

  吾写作每重于动笔，以茫然向空，无可属辞，非略读尽所需材料，粗理条贯，料得其物，不能贴然意有所附，心有所安。又以是，因循延宕，侧斜歧出，多致迟后。当初论文写作为时已迫，而吾师未尝一见催促。每成一章，即交付吾师，恳请批阅。陈师逐有圈览，指瑕批谬，乃至一标点之细致，一语句之通顺，时加措意。博士期间，天假之幸，能如愿追随陈师学习，亲炙左右，于鄙怀之欣喜忭踊，于为学之策勉激励，非言语可尽也！人往往以老师学名高，相对一室，有如不胜，多自怀凛凛，举动局促。实老师亲接弟子，色常温温，语极和平，未尝一见疾厉，神情多微微充带笑意。人于师求合影，师往往不拒，而其表情皆极自然和悦，虽立有间亦无倦容。此虽枝节细微寻常之际，然足观吾师所养冲粹，内外交化，徒摭论于著述文字之间，以书册论之者，犹未足以尽师学之美也。

　　世之治古人言者众矣，皆冒学者之名，然有当有不当，而当之者寡。以今所见，谈学而庸猥无出俗气象者，不为鲜少。彼口说笔论，指画前人，若有余才，不让于古；心违迹乖，盗名逐利，溺于荣宠，旷于行检，按之又不自别于常人。所以然者，多学与人割裂为二，诚实不至也。故其学空虚，美而人不善；其行庸鄙，达而人弗敬。取讥于俗，堕坏于学，虽治古人之言者众而不为当世所有无，几若朝菌蟪蛄，蒸腾起灭。然所谓德容气象，亦不必刻意镂心求之，倘学果由诚，原原本本、不逢世、不阿人、不邀利、不希宠、谦以下、广以容、日有惕、夜有省、一善不遗、一恶不成，则学皆集归身益，所在食有滋味，生肌肤，长血气，不求而心自充，身自正，气自奇，格自高，德有符矣。故学可以伪，气象不可伪，理学之忌存玩物，重言气象，崇于实造，如此也。陈师之博于学，精于理，裕于事，造于和，理非天成，乃功假于修，吾人为弟子后学者，必当有所致思。其所以然，恐即在乎师之为学精诚实得，交相益，非交相离，以是一日有一日之效，老而神采弥焕如照人也。师于门弟子不但导以强学，优以涵容，又居恒屡以谨德和人为诫。闻教观行，此弟子所以求学于师，而师所以施教于弟子。言之验也浅，身之验也深；言之教也浅，身之教也深。弟子所以知师，师所以知弟子，循此也。古人谓学必亲师求友，此之故也。吾师之为教多矣，动为弟子法，虽不能至，佩服敢失之哉！

## 二

　　就吾个人学业的完成来说，还须特别感谢北大哲学系的张学智老师。张师虽为我爱人沁凌的业师，非我的导师，然我尝再修张师的课程，一读《传习录》，再读《新唯识论》，有弟子之分。课上，张师谈说绎解，气壮而辞文，其论学也，感同身受，由诚而明，由明而诚，此其为人讲学合一密如之风轨。且张师于我与爱人沁凌学业及工作，皆先后给予重要的帮助，使我们双双俱能顺利毕业，顺利工作，即使工作之后，犹时求纾困，莫不曲与成全。我们给张师的工作增添不少麻烦，敬致感激之余，尤觉有深深的歉意！

张师新著《中国哲学概论》，皇皇巨册，要言剀论，迸溅如珠雨玉盘，奏拨似急管繁弦，清圆遒越，令人目不暇接、思翻意涌，真可谓结毕生之辛勤，酿卅载之芬芳，吐出肺腑，拈竖金针，切挚与人看也。师老而任剧，晚而思道，真可为后进楷则！张师名家在《明代哲学史》一书，包举一代，体大思精，而为学尤得心学之法门，揩磨心体，贯综经子，融冶中外。故处处贵实言，尚心得，淹通以学问，踔厉于精神如此也。

陈师所秉则为张岱年先生所遗"好学深思，心知其意"之训，提举为师门之传，有以也。合史家之良矩以豁哲匠之精蕴，其于古今之变、天人之际，同所用心。古而今，今而古，人而天，天而人，其变殷矣，其际微矣。古不失今，人不灭性，原其所本，知其所自，斯吾国道术之极则欤？故师治学，哲学而兼史学考证之功，体贴辨正，最得情实，义核语精，抉隐发微，所向无有不达。师之踪迹可随也，其藩篱可补苴也，然师之成说不可逾也！故同时宿儒巨擘多首肯，诚有以服达者之心，而平争者之口，识与不识，誉交归焉。吾求学北大时，陈师新由外讲学归来，未更一二年即移席清华，其间适仅得为吾届讲学一期，读《朱子语类》卷六。一日，讲堂之上更分送初版《有无之境》一书，而为旁听生员所艳羡。彼时北大尚开放，设课常在一教，近未名湖，居文水陂上，时至则老幼济济，塞道盈堂，而实修课者仅应届六七辈、八九辈而已。天下之英才、好之乐之者，群聚于一室之内，执经问道，字申句证，切磋启发，融融怡怡，暂杜乎宠辱之机，兼忘乎槛外之音，何快如之也！盛况如斯，而今念之，俱为往事，重增惆怅耳！

吾博士毕业临行前一日，陈师招我至国学院办公室，又送我《有无之境》红皮北大新版，并已粲然题识于弁首，赐以数行期勖。吾恭受而谨持，奉有千钧，未敢寻常比也。吾虽驽钝，远违京华，几甘于为世局所弃。然吾师身任一世儒学之重，而有寄若斯，小子何敢不竦然用勉！自古俗情往往以儒为非笑，讥其拘礼牵义，过于郑重其事，动辄言过其辞，非愚则迂，非矫则伪。此皆昧于天地之道、性命所重，故凡事无所对扬，率易苟简，操切于知识，而漫漶于要领，命无所承而性不足尽也。其一旦学通知方，反身有得，俯仰于天地，周回于四时，察验于日用，见百理平铺，此心不昧，坦坦正正，精精明明，固有不可乱、不可柱、不可欺，而为道术之一贯、斯文之攸寄者在，复何容自轻自弃，自矫自诬也哉！又，吾入职兰大以后，2014 年 6 月陈师来兰州参加省里的文化活动，我顺便邀请老师来兰大作演讲，欲使师生一瞻尊宿之清容，稍浣频岁渴慕之积情，为拘僻之地发愤振奋资也。会后敬请陈师题辞簿上，师不假思索而书以"人能弘道"四字，铿然锵然，其寓意不可谓不深远。吾向来不善记忆，而此诸景象，则历历在目。

陈师、张师，在我读硕士时，虽年犹未届耆艾，确然为北大理学的两位硕老，岿然重镇。吾无名后进，皆能亲事而得沾溉于师之爱助，为终身益，幸之又幸也！二师磊落光明，学精德正，虽久无可间言，且愈加懋焉！博士论文吾自有导师评语一份，而送审之际，又私丐张师一阅，不但为求教正计，尤欲借机存此与张师之一段分谊。人生缥缈，聚违离合，忧患得失，半如梦剧，何意得此宠遇，尤似捉梦！于侪辈且惜其字纸，况二师之胜因缘乎？故雪泥鸿爪，皆拱如宝璧，将珍以为此生之纪念！

又，德必有邻，事乃多偶，二师年庚相同，微差前后，去岁，皆满七秩，光辉相烨。师门之内，群弟子各谋所以相贺，或以文梓赞，或以觞酬进，乐为先生寿。伤夫疾疫狂虐，横被人间，危殆相逼，严令相束，一日数惊，兰州为甚。吾先本欲趋赴庆宴，奈何三遭封闭，七月以来，几于绸缪不解，深恐前后失顾，进退亡据，无以增微薄之美，反有招不虞之吝；加之长子朝夕网课，幼女甫逾周岁，亲人瞑阻，失助左右，遂而恝然忍念息意焉。奈何心中往来，终无洒释。今得陈师之恩贶，于论文发表之外，犹为我提供一陈述师情的机会，得以追记往昔，僭设拟议，内有以反慰惴惴之本怀，外有以追报寿诞之佳辰，略可弥补旧愆，遥寄精神也。今凭所撰，乘泰运，泛清气，恭起为吾师久长之祝！

## 三

关于本论文的写作，朋友之伦，吾犹有当致意者，即台湾的吴孟谦君。吾二人尝于 2010 年夏福建武夷"朱子之路"活动结识。吾能参加此活动，亦拜陈师所推荐。当时吾仅被清华录取，尚未入学，托名陈师门下，虽尝受业而未曾与师有私面。孟谦温文君子，谦雅如名，无棱角，无锋芒，不廉以刿，不割而伤，亦非可狎以冷、可傲以狂者，教养在中，令人一望知敬。然人数众多，男女纷杂，出入随行，并无多少可以深论之机。后孟谦曾到北京，由朋友陪同至清华一会。我于桃李园三层薄设招待，谈次询及论文事。不意适当我论文撰写之初，孟谦竟主动远寄《顾泾阳、高攀龙思想之比较研究》一书，几经周转，方到我手，深非我所能料及，亦迥非我所能与媲。我狷而狂者也，廉或至于刿，割或至于伤，狷则避退，狂则无忌，孟谦得中和之美，吾未免不中不和之失也。抚书自念，且喜且惭！斯世也，犹得见斯人也，而犹沐浴斯风也！孟谦博我以闻，开我以美，助我以无私，恢我以友教，生平一见，而道义相期，古来有斯人也，孟谦之谓乎？负荷良多，生斯世而使我得睹——尚学于友、尚友于学之风操，其德意可自我而没、使不彰乎？追忆当届活动，有在美之著名宋学者田浩先生，及中国台湾地区著名通学杨儒宾先生、大陆名家朱杰人先生参与，并主持其间。以吾性狷狭、拘名教之故，转有畏名势之心，乐与常人无名势者交，于学业之有名、势位之有力而无宿分者，宁读其人之书，师法于心，而往往逡巡逊避，忸与酬接。以是，虽大学者在侧，往往不能自通姓名，请益蒙教，失之交臂，可引为憾。然性地如此，情未能已，惶遽造次，终未能改。

师友而外，吾牢记于心，应予特别感谢者，清华大学人文社科图书馆是也。彼当时一切初创，锐意图新，厦宇既轩敞，服务又周备，藏书丕丕臻盛，骎骎为雄。吾读书日，适得其惠。除通常资料查阅之便利外，有一事须载录。顾宪成著作，苦于难觅，新出无锡文库本所收为明影印本及孤行抄本，价值极大，而需费极昂，非寻常学生之力所及，北京诸馆时又不见藏。我计无可施，于是率尔依程序提请该馆购藏，本不抱期望，如泥牛入海，孤掷一试。然不久即收到馆方通知，谕令取书。若无此书，吾论文写作决不能如是完整，如《大学》研究一章须概付冥漠，即近年点校顾氏二书，亦将失所籍手。此种职业负责、利益学生、事必办、办必速的精神，足令人动心肃容。操如是精神，用如是力量，不言而信，不教而成，如能坚持，其所福益于学术，培植于人才，将何可量哉！巢安凤居，器利工善，备物致用，销沮克难，凡一切便给，假以优容，则事有不令而兴，学有不劝而举者，初不如人者，日见不及而岁驾齐矣！焉知我之不如人也？学术为公器，公天下，决轻重,则昌;私积贮以居奇,行市道以营利,望虚文则临财若情吝,逆效用乃权制以刻核,费未大省,心已倦极,则人才之锢而学术之厄也。

## 四

关于本论文此次出版,复须就其修改情况,略作说明。篇首已言,本论文为十年前之陈旧物,本同刍狗,当弃置道涂。然以学术方法今日并无多少差异,研究材料亦并无多少更新,泰半为理念之翻空趣奇,阔眉细腰,入时样也。而昔日勤勤恳恳,肆力董理爬梳,未尝无功,虽朴实无华,言文拙涩,犹足呈顾泾阳思想神采于十一,为其哲学思想系统研究之前导,可补世学一时之缺漏。十年来,由于并未专心于东林,故于旧学未能加邃,转有生疏之叹,亦无从重新改造,裁其枝蔓,唯姑存其大体。

然其间,又于东林非无所事事,且点校有顾宪成《小心斋札记》一种,文集《泾皋藏稿》一部,而各撰有说明一篇,于其文学见地略事提掇。所点校二书,实不当"点校"二字,唯一"点"字耳。一以鄙人本尚思想,素无搜奇之勤、罗举之志,出于朋友邀集,尤以顾氏著作无便利之标点本,难以流通其思想,故勉以从事,而特着意于标点,间于其变动显著者为校记,他则敷衍于"校"之名义耳。初自所呈为"标点"字样,后统一为"点校",自问尚可不苟于点而不能无忝于校也!又以精力不济,唯出最重要之两种而已,他者有待于时贤。且经此点校,又于顾氏主要文献各三四过,而于材料或更有会心,及读他书,复时有采获。此番出版,除通读一过,删修润色于词句之际外,又增数处重要之材料,缀以片言,或存于正文,或备于注释,如中庸之义、修身为本之义,明其于东林殊有共性,而尤以于黄梨洲衡论顾、高、孙三贤学术次第之辨,为有所用心。此次出版,需要整顿的另一大工作为材料版本之全幅替换,以顾宪成、高攀龙二人之全集今已面市,当从便利。于此,又当致谢尹学兵教授馈赠所标点本《高攀龙全集》,以及王学伟副教授点校出版《顾宪成全集》,致意前修,厥功东林,为不可量,皆予我以极大的便利。

又,本书的责任编辑田炜老师始终予以热情的接洽,使拙稿的出版事宜得以顺利推进。出版社的张晋旗老师，悉心校理，过无不绳，疑无不举，丹铅满目，巨细靡遗，使吾不古不今、不雅不俗之文体，一时改观，豁然清通，则尤不胜感激！凡此，不得不表之，而又表之不尽。于师友授受之际、恩贶之厚，可纪念者吾竭诚以为纪念，永资怀想。于东林学术，吾唯效其一得之愚，何当于著述之林，愿高明其有以教我，后来其有以过我，而使东林面目复澄清于今人，东林节义复敦厉于风俗，东林学术复可以上下通浚其源流、不使之常郁塞而无光也！

2023 年 4 月 6 日稿成